ACCESO GRATIS *a la Lectura en la Nube*

Para visualizar el libro electrónico en la nube de lectura envíe junto a su nombre y apellidos una fotografía del código de barras situado en la contraportada del libro y otra del ticket de compra a la dirección:

ebooktirant@tirant.com

En un máximo de 72 horas laborables le enviaremos el código de acceso con sus instrucciones.

La visualización del libro en **NUBE DE LECTURA** excluye los usos bibliotecarios y públicos que puedan poner el archivo electrónico a disposición de una comunidad de lectores. Se permite tan solo un uso individual y privado.

IGUALDAD ENTRE MUJERES Y HOMBRES EN LAS EMPRESAS Y ADMINISTRACIONES PÚBLICAS

NORMAS DE LA COLECCIÓN:

Admisión de originales:

Los originales serán evaluados por el Consejo científico y sometidos a informe externo por expertos anónimos. Cualquiera de los evaluadores puede hacer observaciones o sugerencias a los autores, siempre y cuando el trabajo haya sido aceptado. Se comunicarán a los autores, en su caso, concediéndoles un período de tiempo suficiente para introducir las modificaciones oportunas.

IGUALDAD ENTRE MUJERES Y HOMBRES EN LAS EMPRESAS Y ADMINISTRACIONES PÚBLICAS

Remedios Roqueta Buj
Catedrática de Derecho del Trabajo y de la Seguridad Social
Universidad de Valencia

tirant lo blanch
Valencia, 2024

En caso de erratas y actualizaciones, la Editorial Tirant lo Blanch publicará la pertinente corrección en la página web www.tirant.com.

La presente obra ha sido sometida a la revisión de pares ciegos según el protocolo de publicación de la editorial a efectos de ofrecer el rigor y calidad correspondiente tanto en su contenido como en su forma, aplicándose los criterios específicos aprobados por la Comisión Nacional E 016 (BOE num. 286, de 26 de noviembre de 2016).

EDITA: TIRANT LO BLANCH
C/ Artes Gráficas, 14 - 46010 - Valencia
TELFS.: 96/361 00 48 - 50
FAX: 96/369 41 51
Email: tlb@tirant.com
www.tirant.com
Librería virtual: www.tirant.es
DEPÓSITO LEGAL: V-195-2024
ISBN: 978-84-1197-526-1
MAQUETA: Tink Factoría de Color

Si tiene alguna queja o sugerencia, envíenos un mail a: *atencioncliente@tirant.com*. En caso de no ser atendida su sugerencia, por favor, lea en *www.tirant.net/ index.php/empresa/politicas-de-empresa* nuestro procedimiento de quejas.

Responsabilidad Social Corporativa: http://www.tirant.net/Docs/RSCTirant.pdf

Índice

Abreviaturas 19

Capítulo Primero

LOS PRINCIPIOS DE IGUALDAD Y NO DISCRIMINACIÓN POR RAZÓN DE SEXO EN EL EMPLEO

I. Normativa aplicable y principios rectores en materia de igualdad por razón de sexo en el empleo 23
1. Normativa aplicable en el sector privado y en el sector público empresarial y fundacional 23
2. Normativa aplicable en el sector público administrativo 26
II. Significado y alcance de los principios de igualdad y no discriminación por razón de sexo 29
1. Los principios de igualdad y no discriminación por razón de sexo 30
1.1. El principio de igualdad de trato entre mujeres y hombres 30
1.2. La prohibición de discriminación por razón de sexo o de género 32
1.2.1. Discriminación directa 34
1.2.2. Discriminación indirecta 36
1.2.3. Discriminación por asociación y discriminación por error 42
1.2.4. Discriminación múltiple e interseccional 43
1.3. La integración del principio de igualdad en la interpretación y aplicación de las normas 44
2. Los principios de igualdad y no discriminación por razón de sexo en el ámbito de la autonomía colectiva e individual: diferencias 45
2.1. Autonomía colectiva 45
2.1.1. Límites: Enumeración 45
2.1.2. Vulneración de los principios de igualdad y no discriminación por razón de sexo: Efectos 49
2.2. Autonomía individual 53
2.2.1. Límites: Enumeración 53
2.2.2. Vulneración de los principios de igualdad y no discriminación por razón de sexo: Efectos 55
3. Las medidas de acción positiva en favor de las mujeres 56

Capítulo Segundo
MEDIDAS ESPECÍFICAS DE PROMOCIÓN DE LA IGUALDAD ENTRE MUJERES Y HOMBRES EN LAS EMPRESAS

I. Enumeración 59
II. La elaboración e implantación de un plan de igualdad 60
1. Normativa aplicable 60
2. Planes de igualdad: concepto 60
3. Empresas obligadas a elaborar y aplicar un plan de igualdad 60
3.1. Empresas: privadas o públicas 60
3.2. Supuestos 61
3.2.1. Empresas de 50 o más trabajadores 62
3.2.2. Empresas obligadas en virtud de la negociación colectiva 65
3.2.3. Planes de igualdad sustitutorios de las sanciones accesorias 66
4. Ámbito de los planes de igualdad 68
4.1. Ámbito funcional 68
4.2. Ámbito personal 69
5. Las fases de elaboración de los planes de igualdad 72
5.1. Diagnóstico de situación 72
5.1.1. Concepto 72
5.1.2. Ámbito 72
5.1.3. Contenido 73
A) Condiciones generales 74
B) Proceso de selección, contratación, formación y promoción profesional 76
C) Clasificación profesional, retribuciones y auditorías retributivas 77
D) Condiciones de trabajo 78
F) Infrarrepresentación femenina 80
G) Prevención del acoso sexual y por razón de sexo 81
5.1.4. Procedimiento 83
5.1.5. Informe de los resultados del diagnóstico 83
5.2. Diseño del plan de igualdad 84
6. El procedimiento para la elaboración y aplicación de los planes de igualdad 85
6.1. Régimen jurídico aplicable 85
6.2. El deber de negociar los planes de igualdad 86
6.3. Plazo para iniciar el procedimiento de negociación... 88

6.4. La constitución de la comisión negociadora 88
6.4.1. Obligación de constituir la comisión negociadora 88
6.4.2. Composición de la comisión negociadora 89
A) Órganos de representación sindical 90
B) Órganos de representación unitaria 91
C) Comisión sindical y comisión híbrida o mixta de representantes unitarios/sindicales 92
D) La comisión negociadora en los grupos de empresas 95
6.4.3. La designación de los miembros de la comisión negociadora 95
6.4.4. Competencias 97
6.4.5. Reglamento de funcionamiento interno 98
6.5. El deber de negociar de buena fe 98
6.6. Finalización del procedimiento de negociación 100
6.6.1. Terminación normal: acuerdo entre las partes 100
6.6.2. Terminación anormal: soluciones 100
6.7. Registro de los planes de igualdad 102
7. Contenido de los planes de igualdad 105
7.1. Contenido mínimo 105
7.2. Las medidas antidiscriminatorias y de acción positiva 106
7.2.1. Las medidas antidiscriminatorias 106
7.2.2. Las medidas de acción positiva a favor de las trabajadoras 108
8. La naturaleza de los planes de igualdad 108
9. La vigencia de los planes de igualdad 110
9.1. Duración 110
9.2. Revisión anticipada 111
10. Vigilancia, seguimiento y evaluación de los planes de igualdad 112
10.1. El pacto de constitución de la comisión de vigilancia y seguimiento del plan 112
10.2. Composición 112
10.3. Funciones 114
11. Régimen de infracciones y sanciones en materia de planes de igualdad 116
III. Medidas específicas para promover la igualdad en la clasificación profesional, el acceso al empleo y la promoción profesional.... 117
1. La valoración de los puestos de trabajo con perspectiva de género 117

1.1. Los factores y criterios para la correcta valoración de los puestos de trabajo 117
1.1.1. Los factores a tomar en consideración 120
A) La naturaleza de las funciones o tareas 120
B) Las condiciones educativas 120
C) Las condiciones profesionales y de formación 121
D) Las condiciones laborales y los factores estrictamente relacionados con el desempeño de las funciones o tareas 121
1.1.2. Los criterios de adecuación, totalidad y objetividad 121
1.2. Sujetos obligados 122
1.2.1. La autonomía colectiva 122
1.2.2. Las empresas que elaboran un plan de igualdad 123
A) Procedimiento 123
B) La herramienta para la implementación del procedimiento de valoración de puestos de trabajo 126
1.3. La valoración de los puestos de trabajo por los órganos jurisdiccionales 129
2. El principio de igualdad de trato entre mujeres y hombres en el acceso al empleo y en la formación y promoción profesionales 133
2.1. Alcance objetivo del principio de igualdad de trato entre mujeres y hombres 133
2.2. Diferencias de trato justificadas 134
2.3. Las medidas de acción positiva en la negociación colectiva 139
IV. Medidas específicas contra la discriminación retributiva por razón de sexo 142
1. El principio de igual retribución por trabajo de igual valor 142
2. El principio de transparencia retributiva 146
2.1. El principio de transparencia retributiva: objeto 146
2.2. Los instrumentos de transparencia retributiva en las empresas 146
2.3. Los plazos para llevar a cabo los registros retributivos y las auditorias retributivas 146
2.3.1. Registros retributivos 147
2.3.2. Auditorias retributivas 147
3. El registro retributivo 149

3.1. Normativa aplicable 149
3.2. Empresas obligadas a confeccionar el registro retributivo 150
3.3. Ámbito de los registros retributivos 151
3.3.1. Ámbito funcional 151
3.3.2. Ámbito personal 152
3.4. Contenido de los registros retributivos 153
3.4.1. En todas las empresas 153
A) Los valores medios de las retribuciones: la media aritmética y la mediana 157
B) De modo diferenciado para cada percepción salarial y extrasalarial 157
a) Salarios base 158
b) Complementos salariales 158
c) Percepciones extrasalariales 160
C) Desglosados en función de la clasificación profesional o de cualquier otro sistema de fijación de salarios aplicable en la empresa 162
D) Desagregados por sexos 163
3.4.2. En las empresas con auditoría retributiva 164
A) Los valores medios de las retribuciones de las agrupaciones de los trabajos de igual valor en la empresa 164
B) La justificación de las diferencias salariales entre hombres y mujeres iguales o superiores al 25% 165
a) Justificación en los casos de discriminación salarial directa y trabajos de igual valor 166
b) Justificación en los casos de discriminación salarial indirecta y trabajos de igual valor 168
c) Justificación en los casos de discriminación salarial indirecta y trabajo a tiempo parcial 175
d) Justificación en los casos de discriminación en las mejoras voluntarias de las prestaciones de la Seguridad Social 179
e) Justificación en los casos de discriminación salarial por maternidad o paternidad 180

3.5. Procedimiento de elaboración de los registros retributivos 183
3.6. Obligaciones formales de los registros retributivos..... 184
3.7. Periodo de vigencia o duración de los registros retributivos 184
3.8. Derechos de información y representación..... 185
3.8.1. Empresas sin representación legal de las personas trabajadoras 186
3.8.2. Empresas con representación legal de las personas trabajadoras 186
4. La auditoría retributiva 188
4.1. Normativa aplicable..... 188
4.2. Empresas obligadas a confeccionar la auditoria retributiva 189
4.3. Contenido de la autoría retributiva..... 189
4.3.1. El diagnóstico de la situación retributiva en la empresa..... 189
A) La valoración de los puestos de trabajo con perspectiva de genero 190
B) La identificación de otros factores desencadenantes de las diferencias retributivas 190
4.3.2. El plan de actuación para la corrección de las desigualdades retributivas..... 190
4.4. Procedimiento de elaboración de la auditoria retributiva..... 191
4.5. Obligaciones formales de la auditoria retributiva 191
4.6. Periodo de vigencia o duración de la auditoría retributiva..... 191
4.7. Derecho de información de la representación legal de los trabajadores 192
5. Régimen de infracciones y sanciones en materia de registros retributivos y auditorias retributivas 192
6. La Directiva (UE) 2023/970 por la que se refuerza la aplicación del principio de igualdad de retribución entre hombres y mujeres y su transposición en España..... 193
6.1. Antecedentes..... 193
6.2. El ámbito de aplicación y la naturaleza de la Directiva 2023/970 195
6.3. Las obligaciones de trasparencia retributiva que se imponen a los Estados miembros 196
6.3.1. En todas las empresas 196

A) El derecho de información de los solicitantes de empleo 196
B) El derecho de información de los empleados 198
C) Accesibilidad de la información para las personas con discapacidad 199
6.3.2. En las empresas de 100 o más trabajadores...... 200
A) La información sobre la brecha retributiva entre trabajadores y trabajadoras 200
B) La evaluación o auditoria retributiva conjunta 203
6.3.3. Apoyo a los empleadores con una plantilla inferior a 250 trabajadores 205
6.3.4. Protección de datos 206
6.3.5. Diálogo social 206
6.4. Defensa de los derechos 207
6.4.1. Inversión de la carga de la prueba 207
6.4.2. La prueba de la realización del mismo trabajo o de un trabajo de igual valor 207
6.4.3. Acceso a las pruebas 208
6.5. La transposición en España de la Directiva (UE) 2023/970 208
V. Medidas específicas para facilitar la conciliación y promover la corresponsabilidad 215
1. Jornadas especiales por circunstancias personales 215
2. Permisos retribuidos por motivos personales 224
3. La suspensión contractual por nacimiento o adopción, riesgo durante el embarazo o la lactancia y otras situaciones patológicas que se proyectan en la salud de las mujeres...... 226
3.1. Suspensión por nacimiento 226
3.2. Suspensión por adopción, guarda con fines de adopción o acogimiento 228
3.3. Suspensión por riesgo durante el embarazo o la lactancia natural 230
3.4. Suspensión por incapacidad temporal (menstruación incapacitante secundaria, interrupción del embarazo y gestación de la mujer desde el día primero de la semana trigésima novena) 231
4. Excedencias por cuidados de hijos y otros familiares........ 231
4.1. Régimen jurídico aplicable 231
4.2. Efectos 233

VI. Medidas específicas para prevenir el acoso sexual y el acoso por razón de sexo en el trabajo 235
VII. Medidas específicas para promover la igualdad de trato entre hombres y mujeres en la extinción del contrato 239
1. El principio de no discriminación entre mujeres y hombres 239
2. Las medidas de acción positiva en la negociación colectiva 245
2.1. La prioridad de permanencia de las mujeres en los grupos profesionales en los que están subrepresentadas en los supuestos de despido colectivo 245
2.2. La jubilación forzosa por cumplimiento de la edad ordinaria de jubilación en las actividades económicas con una tasa de ocupación de las mujeres trabajadoras inferior al 20 por ciento de las personas ocupadas en las mismas 246

Capítulo Tercero
MEDIDAS ESPECÍFICAS DE PROMOCIÓN DE LA IGUALDAD ENTRE MUJERES Y HOMBRES EN LAS ADMINISTRACIONES PÚBLICAS

I. Principios generales de actuación 253
II. Medidas de igualdad en el empleo: enumeración 254
III. La elaboración e implantación de un plan de igualdad 255
1. Normativa aplicable 255
2. Administraciones Públicas obligadas a elaborar y aplicar un plan de igualdad 258
3. Ámbito de los planes de igualdad 260
3.1. Ámbito funcional 260
3.2. Ámbito personal 260
4. Las fases de elaboración de los planes de igualdad 261
4.1. Diagnóstico de situación 261
4.1.1. Materias evaluables e indicadores de medición 261
4.1.2. Registros retributivos, auditorias retributivas y valoración de puestos de trabajo con perspectiva de género 265
4.2. Diseño del plan de igualdad 271
5. El procedimiento para la elaboración y aplicación de los planes de igualdad 271
5.1. Régimen jurídico aplicable 271
5.2. El deber de negociar los planes de igualdad 272

5.3. Plazo para iniciar el procedimiento de negociación... 272
5.4. La mesa de negociación competente para negociar el plan de igualdad ... 272
5.5. La composición de la mesa de negociación ... 274
5.6. Procedimiento de negociación ... 279
5.7. El deber de negociar de buena fe ... 280
5.8. Finalización del procedimiento de negociación ... 283
5.8.1. Terminación normal: acuerdo entre las partes 283
5.8.2. Terminación anormal: soluciones ... 285
5.9. El registro de planes de igualdad ... 286
6. El contenido de los planes de igualdad ... 287
6.1. Las medidas de los planes de igualdad ... 287
6.2. Las medidas antidiscriminatorias y de acción positiva 287
6.3. El contenido mínimo obligatorio de los planes de igualdad ... 288
7. La naturaleza de los planes de igualdad ... 289
8. La vigencia de los planes de igualdad ... 290
9. La vigilancia, seguimiento y evaluación de los planes de igualdad ... 290
10. Régimen de infracciones y sanciones en materia de planes de igualdad ... 292
IV. Medidas específicas para promover la igualdad en la clasificación profesional, el acceso al empleo público y la promoción profesional ... 293
1. La valoración de los puestos de trabajo con perspectiva de género ... 293
2. Medidas específicas para promover la igualdad en el acceso al empleo público ... 294
2.1. El informe de impacto de género en las ofertas públicas de empleo o en las pruebas de acceso al empleo público ... 296
2.2. El principio de presencia equilibrada de mujeres y hombres en los órganos de selección ... 297
2.3. Las medidas para eliminar las desigualdades y promover la igualdad en el desarrollo de las pruebas selectivas.. 299
2.4. Las medidas para eliminar las desigualdades y promover la igualdad en la valoración de los méritos ... 300
2.5. La prioridad, en igualdad de condiciones de capacidad, de las mujeres en los cuerpos y escalas o categorías y grupos profesionales en los que estén subrepresentadas ... 305

3. Medidas específicas para promover la igualdad en la carrera profesional vertical 308
3.1. Las acciones positivas en las actividades de formación 308
3.2. El informe de impacto de género en las convocatorias de concursos 310
3.3. El principio de presencia equilibrada de mujeres y hombres en las comisiones de valoración 310
3.4. Las medidas para eliminar las desigualdades y promover la igualdad en la valoración de los méritos 311
3.5. La prioridad, en igualdad de condiciones de capacidad, de las mujeres en la provisión de los puestos de trabajo en los que estén subrepresentadas 312
V. Medidas específicas contra la discriminación retributiva por razón de sexo 317
VI. Medidas específicas para facilitar la conciliación y promover la corresponsabilidad 319
1. Personal funcionario 319
1.1. Régimen jurídico aplicable 319
1.2. Ordenación del tiempo de trabajo 320
1.3. Los permisos retribuidos 321
1.3.1. Los permisos contemplados en el art. 48 del EBEP 321
A) Supuestos 321
B) Efectos retributivos y de Seguridad Social. 325
1.3.2. Los permisos contemplados en el art. 49 del EBEP 325
A) Supuestos 325
B) Efectos retributivos y de Seguridad Social. 330
1.3.3. Los permisos por riesgo durante el embarazo y riesgo durante la lactancia natural 331
1.3.4. Situación de incapacidad temporal (menstruación incapacitante secundaria, interrupción del embarazo y gestación de la mujer desde el día primero de la semana trigésima novena) 333
1.4. La reducción de jornada con disminución proporcional de las retribuciones 333
1.4.1. Por cuidado de hijos o familiares 333
A) Régimen jurídico aplicable 333
B) Efectos retributivos y de Seguridad Social. 335
C) La naturaleza de la normativa estatal 337
1.4.2. Por razón de violencia de género sobre la mujer funcionaria 337

1.5. Excedencia por cuidado de hijos y otros familiares 338
1.5.1. Régimen jurídico aplicable 338
1.5.2. Efectos 340
1.5.3. La naturaleza de la normativa estatal 341
2. Personal laboral 342
2.1. Régimen jurídico aplicable 342
2.2. Ordenación del tiempo de trabajo 343
2.3. Los permisos retribuidos 344
2.4. La reducción de jornada con disminución proporcional de las retribuciones 349
2.4.1. Por cuidado de hijos o familiares 349
A) Régimen jurídico aplicable 349
B) Efectos retributivos y de Seguridad Social. 351
2.4.2. Por razón de violencia de género sobre la mujer empleada laboral 352
2.5. La excedencia por cuidado de hijos o familiares 352
VII. Medidas específicas para prevenir el acoso sexual y el acoso por razón de sexo en el trabajo 354

Abreviaturas

AA.VV.	Autores Varios.
Art.	Artículo.
ATS	Auto del Tribunal Supremo.
BOE	Boletín Oficial del Estado.
CE	Constitución Española.
DA	Disposición Adicional.
DD	Disposición Derogatoria.
DF	Disposición Final.
DT	Disposición Transitoria.
EBEP	Real Decreto Legislativo 5/2015, de 30 de octubre, por el que se aprueba el texto refundido de la Ley del Estatuto Básico del Empleado Público.
ET	Real Decreto Legislativo 2/2015, de 23 de octubre, por el que se aprueba el Texto Refundido de la Ley del Estatuto de los Trabajadores.
LE	Ley 3/2023, de 28 de febrero, de Empleo.
LETT	Ley 14/1994, de 1 de junio, por la que se regulan las empresas de trabajo temporal.
LGSS	Real Decreto Legislativo 8/2015, de 30 de octubre, por el que se aprueba el Texto Refundido de la Ley General de la Seguridad Social.
LISOS	Real Decreto Legislativo 5/2000, de 4 de agosto, por el que se aprueba el texto refundido de la Ley sobre Infracciones y Sanciones en el Orden Social.
LJCA	Ley 29/1998, de 13 de julio, Reguladora de la Jurisdicción Contencioso-Administrativa.

LJS	Ley 36/2011, de 10 de octubre, Reguladora de la Jurisdicción Social.
LOI	Ley Orgánica 3/2007, de 22 de marzo, para la igualdad efectiva de mujeres y hombres.
LOLS	Ley Orgánica 11/1985, de 2 de agosto, de Libertad Sindical.
LPAC	Ley 39/2015, de 1 de octubre, del Procedimiento Administrativo Común de las Administraciones Públicas.
LPRL	Ley 31/1995, de 8 de noviembre, de prevención de Riesgos Laborales.
LRJSP	Ley 40/2015, de 1 de octubre, de Régimen Jurídico del Sector Público.
RD	Real Decreto.
Rec.	Recurso.
Recud.	Recurso de casación para la unificación de doctrina.
RGMA	Real Decreto 375/2003, de 28 de marzo, por el que se aprueba el Reglamento General del Mutualismo Administrativo.
RPDC	Real Decreto 1483/2012, de 29 de octubre, por el que se aprueba el Reglamento de los procedimientos de despido colectivo y de suspensión de contratos y reducción de jornada.
RSA	Real Decreto 365/1995, de 10 de marzo, por el que se aprueba el Reglamento de Situaciones Administrativas de los Funcionarios Civiles de la Administración General del Estado.
STC	Sentencia del Tribunal Constitucional.
STJCE	Sentencia del Tribunal de Justicia de la Unión Europea.
STS	Sentencia del Tribunal Supremo.
STSJ	Sentencia del Tribunal Superior de Justicia.
TFUE	Tratado de Funcionamiento de la Unión Europea.

TRSSFCE Real Decreto Legislativo 4/2000, de 23 de junio, por el que se aprueba el texto refundido de la Ley sobre Seguridad Social de los Funcionarios Civiles del Estado.

Capítulo Primero

Los principios de igualdad y no discriminación por razón de sexo en el empleo

I. NORMATIVA APLICABLE Y PRINCIPIOS RECTORES EN MATERIA DE IGUALDAD POR RAZÓN DE SEXO EN EL EMPLEO

1. Normativa aplicable en el sector privado y en el sector público empresarial y fundacional

La referencia constitucional al derecho a la no discriminación se encuentra en el art. 14 de la Constitución Española en el que se establece que *«los españoles son iguales ante la ley, sin que pueda prevalecer discriminación alguna por razón de nacimiento, raza, sexo, religión, opinión o cualquier otra condición o circunstancia personal o social»*. Con esta formulación, se acogen los principios de igualdad ante la ley y de no discriminación. Asimismo, el art. 35.1 del texto constitucional consagra expresamente la prohibición de discriminación por razón de sexo en materia retributiva.

Por su parte, también la normativa de la Unión Europea tiene importantes referencias a la prohibición de discriminación por razón de sexo. Dicha prohibición se contiene en el art. 157 del Tratado de Funcionamiento de la Unión Europea (TFUE) y se encuentra desarrollada, en el ámbito laboral, por la Directiva 2006/54 del Parlamento Europeo y del Consejo, de 5 de julio de 2006, relativa a la aplicación del principio de igualdad de oportunidades e igualdad de trato entre hombres y mujeres en asuntos de empleo y ocupación, y por la Directiva (UE) 2023/970 del Parlamento Europeo y del Consejo de 10 de mayo de 2023, por la que se refuerza la aplicación del principio de igualdad de retribución entre hombres y mujeres por un mismo trabajo o un trabajo de igual valor a través de medidas de transparencia retributiva y de mecanismos para su cumplimiento. Por lo demás, conforme a reiterada jurisprudencia, el principio de igualdad de trato establecido por la Directiva tiene alcance general y se aplica también a las relaciones de empleo del sector público[1].

La normativa legal española que actualmente regula la prohibición de discriminación por razón de sexo en el ámbito laboral se recoge fundamentalmente en el Título IV de la Ley Orgánica 3/2007, de 22 de marzo, para la igualdad efectiva de mujeres y hombres (LOI) —que, sin embargo, no tiene carácter orgánico (DF 2.ª LOI)—, y en los arts. 9.3, 11.6, 17.1, 22.3, 23.2, 24.2, 28, 64.3 y 7.a), 85.1 y 90.6 del Real Decreto Legislativo 2/2015, de 23 de octubre, por el que se aprueba el Texto Refundido de la Ley del Estatuto de los Trabajadores (ET). Estas previsiones legales, a su vez, han sido desarrolladas en virtud de la habilitación prevista en el art. 46.6 de la LOI por el RD 901/2020, de 13 de octubre, por el que se regulan los planes de igualdad y su registro[2], y el RD 902/2020, de 13 de octubre, de igualdad retributiva entre mujeres y hombres.

Dicha normativa resulta aplicable en todas las empresas comprendidas en el art. 1.2 del ET, con independencia de su titularidad privada o pública (estatal, autonómica o municipal). Ciertamente, el personal de las entidades públicas empresariales, sociedades mercantiles y fundaciones del sector público, así como el personal laboral al servicio de las agencias estatales, se rige por el Derecho laboral, con algunas salvedades que, en principio, no afectan al tema que nos ocupa (arts. 106.1, 108 *quater*, 117.4 y 132.3 LRJSP). Y así lo vienen a corroborar los arts. 2.1 del RD 901/2020 y 2 del RD 902/2020 a efectos de la elaboración e implantación de los planes de igualdad, registros y auditorias retributivos.

---

[1] Por todas, las SSTJCE de 26 de octubre de 1999 (Asunto C-273/97), 11 de enero de 2000 (Asunto C-285/98), 19 de marzo de 2002 (Asunto C-476/99) y 30 septiembre 2004 (Asunto C-319/03).

[2] Por todos, FABREGAT MONFORT, G., *Los planes de igualdad como obligación empresarial*, Bomarzo, Albacete, 2007; y DE JESÚS SILVANO, S.M., «Los planes de igualdad en las empresas tras su reciente desarrollo reglamentario», *Diario La Ley*, núm. 9746, 2020.

Por último, la Ley 15/2022, de 12 de julio, integral para la igualdad de trato y la no discriminación, junto a los seis motivos de discriminación recogidos en la normativa anterior (sexo, origen racial o étnico, discapacidad, edad, religión o creencias y orientación sexual), incorpora expresamente los de enfermedad o condición de salud, estado serológico y/o predisposición genética a sufrir patologías y trastornos, identidad sexual, expresión de género, lengua y situación socioeconómica (art. 2.1), y, junto a las modalidades tradicionales de discriminación (directa o indirecta), añade la discriminación por asociación, la discriminación por error y la discriminación múltiple o interseccional (art. 6). Esta disposición legal, por lo demás, se caracteriza por ser integral respecto de los motivos y modalidades de discriminación prohibidos, tal y como se refleja en su Título Preliminar, que establece los ámbitos subjetivo y objetivo de aplicación. Por lo que respecta al ámbito subjetivo, la misma resulta aplicable a las personas físicas o jurídicas de carácter privado que residan, se encuentren o actúen en territorio español, cualquiera que fuese su nacionalidad, domicilio o residencia, en los términos y con el alcance que se contemplan en la presente ley y en el resto del ordenamiento jurídico, y a las entidades que integran el sector público (Administración General del Estado, Administraciones de las Comunidades Autónomas, entidades que integran la Administración Local, Administración de Justicia, sector público institucional *ex* art. 2.2 de la Ley 39/2015, de 1 de octubre, del Procedimiento Administrativo Común de las Administraciones Públicas, las asociaciones y fundaciones constituidas por las Administraciones, entes, organismos y entidades que integran el sector público) (art. 2.4). Este carácter integral se manifiesta también en los ámbitos de la vida política, económica, cultural y social a los que se aplica la ley (art. 3), entre los que quedan comprendidos el empleo por cuenta ajena —público o privado— (art. 9), la negociación colectiva (art. 10) y las organizaciones sindicales y empresariales (art. 11). En este sentido, el art. 9.1 de la Ley 15/2022, consagra el *«Derecho a la igualdad de trato y no discriminación en el empleo por cuenta ajena»*, prohibiendo el establecimiento de las *«limitaciones, segregaciones o exclusiones por razón de las causas previstas en esta ley para el acceso al empleo por cuenta ajena, público o privado, incluidos los criterios de selección, en la formación para el empleo, en la promoción profesional, en la retribución, en la jornada y demás condiciones de trabajo, así como en la suspensión, el despido u otras causas de extinción del contrato de trabajo»* y considerando discriminatorios *«los criterios y sistemas de acceso al empleo, público o privado, o en las condiciones de trabajo que produzcan situaciones de discriminación indirecta por razón de las causas previstas en esta ley»*. Asimismo, obliga a las organizaciones empresariales y sindicales más representativas a elaborar un informe con carácter anual sobre el cumplimento de las disposiciones previstas en sus arts. 9, 10 y 11, incluyendo la negociación colectiva y el empleo por cuenta propia (DA 5.ª Ley 15/2022).

Por lo demás, existe el deber de negociar en los convenios colectivos *«medidas dirigidas a promover la igualdad de trato y de oportunidades entre mujeres y hombres en el ámbito laboral o, en su caso, planes de igualdad con el alcance y contenido previsto en el capítulo III del título IV de la Ley Orgánica 3/2007, de 22 de marzo, para la igualdad efectiva de mujeres y hombres»* (art. 85.1 ET). Ahora bien, este mandato no obliga a una negociación exhaustiva, sino a establecer en el convenio colectivo medidas que favorezcan la igualdad, como puede ser la implantación de un plan de igualdad[3].

2. *Normativa aplicable en el sector público administrativo*

El principio de igualdad por razón de género en el empleo público se rige por lo dispuesto en la LOI, singularmente su Título V sobre *«El principio de igualdad en el empleo público»*, y en los arts. 1.2.d) y 52 y en la DA 7.ª del EBEP, redactada en los términos previstos por la DF 24.ª de la Ley 31/2022, de 23 de diciembre, que se refieren al conjunto de los empleados públicos al servicio de las Administraciones públicas, debiéndose entender por tales la Administración General del Estado, las Administraciones de las Comunidades Autónomas y de las Ciudades de Ceuta y Melilla, las Administraciones de las Entidades Locales, los Organismos públicos, Agencias y demás Entidades de derecho público con personalidad jurídica propia, vinculadas o dependientes de cualquiera de las Administraciones Públicas, y las

---

3 SSTS de 24 de enero de 2012 (*Tol 2450928*) y 4 de julio de 2018 (*Tol 6814797*).

Universidades Públicas (art. 2.1 EBEP)[4]. Asimismo, la Ley 15/2022, de 12 de julio, integral para la igualdad de trato y la no discriminación, resulta aplicable en el ámbito del empleo público, tal y como prescribe el apartado cuarto de su art. 2.

Las medidas de igualdad en el empleo para la Administración General del Estado y para los organismos públicos vinculados o dependientes de ella se concretan en los arts. 55 a 64 de la LOI.

La regulación básica estatal se desarrolla en las siguientes disposiciones normativas de las Comunidades Autónomas:

- Arts. 9. bis y 31 y siguientes de la Ley 12/2007, de 26 de noviembre, para la promoción de la igualdad de género en Andalucía.
- Arts. 39 y 51 y siguientes de la Ley 7/2018, de 28 de junio, de igualdad de oportunidades entre mujeres y hombres en Aragón.
- Arts. 50.2, 64.1, 98.1.h) e i), 125, 137.2, 142.2.b) y DD.AA. 9.ª y 11.ª de la Ley 2/2023, de 15 de marzo, de Empleo Público del Principado de Asturias.
- Arts. 43 y siguientes de la Ley 11/2016, de 28 de julio, de igualdad de mujeres y hombres en las Islas Baleares, y arts. 18.3.e), 51, 71, 76, 120.b), 124.1.c) y 137.1.r) de la Ley 3/2007, de 27 de marzo, de la Función Pública de la Comunidad Autónoma de las Illes Balears.
- Arts. 34 y siguientes de la Ley 1/2010, de 26 de febrero, Canaria de igualdad entre mujeres y hombres, y arts. 58.b) y 69 de la Ley 2/1987, de 30 de marzo, de la Función Pública de Canarias.
- Arts. 66 y siguientes y DT 4.ª de la Ley 2/2019, de 7 de marzo, para la igualdad efectiva entre mujeres y hombres en Cantabria, y art. 74.b) de la Ley 4/1993, de 10 de marzo, de Función Pública de Cantabria.

---

4 Por todos, ROQUETA BUJ, R., *Derecho del Empleo Público*, 4.ª Edición, Tirant lo Blanch, Valencia, 2023.

- Art. 20 y DD.AA. 2.ª y 3.ª de la Ley 10/2019, de 3 de abril, por la que se promueve la adopción en el ámbito público y privado de medidas dirigidas a la conciliación de la vida personal, familiar y laboral y a la eliminación de la brecha salarial de género en Castilla y León, y art. 81.1.b) de la Ley 7/2005, de 24 de mayo, de la Función Pública de Castilla y León. En cambio, la Ley 1/2003, de 3 de marzo, de Igualdad de oportunidades entre mujeres y hombres en Castilla y León, no prevé medidas concretas en relación con la igualdad entre hombres y mujeres en el ámbito del empleo público.
- Arts. 40 y siguientes de la Ley 12/2010, de 18 de noviembre, de igualdad entre mujeres y hombres de Castilla-La Mancha, y arts. 3.e), 49, 52.3, 68.10, 96.h), i) y j), 134.b) y u), 135.z) y 136.l) de la Ley 4/2011, de 10 de marzo, del Empleo Público de Castilla-La Mancha.
- Arts. 15 y 16 de la Ley 17/2015, de 21 de julio, de igualdad efectiva de mujeres y hombres de Cataluña, y arts. 115.b) y 116.u) del Decreto Legislativo 1/1997, de 31 de octubre, por el que se aprueba la refundición en un Texto único de los preceptos de determinados textos legales vigentes en Cataluña en materia de función pública.
- Arts. 32 y 51 siguientes de la Ley 8/2011, de 23 de marzo, de Igualdad entre mujeres y hombres y contra la violencia de género en Extremadura, y arts. 2.d), 46.i), j) y k), 70, 88.2.h) y 94.1 de la Ley 13/2015, de 8 de abril, de Función Pública de Extremadura.
- Arts. 46 y siguientes del Decreto Legislativo 2/2015, de 12 de febrero, por el que se aprueba el texto refundido de las disposiciones legales de la Comunidad Autónoma de Galicia en materia de igualdad, y arts. 3.1.d), 47.6, 49.a), 55.2 y 5, 59.1, 71.k), l) y m), 72, 73, 74.b), 86.2, 89.3 y 185.1.b) de la Ley 2/2015, de 29 de abril, del empleo público de Galicia.
- La Comunidad de Madrid no cuenta con una legislación específica respecto a la aplicación de la igualdad efectiva de género.
- La Ley 7/2007, de 4 de abril, para la Igualdad entre Mujeres y Hombres, y de Protección contra la Violencia de Género en

la Región de Murcia no contiene una regulación específica en relación con la igualdad por razón de género en el empleo público. El art. 86.b) y la DT 5.ª del Decreto Legislativo 1/2001, de 26 de enero, por el que se aprueba el Texto Refundido de la Ley de la Función Pública de la Región de Murcia, se limitan a tipificar como falta muy grave toda actuación de los funcionarios que suponga discriminación por razón de sexo y a establecer la paridad entre hombres y mujeres en los órganos calificadores de pruebas selectivas.

- Art. 44 y DT Única de la Ley Foral 17/2019, de 4 de abril, de igualdad entre Mujeres y Hombres.
- Arts. 3.10, 21, 43, 44.c) y 47.4 del Decreto Legislativo 1/2023, de 16 de marzo, por el que se aprueba el texto refundido de la Ley para la Igualdad de Mujeres y Hombres y Vidas Libres de Violencia Machista contra las Mujeres en el País Vasco, y arts. 2.2.f) y l), 18.2.n), 53.8, 81.4, 82.1, 104.2, 119.1.c) y e), 161.i) y j), 178.b) y c) y DA 15.ª de la Ley 11/2022, de 1 de diciembre, de Empleo Público Vasco.
- Arts. 44 y siguientes de la Ley 9/2003, de 2 de abril, para la igualdad entre mujeres y hombres de la Comunidad Valenciana, y arts. 2.1.d), 9.3 y 7, 11.6, 13.6, 42.1, 50.5, 58.2, 60.i), 61.2.c) y f), 67.2, 76.1.j) y k), 97.1, 104.9, 105.2, 107.2, 111.4 y 6, 114.2.c) y d) y 5, 115.4, 120.6, 121, 123.5, 173.2, 188.2.e) y DD.AA. 1.ª y 13.ª de la Ley 4/2021, de 16 de abril, de la Función Pública Valenciana.
- Arts. 48, 49, 50 y 55 de la Ley 7/2023, de 20 de abril, de Igualdad efectiva de mujeres y hombres de La Rioja.

II. SIGNIFICADO Y ALCANCE DE LOS PRINCIPIOS DE IGUALDAD Y NO DISCRIMINACIÓN POR RAZÓN DE SEXO

El art. 14 de la CE determina que *«los españoles son iguales ante la ley, sin que pueda prevalecer discriminación alguna por razón de nacimiento, raza, sexo, religión, opinión o cualquier otra condición o circunstancia perso-*

nal o social». A su vez, el art. 4.2.c) del ET reconoce a los trabajadores el derecho *«a no ser discriminadas directa o indirectamente para el empleo o, una vez empleados, por razones de estado civil, edad dentro de los límites marcados por esta ley, origen racial o étnico, condición social, religión o convicciones, ideas políticas, orientación sexual, identidad sexual, expresión de género, características sexuales, afiliación o no a un sindicato, por razón de lengua dentro del Estado español, discapacidad, así como por razón de sexo, incluido el trato desfavorable dispensado a mujeres u hombres por el ejercicio de los derechos de conciliación o corresponsabilidad de la vida familiar y laboral»*. Como corolario de lo anterior, el art. 17.1 del ET declara nulos los preceptos reglamentarios, las cláusulas de los convenios y, cabe subrayarlo aquí, los pactos individuales y las decisiones unilaterales del empresario *«que den lugar en el empleo, así como en materia de retribuciones, jornada y demás condiciones de trabajo, a situaciones de discriminación directa o indirecta desfavorables por razón de edad o discapacidad o a situaciones de discriminación directa o indirecta»*. Por su parte, el art. 14.i) del EBEP reconoce a los empleados públicos el derecho *«a la no discriminación por razón de nacimiento, origen racial o étnico, género, sexo u orientación e identidad sexual, expresión de género, características sexuales, religión o convicciones, opinión, discapacidad, edad o cualquier otra condición o circunstancia personal o social»*.

1. Los principios de igualdad y no discriminación por razón de sexo

La referencia constitucional al derecho a la no discriminación se encuentra en el art. 14 de nuestra Carta Magna en el que se establece que *«los españoles son iguales ante la ley, sin que pueda prevalecer discriminación alguna por razón de nacimiento, raza, sexo, religión, opinión o cualquier otra condición o circunstancia personal o social»*. Con esta formulación, el art. 14 de la CE recoge dos principios diferenciados: el de igualdad ante la ley (primer inciso) y el de no discriminación (*«sin que pueda prevalecer discriminación...»*).

1.1. El principio de igualdad de trato entre mujeres y hombres

El art. 14 de la CE contiene en su primer inciso *«una cláusula general de igualdad de todos los españoles ante la ley, habiendo sido configurado este principio general de igualdad, por una conocida doctrina constitucional, como un derecho subjetivo de los ciudadanos a obtener un trato igual, que obliga y limita a los poderes públicos a respetarlo y que exige que los supuestos de hecho iguales sean tratados idénticamente en sus consecuencias jurídicas y que, para introducir diferencias entre ellos, tenga que existir una suficiente justificación de tal diferencia, que aparezca al mismo tiempo como fundada y razonable, de acuerdo con criterios y juicios de valor generalmente aceptados, y cuyas consecuencias no resulten, en todo caso, desproporcionadas*»[5].

La esencia del derecho a la igualdad comporta que sólo aquella desigualdad que introduce una diferencia de trato entre situaciones que pueden considerarse iguales y que además carece de una justificación objetiva y razonable vulnera el referido derecho. De lo que resulta la máxima tan reiterada de que a iguales supuestos de hecho se apliquen iguales consecuencias jurídicas, no siendo posible distinguir dos supuestos de hecho mediante la utilización o introducción de elementos diferenciadores arbitrarios o carentes de fundamento racional. A lo que debe añadirse que están prohibidas aquellas desigualdades de trato que resulten artificiosas o injustificadas por no venir fundadas en criterios objetivos suficientemente razonables de acuerdo con criterios o juicios de valor generalmente aceptados. Finalmente, es preciso destacar que para que la diferenciación resulte constitucionalmente lícita no basta con que lo sea el fin que con ella se persigue, sino que es indispensable además que las consecuencias jurídicas que resultan de tal distinción sean adecuadas y proporcionadas a dicho fin, de manera que la relación entre la medida adoptada, el resultado que se produce y el fin pretendido por el legislador superen un juicio de proporcionalidad en sede constitucional, evitando resultados especialmente gravosos o desmedidos[6].

En definitiva, el art. 14 de la Constitución Española no impide la existencia de disciplinas normativas diferentes, siempre que los supuestos de hecho a los que tales normativas deban aplicarse sean asimismo diferentes, y para enjuiciar la diferencia entre los

---

5 SSTC 91/2019, de 3 de julio, y 74/2020, de 29 de junio.

6 SSTC 234/1984, de 9 de marzo; 53/2004, de 22 de diciembre;104/2004, de 28 de junio; 61/2013, de 14 de marzo; 156/2014, de 25 de septiembre; 91/2019, de 3 de julio; y 74/2020, de 29 de junio.

supuestos de hecho debe partirse del carácter razonable, y teleológicamente fundado, del factor a través del cual la diferenciación se introduzca de manera tal que, cuando exista agravio por violación del derecho a la igualdad jurídica, compete *«a quienes sostengan la legitimidad constitucional de la diferenciación ofrecer el mencionado fundamento con objeto de que este Tribunal pueda enjuiciarlo»*[7]. Y si esa carga de la demostración del carácter justificado de la diferenciación es obvia en todos aquellos casos que quedan comprendidos genéricamente dentro del general principio de igualdad que consagra el art. 14 de la Constitución, *«tal carga se torna aún más rigurosa en aquellos otros casos en que el factor diferencial es precisamente uno de los típicos que el artículo 14 concreta para vetar que puedan ser base de diferenciación, como ocurre con el sexo, además de con la raza, la religión, el nacimiento y las opiniones».*

1.2. La prohibición de discriminación por razón de sexo o de género

Los derechos fundamentales, tal y como se deriva de lo dispuesto en los arts. 9.1, 10.1 y 53.2 del propio Texto constitucional, surten efecto en el ámbito de las relaciones privadas, incluidas las laborales. En este sentido, el Tribunal Constitucional tiene dicho que *«la celebración de un contrato de trabajo no implica en modo alguno la privación para una de las partes, el trabajador, de los derechos que la Constitución le reconoce como ciudadano»* ni que este deba *«soportar despojos transitorios o limitaciones injustificadas de sus derechos fundamentales y libertades públicas, que tienen un valor central y nuclear en el sistema jurídico constitucional»*[8]. Y así, el art. 4 del ET incluye entre los derechos básicos de los trabajadores el derecho *«a no ser discriminados directa o indirectamente para el empleo, o una vez empleados, por razones de sexo...»*.

Por lo demás, como señala el Tribunal Constitucional, los derechos fundamentales disfrutan de una garantía de indemnidad frente

7 STC 81/1982, de 21 de diciembre.

8 Por todas, la STC 56/2008, de 14 de abril.

a las facultades empresariales[9] y, en general, frente al conjunto de las facultades del empresario, incluidas las organizativas[10]. Esta garantía no se excepciona o modera en los supuestos en que las facultades del empresario no quedan condicionadas por la concurrencia de una causa habilitante o por el seguimiento de un determinado procedimiento; antes al contrario, actúa, «*si cabe, con mayor intensidad por cuanto el empleador puede, virtualmente, ocultar con más facilidad las verdaderas razones de su decisión*»[11].

Aunque tradicionalmente se ha utilizado la expresión discriminación por razón de sexo, últimamente se viene abriendo paso a la expresión discriminación por razón de género por ser más completa. Ciertamente, el término sexo se refiere a la diferenciación biológica y orgánica entre hombres y mujeres, mientras que la expresión género también alude a los roles, comportamientos, actividades y atributos que en una sociedad y época determinadas se consideran apropiados para hombres y mujeres[12]. Y así, se vienen consolidando expresiones como igualdad de género y perspectiva de género. Con esta última expresión se alude a la integración de la dimensión del género de las personas en la elaboración de las políticas públicas, analizando la situación real de las personas a las que van dirigidas para comprobar si existen diferencias reales entre mujeres y hombres y analizar la repercusión de dichas políticas en las personas teniendo en cuenta su género.

---

9 Por todas, las SSTC 38/1981, de 23 de noviembre; 88/1985, de 19 de junio; 104/1989, de 10 de junio; 135/1990, de 19 de julio; 21/1992, de 14 de febrero; y 7/1993, de 18 de enero.

10 SSTC 94/1984, de 16 de octubre; 38/1986, de 21 de marzo; 166/1989, de 26 de septiembre; 266/1993, de 20 de septiembre; y 90/1997, de 6 de mayo.

11 SSTC 90/1997, de 6 de mayo, y 86/1988, de 21 de abril.

12 Cfr. la STC 67/2022, de 2 de junio; DÍAZ DE TERÁN, M.ª C., «Visibilidad, sensibilización y corresponsabilidad», en AA.VV., *Formación en igualdad: un enfoque desde la Ley 3/2007, de 22 de marzo, de igualdad efectiva de mujeres y hombres*, Aranzadi, Pamplona, 2022, págs. 16 y ss.; y CARMONA CUENCA, E. y MACÍAS JARA, M.ª, «Igualdad de mujeres y hombres y Derecho antidiscriminatorio. La Constitución Española de 1978», en AA.VV., *Igualdad efectiva de mujeres y hombres*, Tirant lo Blanch, Valencia, 2023, págs. 92-93.

Existen diferentes modalidades de discriminación prohibida, a saber: 1.ª) La discriminación directa y la indirecta (art. 6 LOI). 2.ª) La discriminación por asociación y discriminación por error [art. 6.2.a) Ley 15/2022]. 3.ª) La discriminación múltiple e interseccional (art. 6.3 Ley 15/2022).

1.2.1. Discriminación directa

Se considera discriminación directa por razón de sexo «*la situación en que se encuentra una persona que sea, haya sido o pudiera ser tratada, en atención a su sexo, de manera menos favorable que otra en situación comparable*» (art. 6.1 LOI). Por consiguiente, la discriminación directa es aquella que se genera como consecuencia de una ley, convenio colectivo o conducta dirigida a excluir o a otorgar un trato peyorativo a los integrantes de un colectivo por razón de su pertenencia al mismo —por ejemplo, en el caso de una retribución dispar a favor de las azafatas y los auxiliares de vuelo a pesar de que el trabajo es idéntico[13], de un menor salario percibido por las trabajadoras frente a los trabajadores que realizan un «trabajo igual», tareas de limpieza, pero clasificados no como «Limpiadoras», sino como «Peones»[14], excluir el incentivo de producción de la retribución a percibir por los trabajadores cuando disfrutan de los permisos para realizar los exámenes prenatales y técnicas de preparación al parto o asistir a las preceptivas sesiones de información y preparación o realización de los preceptivos informes psicológicos y sociales previos a la declaración de idoneidad, en los casos de adopción, guarda con fines de adopción o acogimiento[15], de ventajas especiales en materia de transporte para los antiguos empleados de sexo masculino jubilados[16], de un sistema de indemnizaciones complementarias limitado a los trabajadores masculinos de edad comprendida entre 60 y 65 años que son despedidos[17], o de la práctica empresarial que impone a las enfermeras y

[13] STJCE de 8 de abril de 1976 (Asunto 43/75).
[14] STC 145/1991, de 1 de julio.
[15] STS de 3 de diciembre de 2019 (*Tol 7687761*).
[16] STJCE de 9 de febrero de 1982 (Asunto 12/81).
[17] STJCE de 17 de febrero de 1993 (Asunto C-173/91).

auxiliares de planta y consultas externas de un centro sanitario, la obligación de utilizar el uniforme consistente en falda, delantal, cofia y medias, sin posibilidad de optar por el pijama sanitario de dos piezas, pantalón y chaqueta, que llevan los trabajadores masculinos de las mismas categorías profesionales y que desarrollan su actividad en las mismas dependencias que aquéllas[18]— y no admite justificación alguna[19].

Por lo demás, el art. 6.1 de la LOI define el concepto de discriminación directa como la situación en que una persona que «*sea, haya sido o pudiera ser tratada, en atención a su sexo, de manera menos favorable que otra en situación comparable*». Esta redacción, a juicio de la profesora BALLESTER PASTOR, incorpora en línea con el art. 2.1 de la Directiva 2006/54 el concepto de comparador hipotético que permite detectar la existencia de discriminación retributiva directa no sólo cuando la trabajadora hubiera sido retribuida de modo diferente respecto a un trabajador comparable sino meramente cuando pudiera ser retribuida de modo diferente, lo que tendría la virtualidad de facilitar la presentación de indicios para detectar las discriminaciones retributivas directas ocultas, si bien los tribunales españoles por el momento no se han planteado la virtualidad de los comparadores[20].

En fin, constituye discriminación directa por razón de sexo «*todo trato desfavorable a las mujeres relacionado con el embarazo o la maternidad*» (art. 8 LOI). Ejemplos de discriminaciones directas serían, por ejemplo, cesar anticipadamente a una funcionaria interina por razón de su baja por maternidad y consiguiente carencia de idoneidad física para el desempeño de sus funciones[21], dar de baja en el sistema de análisis de sentencias del CENDOJ a una analista al inicio del descanso por maternidad[22], no contratar de nuevo a una trabajadora, que está embarazada, mientras que otras compañeras con la misma

---

18 STS de 19 de abril de 2011 (*Tol 2123675*).

19 STC 145/1991, de 1 de julio.

20 BALLESTER PASTOR, M.ª A., *La discriminación retributiva por razón de sexo. Brecha salarial y desigualdades de género en el mercado de trabajo*, Bomarzo, Albacete, 2018, págs. 19 y ss.

21 STC 20/2001, de 29 de enero.

22 STS (CA) de 29 de julio de 2014 (*Tol 4492052*).

categoría profesional y el mismo contrato temporal, sí han visto prorrogado su contrato[23] o no formalizar el contrato de trabajo con una mujer embarazada, en situación de riesgo por embarazo, que no puede iniciar la prestación de servicios por dicha razón, cuando ya había sido seleccionada, de la bolsa de trabajo, y se había procedido a su nombramiento para el puesto de trabajo[24]. En cambio, la denegación del reconocimiento de efectos profesionales de la correspondiente especialidad médica obedece a la falta de acreditación de los requisitos exigibles, sin que pueda tener relevancia alguna el estado de gestación de la solicitante o sus permisos de maternidad, pues no existe acreditación de Desarrollo Profesional Continuo en la especialidad, no sólo en los últimos años, sino desde el propio periodo formativo para obtenerla en su país, por lo que no se puede apreciar la existencia de discriminación[25].

1.2.2. Discriminación indirecta

La discriminación indirecta se identifica, sin embargo, por sus consecuencias. En el art. 6.2 de la LOI se establece el siguiente concepto de discriminación indirecta con relación al género: «*Se considera discriminación indirecta por razón de sexo la situación en que una disposición, criterio o práctica aparentemente neutros pone a personas de un sexo en desventaja particular con respecto a personas del otro, salvo que dicha*

---

23 STC 173/1994, de 7 de junio. Por lo demás, según esta resolución judicial, como la conducta prohibida ha tenido como consecuencia el crear un obstáculo definitivo al acceso al empleo de la trabajadora afectada, sus efectos pueden ser equiparados a los de aquéllas medidas que, en el ordenamiento laboral, impiden la continuidad del vínculo laboral por decisión unilateral del empresario, esto es, a los del despido fundado en la vulneración de un derecho fundamental, o sea, la ineficacia absoluta del acto empresarial extintivo, ilícito por discriminatorio. En el presente caso, el efecto anulatorio «*afectaría a la denegación de la prórroga, y por ello, eliminada esa denegación, habría de entender prorrogada temporalmente o contratada por un nuevo período el primitivo contrato temporal para el fomento del empleo*».

24 SSTS (CA) de 26 de febrero de 2018 (*Tol 6538712*), 16 de junio de 2022 (*Tol 9.097.503*), 11 de diciembre de 2019 (*Tol 7648537*) y 23 de noviembre de 2022 (*Tol 9306952*).

25 SAN (CA) de 9 de septiembre de 2022 (*Tol 9228642*).

disposición, criterio o práctica puedan justificarse objetivamente en atención a una finalidad legítima y que los medios para alcanzar dicha finalidad sean necesarios y adecuados».

A partir de esta definición es posible sintetizar los elementos configuradores de la discriminación indirecta en los siguientes términos:

1.º) La discriminación indirecta se identifica por su configuración aparentemente neutra pero por sus efectos perjudiciales para los integrantes de un colectivo protegido. Contempla aquellas actuaciones que, de hecho, causan perjuicios para la mayoría de los integrantes de un colectivo protegido (mujeres u hombres) aunque la medida en cuestión no configure un perjuicio explícito. La discriminación indirecta se caracteriza, pues, por sus efectos y por su identificación a partir de criterios de afectación mayoritaria, lo que explica que se detecte por medio de instrumentos estadísticos[26]. No obstante, los jueces deben comprobar si los datos estadísticos son válidos y si se pueden tomar en consideración, es decir, si se refieren a un número suficiente de individuos, si no constituyen la expresión de fenómenos meramente fortuitos o coyunturales y si, de manera general, resultan significativos[27]. Cuando los datos estadísticos aportados válidamente por los trabajadores revelen una diferencia sensible de retribución entre dos funciones de igual valor, una de las cuales es ejercida casi exclusivamente por mujeres y la otra principalmente por hombres, de tal situación resultará una apariencia de discriminación indirecta basada en el sexo. En tal caso, incumbirá al empresario la prueba de que no ha habido violación del principio de igualdad de retribución, probando por cualquier medio que en Derecho proceda que de hecho las actividades realmente ejercidas por los trabajadores afectados no son comparables o que la diferencia de retribución observada se justifica mediante razones objetivas y ajenas a toda discriminación por razón de sexo[28].

---

[26] STC 253/2004, de 22 de diciembre; y STS de 14 de mayo de 2014 (*Tol 4330640*).

[27] SSTJCE de 9 febrero 1999 (Asunto C-167/97) y 28 de febrero de 2013 (Asunto C-427/11).

[28] STJUE de 28 de febrero de 2013 (Asunto C-427/11).

En definitiva, en un sistema retributivo caracterizado por la falta total de transparencia, los trabajadores femeninos no pueden establecer diferencias más que entre retribuciones medias, por lo que estarían privadas de todo medio eficaz de hacer respetar el principio de igualdad de retribución por razón de sexo en sede judicial, si el hecho de aportar esta prueba estadística no tuviera por efecto trasladar al empresario la carga de la prueba de que su política de salarios en realidad no es discriminatoria[29].

2.º) El mayor perjuicio de hecho al colectivo de mujeres que de hombres no constituye una discriminación indirecta, si el empresario logra acreditar que concurre una causa justificativa, razonable y objetiva. Pero, centrándonos en esta causa de discriminación, conviene recordar que su exclusión tiene razón de ser en la voluntad de terminar con la histórica situación de inferioridad, en la vida social y jurídica, de la mujer[30]. Por tanto, en contraste con el principio genérico de igualdad, que no postula ni como fin ni como medio la paridad y sólo exige la razonabilidad de la diferencia de trato, la prohibición de discriminación entre los sexos impone como fin y generalmente como medio la parificación, de modo que la distinción entre los sexos sólo puede ser utilizada excepcionalmente como criterio de diferenciación jurídica de trato entre los varones y las mujeres[31]. Lo que «*implica la necesidad de usar en el juicio de legitimidad constitucional un canon mucho más estricto, así como un mayor rigor respecto a las exigencias materiales de proporcionalidad*» y que «*en tales supuestos la carga de demostrar el carácter justificado de la diferenciación recae sobre quien asume la defensa de la misma y se torna aún más rigurosa que en aquellos casos que quedan genéricamente dentro de la cláusula general de igualdad del art. 14 CE, al venir dado el factor diferencial por uno de los típicos que el art. 14 CE concreta para vetar que en ellos pueda basarse la diferenciación, como ocurre con el sexo, la raza, la religión, el*

---

29 SSTJCE de 17 de octubre de 1989 (Asunto 109/88) y 26 de junio de 2001 (Asunto C-381/99).

30 STC 166/1988, de 26 de septiembre.

31 Por todas, las SSTC 229/1992, de 14 de diciembre; 17/2003, de 30 de enero; y 342/2006, de 11 de diciembre.

nacimiento y las opiniones»[32]. Igualmente, se ha de tener presente que la conducta discriminatoria se cualifica en este caso por el resultado peyorativo para la mujer que la sufre, que ve limitados sus derechos o sus legítimas expectativas por la concurrencia en ella de un factor cuya virtualidad justificativa ha sido expresamente descartada por la Constitución, dado su carácter atentatorio a la dignidad del ser humano (art. 10.1 CE)[33].

Y, como corolario de todo lo anterior, cuando ante un órgano judicial se invoque una diferencia de trato basada en las circunstancias que el citado art. 14 de la CE considera discriminatorias —en este caso, el sexo— y tal invocación se realice precisamente por una persona perteneciente al colectivo tradicionalmente castigado por esa discriminación —en este caso, la mujer trabajadora—, el órgano judicial *«no puede limitarse a valorar si la diferencia de trato denunciada tiene, en abstracto, una justificación objetiva y razonable, como si se tratara de un problema relativo a la cláusula general de igualdad, sino que debe entrar a analizar, en concreto, si lo que aparece como una diferenciación formalmente razonable no encubre o permite encubrir una discriminación contraria al art. 14 CE»*[34].

3.°) Los demandantes mantienen el derecho de réplica para intentar demostrar que la conducta empresarial no está justificada como necesidad empresarial.

La discriminación indirecta se daría, por ejemplo, cuando se supedita la admisión de los candidatos al concurso para el ingreso en la Escala Básica del Cuerpo Nacional de Policía, independientemente de su sexo, a un requisito de estatura física mínima de 1,70 m, toda vez que esa normativa supone una desventaja para un número mucho mayor de personas de sexo femenino que de sexo masculino y que la citada normativa no parece adecuada ni necesaria para

---

32 Por todas, las SSTC 22/1994, de 27 de enero; 240/1999, de 20 de diciembre; 253/2004, de 22 de diciembre; 91/2019, de 3 de julio; y 74/2020, de 29 de junio.

33 STC 342/2006, de 11 diciembre.

34 SSTC 145/1991, de 1 de julio; 286/1994, de 27 de octubre; y 182/2005, de 4 de julio.

alcanzar el objetivo legítimo que persigue[35]. Discriminación que no se salva con el mero hecho de fijar estaturas mínimas diferentes si al hacerlo sigue sin atenderse a las funciones que han de realizar y a las acreditadas diferencias de estatura media, por sexo, de la población española[36].

Asimismo, no puede estimarse que el sistema de promoción profesional de una empresa sea neutro si, aunque tenga apariencia de tal, produce resultados discriminatorios sin justificación objetiva[37]. Ciertamente, en el acceso a las categorías de coordinador y de mando se produce una desproporción adversa para las mujeres, porque esos puestos son ocupados, principalmente, por los hombres en porcentajes muy superiores a los cubiertos por mujeres, dado el número de personas de uno y otro sexo que emplea la empresa. Estos resultados se ven favorecidos por el sistema de selección: el ascenso a técnicos y mandos es por libre designación y el pase a coordinador es el resultado de la evaluación continuada del superior inmediato. Asimismo, facilitan estos resultados desproporcionados el secretismo y la falta de publicidad con la que los ascensos se llevan a cabo en la empresa, sin que las plazas se oferten, ni sean conocidas por los sindicatos o por los trabajadores cuya asistencia a los cursos de formación depende del poder discrecional de la empresa.

Igualmente, el sistema de ascensos profesionales del convenio colectivo de grandes almacenes 2013-1016 impedía de forma directa o indirectamente a las mujeres un desarrollo profesional en las mismas condiciones que el resto de los trabajadores de la plantilla al establecer unos criterios de evaluación para los ascensos profesionales que resultaban discriminatorios, en tanto que no se contemplaba como excepción al cómputo horario que en principio el convenio mencionaba como uno de los dos requisitos (someterse a una evaluación y el transcurso del tiempo) para posibilitar el ascenso al Grupo de profesionales los períodos relacionados con la maternidad *lato sensu* con-

35 STJUE de 18 de octubre de 2017 (Asunto C-409/16).
36 STS (CA) de 14 de julio de 2022 (*Tol 9142888*).
37 STS de 18 de julio de 2011 (*Tol 2238515*).

siderada (embarazo, parto y lactancia), lo que situaba a las mujeres en clara desventaja para alcanzar el mínimo cronológico necesario[38].

También se aprecia la existencia de una discriminación indirecta cuando se constata una diferencia de retribuciones entre los gestores administrativos mujeres y hombres del 30%[39]. Por lo demás, aunque la negociación colectiva que es origen de un complemento de incentivos por productividad puede establecer las condiciones en las que se genera el derecho a su percepción, esa posibilidad no es ilimitada. Encuentra una restricción en aquellos supuestos en los que la exclusión del complemento, en determinadas clases de licencias y permisos, pudiera suponer una merma de la efectividad del principio de igualdad de mujeres y hombres. Y así, en el caso de los permisos por fallecimiento, accidente o enfermedad graves, hospitalización o intervención quirúrgica sin hospitalización que precise reposo domiciliario, de parientes hasta el segundo grado de consanguinidad o afinidades, es de apreciar la concurrencia de circunstancias de genero de las que se deriva una discriminación indirecta que debe ser corregida, en la medida en que las ausencias del puesto de trabajo en uso de este permiso tienen mayor impacto en el colectivo de mujeres[40].

En cambio, la decisión empresarial de externalizar el servicio de limpieza de un hotel no se encuentra «directa o indirectamente» relacionada con un tratamiento peyorativo de la mujer, pues es ajena al sexo de los trabajadores afectados, pues se ha tomado por razones objetivas, relacionadas con una mejor organización del servicio que, además, redundaría en una reducción de costes y no con el fin de prescindir de trabajadores del sexo femenino. La decisión de externalizar, sea o no ajustada a derecho, se habría tomado igual si todos los afectados fuesen varones, lo que aplicando el «test de but for» lleva a concluir que es ajena a toda discriminación indirecta prohi-

---

38 STS de 12 de mayo de 2015 (*Tol 5390932*).

39 STSJ de Andalucía (CA) de 27 junio 2022 (*Tol 9105260*).

40 STS de 3 de diciembre de 2019 (*Tol 7687761*). En cambio, la STS de 13 de marzo de 2013 (*Tol 3706394*) no apreció la existencia de discriminación indirecta por razón de sexo en el sistema de mejoras voluntarias de las situaciones de incapacidad temporal porque el precepto convencional en cuestión no hacía exclusión expresa de ninguna de las causas de baja.

bida por la Ley[41]. Y lo mismo cabe decir con respecto a un despido colectivo como consecuencia de la rescisión de la contrata de servicios por la única empresa cliente, pues el hecho de que la mayoría de las personas despedidas sean mujeres no se debe más que a la mera circunstancia coyuntural de que el despido colectivo ha afectado a la totalidad de la plantilla[42]. Tampoco se incurre en un despido colectivo en una discriminación indirecta pues la desviación en el porcentaje de incidencia entre hombres y mujeres encaja en el principio de «composición equilibrada» *ex* en la DA 1.ª de la LOI[43].

1.2.3. Discriminación por asociación y discriminación por error

Existe discriminación por asociación cuando una persona o grupo en que se integra, debido a su relación con otra sobre la que concurra alguno de motivos de discriminación prohibidos, es objeto de un trato discriminatorio [art. 6.2.a) Ley 15/2022]. Es decir, es un tipo de discriminación (directa o indirecta) que pueden sufrir las personas por su relación con otras (v. gr. trabajador que recibe un trato desfavorable motivado por la discapacidad que padece un hijo suyo[44]).

La discriminación por error es *«aquella que se funda en una apreciación incorrecta acerca de las características de la persona o personas discriminadas»* [art. 6.2.b) Ley 15/2022]. Se daría, por ejemplo, en los supuestos en los que una persona trabajadora fuera despedida porque el empleador creyera erróneamente que es homosexual o que está afiliado a un sindicato. Y, de este modo, aunque aquella no fuera homosexual, ni miembro de la organización sindical, sería víctima de una discriminación en el ámbito laboral y podría disfrutar de los medios de tutela del derecho a la igualdad de trato y no discriminación.

---

41 STS de 20 de noviembre de 2015 (*Tol 5639547*).

42 SSTS de 14 de enero de 2020 (*Tol 7746057*) y 15 de diciembre de 2022 (*Tol 9339576*).

43 STS de 15 de diciembre de 2021 (*Tol 8753291*).

44 Cfr. STJCE de 17 de julio de 2008 (Asunto C-303/06).

1.2.4. Discriminación múltiple e interseccional

Se produce discriminación múltiple *«cuando una persona es discriminada de manera simultánea o consecutiva por dos o más causas de las previstas en esta ley»* [art. 6.3.a) Ley 15/2022]. Se daría, por ejemplo, en los supuestos en los que una trabajadora no promocionara en su empresa por su condición de mujer y por su religión, edad, discapacidad[45] u orientación sexual.

Se produce discriminación interseccional *«cuando concurren o interactúan diversas causas de las previstas en esta ley, generando una forma específica de discriminación»* [art. 6.3.b) Ley 15/2022]. Este es el caso de la discriminación interseccional por razones de raza, etnia y género que se produce cuando las mujeres de un determinado origen racial o étnico se enfrentan al mismo tiempo a factores de discriminación por cuestiones de racismo y sexismo. Esta intersección es difícil de identificar y da lugar a una modalidad de discriminación nueva o hasta ahora no reconocida. Un ejemplo de discriminación interseccional podría darse en el supuesto de un empresario que acaba de abrir un hotel y contrata a diez trabajadores, cinco hombres y cinco mujeres, para prestar servicios limpiando y preparando las habitaciones. El contrato es de tres meses de duración y, si queda satisfecho con su trabajo y el negocio marcha bien, les renovará el contrato y les hará indefinidos. Entre esos diez trabajadores contratados se encuentran dos matrimonios de origen magrebí, que además son musulmanes pues así lo han comentado en el trabajo. Un amigo del empresario, al conocer esta situación, le comenta que no debería renovar el contrato a las dos mujeres magrebíes pues estas mujeres, por su cultura, suelen tener muchos hijos y continuamente pedirán la baja por maternidad, además de que se preocupan más de los hijos que del trabajo y te acabarán trayendo problemas de absentismo laboral. El empresario hace caso a su amigo y, pasados los tres meses, no prorroga el contrato a las dos mujeres magrebíes mientras que

[45] Cfr. FERNÁNDEZ-PEINADO MARTÍNEZ, A., «Discriminación múltiple por razón de género y discapacidad. La formación profesional para el empleo como instrumento de integración laboral», *Medidas para la inserción laboral de mujeres con discapacidad*, Tirant lo Blanch, Valencia, 2023, págs. 261 y ss.

sí renueva a los ocho empleados restantes. Pues bien, de tenerse en cuenta únicamente el factor sexo, como el empresario ha renovado el contrato a otras mujeres, no se podría demostrar un trato discriminatorio por razón de sexo. Y, de tenerse en cuenta el factor racial o las creencias religiosas, como el empresario ha renovado contrato a hombres de dicho origen racial o creencias, tampoco se podría demostrar el trato discriminatorio por dicha circunstancia. Por lo tanto, la única forma de demostrar la discriminación es mediante la figura de la discriminación interseccional. Y lo mismo cabe decir cuando nos encontramos ante el despido surgido como reacción al anuncio que la trabajadora realiza acerca de su futuro matrimonio, aunque en la empresa existan trabajadores casados trabajando. Ciertamente, como pone de manifiesto la STS de 9 de febrero de 2022 (*Tol 8800360*), dicho despido posee doble causalidad: discrimina a la mujer y represalia a quien ejerce su derecho a elegir libremente el estado civil.

1.3. La integración del principio de igualdad en la interpretación y aplicación de las normas

El art. 4 de la LOI bajo la rúbrica «*Integración del principio de igualdad en la interpretación y aplicación de las normas*» establece que «*la igualdad de trato y de oportunidades entre mujeres y hombres es un principio informador del ordenamiento jurídico y, como tal, se integrará y observará en la interpretación y aplicación de las normas jurídicas*». La interpretación a favor de la igualdad «*es un principio informador del ordenamiento jurídico y como tal ha de ser el faro a cuya luz se interpreten las normas*»[46]. Y así, ha de aplicarse la ponderación que supone examinar cuál de las soluciones posibles hace más efectivo el principio de igualdad.

---

46 Por todas, las SSTS de 13 de noviembre de 2019 (*Tol 7593852*), 3 de diciembre de 2019 (*Tol 7687761*), 12 de febrero de 2021 (*Tol 8329321*), 8 de junio de 2022 (*Tol 9097466*) y 22 de junio de 2022 (*Tol 9124778*); y la STS (CA) de 14 de junio de 2021 (*Tol 8485259*).

2. *Los principios de igualdad y no discriminación por razón de sexo en el ámbito de la autonomía colectiva e individual: diferencias*

Resulta fundamental diferenciar entre el principio de igualdad y el de no discriminación, puesto que su régimen jurídico es totalmente diferente: El principio de igualdad obliga al legislador, a los sujetos negociadores de los convenios colectivos estatutarios y, en general, a los poderes públicos, pero no a los sujetos privados y, por tanto, no obliga a los empresarios privados[47]. En cambio, el principio de no discriminación obliga a todos los sujetos, tanto privados como públicos. Ello implica que un empresario privado puede establecer diferencias retributivas entre sus trabajadores (de hecho, este es el sentido de la condición contractual más beneficiosa), pero estas diferencias no pueden fundarse en ninguna causa discriminatoria.

2.1. Autonomía colectiva

2.1.1. Límites: Enumeración

Los convenios colectivos están limitados por los derechos fundamentales y libertades públicas de los trabajadores, singularmente por los principios de no discriminación y de igualdad[48]. De este modo, la autonomía colectiva no puede emplear factores de exclusión o de diferenciación como los de nacimiento, raza, sexo, religión y opinión que enumera el art. 14 de la Constitución Española y los quc,

---

47 Entre otras, la STC 34/1984, de 9 de marzo.

48 SSTJCE de 31 de mayo de 1995 (TJCE/79), 9 de septiembre de 1999 (Asunto C-281/97), 30 de marzo de 2000 (Asunto C-236/98) y 17 de septiembre de 2002 (Asunto C-320/2000); SSTC 145/1991, de 1 de julio, 28/1992, de 9 de marzo, y 147/1995, de 16 de octubre; STS de 14 de mayo de 2014 (*Tol 4330640*); FERNÁNDEZ PROL, F., «Igualdad por razón de sexo/género en la retribución y en los beneficios sociales», en AA.VV., *El principio de igualdad en la negociación colectiva*, Ministerio de Trabajo e Inmigración, Madrid, 2008, págs. 181 y ss.; y ROQUETA BUJ, LÓPEZ BALAGUER y LLOMPART BENÀSSAR, «Diversificación salarial en la contratación colectiva: edad y salarios de ingreso, dobles escalas y brecha de género», en AA.VV., *Evolución de los contenidos económicos de la negociación colectiva en España (2007/2015)*, Ministerio de Trabajo y Seguridad Social, Madrid, 2018, págs. 207 y ss.

sin apartarse de los criterios expresados en él, mencionan los arts. 4.2.c) y 17.1 del ET y 2.1 de la Ley 15/2022[49]. En este sentido, el art. el art. 10.1 de la Ley 15/2022 dispone que la negociación colectiva *«no podrá establecer limitaciones, segregaciones o exclusiones para el acceso al empleo, incluidos los criterios de selección, en la formación para el empleo, en la promoción profesional, en la retribución, en la jornada y demás condiciones de trabajo, así como en la suspensión, el despido u otras causas de extinción del contrato de trabajo, por las causas previstas en esta ley»*.

Es más, como subraya la STJCE de 27 de octubre de 1993 (TJCE/165), el hecho de que la determinación de las retribuciones de que se trata resulte de negociaciones colectivas que se llevaron a cabo de forma separada por cada uno de los grupos profesionales afectados y que no produjeron efecto discriminatorio alguno dentro de cada uno de estos dos grupos no impide que se declare que existe una discriminación aparente cuando dichas negociaciones llevaron a resultados que revelan una diferencia de trato entre dos grupos que dependen del mismo empresario y pertenecen al mismo sindicato. Ciertamente, si, para justificar la diferencia de retribución, bastara con invocar la falta de discriminación en el marco de cada una de estas negociaciones considerada de forma aislada, el empresario podría fácilmente substraerse al principio de igualdad de retribución a través de negociaciones separadas.

A mayor abundamiento, como recuerda la STS de 10 de marzo de 2009 (*Tol 1491213*), el convenio colectivo, al menos en la más importante de sus manifestaciones, aunque surgido de la autonomía colectiva, «*tiene en nuestro ordenamiento valor normativo y eficacia general, de forma que se inserta en el sistema de fuentes y en este sentido es equivalente a un instrumento público de regulación (STC 52/1987, 136/1987, 177/1993 y 43/2003)*» y, de ahí, que haya de someterse a las normas de mayor rango jerárquico, y que «*esté obligado a respetar el cuadro de derechos fundamentales acogidos en nuestra Constitución y, en concreto, las exigencias indeclinables del derecho a la igualdad, y le esté vedado el establecimiento de diferencias en el trato de los trabajadores, a menos que éstas sean razonables*

---

49 Cfr. SAN de 11 de noviembre de 2014 (*Tol 4545110*); y STSJ de Castilla-La Mancha de 13 de junio de 2014 (*Tol 4432776*).

de acuerdo con los valores e intereses que deben tenerse en cuenta en este ámbito de la vida social (SSTC 177/1988, 119/2002 y 27/2004)».

Como destaca la STC 104/2004, de 28 de junio, el principio de igualdad «*no implica en todos los casos un tratamiento legal igual con abstracción de cualquier elemento diferenciador de relevancia jurídica, de manera que no toda desigualdad de trato normativo respecto a la regulación de una determinada materia supone una infracción del mandato contenido en el art. 14 CE, sino tan solo las que introduzcan una diferencia entre situaciones que puedan considerarse iguales, sin que se ofrezca y posea una justificación objetiva y razonable para ello, pues, como regla general, el principio de igualdad exige que a iguales supuestos de hecho se apliquen iguales consecuencias jurídicas y, en consecuencia, veda la utilización de elementos de diferenciación que quepa calificar de arbitrarios o carentes de una justificación razonable*». Lo que prohíbe el principio de igualdad «*son, en suma, las desigualdades que resulten artificiosas o injustificadas por no venir fundadas en criterios objetivos y razonables, de valor generalmente aceptado*». También es necesario, para que sea constitucionalmente lícita la diferencia de trato, que «*las consecuencias jurídicas que se deriven de tal distinción sean proporcionadas a la finalidad perseguida, de suerte que se eviten resultados excesivamente gravosos o desmedidos*». En definitiva, el principio de igualdad «*no solo exige que la diferencia de trato resulte objetivamente justificada, sino también que supere un juicio de proporcionalidad en sede constitucional sobre la relación existente entre la medida adoptada, el resultado producido y la finalidad pretendida*».

La vinculación al principio de igualdad de los convenios colectivos ha quedado limitada por parte de la doctrina jurisprudencial a los convenios colectivos estatutarios, lo que significa que son legítimas las diferencias entre trabajadores (justificadas o no, siempre y cuando no sean discriminatorias), que pudiera establecer un convenio colectivo extraestatutario[50].

En este momento del razonamiento, se plantea la cuestión de si los acuerdos de consultas están obligados a respetar no solo el principio de no discriminación, sino también el de igualdad de trato. Este tipo de acuerdos, sin ser convenios colectivos estatutarios en senti-

---

50 Cfr. la STS de 17 de mayo de 2000 (*Tol 2407861*).

do estricto por no cumplir todos los requisitos del Título III del ET, merecen la misma consideración que los que propiamente son convenios colectivos estatutarios por exigirse para su negociación unas reglas de legitimación y de mayorías similares a las previstas en el referido Título, según resulta de los arts. 40.2, 41.4, 47.1, 51.2 y 82.3 del ET. Por lo tanto, puede proclamarse la eficacia personal general y la eficacia jurídico-normativa de los mismos[51]. En este sentido, la STS de 2 de junio de 2014 (*Tol 4418222*) afirma lo siguiente: «*el acuerdo logrado en el marco de un ERE y fruto de la negociación colectiva tiene análoga eficacia a lo acordado en Convenio Colectivo; los pactos son claros y contienen todos los elementos necesarios para vincular a ambas partes, según el artículo 1261 del Código Civil. Los pactos alcanzan y vinculan a todos los trabajadores y empresas comprendidos en el ámbito de aplicación de dichos Acuerdos y durante todo el tiempo de su vigencia*»[52]. Y, siendo así, es evidente la sujeción de los acuerdos de consultas a los principios de no discriminación y de igualdad[53].

---

51 Sobre la naturaleza de los acuerdos de consultas, véanse, por todos, MERCADER UGUINA, J.R., «La reforma de la negociación colectiva en el Real Decreto-Ley 3/2012: la empresa como nuevo centro de gravedad», en AA.VV., *Reforma laboral 2012. Análisis práctico del RDL 3/2012, de medidas urgentes para la reforma del mercado laboral*, Lex Nova, Valladolid, 2012, pág. 365; PEDRAJAS MORENO, SALA FRANCO y MOLERO MANGLANO, *La flexibilidad interna en la empresa. Una valoración crítica tras las reformas de 2010, 2011 y 2012*, Tirant lo Blanch, Valencia, 2012, pág. 29; y FALGUERA BARÓ, M., «El acuerdo en el período de consultas», en AA.VV., *Los períodos de consultas*, Ministerio de Empleo y Seguridad Social, Madrid, 2014, págs. 129 y ss.

52 SSTSJ de Andalucía de 9 de junio de 2000 (Rec. 1421/2000) y 23 de marzo de 2001. En cambio, la STSJ del Principado de Asturias de 26 de julio de 2002 (Rec. 2026/2001) considera que estos acuerdos no pertenecen a la clase de los convenios estatutarios, no tanto por la limitación de su objeto y ámbito, como por ausencia de las condiciones formales solemnes, prescritas como constitutivas por el artículo 90 del ET para «*los convenios a que se refiere esta ley*».

53 Cfr. las SSAN de 16 de enero de 2014 (*Tol 4074953*), 6 de mayo de 2014 (*Tol 4281461*) y 16 de mayo de 2014 (*Tol 4287654*). En mismo sentido a propósito de los ERES pactados en las Administraciones Públicas se expresan las SSTSJ de Castilla y León de 17 de julio de 2013 (*Tol 3900827*), 25 de septiembre de 2013 (*Tol 3965074*), 4 de noviembre de 2013 (*Tol 4005432*), 6 de noviembre de 2013 (*Tol 4025263*), 6 de noviembre de 2013 (*Tol 4025070*), 13 de noviembre de 2013 (*Tol 4035821*), 20 de noviembre de 2013 (*Tol 4032531*), 11 diciembre de 2013 (*Tol 4063476*), 20 de diciembre de 2013

A la hora de dilucidar si los acuerdos de consultas son respetuosos o no con el principio de igualdad, se deben efectuar dos juicios de valor:

- El primero es un juicio causal, por el que se debe analizar si la causa de aquellos es objetiva y razonable —o, por el contrario, es subjetiva o arbitraria—, aceptándose solamente aquellas razones que estén basadas en criterios objetivos suficientemente razonables de acuerdo con criterios o juicios de valor generalmente aceptados.
- En segundo lugar, debe realizarse un juicio de adecuación o proporcionalidad, aceptándose solamente aquellas desigualdades en las que exista una adecuación entre los fines perseguidos y los resultados gravosos producidos a los afectados, esto es, que exista proporcionalidad entre aquellas y el resultado que estas producen.

2.1.2. Vulneración de los principios de igualdad y no discriminación por razón de sexo: Efectos

Los convenios colectivos que han sido publicados en el Boletín Oficial correspondiente gozan de una presunción de ser estatutarios y, por consiguiente, estarán dotados de eficacia personal general y eficacia jurídica normativa [arts. 3.1.b) y 82.3 ET].

La eficacia normativa de estos convenios significa la atribución, entre otros, de los siguientes principios:

a) El principio de automaticidad, de suerte que su contenido se aplica directa e inmediatamente sobre las relaciones individuales de trabajo incluidas en su ámbito de aplicación, sin requerir, por tanto,

(*Tol 4075112*), 26 de diciembre de 2013 (*Tol 4080246*), 27 de diciembre de 2013 (*Tol 4098416*), 27 de diciembre de 2013 (*Tol 4098549*), 30 de diciembre de 2013 (*Tol 4081185*) y 21 de mayo de 2014 (*Tol 4369973*).
En sentido contrario, se expresan a propósito de los acuerdos de consultas en los expedientes de regulación de empleo temporal, las SSTSJ del País Vasco de 10 de diciembre de 2013 (*Tol 4056929*), 18 de febrero de 2014 (*Tol 4430138*) y 13 de mayo de 2014 (*Tol 4493059*).

de la incorporación de su contenido en los respectivos contratos de trabajo.

b) El principio de imperatividad, es decir, la prevalencia de la autonomía colectiva manifestada en el convenio colectivo sobre la autonomía individual y, especialmente, sobre las facultades unilaterales del empresario. El efecto imperativo, a su vez, se concreta en los principios de inderogabilidad e indisponibilidad, que se recogen expresamente en el art. 3 del ET, en virtud de los cuales serán nulos los contratos individuales de trabajo contrarios o peyorativos de lo estipulado en el convenio colectivo y los actos de disposición o de renuncia por parte de los trabajadores de los derechos en él reconocidos. A este respecto, hay que tener en cuenta que el art. 3.5 del ET establece que «*los trabajadores no podrán disponer válidamente, antes o después de su adquisición, de los derechos que tengan reconocidos por disposiciones legales de derecho necesario*» y que «*tampoco podrán disponer válidamente de los derechos reconocidos como indisponibles por convenio colectivo*».

En virtud de la fuerza de obligar de la norma convencional, los empresarios incluidos dentro de su ámbito de aplicación están obligados a aplicarlo hasta que en un proceso de impugnación directa del convenio por los representantes de los trabajadores se declare la nulidad de las correspondientes cláusulas correspondientes del convenio colectivo que vulneran los derechos fundamentales acogidos en el art. 14 de nuestra Constitución o, en su defecto, en un procedimiento ordinario instado por los trabajadores individuales se decrete la «inaplicación singular» del convenio por la lesión de los derechos a la igualdad y no discriminación por razón de sexo. Este tipo de inaplicaciones singulares puede suscitarse en cualquier litigio, individual y colectivo y, si el juez o tribunal aprecia la ilegalidad de las disposiciones del convenio «*lo pondrá en conocimiento del Ministerio Fiscal para que, en su caso, pueda plantear su ilegalidad a través de la modalidad procesal de impugnación de convenios colectivos*», tal y como determina el art. 163.4 de la Ley 36/2011, de 10 de octubre, reguladora de la jurisdicción social (LJS). Ciertamente, pese al origen convencional de la discriminación, los tribunales no pueden pronunciarse sobre los efectos que pueda tener la declaración del derecho de equiparación retributiva sobre la validez y el alcance de las cláusulas correspondientes del convenio colectivo, cuestión que corresponderá determinar a las propias partes del convenio colectivo, y resolver, en su caso, en los cauces procesales correspondientes, a los órganos de la jurisdicción social[54]. Para restablecer a las trabajadoras recurrentes en su derecho fundamental a la no discriminación, y, consiguientemente, a percibir la misma retribución que los trabajadores varones que realizan trabajos iguales o de igual valor, de acuerdo con lo establecido en el convenio colectivo, habrá que reconocer a las actoras el derecho a percibir la cantidad correspondiente a la diferencia salarial considerada como discriminatoria (art. 9.3 ET)[55].

---

54 SSTC 145/1991, de 1 de julio; y STC 58/1994, de 28 de febrero.

55 Para restablecer a las recurrentes en su derecho fundamental a la no discriminación, y, consiguientemente, a percibir el mismo salario que los trabajadores varones que realizan trabajos iguales o de igual valor integrados en la categoría profesional de Peón, de acuerdo con lo establecido en el Convenio colectivo del Personal Laboral de Establecimientos Sanitarios Dependientes de la Comunidad de Madrid, basta con anular la Sentencia del Tribunal Central de Trabajo, en cuanto absuelve a la parte demandada y revoca la Sentencia de instancia, adquiriendo así firmeza el fallo de la Sentencia de instancia que reconoció a las actoras el derecho a percibir la cantidad correspondiente a la diferencia salarial que hemos considerado como discriminatoria (STC 145/1991, de 1 de julio). Igualmente, para el restablecimiento de las recurrentes en la integridad de su derecho, se habrá de reconocer el derecho de estas trabajadoras adscritas al departamento de envase, empaquetado y acabado, a percibir la diferencia salarial correspondiente en relación al salario base, es decir, la diferencia que perciben los trabajadores con idénticas categorías adscritos al departamento de producción con quienes la desigualdad de trato no obedece a criterios técnicos racionales desvinculados de toda consideración del sexo (STC 286/1994, de 27 de octubre). Es más, la calificación como discriminatoria de la diferencia de trato en el complemento de calidad y cantidad de las categorías profesionales de oficiales de 1.ª y 2.ª de actividades complementarias, contenidas en la tabla salarial del convenio colectivo de empresa respecto a las categorías de profesionales de 1.ª y 2.ª de industria, implica que se debe declarar el derecho a la igualdad retributiva entre unas y otras categorías en relación a dicho complemento, como remedio necesario para eliminar la desigualdad contraria a la prohibición de discriminación por sexo contenida en el art. 14 de la CE, equiparación que habrá de beneficiar también a los escasos trabajadores del sexo masculino incluidos en las categorías profesionales de oficial 1.ª y 2.ª de actividades complementarias (STC 58/1994, de 28 de febrero).

En definitiva, a falta de resolución judicial que decrete la nulidad o la «inaplicación singular» del convenio por la lesión de los derechos a la igualdad y no discriminación por razón de sexo, los empresarios incluidos en el ámbito de aplicación de la norma convencional están obligados a aplicarla sin que se les pueda obligar a erigirse en guardianes de la legalidad de los convenios colectivos negociados por las asociaciones empresariales. Es más, los mismos carecen de legitimación activa para impugnar el convenio tanto por ilegalidad, al no ser sujetos colectivos, como por lesividad, al no tener la condición de terceros por estar incluidos en el ámbito de aplicación del convenio[56].

Dado el carácter social y democrático del Estado de Derecho que nuestra Constitución erige y la obligación que al Estado imponen los artículos 9.2 y 35 de la Constitución de promover las condiciones para que la igualdad de los individuos y los grupos sean reales y efectivas y la promoción a través del trabajo, sin que en ningún caso pueda hacerse discriminación por razón del sexo, debe entenderse que no se puede privar al trabajador sin razón suficiente para ello de las conquistas sociales ya conseguidas. De esta manera, en el caso de una «medida proteccionista de la mujer» carente de fundamento prevista en el Estatuto del Personal Sanitario Auxiliar Titulado y Auxiliar de Clínica de la Seguridad Social, *«no debe restablecerse la igualdad privando al personal femenino de los beneficios que en el pasado hubiera adquirido, sino otorgando los mismos al personal masculino que realiza idénticos trabajos y actividad profesional...* » (STC 81/1982, de 21 de diciembre). En cambio, según la STC 28/1992, de 9 de marzo, la lesión de la igualdad no se produce, en consecuencia, porque se impongan a los trabajadores varones obligaciones o cargas que no pesan sobre sus compañeras, sino por no hacerles participar también del derecho convencional a un plus de peligrosidad para el transporte nocturno que a éstas se otorga. La satisfacción de la pretensión que el actor dedujo ante el Juzgado de lo Social no podía lograrse en consecuencia, como hubiera ocurrido en este último supuesto, mediante la inaplicación de la norma que mantiene un privilegio en favor de las mujeres, no tanto como norma discriminatoria sino como norma protectora, mediante la extensión de este privilegio, lo que implicaría, en el presente caso, crear una norma nueva, cuya formulación concreta no podría hacerse, además, sino en términos muy inciertos.

56 Por todas, la STS de 27 de septiembre de 2016 (*Tol 5849249*).

2.2. Autonomía individual

2.2.1. Límites: Enumeración

El empresario, al configurar las retribuciones de su plantilla mediante los contratos de trabajo, tiene que respetar los derechos de los trabajadores, singularmente el derecho a la no discriminación por alguna de las causas listadas en el art. 14 de la CE o en el art. 17 del ET[57]. En cambio, las actuaciones singulares de los empresarios privados que corresponden al marco de la autonomía privada [art. 3.1.c) ET] no están vinculadas al cumplimiento del principio de igualdad del art. 14 de la Constitución Española, aunque puedan estarlo en función de otras normas que impongan la necesidad de un trato igual. Este no es el caso del art. 28.2 del ET, si es rectamente entendido, y tampoco lo imponen los arts. 4.2.c) y 17.1 del ET, que contienen desarrollos de cláusula discriminatoria del último inciso del art. 14 de la Constitución Española. En otras palabras, entre particulares el principio de igualdad no juega en sentido absoluto, sino solamente limita la autonomía individual de la voluntad por las causas de discriminación legalmente rechazadas (sexo, raza, religión, etc.).

De esta manera, el empresario gozaría de plena libertad para establecer el salario contractual de sus trabajadores, sin necesidad de justificación alguna, al emanar directamente del principio de libertad de empresa (art. 38 CE)[58]. Siempre que los salarios contractuales

---

57 STJCE de 30 de marzo de 2000 (Asunto C-236/98); STS (CA) de 4 de mayo de 2005 (*Tol 434439*); STSJ del País Vasco de 8 de abril de 2014 (*Tol 4424376*); y SJS núm. 1 de Pamplona de 4 de enero de 2013 (Proc. 853/2012).

58 En este sentido, STS de 14 de mayo de 2014 (*Tol 4330640*) subraya lo siguiente: «*De ahí el distinto alcance de estos principios, porque mientras que el principio de igualdad —en la Ley y en la aplicación de la ley— vincula a los Poderes Públicos, y al convenio colectivo en la medida en que, en nuestro Derecho, tiene una eficacia normativa que transciende el marco normal de una regulación privada, no sucede lo mismo con la tutela antidiscriminatoria, que por la especial intensidad de su protección se proyecta en el ámbito de las relaciones privadas. Esto es así, porque en estas relaciones la exigencia de igualdad debe armonizarse con otros principios o valores constitucionales y fundamentalmente el de la libertad (arts. 1 y 10 CE), que se proyecta no sólo en el reconocimiento de la libertad de empresa (art. 38 CE),*

no fueran discriminatorios y permitieran controlar la ausencia de discriminaciones o diferenciaciones por motivos ilícitos en su aplicación posterior serían válidos. Sin embargo, de conformidad con la doctrina constitucional, «*una decisión empresarial de diferenciación salarial adoptada en el ejercicio de la autonomía de la voluntad podría, aun sin ser estrictamente discriminatoria, resultar constitucionalmente reprochable en la medida en que fuera por completo irracional, arbitraria o directamente maliciosa o vejatoria*»[59]. Por lo tanto, los salarios contractuales también deben ser objetivos y tener un motivo o fundamento razonable, no pudiendo ser meramente caprichosos, irracionales o arbitrarios[60].

---

sino en general en la autonomía privada, que ha de verse como la proyección de la libertad en el ámbito de la ordenación de los intereses privados. Como señala la STC 34/1984, la exclusión de un principio absoluto de igualdad en el marco de las relaciones laborales entre sujetos privados «no es otra cosa que el resultado de la eficacia del principio de autonomía de la voluntad, que, si bien aparece fuertemente limitado en el Derecho del Trabajo, por virtud, entre otros factores, precisamente del principio de igualdad, no desaparece, dejando un margen en que el acuerdo privado o la decisión unilateral del empresario en ejercicio de sus poderes de organización de la empresa, puede libremente disponer la retribución del trabajador respetando los mínimos legales o convencionales». Por ello, concluye esta decisiva sentencia que «en la medida en que la diferencia salarial no posea un significado discriminatorio por incidir en alguna de las causas prohibidas por la Constitución o el Estatuto de los Trabajadores, no puede considerarse como vulneradora del principio de igualdad». Así lo ha venido declarando esta Sala no sólo en las sentencias citadas, sino en otras a las que enseguida aludiremos. La propia ordenación del sistema de fuentes laboral parte del reconocimiento de este papel de la autonomía de la voluntad, pues lo que impone el artículo 3 del Estatuto de los Trabajadores es una articulación de las distintas regulaciones —normativas y contractuales— a partir del principio de norma mínima, de forma que el contrato de trabajo podrá siempre, salvo supuestos excepcionales de reglas de derecho necesario absoluto, mejorar los condiciones mínimas establecidas por la Ley y el convenio colectivo, sin someterse a una exigencia absoluta de trato igual, que establecería una extraordinaria rigidez en la contratación y un control exorbitante de la discrecionalidad de la gestión empresarial privada; control que sería además muy difícil de instrumentar en la práctica».

59 STC 36/2011, de 28 de marzo.

60 A este respecto, puede traerse a colación el supuesto de hecho contemplado por la STS de 14 de mayo de 2014 (*Tol 4330640*) en relación a un plus voluntario y absorbible a las cameras de pisos en cuantía inferior a los trabajadores que prestan servicios en bares y cocina, perteneciendo al mismo nivel retributivo, y que son en su mayoría hombres; a pesar de no estar vinculado expresamente a circunstancia laboral o prestacional alguna:

En definitiva, los salarios contractuales, aun siendo subjetivos, no pueden ser completamente arbitrarios ni totalmente discrecionales, sino que deben estar justificados más allá de la mera voluntad u opinión del empresario. El problema, sin embargo, consiste en discernir cuándo una diferencia retributiva responde a razones subjetivas pero justificadas, y cuándo responde a simple razones arbitrarias.

2.2.2. Vulneración de los principios de igualdad y no discriminación por razón de sexo: Efectos

En caso de nulidad por discriminación salarial por razón de sexo, el trabajador «*tendrá derecho a la retribución correspondiente al trabajo igual o de igual valor*» (art. 9.3 ET).

«...aunque el empresario, en ejercicio de su libertad y su autonomía de la voluntad, no se encuentra normalmente sometido al principio de igualdad en los términos arriba expuestos, y, por tanto, podría establecer diferencias en unas retribuciones que excedían de la norma convencional, por el contrario, no podía hacerlo si con ello instituía distinciones que, a falta de prueba y explicaciones en contrario, sólo se basaban en el sexo de sus destinatarios.

Así pues, tratándose de un plus voluntario, no vinculado expresamente a circunstancia laboral o prestacional alguna, precisamente por ello, en principio, es claro que el beneficio nada tiene que ver con una hipotética mayor cualificación o dedicación que pudiera derivar de los conocimientos adquiridos por sus receptores. Al revés, la ausencia de cualquiera de tales circunstancias evidencia que, de forma aparentemente neutra y objetiva, la empresa asigna el plus al margen de cualquier capacitación profesional de quienes lo perciben o con independencia de la calidad o cantidad de la prestación laboral: se trata simplemente de un plus voluntario, cuya finalidad, según quedó acreditado no era más que «compensar las tareas de los trabajadores».

Y aunque precisamente, por esa liberalidad, el empresario privado no está obligado a otorgar un trato igual o uniforme a todos sus trabajadores, pudiendo establecer aquellas diferencias que le parezcan más convenientes en orden a sus propios intereses empresariales, lo que no puede hacer, sin demostrar que exista para ello una causa objetiva y razonable que lo justifique, es asignar unas cantidades significativamente inferiores en los departamentos integrados exclusivamente por mujeres (10,37 € mensuales por persona en el de «pisos») respecto a las que otorga en los departamentos muy mayoritariamente ocupados por hombres (118,42 y 168,19 €/mes en «cocina» y «bares», respectivamente)».

3. *Las medidas de acción positiva en favor de las mujeres*

Pese a lo anteriormente dicho, tanto los arts. 1.1 y 9.2 de la CE como los arts. 11 y 43 de la LOI, 17.2, 3 y 4 del ET y 2.2 y 10.2 de la Ley 15/2022 ofrecen apoyo a las medidas de «acción positiva» que supongan un trato más favorable para ciertos colectivos, sobre todo personas con discapacidad y mujeres, para superar situaciones históricas de desigualdad o compensar situaciones fácticas desfavorables.

Ciertamente, la consecución de la igualdad real en los términos establecidos en el art. 9.2 de la CE no solo autoriza sino que incluso obliga a los Poderes Públicos a que establezcan medidas diferenciadoras en beneficio de los integrantes de los colectivos protegidos. Esta finalidad justifica también la posibilidad de que las acciones positivas formen parte de los convenios colectivos y de la actuación empresarial. Estas medidas diferenciales o medidas de acción positiva no constituyen, pues, excepciones al principio de no discriminación sino manifestaciones del principio de igualdad real. La previsión de las medidas de acción positiva se encuentra recogida expresamente en los arts. 3 de la Directiva 2006/54/CE, 11 y 43 de la LOI, 17.2, 3 y 4 y 24.2 del ET y 10.2 de la Ley 15/2022.

Pero la normativa reseñada sólo permite mantener o adoptar medidas que ofrezcan ventajas concretas destinadas a evitar o compensar desventajas en la carrera profesional, con objeto de garantizar la plena igualdad entre hombres y mujeres en la vida laboral. Y la fijación de un requisito de edad para la jubilación diferente según el sexo no puede compensar las desventajas a las que están expuestas las carreras de las trabajadoras, ayudándolas en su vida profesional y poniendo remedio a los problemas con los que pueden encontrarse durante su carrera profesional, por lo que no es admisible como medida de discriminación positiva, tal y como subraya la STJCE de 5 de mayo de 2022 (Asunto C-405/20).

A mayor abundamiento, la protección de la mujer por sí sola no es razón suficiente para justificar la diferenciación, ni es suficiente tampoco que el sujeto beneficiario de la protección sea la mujer en cuanto tal mujer, pues ello, en tales términos, es evidentemente contrario al art. 14 de la CE. De este modo, la prohibición de la discriminación por razón de sexo requiere y admite la existencia de medidas singulares en favor de la mujer, que traten de corregir una situación desigual de partida por el hecho biológico de ser mujer (embarazo, maternidad y lactancia natural) y de medidas de acción positivas o similares para superar situaciones históricas de desigualdad o compensar situaciones fácticas desfavorables, pero, al mismo tiempo, exige la eliminación, en principio, de las normas protectores del trabajo femenino, y que pueden suponer en sí mismas un obstáculo para el acceso real de la mujer al empleo en igualdad de condiciones de trabajo con los varones. Ha de valorarse, en consecuencia, si la norma convencional es una norma «protectora», que responde a una consideración no igual de la mujer como trabajadora y que, por ello, sería constitucionalmente ilegítima o si, al contrario, es una medida tendente a compensar una desigualdad de partida y que trata de lograr una igualdad efectiva de acceso y de mantenimiento del empleo de la mujer en relación con el varón. Y cuando se establece para la mujer una retribución superior por el trabajo en domingo[61] o un plus de peligrosidad para el transporte nocturno[62], no estamos ante medidas establecidas para favorecer la promoción del trabajo de la mujer, sino más bien, al conectarse con la diferente forma de llevar a cabo el trabajo nocturno por el personal femenino y el masculino o con la eventual peligrosidad del transporte por la noche, respectivamente, se parte de una noción diferenciadora de la mujer a la que se supone sujeta a unos inconvenientes o riesgos que nunca amenazan al varón, y por ello mismo, han de calificarse como de medidas protectoras en favor de la mujer.

---

61 STC 81/1982, de 21 de diciembre.

62 STC 28/1992, de 9 de marzo.

Capítulo Segundo

Medidas específicas de promoción de la igualdad entre mujeres y hombres en las empresas

I. ENUMERACIÓN

Las empresas están obligadas a respetar la igualdad de trato y de oportunidades en el ámbito laboral y, con esta finalidad, deberán adoptar medidas dirigidas a evitar cualquier tipo de discriminación laboral entre mujeres y hombres.

Las medidas para promover la igualdad entre mujeres y hombres en el ámbito laboral son susceptibles de la siguiente ordenación:

1.ª) Adopción de un plan de igualdad.

2.ª) Medidas específicas para promover la igualdad en la clasificación profesional, acceso al empleo y promoción profesional.

3.ª) Medidas específicas contra la discriminación retributiva.

4.ª) Medidas específicas para facilitar la conciliación personal, familiar y laboral y promover el ejercicio corresponsable de dichos derechos.

5.ª) Medidas específicas para prevenir el acoso sexual y el acoso por razón de sexo en el trabajo.

Estas medidas se deberán negociar, y en su caso acordar, con los representantes de los trabajadores en la forma en que se determine en la legislación laboral (art. 45.1 LOI).

II. LA ELABORACIÓN E IMPLANTACIÓN DE UN PLAN DE IGUALDAD

1. *Normativa aplicable*

Las medidas citadas en el apartado anterior incluyen, en ciertos casos, la elaboración y aplicación de un plan de igualdad. La regulación de este instrumento se encuentra en los arts. 45 y siguientes de la LOI y en el RD 901/2020 de 13 de octubre —que se ha considerado ajustado a derecho por la STS (CA) de 28 de marzo de 2022 (*Tol 8900493*)—. Este real decreto entró en vigor el 14 de enero de 2021 (DF 3.ª RD 901/2020) y los planes de igualdad vigentes en esa fecha, debieron adaptarse al mismo en el plazo previsto para su revisión y, en todo caso, en un plazo máximo de doce meses, previo proceso negociador (DT Única RD 901/2020)[63].

2. *Planes de igualdad: concepto*

Los planes de igualdad de las empresas *«son un conjunto ordenado de medidas, adoptadas después de realizar un diagnóstico de situación, tendentes a alcanzar en la empresa la igualdad de trato y de oportunidades entre mujeres y hombres y a eliminar la discriminación por razón de sexo»* (art. 46.1 LOI). A tales efectos, los mismos *«fijarán los concretos objetivos de igualdad a alcanzar, las estrategias y prácticas a adoptar para su consecución, así como el establecimiento de sistemas eficaces de seguimiento y evaluación de los objetivos fijados»* (art. 46.1 LOI).

3. *Empresas obligadas a elaborar y aplicar un plan de igualdad*

3.1. Empresas: privadas o públicas

La condición de empresas viene referida a todas las empresas tanto privadas como públicas (estatales, autonómicas o locales), con exclusión de las Administraciones Púbicas incluidas en el ámbito de

---

[63] Cfr. la SAN de 15 de diciembre de 2020 (*Tol 8255286*).

aplicación del EBEP que se rigen por lo dispuesto en la DA 7.ª de esta disposición legal. En cambio, el personal laboral del sector público empresarial o fundacional, integrado por las entidades públicas empresariales, sociedades de capital íntegramente público y fundaciones del sector público, se rige por la legislación laboral general sin que se prevea salvedad o peculiaridad alguna a este respecto [arts. 106.1, 117.4 y 132.3 Ley 40/2015, de 1 de octubre, de Régimen Jurídico del Sector Público (LRJSP)]. Y, por consiguiente, estas entidades están obligadas a elaborar los planes de igualdad en los términos previstos en los arts. 45 y siguientes de la LOI y en el RD 901/2020. Ciertamente, quedan comprendidas en el ámbito de aplicación de esta normativa *«todas las empresas comprendidas en el artículo 1.2 del Estatuto de los Trabajadores, con independencia del número de personas trabajadoras en plantilla, de acuerdo con lo establecido en el artículo 45.1 y 48 de la Ley Orgánica 3/2007, de 22 de marzo»* (art. 2.1 RD 901/2020). A mayor abundamiento, según determina el punto 1.3 del Anexo 2.V del RD 901/2020, entre los datos registrales de la empresa en la hoja estadística del plan de igualdad debe figurar la *«Titularidad de la empresa. Privada, Pública (estatal, autonómica, municipal)»*.

3.2. Supuestos

Las medidas de promoción de la igualdad deberán dirigirse a la elaboración y aplicación de un plan de igualdad en los siguientes supuestos (art. 45.2, 3 y 4 LOI):

a) Cuando la empresa emplee a cincuenta o más trabajadores.

b) Cuando así se establezca en el convenio colectivo que sea aplicable en la empresa de que se trate.

c) Cuando la autoridad laboral acuerde en un procedimiento sancionador la sustitución de las sanciones accesorias por la elaboración de un plan de igualdad.

La elaboración y aplicación de planes de igualdad será voluntaria para las demás empresas, previa consulta a la representación legal de los trabajadores y trabajadoras (art. 45.5 LOI). Para impulsar la adopción voluntaria de planes de igualdad, el Gobierno establecerá medidas de fomento, especialmente dirigidas a las pequeñas y medianas empresas, que incluirán el apoyo técnico necesario (art. 49 LOI).

3.2.1. Empresas de 50 o más trabajadores

Las empresas que empleen a cincuenta o más trabajadores deberán elaborar y aplicar un plan de igualdad (art. 45.2 LOI).

No obstante, irá progresivamente descendiendo el número de trabajadores de la empresa que requiere plan de igualdad, porque en 2019 la obligación afectaba a las empresas de más de 250 trabajadores en los siguientes términos (DT 12.ª LOI):

1.º) Desde el 7 de marzo de 2020, lo deben tener todas las empresas con más de 150 personas en plantilla.

2.º) A partir del 7 de marzo de 2021, deberán tenerlo todas las empresas con más de 100 personas en plantilla.

3.º) A partir del 7 de marzo de 2022, deberán tenerlo todas las empresas de 50 a 100 personas en plantilla.

Por su parte, el art. 3 del RD 901/2020 desarrolla la *«Cuantificación del número de personas trabajadoras de la empresa»* en los siguientes términos, que, por su complejidad, reproducimos en sentido literal:

> *«1. A los efectos de lo dispuesto en el artículo 45.2 de la Ley Orgánica 3/2007, de 22 de marzo, para el cálculo del número de personas que dan lugar a la obligación de elaborar un plan de igualdad, se tendrá en cuenta la plantilla total de la empresa, cualquiera que sea el número de centros de trabajo de aquella y cualquiera que sea la forma de contratación laboral, incluidas las personas con contratos fijos discontinuos, con contratos de duración determinada y personas con contratos de puesta a disposición.*
>
> *En todo caso, cada persona con contrato a tiempo parcial se computará, con independencia del número de horas de trabajo, como una persona más.*
>
> *A este número de personas deberán sumarse los contratos de duración determinada, cualquiera que sea su modalidad que, habiendo estado vigentes en la empresa durante los seis meses anteriores, se hayan extinguido en el momento de efectuar el cómputo. En este caso, cada cien días trabajados o fracción se computará como una persona trabajadora más.*

> *2. El cómputo derivado de los cálculos previstos en el apartado anterior deberá efectuarse a efectos de comprobar que se alcanza el umbral de personas de plantilla que hace obligatorio el plan de igualdad, al menos, el último día de los meses de junio y diciembre de cada año.*
> *3. Una vez alcanzado el umbral que hace obligatorio el plan de igualdad, cualquiera que sea el momento en que esto se produzca, nacerá la obligación de negociar, elaborar y aplicar el plan de igualdad. Esta obligación se mantendrá aun cuando el número de personas trabajadoras se sitúe por debajo de cincuenta, una vez constituida la comisión negociadora y hasta que concluya el periodo de vigencia del plan acordado en el mismo, o en su caso, durante cuatro años.»*

De este modo, el cómputo mencionado anteriormente se realizará sobre la plantilla total de la empresa correspondiente, cualquiera que sea el número de centros de trabajo de aquella y cualquiera que sea el tipo y la modalidad de contratación laboral que vincule a los trabajadores de la empresa (contratos a tiempo completo y a tiempo parcial, contratos indefinidos, fijos discontinuos o de duración determinada y contratos formativos). Igualmente están incluidos en dicho cómputo los trabajadores que se encuentren prestando servicios en las empresas, en virtud de los contratos de puesta a disposición que las mismas hayan celebrado con empresas de trabajo temporal (art. 3.1 RD 901/2020)[64]. En cambio, el personal de contratas de obras y servicios no forma parte de la plantilla de la empresa principal y, por ende, no resulta computable[65].

A los efectos del cómputo del número de trabajadores de las empresas, se tendrán en cuenta las siguientes reglas:

---

64 De conformidad con el art. 42 del Real Decreto Legislativo 1/2013, de 29 de noviembre, por el que se aprueba el Texto Refundido de la Ley General de derechos de las personas con discapacidad y de su inclusión social, a los efectos de la cuota de reserva de puestos de trabajo para personas con discapacidad en la empresas públicas y privadas con 50 o más trabajadores *«igualmente se entenderá que estarán incluidos en dicho cómputo los trabajadores con discapacidad que se encuentren en cada momento prestando servicios en las empresas públicas o privadas, en virtud de los contratos de puesta a disposición que las mismas hayan celebrado con empresas de trabajo temporal»*.

65 ROMERO RÓDENAS, M.ª J., *Planes de igualdad en la empresa privada y en el sector público*, Bomarzo, Albacete, 2021, pág. 23; y SAN MARTÍN RODRÍGUEZ, A.J., *Los planes de igualdad tras su desarrollo reglamentario: antecedentes y propuestas*, Aranzadi, Pamplona, 2021, pág. 143.

a) El período de referencia para dicho cálculo serán los 6 meses inmediatamente anteriores al último día de los meses de junio y diciembre de cada año, durante los cuales se obtendrá el promedio de trabajadores empleados en la totalidad de centros de trabajo de la empresa.

b) Los trabajadores vinculados por contratos indefinidos, fijos discontinuos y contratos de duración determinada, incluidos los formativos y las personas trabajadoras cedidas a través de contratos de puesta a disposición, en vigor el último día de los meses de junio o diciembre de cada año, se computarán como trabajadores fijos de plantilla —tratándose de trabajadores a tiempo parcial, con independencia del número de horas de trabajo—.

c) Los trabajadores temporales cuyos contratos, habiendo estado en vigor en algún momento durante los seis meses anteriores al último día de los meses de junio o de diciembre de cada año, se hayan extinguido en el momento de efectuar el cómputo, se computarán según el número de días trabajados en el correspondiente período de referencia de seis meses: cada 100 días trabajados o fracción se computarán como un trabajador más.

Los criterios para el cómputo de los 50 trabajadores de la empresa, aunque no son iguales, son parecidos a los que se utilizan para la determinación de número de representantes legales de los trabajadores en la empresa en los arts. 72.2 del ET y 9.4 del RD 1844/1994, de 9 de septiembre, por el que se aprueba el Reglamento de elecciones a órganos de representación de los trabajadores de la empresa; y para la determinación de las empresas obligadas al cumplimiento de la cuota de reserva de puestos de trabajo para las personas con discapacidad en la DA 1.ª del Real Decreto 364/2005, de 8 de abril. Y, de ahí, que proceda la aplicación analógica de las reglas previstas en estas disposiciones normativas. Por lo tanto, cuando el cociente que resulte de dividir por 100 el número de días trabajados en el citado período de referencia sea superior al número de trabajadores que se computan, se tendrá en cuenta, como máximo, el total de dichos trabajadores. Y, a los efectos del cómputo de los 100 días trabajados previsto en los párrafos anteriores, se contabilizarán tanto los días efectivamente trabajados como los de descanso semanal, los días festivos y las vacaciones anuales.

d) La cuantificación del número de personas trabajadoras de la empresa a efectos de comprobar que se alcanza el umbral de personas de plantilla que hace obligatorio el plan de igualdad deberá efectuarse, al menos, el último día de los meses de junio y diciembre de cada año (art. 3.2 RD 901/2020).

e) Una vez alcanzado el umbral que hace obligatorio el plan de igualdad, cualquiera que sea el momento en que esto se produzca, nacerá la obligación de negociar, elaborar y aplicar el plan de igualdad (art. 3.3 RD 901/2020). Esta obligación se mantendrá aun cuando el número de personas trabajadoras se sitúe por debajo de cincuenta, una vez constituida la comisión negociadora y hasta que concluya el periodo de vigencia del plan acordado en el mismo, o en su caso, durante cuatro años (art. 3.3 RD 901/2020). A sensu contrario, si durante los tres meses siguientes a la fecha de cómputo que dispone la empresa para constituir la comisión negociadora, se reduce la plantilla por debajo del umbral y no se ha constituido aún la comisión negociadora, decae la obligación de negociar y elaborar el plan de igualdad[66].

3.2.2. Empresas obligadas en virtud de la negociación colectiva

Las empresas de menos de cincuenta trabajadores estarán obligadas a elaborar y aplicar un plan de igualdad cuando así se establezca en el convenio colectivo estatutario que sea aplicable, en los términos previstos en el mismo. De este modo, matizamos el silencio del art. 45.3 de la LOI (referido genéricamente al *«convenio colectivo que sea aplicable»*), refiriéndonos expresamente a los convenios colectivos *«estatutarios»* de eficacia normativa y general. En principio, cabría preguntarse por qué impedir que un convenio colectivo extraestatutario establezca esta obligación. Sin embargo, teniendo en cuenta que los planes de igualdad deben incluir la totalidad de la empresa (art. 46.3 LOI), es evidente que sólo un convenio estatutario dotado de eficacia normativa y general puede cumplir tal requerimiento. Por otra parte, la habilitación se abre a cualesquiera convenios colec-

66 En el mismo sentido, ARAGÓN GÓMEZ, C. y NIETO ROJAS, P., *Planes de igualdad en las empresas*, cit., pág. 55.

tivos estatutarios, ya sean sectoriales de ámbito estatal o inferior, o de empresa. Ahora bien, el nivel donde debe ser cumplida la obligación de negociar los planes de igualdad es siempre el empresarial.

3.2.3. Planes de igualdad sustitutorios de las sanciones accesorias

De conformidad con el art. 45.4 de la LOI, las empresas también elaborarán y aplicarán un plan de igualdad, previa negociación o consulta, en su caso, con la representación legal de los trabajadores y trabajadoras, *«cuando la autoridad laboral hubiera acordado en un procedimiento sancionador la sustitución de las sanciones accesorias por la elaboración y aplicación de dicho plan, en los términos que se fijen en el indicado acuerdo»*. Este artículo es completado por el art. 46 bis.2 de la LISOS, según versión de la LOI.

La sustitución de las sanciones accesorias por la elaboración y aplicación de un plan de igualdad en la empresa infractora se sujetará a los siguientes requisitos y exigencias:

a) La conmutación tiene su origen en los arts. 45.4 de la LOI y 46 bis.2 de la LISOS. Ello no obstante, hay que restringir dicha posibilidad a las empresas que ni por el número de trabajadores ni por convenio colectivo están obligadas a tener planes de igualdad, excluyendo a las empresas que han incumplido el deber de implantar el plan de igualdad y que quedan dentro del tipo infractor del nuevo art. 7.13 de la LISOS.

b) Sólo resultará posible cuando las sanciones accesorias vengan motivadas por la comisión de las infracciones muy graves tipificadas en los arts. 8.12 y 16.2 de la LISOS, derivadas de discriminaciones directas o indirectas por razón de sexo.

c) Ha de acordarla la autoridad laboral en el curso del procedimiento administrativo sancionador del que se desprenden las sanciones accesorias, en los términos establecidos por el Reglamento General sobre procedimientos para la imposición de sanciones por infracciones de orden social y para los expedientes liquidatorios de cuotas de la Seguridad Social.

d) El plan de igualdad habrá de ajustarse al concepto dado por el art. 46 de la LOI y a los términos del acuerdo de la autoridad laboral, que podrá indicar a la empresa, entre otras cuestiones, el procedimiento de elaboración, las materias y medidas específicas sobre las que incidir en el plan, su duración o el plazo en que el que debe realizarse.

Por otra parte, el canje de las sanciones accesorias por la elaboración y aplicación de un plan de igualdad en las empresas infractoras se ajustará a las siguientes reglas procedimentales:

a) Requerirá siempre la previa solicitud de la empresa infractora.

b) La solicitud podrá efectuarse en la fase de alegaciones, a la vista de la propuesta del acta de infracción, o en el recurso ordinario interpuesto contra la resolución sancionadora.

c) La autoridad laboral deberá recabar preceptivamente el informe, que se emitirá en 15 días, del Inspector o Subinspector que practicó el acta de infracción. El contenido del citado informe deberá incluir un breve diagnóstico de situación al menos en la materia que haya sido objeto de sanción, los antecedentes de la empresa si los hubiera, los aspectos que deben contemplarse en las medidas a adoptar para subsanar las deficiencias detectadas, un plazo razonable para la ejecución de las medidas previstas en el plan y aquellas otras circunstancias que el Inspector o Subinspector considere relevantes en función de la situación de la empresa y la gravedad de los hechos.

d) La autoridad laboral podrá solicitar la colaboración y asesoramiento técnico necesario del Instituto de la Mujer o, en su caso, de los Institutos de la Mujer de las Comunidades Autónomas, y el informe del comité de empresa o de los delegados de personal de la empresa infractora.

e) Terminada la instrucción, la autoridad laboral decidirá de forma expresa en la propia resolución sancionadora o en la resolución del recurso ordinario interpuesto contra la misma, según los casos, sobre la sustitución de las sanciones accesorias por la elaboración y aplicación de un plan de igualdad y los términos en que deba llevarse a cabo dicha elaboración y aplicación, en su caso.

f) Una vez adoptado el acuerdo de sustitución, las sanciones accesorias quedarán en estado de pendencia, suspendiéndose el plazo de prescripción de las mismas.

Por último, en el supuesto de que no se elabore o no se aplique el plan de igualdad o se haga incumpliendo manifiestamente los términos establecidos en la resolución de la autoridad laboral, ésta dejará sin efecto la sustitución de las sanciones accesorias en el curso del mismo procedimiento administrativo sancionador que corresponda por la comisión de la infracción tipificada en el art. 8.17 de la LISOS, sin necesidad de otro procedimiento ulterior. A tales efectos, el acta de infracción que por estos incumplimientos extienda la Inspección de Trabajo y de Seguridad Social habrá de reflejar expresamente la propuesta de dejar sin efecto la sustitución de las sanciones accesorias y la resolución sancionadora decidirá de forma expresa sobre dicha propuesta.

Si la autoridad laboral dicta resolución por la que se deja sin efecto la sustitución inicialmente acordada, sobre la empresa incumplidora recaerá la imposición de las sanciones accesorias de las que en un principio quedó condicionalmente liberada, en los siguientes términos:

a) La pérdida automática de las ayudas, bonificaciones y beneficios derivados de los programas de empleo se aplicará desde la fecha del ilícito discriminatorio del que traen causa las sanciones accesorias, quedando obligada la empresa, en todo caso, a la devolución de las cantidades obtenidas indebidamente.

b) La exclusión del acceso a dichas ayudas y beneficios se producirá durante los seis meses siguientes a la fecha de la resolución de la autoridad laboral por la que se acuerda dejar sin efecto la suspensión de las sanciones accesorias.

4. Ámbito de los planes de igualdad

4.1. Ámbito funcional

Los planes de igualdad sólo pueden implantarse en el ámbito de una empresa (**a**) o de un grupo de empresas (**b**).

a) Los planes de igualdad de empresa son únicos para el conjunto de los trabajadores de cada empresa, con independencia de que la misma cuente con diversos centros de trabajo, secciones o departamentos, quedando excluida la negociación y aplicación de planes de igualdad de ámbito infra empresarial (arts. 45.2, 3 y 4 LOI y 2.5 RD 901/2020). Ahora bien, los planes de igualdad pueden establecer *«acciones especiales adecuadas respecto a determinados centros de trabajo»* (arts. 46.3 LOI y 10.1 RD 901/2020).

b) Las empresas que componen un grupo empresarial podrán elaborar un plan único para todas o parte de las empresas del grupo; posibilidad que no afecta a la obligación, en su caso, de las empresas no incluidas en el plan de grupo de disponer de su propio plan de igualdad (art. 2.5 RD 901/2020). El plan de igualdad de grupo deberá tener en cuenta la actividad de cada una de las empresas que lo componen y los convenios colectivos que les resultan de aplicación, incluir información de los diagnósticos de situación de cada una de estas, y justificar la conveniencia de disponer de un único plan de igualdad para varias empresas de un mismo grupo (art. 2.5 RD 901/2020).

4.2. Ámbito personal

Los planes de igualdad *«incluirán a la totalidad de las personas trabajadoras de la empresa»* (arts. 46.3 LOI y 10.1 RD 901/2020). Por consiguiente, quedan comprendidos en el ámbito de aplicación del plan de igualdad de una empresa todos los trabajadores por cuenta ajena a su servicio sujetos a una relación laboral ordinaria, ya sean fijos o con contrato de trabajo de duración determinada, o con cualquier modalidad contractual, siendo indiferente el Régimen de la Seguridad Social en el que estén encuadrados. También quedarán comprendidos los trabajadores sujetos a una relación laboral especial cuando su normativa específica, a pesar de carecer de referencia alguna al tema de los planes de igualdad, registros y auditorias retributivos, declare aplicable como legislación supletoria la laboral común, como sucede con los deportistas profesionales[67], artistas en espectáculos públicos[68], representantes de comercio[69], empleados al servicio del hogar familiar[70], trabajadores con discapacidad que trabajan en centros especiales de empleo[71], especialistas en Ciencias de la Salud[72], profesores de religión en centros públicos[73] y abogados que prestan servicios en despachos de abogados[74]. Por el contrario, los trabajadores sujetos a relaciones laborales especiales quedarán excluidos del ámbito de aplicación del RD 901/2020, cuando las normas reguladoras de aquéllas, omitiendo cualquier referencia sobre el tema que nos ocupa, tampoco prevean como legislación supletoria la laboral común, como podría apreciarse en el RD 782/2001, de 6 de julio —reclusos en las instituciones penitenciarias—. Sin embargo, a pesar del tenor del art. 3 del RD 1382/1985, de 1 de agosto, el personal laboral de alta dirección debe quedar comprendido en el ámbito de aplicación del plan de igualdad, ya que el diagnóstico y el registro retributivo se extienden *«a todos los niveles jerárquicos de la empresa»* y a toda la plantilla, incluido el personal directivo y los altos cargos, respectivamente (arts. 7.2 RD 901/2020 y 5.1 RD 902/2020)[75].

Por otra parte, la STS de 13 de noviembre de 2019 (*Tol 7593852*) ha precisado que, conformidad con el párrafo cuarto del art. 11.1 de la Ley 14/1994, de 1 de junio, por la que se regulan las empresas

---

67 Cfr. art. 21 del RD 1006/1985, de 26 de junio, por el que se regula la relación laboral especial de los deportistas profesionales.

68 Cfr. art. 12 del RD 1435/1985, de 1 de agosto.

69 Cfr. art. 12 del RD 438/1985, de 1 de agosto, por el que se regula la relación laboral de carácter especial de las personas que intervengan en operaciones mercantiles por cuenta de uno o más empresarios, sin asumir el riesgo y ventura de aquéllas.

70 Cfr. art. 3.b) del RD 1620/2011, de 14 de noviembre, por el que se regula la relación laboral de carácter especial del servicio del hogar familiar.

71 Cfr. art. 9 del RD 1368/1985, de 17 de julio, por el que se regula la relación laboral de carácter especial de los minusválidos que trabajen en los Centros Especiales de Empleo.

72 Cfr. el art. 1.4 del RD 1146/2006, de 6 de octubre.

73 Cfr. el art. 2 del RD 696/2007, de 1 de junio.

74 Cfr. la DA 4ª del RD 1331/2006, de 17 de noviembre.

75 En el mismo sentido, ROMERO RÓDENAS, M.ª J., *Planes de igualdad en la empresa privada...*, cit., pág. 24.

de trabajo temporal (LETT), y del principio general de igualdad de trato entre hombres y mujeres, los trabajadores puestos a disposición tienen derecho a que se les apliquen las medidas contenidas en el plan de igualdad de la empresa usuaria, sin que el hecho de que puedan acumular a estas las previstas en el plan de la ETT, mientras dure la puesta a disposición, pueda reputarse contrario al derecho a la negociación colectiva ni al contenido del convenio de las empresas de trabajo temporal. Ciertamente, el art. 11.1 de la Ley 14/1994, de 1 de junio, por la que se regulan las empresas de trabajo temporal (LETT), determina que los trabajadores contratados para ser cedidos tienen derecho *«a que se les apliquen las mismas disposiciones que a los trabajadores de la empresa usuaria en materia de protección de las mujeres embarazadas y en período de lactancia, y de los menores, así como a la igualdad de trato entre hombres y mujeres y a la aplicación de las mismas disposiciones adoptadas con vistas a combatir las discriminaciones basadas en el sexo, la raza o el origen étnico, la religión o las creencias, la discapacidad, la edad, la orientación e identidad sexual, la expresión de género o las características sexuales»* y estas comprenden, sin género de dudas, las medidas que se contienen en el plan de igualdad de la empresa usuaria. Tampoco el hecho de que el trabajador puesto a disposición pueda acumular las medidas contenidas en los planes de igualdad de la ETT y de la empresa usuaria, mientras dure su puesta a disposición, puede reputarse contrario al derecho a la negociación colectiva ni al contenido del convenio de las empresas de trabajo temporal, puesto que ni se impide el ejercicio del derecho reconocido en el art. 37.1 del texto constitucional ni mucho menos se afecta o desconoce lo que se contiene en el convenio colectivo de las empresas de trabajo temporal, en la medida en que el ejercicio de los derechos contenidos en el plan de igualdad de la empresa usuaria no impide ni restringe el disfrute de los que haya establecido tal convenio. Y así lo viene a confirmar el art. 10.2 del RD 901/2020, al disponer expresamente que, de acuerdo con el párrafo cuarto del art. 11.1 de la LETT, *«las medidas que se contengan en el plan de igualdad de la empresa usuaria serán aplicables a las personas trabajadoras cedidas por empresas de trabajo temporal durante los períodos de prestación de servicios»*.

5. Las fases de elaboración de los planes de igualdad

El procedimiento para la elaboración de los planes de igualdad comprende dos fases: la previa de diagnóstico de la situación en la empresa y la de elaboración del plan de igualdad.

5.1. Diagnóstico de situación

5.1.1. Concepto

El diagnóstico de situación tiene carácter previo a la elaboración del plan de igualdad y consiste en el resultado del proceso de toma y recogida de datos en aras *«a identificar y a estimar la magnitud, a través de indicadores cuantitativos y cualitativos, de las desigualdades, diferencias, desventajas, dificultades y obstáculos, existentes o que puedan existir en la empresa para conseguir la igualdad efectiva entre mujeres y hombres»* (art 7.1 RD 901/2020)[76]. De este modo, el diagnóstico permite obtener *«la información precisa para diseñar y establecer las medidas evaluables que deben adoptarse, la prioridad en su aplicación y los criterios necesarios para evaluar su cumplimiento»*.

5.1.2. Ámbito

El diagnóstico, como parte del plan de igualdad, incluirá *«la totalidad»* de la empresa (art. 46.3 LOI). Por consiguiente, deberá extenderse a todos los trabajadores, puestos y centros de trabajo de la empresa, constatando en ellos la existencia o inexistencia de discriminaciones directas e indirectas por razón de sexo, y analizando los efectos que para mujeres y hombres tienen el conjunto de las actividades de los procesos técnicos y productivos, la organización del

---

[76] Como subraya la STS de 1 junio de 2021 (*Tol 8473606*), la entrada en vigor del RD- ley 6/2019 no implica la invalidación del diagnosticó de la situación, que sirvió de base para la negociación, efectuado por la empresa con anterioridad, al ajustarse a los parámetros legal y convencionalmente establecidos cuando se realizó y respecto al que no se identificaron posibles y concretas deficiencias que pudieren invalidarlo.

trabajo y las condiciones en que este se presta, incluida la prestación del trabajo habitual, a distancia o no, en centros de trabajo ajenos o mediante la utilización de personas trabajadoras cedidas a través de contratos de puesta a disposición, y las condiciones, profesionales y de prevención de riesgos laborales, en que este se preste (art 7.2 RD 901/2020). El análisis deberá extenderse también a todos los niveles jerárquicos de la empresa y a su sistema de clasificación profesional, incluyendo datos desagregados por sexo de los diferentes grupos, categorías, niveles y puestos, su valoración, su retribución, así como a los distintos procesos de selección, contratación, promoción y ascensos (art 7.2 RD 901/2020).

5.1.3. Contenido

A la hora de elaborar el diagnóstico de situación, debe partirse del carácter complejo y pluridimensional de la brecha laboral entre mujeres y hombres. Ciertamente, las causas subyacentes de la discriminación de las mujeres en el ámbito laboral son varias y diferentes, a saber[77]: a) Las trabas, no siempre visibles ni fáciles de probar, en el acceso de las mujeres al empleo. b) La segregación horizontal del mercado de trabajo: las mujeres se concentran en un número más reducido de sectores y profesiones, por lo general, menos valorados, más precarios y peor remunerados. c) La segregación vertical del mercado de trabajo: las mujeres suelen ocupar los puestos de trabajo más bajos y peor remunerados de la organización empresarial y se encuentran con más dificultades para promocionar en la empresa. d) La brecha salarial entre hombres y mujeres. e) El impacto negativo de la maternidad en el empleo y la dificultad para conciliar el trabajo, la vida familiar y personal, así como la distribución desigual de las responsabilidades familiares y domésticas, que llevan a una mayor proporción de mujeres a ocupar empleos a tiempo parcial y a interrumpir repetidamente sus carreras profesionales. f) La igualdad de las mujeres en ocasiones es coartada por una de las manifestacio-

---

77 Por todos, RODRÍGUEZ GONZÁLEZ, S., *La no discriminación retributiva por causa del sexo y del género. Un derecho constitucional laboral específico*, Bomarzo, Albacete, 2020, págs. 37 y ss.

nes de discriminación y violencia por razón de sexo más extendida y al mismo tiempo más invisibilizada por su compleja identificación dentro del ámbito laboral, como es el acoso sexual y el acoso por razón de sexo.

Por ello, el diagnóstico debe referirse al menos a las siguientes materias (art. 46.2 LOI y art. 7.1 y Anexo RD 901/2020):

a) Condiciones generales

b) Proceso de selección, contratación, formación y promoción profesional.

c) Clasificación profesional, retribuciones y auditorías retributivas.

d) Condiciones de trabajo.

e) Ejercicio corresponsable de los derechos de la vida personal, familiar y laboral.

f) Infrarrepresentación femenina.

j) Prevención del acoso sexual y por razón de sexo.

Para la elaboración del diagnóstico deberá atenderse a los criterios específicos señalados en el Anexo del RD 901/2020 (art. 7.3 RD 901/2020), que desarrolla de forma pormenorizada las materias que forman parte del diagnóstico y los datos e indicadores que deben manejarse en cada una de ellas. Todos los datos e indicadores relativos a cada una de las materias que forman parte del diagnóstico deberán estar desagregados por sexo. Por lo demás, dichos datos, aun separados por sexos, deben estar disociados y no contener datos personales susceptibles de identificar a los trabajadores/as de la empresa[78].

A) Condiciones generales

El diagnóstico contendrá información básica, interna y externa, de las características, estructura organizativa y situación de cada em-

[78] STS (CA) de 28 de marzo de 2022 (*Tol 8900493*).

presa individualmente considerada, atendiendo, en su caso, a las peculiaridades de cada centro de trabajo y de la actividad desarrollada:

a) Información relativa, al menos, al sector de actividad, dimensión de la empresa, historia, estructura organizativa y dispersión geográfica de la misma, en su caso.

b) Información interna con datos desagregados por sexo en relación, entre otras, a las siguientes cuestiones:

- Distribución de la plantilla por edad, vinculación, tipo de relación laboral, tipo de contratación y jornada, antigüedad, departamento, nivel jerárquico, grupos profesionales, puestos de trabajo y nivel de responsabilidad, nivel de formación, así como su evolución en la promoción en los últimos años.
- Distribución por sexo de la representación de las trabajadoras y trabajadores en relación con la plantilla.

c) Información interna y externa sobre la publicidad, imagen, comunicación corporativa y uso del lenguaje no sexista, información dirigida a la clientela, compromiso con la igualdad de empresas proveedoras, suministradoras, o clientes, etc.

El diagnóstico incluirá una referencia al proceso y la metodología utilizada para llevarlo a cabo, los datos analizados, la fecha de recogida de información y de realización del diagnóstico, así como una referencia a las personas físicas o jurídicas que han intervenido en su elaboración.

En la elaboración del diagnóstico podrán participar, con el objeto de asesorar, a las personas legitimadas para negociar, personas con formación o experiencia específica en igualdad de trato y oportunidades entre mujeres y hombres en el ámbito del empleo y las condiciones de trabajo.

El diagnóstico debe reflejar fielmente en qué medida la igualdad entre mujeres y hombres está integrada en la gestión y estructura de la empresa, así como los ámbitos prioritarios de actuación.

B) Proceso de selección, contratación, formación y promoción profesional

El diagnóstico deberá contener información desagregada por sexo relativa, a:

a) Ingresos y ceses producidos en el último año con indicación de la causa, especificando la edad, vinculación, tipo de relación laboral, tipo de contratación y jornada, nivel jerárquico, grupos profesionales o puestos de trabajo y circunstancias personales y familiares conforme a lo dispuesto en el artículo 88 del Real Decreto 439/2007, de 30 de marzo, por el que se aprueba el Reglamento del Impuesto sobre la Renta de las Personas Físicas y se modifica el Reglamento de Planes y Fondos de Pensiones, aprobado por Real Decreto 304/2004, de 20 de febrero.

b) Criterios y canales de información y/o comunicación utilizados en los procesos de selección, contratación, formación y promoción profesional.

c) Criterios, métodos y/o procesos utilizados para la descripción de perfiles profesionales y puestos de trabajo, así como para la selección de personal, promoción profesional, gestión y la retención del talento.

d) Lenguaje y contenido de las ofertas de empleo y de los formularios de solicitud para participar en procesos de selección, formación y promoción.

e) Perfil de las personas que intervienen en los procesos de selección, gestión y retención del talento y, en su caso, sobre su formación en materia de igualdad y sesgos inconscientes de género.

f) Datos desagregados relativos al número de personas que han recibido formación por áreas y/ o departamentos en los últimos años, diferenciando también en función del tipo de contenido de las acciones formativas, horario de impartición, permisos otorgados para la concurrencia a exámenes y medidas adoptadas para la adaptación de la jornada ordinaria de trabajo para la asistencia a cursos de formación profesional.

Asimismo, se informará sobre la formación necesaria, que habrá de ser proporcionada por la empresa, para la adaptación de la persona trabajadora a las modificaciones operadas en el puesto de trabajo.

g) Datos desagregados relativos a las promociones de los últimos años, especificando nivel jerárquico, grupo profesional, puestos de trabajo, responsabilidades familiares y nivel de formación de origen y de los puestos a los que se ha promocionado, las características de los puestos de trabajo objeto de promoción, indicando si las mismas están vinculadas a movilidad geográfica, dedicación exclusiva, disponibilidad para viajar u otros, e información sobre su difusión y publicidad.

En el diagnóstico se analizará la incidencia en la promoción de la formación, los méritos que se valoran, así como el peso otorgado a la antigüedad de la persona trabajadora, y la adecuación de las capacidades al perfil del puesto de trabajo a cubrir, de conformidad con lo dispuesto en el art. 24 del ET.

C) Clasificación profesional, retribuciones y auditorías retributivas

En materia de clasificación profesional y retribuciones, debe tenerse en cuenta lo siguiente:

a) El diagnóstico deberá realizar una descripción de los sistemas y criterios de valoración de puestos de trabajo, tareas, funciones, y de los sistemas y/o criterios de clasificación profesional utilizados por grupos profesionales, y/o categorías, analizando la posible existencia de sesgos de género y de discriminación directa e indirecta entre mujeres y hombres, conforme a lo dispuesto en el art. 22 del ET. Asimismo, el diagnóstico analizará la distribución de la plantilla conforme al sistema o criterio utilizado para clasificación profesional en la empresa.

b) Para realizar el diagnóstico en materia salarial la empresa facilitará todos los datos desagregados por sexo coincidentes con la realidad, relativos tanto al salario base, como complementos, así como a todos y cada uno de los restantes conceptos salariales y extrasalariales, diferenciando las percepciones salariales de las extrasalariales, así como su naturaleza y origen, cruzados a su vez por grupos, categorías profesionales, puesto, tipo de jornada, tipo de contrato y duración, así como cualquier otro indicador que se considere oportuno para el análisis retributivo. El diagnóstico contendrá tanto los datos a los que se refiere el apartado anterior, como su análisis, con el fin de valorar la existencia de desigualdades retributivas y de qué tipo, indicando su posible origen. Además, deberán ser analizados y recogidos en el diagnóstico los criterios en base a los cuales se establecen los diferentes conceptos salariales. También formarán parte de este diagnóstico el registro retributivo y la auditoría retributiva (Anexo RD 901/2020).

D) Condiciones de trabajo

El diagnóstico recopilará y desagregará por sexo la información necesaria para medir y evaluar, a través de indicadores, cuantitativos y cualitativos, las condiciones de trabajo de todo el personal, incluidos los trabajadores y trabajadoras puestos a disposición en la empresa usuaria, teniendo en cuenta los aspectos generales que afecten al tiempo de trabajo, la movilidad funcional y geográfica, la estabilidad laboral de mujeres y hombres, y en concreto:

a) Jornada de trabajo.

b) Horario y distribución del tiempo de trabajo, incluidas las horas extraordinarias y complementarias.

c) Régimen de trabajo a turnos.

d) Sistema de remuneración y cuantía salarial, incluidos los sistemas de primas e incentivos.

e) Sistema de trabajo y rendimiento, incluido, en su caso, el teletrabajo.

f) Medidas de prevención de riesgos laborales con perspectiva de género.

g) Intimidad en relación con el entorno digital y la desconexión.

h) Sistema de clasificación profesional y promoción en el trabajo, detallando el puesto de origen y destino.

i) Tipos de suspensiones y extinciones del contrato de trabajo.

j) Permisos y excedencias del último año y motivos, por edad, tipo de vinculación con la empresa, antigüedad, departamento, nivel jerárquico, grupos profesionales, puestos de trabajo y nivel de formación.

k) Implementación, aplicación y procedimientos resueltos en el marco del protocolo de lucha contra el acoso sexual y/o por razón de sexo implantado en la empresa.

l) Ausencias no justificadas, especificando causas, por edad, vinculación con la empresa, tipo de relación laboral, tipo de contratación y jornada, antigüedad, departamento, nivel jerárquico, grupos profesionales, puestos de trabajo y nivel de formación.

m) Régimen de movilidad funcional y geográfica, según lo previsto en los arts. 39 y 40 del ET.

n) Las modificaciones sustanciales de las condiciones de trabajo, tal como vienen definidas en el art. 41 del ET, que hayan podido producirse en los últimos tres años.

o) Identificación del número y condiciones de trabajo de las personas trabajadoras cedidas por otra empresa.

p) Las inaplicaciones de convenio realizadas conforme a lo previsto en el art. 82.3 del ET.

También se tendrá en cuenta la implantación y revisión de sistemas de organización y control del trabajo, estudios de tiempos, y valoración de puestos de trabajo y su posible impacto con perspectiva de género.

E) Ejercicio corresponsable de los derechos de la vida personal, familiar y laboral

El diagnóstico contendrá información desagregada por sexo en relación con las siguientes cuestiones:

a) Medidas implantadas por la empresa para facilitar la conciliación personal, familiar y laboral y promover el ejercicio corresponsable de dichos derechos, pues las medidas de conciliación, si no se acompañan de otras acciones pueden perpetuar la división de roles sociales y la dedicación de las mujeres al cuidado de los hijos y familiares[79].

b) Criterios y canales de información y comunicación utilizados para informar a trabajadores y trabajadoras sobre los derechos de conciliación de la vida personal, familiar y laboral.

c) Permisos y excedencias del último año y motivos, desagregados por edad, sexo, tipo de vinculación con la empresa, antigüedad, departamento, nivel jerárquico, grupos profesionales, puestos de trabajo, responsabilidades familiares y nivel de formación.

d) Análisis del modo en que las prerrogativas empresariales afectan particularmente a las personas con responsabilidades de cuidado (por ejemplo, cambios de funciones, distribución irregular de la jornada, cambios de centro sin cambio de residencia, modificaciones sustanciales de las condiciones de trabajo, traslados, desplazamientos...).

F) Infrarrepresentación femenina

El diagnóstico deberá informar sobre la distribución de la plantilla en los puestos de distinto nivel de responsabilidad en función del sexo para identificar la existencia, en su caso, de una infrarrepresentación de mujeres en los puestos intermedios o superiores (segregación vertical). Para ello se analizará:

a) La participación de mujeres y hombres en los distintos niveles jerárquicos, grupos y subgrupos profesionales y su evolución en los cuatro años anteriores a la elaboración del diagnóstico.

b) La correspondencia entre los grupos y subgrupos profesionales y el nivel formativo y experiencia de las trabajadoras y trabajadores.

---

79 ALFONSO MELLADO, C., «Algunas claves para entender la actual configuración jurídica de los planes de igualdad: alcance y contenido», *Femeris*, 2020, Vol. 5, núm. 2, pág. 41.

c) En su caso, la presencia de mujeres y hombres en la representación legal de las trabajadoras y trabajadores y en el órgano de seguimiento de los planes de igualdad.

Para este análisis se tendrán en cuenta los datos obtenidos de los apartados b), c), d) y e) del contenido del diagnóstico relativo al proceso de selección, contratación, formación y promoción profesional.

En este apartado se analizará también la distribución de la plantilla en la empresa, midiendo el grado de masculinización o feminización que caracteriza a cada departamento o área (segregación horizontal). A estos efectos, se recogerá en el diagnóstico el número total de hombres y mujeres en la empresa, así como en cada grupo profesional, categoría profesional y puestos, con el fin de conocer el grado de infrarrepresentación ocupacional femenina.

G) Prevención del acoso sexual y por razón de sexo

En el diagnóstico se deberá realizar una descripción de los procedimientos y/o medidas de sensibilización, prevención, detección y actuación contra del acoso sexual y al acoso por razón de sexo, así como de la accesibilidad de los mismos.

El procedimiento de actuación frente al acoso sexual y al acoso por razón de sexo formará parte de la negociación del plan de igualdad conforme al art. 46.2 de la LOI.

Los procedimientos de actuación contemplarán en todo caso:

a) Declaración de principios, definición de acoso sexual y por razón de sexo e identificación de conductas que pudieran ser constitutivas de acoso.

b) Procedimiento de actuación frente al acoso para dar cauce a las quejas o denuncias que pudieran producirse, y medidas cautelares y/o correctivas aplicables.

c) Identificación de las medidas reactivas frente al acoso y en su caso, el régimen disciplinario.

Además, los procedimientos de actuación responderán a los siguientes principios:

a) Prevención y sensibilización del acoso sexual y por razón de sexo. Información y accesibilidad de los procedimientos y medidas.

b) Confidencialidad y respeto a la intimidad y dignidad de las personas afectadas.

c) Respeto al principio de presunción de inocencia de la supuesta persona acosadora.

d) Prohibición de represalias de la supuesta víctima o personas que apoyen la denuncia o denuncien supuestos de acoso sexual y por razón de sexo.

e) Diligencia y celeridad del procedimiento.

f) Garantía de los derechos laborales y de protección social de las víctimas.

Asimismo, y conforme al art. 48 de la Ley Orgánica 3/2007, de 22 de marzo, las medidas deberán negociarse con la representación de las personas trabajadoras, tales como la elaboración y difusión de códigos de buenas prácticas, la realización de campañas informativas o acciones de formación.

A efectos de la adopción, aplicación, seguimiento y evaluación de los procedimientos específicos para la prevención y protección del acoso sexual y acoso por razón de sexo, podrán tenerse en cuenta los manuales, guías o recomendaciones que elabore la Secretaría de Estado de Igualdad y contra la violencia de género.

Tal y como se recoge en el art. 8.2 del presente real decreto, el plan de igualdad contendrá las medidas que resulten necesarias en virtud de los resultados del diagnóstico, pudiendo incorporar medidas relativas a materias no enumeradas en el art. 46.2 de la Ley Orgánica 3/2007, de 22 de marzo, como violencia de género, lenguaje y comunicación no sexista u otras, identificando todos los objetivos y las medidas evaluables por cada objetivo fijado para eliminar posibles desigualdades y cualquier discriminación, directa o indirecta, por razón de sexo en el ámbito de la empresa.

5.1.4. Procedimiento

El diagnóstico, como elemento esencial de la obligatoriedad de los planes, una vez adoptados, que define su alcance, las estrategias, las medidas y los objetivos, cualquiera que sea su naturaleza y origen, debe ser el producto de una labor técnica de recogida de información, análisis cuantitativo y cualitativo, y al tiempo suponer un consenso sobre la situación de partida de la empresa y sus necesidades específicas. Por consiguiente, la empresa está obligada a recabar todos los datos e indicadores relativos a cada una de las materias que forman parte del diagnóstico y a negociar el diagnóstico con la representación legal de las personas trabajadoras. Ciertamente, el diagnóstico de situación debe ser negociado y elaborado en el seno de la comisión negociadora del plan de igualdad, para lo cual, la dirección de la empresa facilitará a las personas que integran dicha comisión todos los datos e información necesaria para la elaboración del mismo en relación con las materias antes enumeradas, así como los datos del registro retributivo [arts. 46.2 LOI y 5.7 y 6.1.a) RD 901/2020].

5.1.5. Informe de los resultados del diagnóstico

Un resumen del diagnóstico y de sus principales conclusiones y propuestas deberá incluirse en el informe de los resultados del diagnóstico que formará parte del plan de igualdad (art. 7.1 RD 901/2020) y cuya elaboración corresponde a la comisión negociadora [art. 6.1.b) RD 901/2020]. En los planes de igualdad para un grupo de empresas deberá realizarse un informe para cada una de las empresas del grupo [art. 8.2.c) RD 901/2020].

Este informe deberá expresar de forma sintética las prácticas empresariales que suponen una discriminación directa o indirecta para el colectivo femenino y sus posibles causas. Aunque el diagnóstico ponga de manifiesto que no existe ninguna discriminación entre mujeres y hombres, tal circunstancia no exonerará a la empresa de su obligación de elaborar el plan de igualdad cuando se den las condiciones previstas en el art. 45.2, 3 y 4 de la LOI[80].

5.2. Diseño del plan de igualdad

El plan de igualdad contendrá las medidas que resulten necesarias en virtud del diagnóstico, pudiendo incorporar medidas relativas a materias no enumeradas en el art. 46.2 de la LOI, como violencia de género, lenguaje y comunicación no sexista u otras, identificando todos los objetivos y las medidas evaluables por cada objetivo fijado para eliminar posibles desigualdades y cualquier discriminación, directa o indirecta, por razón de sexo en el ámbito de la empresa (art. 8.3 RD 901/2020). En todo caso, si el resultado del diagnóstico pusiera de manifiesto la infrarrepresentación de personas de un sexo determinado en determinados puestos o niveles jerárquicos, los planes de igualdad deberán incluir medidas para corregirla, pudiendo establecer medidas de acción positiva con el fin de eliminar la segregación ocupacional de las mujeres tanto horizontal como vertical, de conformidad con lo previsto en los arts. 11 de la LOI y 17.4 y 24.2 del ET (art. 7.4 RD 901/2020). En cualquier caso, las medidas de igualdad contenidas en el plan de igualdad deberán responder a la situación real de la empresa individualmente considerada reflejada en el diagnóstico y deberán contribuir a alcanzar la igualdad real entre mujeres y hombres en la empresa (art. 8.4 RD 901/2020). En fin, aunque el diagnóstico concluyese en la inexistencia de desigualdad en la empresa, seguirá siendo obligatorio, en su caso, la elaboración del plan de igualdad, introduciendo medidas que eviten la alteración de tal situación.

---

80 Así lo subraya ROMERO RÓDENAS, M.ª J., *Planes de igualdad en la empresa privada...*, cit., pág. 26.

6. El procedimiento para la elaboración y aplicación de los planes de igualdad

6.1. Régimen jurídico aplicable

Las empresas están obligadas a adoptar medidas de promoción de la igualdad entre mujeres y hombres, que *«deberán negociar, y en su caso acordar, con los representantes legales de los trabajadores en la forma que se determine en la legislación laboral»* (art. 45.1 LOI). En el caso de las empresas de 50 o más trabajadores, dichas medidas deberán dirigirse a la elaboración y aplicación de un plan de igualdad que *«deberá ser asimismo objeto de negociación en la forma que se determine en la legislación laboral»* (art. 45.2 LOI). Pues bien, la negociación a la que se refieren esos preceptos y que se debe celebrar en la forma que se determina en la legislación laboral, no es otra que la negociación colectiva prevista en el Título III del ET. Sin embargo, el RD 901/2020, al amparo de la habilitación prevista en la DF 3.ª de la LOI, a fin de mejorar la eficacia de los planes de igualdad e incrementar la seguridad jurídica clarifica algunos temas. Es el caso de los aspectos relacionados con los sujetos llamados a negociar los planes de igualdad, incluidos los diagnósticos, y la constitución de la comisión negociadora, y con el desarrollo del procedimiento de negociación, al resolver cuestiones como las que se plantean cuando la empresa tiene varios centros de trabajo con representación legal de las personas trabajadoras o cuando no existe tal representación legal, situaciones que, dada la extensión de la obligación de elaborar planes de igualdad, se verán incrementadas de manera significativa.

Los planes de igualdad de las empresas incluidas en el art. 45.3 y 4 de la LOI se negociarán en la forma prevista en el convenio o acuerdo sancionador que imponga su implantación y, en su defecto, en la forma prevista en el RD 901/2020 (art. 2.3 RD 901/2020). Pero a pesar de la voluntariedad, las empresas que deciden —como mejora— establecer un plan de igualdad aun no estando obligadas legalmente, no están eximidas de que el citado plan, tanto en su configuración como en su contenido material, responda a las exigencias derivadas de la normativa vigente, por lo que requiere la negociación y acuerdo con los representantes de los trabajadores[81].

La elaboración y aplicación de los planes de igualdad será voluntaria para las empresas no incluidas en el art. 45.2, 3 y 4 de la LOI, previa consulta a la representación legal de los trabajadores y trabajadoras (art. 45.5 LOI). Por consiguiente, las empresas que elaboran un plan de igualdad por decisión propia no están obligadas a negociarlo con los representantes de los trabajadores, siendo suficiente con la consulta previa, que será preceptiva pero no vinculante[82]. No obstante, si lo negocian y en su caso acuerdan tendrán una ventaja a la hora de obtener el distintivo *«Igualdad en la empresa»* [art. 10.1.f) RD 1615/2009, de 26 de octubre, por el que se regula la concesión y utilización del distintivo «Igualdad en la Empresa», y DA 4.ª RD 901/2020]. Por lo demás, el desarrollo que efectúa el RD 901/2020 se dirige a las empresas obligadas a contar con un plan de igualdad, por lo que las que lo implantan de forma voluntaria no están obligadas a observar dicho desarrollo, aunque sea lo aconsejable dada la completitud con la que la norma reglamentaria desarrolla los planes de igualdad.

6.2. El deber de negociar los planes de igualdad

Las empresas obligadas a implantar planes de igualdad deben elaborar y aplicar dichos planes en la forma que se determina a continuación (arts. 45.2, 3, 4 y 5 LOI y 85.1 y 2 ET):

1.º) En las empresas de 50 o más trabajadores, la elaboración y aplicación del plan de igualdad, incluido el diagnóstico previo, deberán ser negociadas por la empresa con los representantes legales de las trabajadoras y trabajadores, respetando, en su caso, lo establecido en el convenio colectivo aplicable (art. 45.2 LOI).

---

81 Cfr. STS de 5 de abril de 2022 (*Tol 8913208*).

82 En el mismo sentido, ARAGÓN GÓMEZ, C. y NIETO ROJAS, P., *Planes de igualdad en las empresas*, cit., pág. 59; y SAN MARTÍN RODRÍGUEZ, A.J., *Los planes de igualdad...*, cit., pág. 55.

Por lo demás, según determina el art. 85.2 del ET, sin perjuicio de la libertad de contratación que se reconoce a las partes, a través de la negociación colectiva se articulará el deber de negociar los planes de igualdad en las empresas de más de 250 trabajadores (50 o más trabajadores, según la versión actual del art. 85.2 del ET) de la siguiente forma:

a) En los convenios colectivos de ámbito empresarial, el deber de negociar *«se formalizará en el marco de la negociación de dichos convenios»*.

b) En los convenios colectivos de ámbito superior a la empresa, el deber de negociar *«se formalizará a través de la negociación colectiva que se desarrolle en la empresa en los términos y condiciones que se hubieran establecido en los indicados convenios para cumplimentar dicho deber de negociar a través de las oportunas reglas de complementariedad»*.

De este modo, el deber de negociar los planes de igualdad siempre debe articularse a nivel de empresa, con independencia de que esta se rija por su propio convenio o por un convenio sectorial. Este precepto impone pues la necesidad de negociar en la empresa las reglas que complementen las disposiciones generales sobre igualdad dispuestas en el convenio de ámbito superior aplicable[83]. Ahora bien, en este último supuesto la empresa deberá ajustarse a los términos y condiciones establecidos al respecto en dicho convenio.

2.º) En las empresas de menos de 50 trabajadores, el convenio colectivo establecerá la forma de elaboración y aplicación de los planes de igualdad (art. 45.3 LOI) y, en su defecto, será de aplicación el RD 901/2020 (art. 2.3 RD 901/2020).

3.º) La elaboración y aplicación negociada o consultada con los representantes legales de los trabajadores de los planes de igualdad sustitutorios de las sanciones accesorias se desarrollará en los términos que se fijen en el acuerdo sancionador (art. 45.4 LOI) y, en su defecto, se aplicará el RD 901/2020 (art. 2.3 RD 901/2020).

En cualquier caso, la falta de acuerdo en la negociación de los planes de igualdad, cuando ésta resulte preceptiva, en ningún caso

---

[83] STS de 11 de marzo de 2014 (*Tol 4177371*).

eximirá a las empresas de su obligación de elaborar y aplicar un plan de igualdad.

Por último, la elaboración y aplicación de los planes de igualdad en las empresas no obligadas a su implantación deberá ir precedida de la consulta a la representación legal de las personas trabajadoras (art. 45.5 LOI).

6.3. Plazo para iniciar el procedimiento de negociación

Sin perjuicio de las mejoras que puedan establecer los convenios colectivos, las empresas deberán iniciar el procedimiento de negociación de sus planes de igualdad, incluidos los diagnósticos previos, mediante la constitución de la comisión negociadora, dentro de los siguientes plazos (art. 4 RD 901/2020):

a) Las empresas de 50 o más trabajadores dentro del plazo máximo de los tres meses siguientes al momento en que hubiesen alcanzado dicho umbral de efectivos, computados de acuerdo con lo dispuesto en el art. 3 del RD 901/2020 (apartado 1).

b) Las empresas obligadas por convenio colectivo a negociar un plan de igualdad dentro del plazo establecido en el propio convenio colectivo, o, en su defecto, dentro de los tres meses posteriores a la publicación del mismo (apartado 2).

c) Cuando la obligación de elaborar y aplicar un plan de igualdad fuere acordada por la autoridad laboral en un procedimiento sancionador, en sustitución de las sanciones accesorias, el plazo para iniciar el procedimiento de negociación, en su caso, será el fijado en dicho acuerdo (apartado 3).

6.4. La constitución de la comisión negociadora

6.4.1. Obligación de constituir la comisión negociadora

El art. 5.1 del RD 901/2020 establece que, *«sin perjuicio de previsiones distintas acordadas en convenio colectivo, y de conformidad con lo previsto en los artículos 45 y 46 de la Ley Orgánica 3/2007, de 22 de marzo, los planes de igualdad, incluidos los diagnósticos previos, deberán ser objeto de negociación con la representación legal de las personas trabajadoras de acuerdo con el presente artículo»* y que *«a tales efectos se constituirá una comisión negociadora en la que deberán participar de forma paritaria la representación de la empresa y la de las personas trabajadoras»*. Previsión que hay que interpretar a la luz de la doctrina jurisprudencial que en cuanto a la legitimación negocial de la parte trabajadora traza una distinción atendiendo a si la empresa emplea o no a 50 o más trabajadores y en su caso a si el plan se ha de implantar de conformidad con las previsiones de un convenio de empresa o de ámbito superior[84]. En empresas de más de 50 empleados es obligatorio negociar el plan de igualdad con arreglo a las normas del ET que regulan la negociación colectiva, lo que implica constituir la comisión negociadora conforme a los arts. 87 a 89 del ET, siendo nulo el plan negociado por la comisión de seguimiento del precedente. Los planes de igualdad en las empresas obligadas convencionalmente a su elaboración y aplicación también deben ser objeto de negociación colectiva, pero cuando es un convenio colectivo de empresa el que establece las pautas para conseguir la igualdad, su desarrollo, la redacción del plan de igualdad, puede hacerse mediante una comisión de ejecución o administración, mientras que si se trata de un convenio de ámbito superior, la implementación de esas medidas a través del plan de igualdad debe realizarse necesariamente mediante una comisión negociadora.

Por lo demás, la comisión negociadora es única y conjunta para todos los trabajadores de la empresa, con independencia del centro de trabajo y del grupo profesional al que pertenezcan, quedando excluida la negociación diferenciada por centros de trabajo o grupos profesionales.

6.4.2. Composición de la comisión negociadora

La negociación de los planes de igualdad se rige por la legislación laboral, siéndole de aplicación lo dispuesto en el Estatuto de los

84 Cfr. las SSTS de 11 de marzo de 2014 (*Tol 4177371*), 14 de febrero de 2017 (*Tol 5985556*) y 25 de mayo de 2021 (*Tol 8453285*); y la SAN de 26 de junio de 2019 (*Tol 7379170*).

Trabajadores también en relación con la constitución de la comisión negociadora. Por ello resultan especialmente relevantes las previsiones contenidas en los arts. 87 a 89 de esta disposición legal[85]. Estos preceptos han sido desarrollados por los apartados 2, 3 y 4 del art. 5 del RD 901/2020, que regulan la composición de la comisión negociadora de los planes de igualdad.

Y así, del lado de los trabajadores, están legitimados para negociar el plan de igualdad de forma alternativa y no acumulativa, bien la representación unitaria (el comité de empresa o los delegados de personal, en su caso), bien la representación sindical (las secciones sindicales que, en su conjunto, sumen la mayoría de los miembros del comité o entre las delegadas y delegados de personal) (arts. 87.1 ET y 5.2 RD 901/2020). La legitimación negocial debe concurrir y acreditarse al inicio de las negociaciones del plan de igualdad, cuando se constituye la comisión negociadora[86]. Y, en fin, estas previsiones normativas forman parte del «orden público negocial», de forma que no existe concesión alguna al libre juego de la autonomía colectiva para que las modifique[87].

Las normas legal y reglamentaria establecen la preferencia en la negociación de las secciones sindicales *«cuando éstas así lo acuerden, siempre que sumen la mayoría de los miembros del comité de empresa o entre las delegadas y delegados de personal»* (arts. 87.1 ET y 5.2 RD 901/2020).

A) Órganos de representación sindical

La intervención como interlocutores ante la dirección de la empresa en el procedimiento de negociación *«corresponderá a las secciones sindicales cuando estas así lo acuerden, siempre que sumen la mayoría de los miembros del comité de empresa o entre las delegadas y delegados de personal»*, esto es, la mitad más uno de los representantes unitarios de la empresa (arts. 87.1 ET y 5.2 RD 901/2020). Por lo demás, la legitimación

---

85 STS (CA) de 28 de marzo de 2022 (*Tol 8900493*).

86 STS de 12 de julio de 2023 (Rec. 136/2021) y SAN de 15 de diciembre de 2020 (*Tol 8255286*).

87 SAN de 2 de junio de 2022 (*Tol 9094479*).

negocial corresponde a las secciones sindicales de empresa a las que se refiere el art. 8.2.b) de la Ley Orgánica 11/1985, de 2 de agosto, de Libertad Sindical (LOLS), es decir, a las secciones sindicales de los sindicatos más representativos a nivel estatal o de Comunidad Autónoma y de los que tengan representación en el comité de empresa o en los delegados de personal[88]. Todas ellas tendrán derecho a formar parte de la comisión negociadora y una representación sindical mayoritaria no podrá excluir a otras legitimadas. La composición de la parte social en la comisión negociadora *«será proporcional a su representatividad»* (art. 5.2 RD 901/2020)[89].

B) Órganos de representación unitaria

A falta de acuerdo de intervención de las secciones sindicales que tengan la representación mayoritaria en los comités de empresa o entre los delegados de personal de empresa, participarán en la comisión negociadora, por parte de las personas trabajadoras, el comité de empresa, las delegadas y los delegados de personal (arts. 87.1 ET y 5.2 RD 901/2020).

No obstante, en este caso habrá que distinguir varios supuestos de hecho, a saber:

a) Si el procedimiento afecta a un único centro de trabajo, corresponderá al comité de empresa o a los delegados de personal (art. 5.2 RD 901/2020).

b) Si el procedimiento afecta a más de un centro de trabajo, la intervención como interlocutores corresponderá, en primer lugar, al comité intercentros, siempre que tenga atribuida esa función en el

---

88 Si en una empresa no todos los sindicatos con presencia en los órganos de representación unitaria han constituido secciones sindicales de ámbito empresarial, a tal negociación deben ser llamados directamente [STS de 22 de junio de 2022 (*Tol 9102108*)]:
- tanto aquellos sindicatos que no hayan constituido la referida sección,
- como aquellos que aun habiéndola constituido, no faculten a la misma con arreglo a sus estatutos para llevar a cabo tal proceso de negociación.

89 Cfr. la SAN de 19 de octubre de 2021 (*Tol 8630571*).

convenio colectivo en que se hubiera acordado su creación (art. 5.2 RD 901/2020).

En otro caso, a una comisión representativa que se constituirá de acuerdo con las siguientes reglas:

1.ª) Si todos los centros de trabajo afectados por el procedimiento cuentan con representantes legales de los trabajadores, la comisión estará integrada por éstos.

2.ª) Si alguno de los centros de trabajo afectados cuenta con representantes legales de los trabajadores y otros no, la comisión estará integrada conjuntamente por los representantes legales de los trabajadores y por la comisión sindical designada conforme se indica en el siguiente epígrafe en representación de las personas trabajadoras de los centros que no cuenten con representación (art. 5.3 RD 901/2020). En este caso la negociadora se compondrá de un máximo de 13 miembros por cada una de las partes (art. 5.3 RD 901/2020).

C) Comisión sindical y comisión híbrida o mixta de representantes unitarios/sindicales

En las empresas en las que no exista representación legal de los trabajadores, estos estarán representados en la comisión negociadora por un máximo de seis miembros designados, según su representatividad, por los sindicatos más representativos y representativos del sector al que pertenezca la empresa y que estuvieran legitimados para formar parte de la comisión negociadora del convenio colectivo de aplicación a la misma, y garantizándose la participación de todos los sindicatos legitimados en proporción a la representatividad en el sector (art. 5.3 RD 901/2020). En los casos en que en una misma empresa se desarrollan dos o más actividades que, aisladamente, quedan comprendidas dentro del ámbito de aplicación de varios convenios colectivos, lo determinante será la legitimación para negociar el convenio colectivo que se corresponda con la actividad principal de la empresa[90].

---

90 SAN de 22 de noviembre de 2021 (*Tol 8673309*).

A fin de tener un conocimiento certero de los sindicatos que tienen derecho a negociar el plan de igualdad, la empresa podrá pedir a la oficina pública donde se registran las actas electorales las certificaciones acreditativas de la representatividad de las organizaciones sindicales en el correspondiente ámbito. Por lo demás, el art. 5.3 del RD 901/2020 alude a *«la convocatoria de la empresa»*, pero no establece ningún requisito formal, por lo que cabe entender que la empresa deber comunicar dicha convocatoria a todos los sindicatos con legitimación negocial, so pena de nulidad de la constitución de la comisión negociadora y de los acuerdos que la misma pueda adoptar, debiendo quedar constancia de la existencia de dicha comunicación y de la fecha en que se ha llevado a cabo[91]. En cualquier caso, esta comisión sindical estará válidamente integrada por aquella organización u organizaciones que respondan a la convocatoria de la empresa en el plazo de diez días (art. 5.3 RD 901/2020). No se especifica que ocurrirá en el caso de que ninguna organización sindical habilitada reglamentariamente responda a la convocatoria para negociar el plan de igualdad. Pero en tal caso nos encontraremos ante un supuesto de ausencia de cualquier tipo de representación en la empresa que pueda negociar el plan de igualdad, lo que podrá justificar la implementación unilateral de un plan de igualdad provisional.

Si alguno de los centros de trabajo afectados cuenta con representantes legales de los trabajadores y otros no, la comisión estará integrada conjuntamente por los representantes legales de los trabajadores y por la comisión sindical designada por los sindicatos más representativos y por los sindicatos representativos del sector al que pertenezca la empresa y con legitimación para formar parte de la comisión negociadora del convenio colectivo de aplicación (art. 5.3 RD 901/2020). La parte social de la comisión negociadora se compondrá de un máximo de 13 miembros por cada una de las partes (art. 5.3 RD 901/2020).

Por lo demás, el art. 5.3 del RD 901/2020, al establecer la composición de la comisión negociadora de los planes de igualdad en las empresas en las que, por no haberse realizado elecciones sindicales,

---

[91] ROMERO RÓDENAS, M.ª J., *Planes de igualdad en la empresa privada...*, cit., pág. 59.

no existen comités de empresa o delegados de personal, traslada y adapta las previsiones que se contienen en el art. 88.2 del ET, a cuyo tenor *«en aquellos sectores en los que no existan órganos de representación de los trabajadores, se entenderá válidamente constituida la comisión negociadora cuando la misma esté integrada por las organizaciones sindicales que ostenten la condición de más representativas en el ámbito estatal o de comunidad autónoma»*, cumpliendo así la función de desarrollo y adaptación de la previsión legal que esta disposición reglamentaria tiene encomendada por la DF 1.ª del RD-l 6/2019, de 1 de marzo, de medidas urgentes para garantía de la igualdad de trato y de oportunidades entre mujeres y hombres en el empleo y la ocupación, la DF 3.ª de la LOI y la DF 2.ª del ET[92]. Además, existe una previsión legal para las comisiones hibridas en el art. 41.4.b).2.° del ET y no se aprecia que exista un rechazo en la jurisprudencia del Tribunal Supremo respecto de su existencia[93].

En cualquier caso, lo que no cabe es la negociación de los planes de igualdad por comisiones de trabajadores creadas *ad hoc* y mucho menos si éstos son nombrados por la propia empresa. Ciertamente, no es factible sustituir a los representantes unitarios o sindicales de los trabajadores por una comisión de trabajadores *ad hoc*, que es una fórmula negociadora excepcional, habilitada por el legislador, cuando no hay representación legal de los trabajadores, para acometer determinadas modalidades de negociación colectiva, anudadas a medidas de flexibilidad interna y externa, como los períodos de consultas de los traslados (art. 40 ET) y modificaciones sustanciales colectivas (art. 41 ET), los expedientes de regulación temporal de empleo (arts. 47 y 47.bis ET), los despidos colectivos (art. 51 ET) y los descuelgues de los convenios colectivos (art. 82.3 ET), sin que dicha representación *ad hoc* pueda utilizarse para la negociación de los convenios colectivos y planes de igualdad, *«cuya eficacia para el cumplimiento de los objetivos perseguidos, requiere que se negocien con representantes que aseguren su eficacia general»*, tal y como subraya la STS de 26 de enero de 2021 (*Tol 8310760*)[94].

---

92 STS (CA) de 28 de marzo de 2022 (*Tol 8900493*).

93 STS (CA) de 28 de marzo de 2022 (*Tol 8900493*).

94 En el mismo sentido, la STS de 14 de febrero de 2017 (*Tol 5985556*).

D) La comisión negociadora en los grupos de empresas

La negociación del plan de igualdad en los grupos de empresas *«se regirá por lo establecido en el artículo 87 del Estatuto de los Trabajadores para los convenios de ese ámbito»* (art. 5.2 RD 901/2020). Por consiguiente, si nos hallamos ante un plan de igualdad único que se aplica a un grupo de empresas en el sentido que a la expresión «grupo» le otorga el art. 87 del ET (un grupo de empresas laboral o una pluralidad de empresas vinculadas por razones organizativas o productivas y nominativamente identificadas en su ámbito de aplicación), la legitimación en representación de los trabajadores será la que se establece en el art. 87.2 del ET para la negociación de los convenios sectoriales (art. 87.1 ET). Dicho precepto determina que estarán legitimados para negociar en representación de los trabajadores los sindicatos que tengan la consideración de más representativos a nivel estatal o de comunidad autónoma, así como los sindicatos que cuenten con un mínimo del 10% de los miembros de los comités de empresa y/o delegados de personal en el ámbito al que se refiera el plan de igualdad[95].

6.4.3. La designación de los miembros de la comisión negociadora

La designación de los miembros de la comisión negociadora corresponde a las partes negociadoras (art. 88.3 ET). En dicha designación deberá promoverse *«la composición equilibrada entre mujeres y hombres de cada una de ambas partes de la comisión negociadora, así como que sus integrantes tengan formación o experiencia en materia de igualdad en el ámbito laboral»* (art. 5.4 RD 901/2020)[96]. Se trata, sin embargo, de un mero *desiderátum* o declaración programática, cuyo incumplimiento no acarreará consecuencia alguna.

Las personas que intervengan en la negociación de los planes de igualdad *«tendrán los mismos derechos y obligaciones que las personas que*

---

95 STS de 5 de abril de 2022 (*Tol 8913208*); y SSAN de 2 de junio de 2022 (*Tol 9094479*) y 14 de noviembre de 2022 (*Tol 9300502*).

96 Cfr. el art. 12.1 de la Ley 15/2022, de 12 de julio, integral para la igualdad de trato y la no discriminación.

intervinieran en la negociación de convenios y acuerdos colectivos» (art. 5.8 RD 901/2020). Y a este respecto debe tenerse en cuenta lo dispuesto en el art. 9.2 de la LOLS, a cuyo tenor *«los representantes sindicales que participen en las comisiones negociadoras de convenios colectivos manteniendo su vinculación como trabajador en activo en alguna empresa, tendrán derecho a la concesión de los permisos retribuidos que sean necesarios para el adecuado ejercicio de su labor como negociadores, siempre que la empresa esté afectada por la negociación»*. Los titulares de este derecho, como dice la ley, son *«los representantes sindicales»* a secas, siempre que sean trabajadores en activo al servicio de una empresa incluida en el ámbito de aplicación de lo pactado, de donde se deduce lo siguiente: 1.º) No es necesario un grado especial de representatividad por parte del sindicato en cuyo nombre está presente el trabajador en la comisión negociadora, salvo la general exigida para negociar; 2.º) no se exige una especial condición de cargo representativo dentro de la organización sindical, siendo suficiente que se le haya designado como miembro de la comisión negociadora.

En cuanto al contenido del derecho la ley es considerablemente generosa, sin establecer limitaciones en cuanto a la duración de los permisos y su finalidad. La finalidad del permiso retribuido será la de realizar cuantas actividades y gestiones sean necesarias *«para el adecuado ejercicio de su labor como negociadores»*, por lo que quedan comprendidas no sólo las horas dedicadas a las sesiones de la mesa negociadora, sino también a cualquier otro tipo de gestión necesaria para la negociación. Además, este crédito es independiente del que pueda disfrutar el trabajador, que participa en la comisión negociadora, bien por su condición de delegado sindical o bien por ser delegado de personal o miembro del comité de empresa. Ahora bien, tal y como subraya la STS de 26 de enero de 2017 (*Tol 5973275*), el permiso que establece el art. 9.2 de la LOLS *«únicamente resulta posible y realizable cuando exista coincidencia temporal entre el trabajo y la negociación del convenio colectivo, careciendo de ningún sentido o utilidad cuando dicha coincidencia no se produce»* y por ello la utilización de la expresión legal *«los permisos retribuidos que sean necesarios para el ejercicio de su labor como negociadores»* implica que *«el derecho al permiso existe en los supuestos en los que el trabajador está presente, como miembro de la comisión negociadora, en la mesa de negociación; y, también, cuando tenga que realizar actividades o gestiones ligadas al proceso de negociación que coincidan temporalmente con su trabajo»*. En consecuencia, es necesario que exista *«una coincidencia temporal entre la actividad negociadora en sentido amplio y el trabajo, salvo en los casos de los trabajadores que realizan trabajo nocturno en cuyo caso, la jurisprudencia de la Sala, no ha exigido esa incompatibilidad horaria con el fin de preservar el contenido del derecho a los permisos»*.

En contrapartida, las personas que integran la comisión negociadora, así como, en su caso, las personas expertas que las asistan *«deberán observar en todo momento el deber de sigilo con respecto a aquella información que les haya sido expresamente comunicada con carácter reservado»* (art. 5.8 RD 901/2020). En todo caso, ningún tipo de documento entregado por la empresa a la comisión podrá ser utilizado fuera del estricto ámbito de aquella ni para fines distintos de los que motivaron su entrega.

Por último, se admite expresamente la posibilidad de que la comisión negociadora pueda *«contar con apoyo y asesoramiento externo especializado en materia de igualdad entre mujeres y hombres en el ámbito laboral, quienes intervendrán con voz pero sin voto»* (art. 5.3 RD 901/2020).

6.4.4. Competencias

La comisión negociadora tendrá las siguientes competencias (art. 6.1 y 2 RD 901/2020):

a) La negociación y elaboración del diagnóstico, así como la negociación de las medidas que integrarán el plan de igualdad.

b) La elaboración del informe de los resultados del diagnóstico.

c) La identificación de las medidas prioritarias, a la luz del diagnóstico, su ámbito de aplicación, los medios materiales y humanos necesarios para su implantación, así como las personas u órganos responsables, incluyendo un cronograma de actuaciones.

d) El impulso de la implantación del plan de igualdad en la empresa.

e) La definición de los indicadores de medición y los instrumentos de recogida de información necesarios para realizar el seguimiento y evaluación del grado de cumplimiento de las medidas del plan de igualdad implantadas.

f) Cuantas otras funciones pudieran atribuirle la normativa y el convenio colectivo de aplicación, o se acuerden por la propia comisión, incluida la remisión del plan de igualdad que fuere aprobado ante la autoridad laboral competente a efectos de su registro, depósito y publicación.

g) El impulso de las primeras acciones de información y sensibilización a la plantilla.

6.4.5. Reglamento de funcionamiento interno

La comisión negociadora del plan podrá dotarse de un reglamento de funcionamiento interno (art. 8.3 RD 901/2020).

6.5. El deber de negociar de buena fe

Las partes *«deberán negociar de buena fe, con vistas a la consecución de un acuerdo»* (art. 5.6 RD 901/2020). El deber de negociar de buena fe constituye una obligación de medio con un contenido positivo y otro negativo y que es exigible a una y otra parte[97]. Del lado positivo, supone que la representación de los trabajadores debe tener la oportunidad de efectuar alegaciones y de aportar propuestas alternativas o de mostrar su rechazo, y que la empresa está obligada a ofrecer a la representación de los trabajadores la documentación e información necesaria a los fines previstos en los términos establecidos en los arts. 46.2 de la LOI y 5.7 del RD 901/2020 y a observar una conducta que haga posible el acuerdo, esto es, a realizar todos los esfuerzos que es-

97 Cfr. SSTS de 11 de diciembre de 2014 (*Tol 4737908*), 27 de mayo de 2015 (*Tol 5391006*), 16 de septiembre de 2015 (*Tol 5587795*), 18 de noviembre de 2015 (*Tol 5616164*), 21 de diciembre de 2017 (*Tol 6484749*), 11 de julio de 2018 (*Tol 6823110*) y 18 de septiembre de 2018 (*Tol 6870.21*); y SSAN de 29 de junio de 2020 (*Tol 8023799*), 3 de julio de 2020 (*Tol 8023815*), 20 de julio de 2020 (*Tol 8046471*), 29 de julio de 2020 (*Tol 8046299*) y 30 de julio de 2020 (*Tol 8046488*).

tén en su mano para llegar a un compromiso, transigiendo dentro de sus posibilidades y justificando y razonando su negativa a aceptar las propuestas de la contraparte. Desde el segundo, la buena fe supone evitar las obstrucciones, esto es, no simular que se negocia cuando no se está dispuesto a convenir o limitarse a exponer una posición inamovible, suministrar razones convincentes y ofrecer contrapropuestas. Implica no usar de intimidación ni valerse de maquinaciones dolosas tendentes a desestabilizar la propia negociación.

Con todo, el deber de negociar y de hacerlo, además, de acuerdo con el principio de buena fe no obliga a la empresa a llegar a un acuerdo, y prueba de ello es la expresa previsión normativa de mecanismos para suplir la falta de acuerdo en la comisión negociadora (art. 5.6 RD 901/2020), así como del registro de los planes de igualdad *«hayan sido o no adoptados por acuerdo entre las partes»* (art. 11.1 RD 901/2020)[98]. La inexistencia de un deber de llegar a un acuerdo determina que la empresa no esté obligada a mantener la negociación con carácter indefinido, puesto que en última instancia a ella compete tomar o promover las decisiones precisas para implantar el plan de igualdad. Y de hecho las empresas *«deberán tener negociado, aprobado y presentada la solicitud de registro de su plan de igualdad en el plazo máximo de un año a contar desde el día siguiente a la fecha en que finalice el plazo previsto para iniciar el procedimiento de negociación de conformidad con lo establecido en los apartados anteriores»* (art. 4.4 RD 901/2020).

Durante el proceso de negociación, se levantará *«acta de cada una de las reuniones de la negociación, que deberán ser aprobadas y firmadas con manifestaciones de parte, si fuera necesario»* (art. 5.5 RD 901/2020). Téngase en cuenta a este respecto que las actas de las reuniones adquieren una gran relevancia en orden a la acreditación en sede judicial de la existencia de la buena fe negocial. Por ello, a la empresa le conviene que se reflejen en las mismas la documentación e información facilitada a la representación sindical, las razones esgrimidas para no tratar las cuestiones planteadas por dicha representación, cuando se encuentran incluidas en el catálogo de materias que deben ser objeto de negociación, o no aceptar las contraofertas sindicales, etc. Y, si la empresa no facilita la documentación o información necesaria

---

98 STS de 27 de mayo de 2015 (*Tol 5391006*).

para permitir el debate entre las distintas propuestas y posiciones o no lo hace con la antelación suficiente, los representantes de los trabajadores deben ponerlo de manifiesto y formular la correspondiente protesta en el acta.

6.6. Finalización del procedimiento de negociación

El procedimiento de negociación puede terminar con acuerdo o sin él.

6.6.1. Terminación normal: acuerdo entre las partes

La terminación normal es aquella en la que las partes llegan a un acuerdo en la negociación del plan de igualdad. El art. 5.6 del RD 901/2020 establece el régimen de adopción de los acuerdos negociales. En este sentido, prescribe que los mismos requerirán *«la conformidad de la empresa y de la mayoría de la representación de las personas trabajadoras que componen la comisión»*. Por consiguiente, para que el acuerdo se entienda válidamente adoptado por el lado de la representación de las personas trabajadoras, es necesario que concite el voto favorable de la mayoría absoluta de los miembros del banco social de la comisión negociadora.

El resultado de las negociaciones *«deberá plasmarse por escrito y firmarse por las partes negociadoras para su posterior remisión a la autoridad laboral competente, a los efectos de registro y depósito y publicidad en los términos previstos reglamentariamente»* (art. 5.6 RD 901/2020). Ciertamente, parece lógico exigir la obligación de escritura de los planes de igualdad a efectos de control del cumplimiento de las correspondientes obligaciones y por una elemental razón de seguridad jurídica.

6.6.2. Terminación anormal: soluciones

La ausencia o ruptura de las negociaciones puede obedecer a alguna de las siguientes motivaciones: a) La ausencia de cualquier tipo de representación de los trabajadores en la empresa y no designación de la comisión sindical *ad hoc* por los sindicatos más representativos y representativos del sector al que pertenezca la empresa. b) La no concurrencia a las deliberaciones de una de las partes, siempre que la misma no se justifique en alguna de las causas excluyentes del deber de negociar. c) La imposibilidad de llegar a un acuerdo con las mayorías sindicales representativas precisas según el ET y el RD 901/2020.

Conforme al art. 5.6 del RD 901/2020, en caso de desacuerdo, la comisión negociadora *«podrá acudir a los procedimientos y órganos de solución autónoma de conflictos, si así se acuerda, previa intervención de la comisión paritaria del convenio correspondiente, si así se ha previsto en el mismo para estos casos»*. De este modo, cualquiera de las partes podrá instar la intervención de la comisión paritaria del convenio colectivo, si así está previsto en dicho convenio, y, si la comisión paritaria no supera el bloqueo en la negociación del plan de igualdad, podrá promover cualesquiera sistemas de solución extrajudicial de los conflictos [verbigracia, los previstos en el VI Acuerdo sobre Solución Autónoma de Conflictos laborales (BOE 23/12/2020) o en el acuerdo de ámbito autonómico equivalente]. Ciertamente, según el art. 4.3.k) del VI Acuerdo sobre Solución Autónoma de Conflictos laborales es susceptible de someterse a los procedimientos previstos en este acuerdo *«cualquier otra discrepancia en la negociación colectiva o en su aplicación, incluidos los diagnósticos y planes de igualdad que, a juicio de las partes, merezcan nuevas posibilidades de negociación»*. En todo caso, los procedimientos de solución extrajudicial deberán desarrollarse dentro del plazo máximo de un año establecido en el art. 4.4 del RD 901/2020.

Por lo demás, la aprobación del plan de igualdad no se supedita al acuerdo, sino a la previa negociación con la representación de los trabajadores, pues la legislación laboral general no impone que los planes deban ser acordados. A falta de acuerdo, es el empresario quien tiene que aprobar y presentar la solicitud de registro de su plan de igualdad en el plazo máximo de un año a contar desde el día siguiente a la fecha en que finalice el plazo previsto para iniciar el procedimiento de negociación de conformidad con lo establecido en el art. 4 del RD 901/2020. Ahora bien, nos encontramos ante una fórmula excepcional para resolver los impases de la negociación, ya que para el cumplimiento de los objetivos de igualdad efectiva entre mujeres y hombres perseguidos por los planes de igualdad es necesario que estos gocen de eficacia jurídica normativa y eficacia personal general y estos atributivos solo los pueden alcanzar si son negociados con los representantes de los trabajadores

Y así, constituyen condiciones esenciales para la implementación unilateral del plan de igualdad las siguientes circunstancias[99]: 1.ª) Que la actitud cerrada de la representación de los trabajadores al compromiso no se justifique en alguna de las causas excluyentes del deber de negociar; 2.ª) que la imposibilidad de llegar a un acuerdo no sea imputable a una violación de la obligación de negociar de buena fe a cargo de los representantes de la empresa; 3.ª) que la negociación haya tenido la oportunidad de desarrollarse adecuadamente y por un tiempo prudencial y suficiente, atendiendo, entre otros factores, a la naturaleza de lo que se pretende pactar, su trascendencia y complejidad; 4.ª) que se hayan agotado todas las posibilidades de negociación; y 5.ª) que se produzca después de haber remitido sin éxito la solución del conflicto a los medios de solución judicial o extrajudicial del conflicto, al menos, cuando los haya propuesto la representación sindical.

Y, en fin, el alcance del plan de igualdad vendrá limitado por su asimilación a las decisiones unilaterales empresariales de goce colectivo, por lo que podrá contemplar medidas para erradicar las discriminaciones directas o indirectas por razón de sexo que se constaten a la luz del diagnóstico previo, pero en ningún caso medidas de «acción positiva», y, a mayor abundamiento, respetando siempre el bloque legal, convencional y contractual.

6.7. Registro de los planes de igualdad

Para el control de los planes de igualdad, parece oportuna la opción de mantener un Registro público de los planes de igualdad. Por ello, el art. 46 de la LOI crea un Registro de Planes de Igualdad de las Empresas, como parte de los Registros de convenios y acuerdos

---

99 Cfr. las SSTS de 9 de mayo de 2017 (*Tol 6143982*) y 13 de septiembre de 2018 (*Tol 6814727*).

colectivos de trabajo dependientes de la Dirección General de Trabajo del Ministerio de Trabajo, Migraciones y Seguridad Social y de las Autoridades Laborales de las Comunidades Autónomas (apartado 4) y obliga a las empresas *«a inscribir sus planes de igualdad en el citado registro»* (apartado 5).

El registro de los planes de igualdad se rige por las siguientes reglas:

1.ª) Los planes de igualdad serán objeto de inscripción obligatoria en el correspondiente registro público, cualquiera que sea su origen o naturaleza, obligatoria o voluntaria, y hayan sido o no adoptados por acuerdo entre las partes (art. 11.1 RD 901/2020). Por consiguiente, todos los planes de igualdad, con independencia de su carácter obligatorio o voluntario, de su origen convenido o unilateral, y de su naturaleza, normativa o contractual, deben ser registrados.

2.ª) A estos efectos se considera Registro de Planes de igualdad de las empresas el registro de convenios y acuerdos colectivos de trabajo regulado en el RD 713/2010, de 28 de mayo, sobre registro y depósito de convenios y acuerdos colectivos de trabajo, sin perjuicio de los registros de convenios y acuerdos colectivos de trabajo, creados y regulados por las Comunidades Autónomas, en el ámbito de sus competencias (art. 11.2 RD 901/2020). Por ello, la DF 1.ª del RD 901/2020 modifica el título y la letra f) del art. 2 del RD 713/2010 a fin de que también comprendan *«los planes de igualdad cuya elaboración resulte conforme a los artículos 45 y 46 de la Ley Orgánica 3/2007, de 22 de marzo»*.

3.ª) Dentro del plazo de 15 días a partir de la firma del plan de igualdad, la persona designada por la comisión negociadora, debidamente acreditada, deberá presentar través de medios electrónicos la solicitud de inscripción del plan de igualdad ante el Registro de la autoridad laboral competente (art. 6.1 RD 713/2010). En dicha solicitud, se deberán facilitar todos aquellos datos relativos a las partes firmantes del acuerdo o acto para el que se solicita la inscripción y la fecha de la firma, así como, en su caso, los relativos a su ámbito personal, funcional, territorial y temporal y la actividad o actividades económicas cubiertas por los mismos (art. 6.2 RD 713/2010). Asimismo, se deberán cumplimentar los datos estadísticos recogidos en el modelo oficial que figura en el anexo 2.V del RD 713/2010 (arts. 11.4 RD 901/2020 y 6.3 RD 713/2010). Junto a la solicitud de inscripción deberá presentarse también a través de medios electrónicos el texto original del plan de igualdad firmado por los componentes de la comisión negociadora o de la parte que formula la solicitud, así como las actas de las distintas sesiones celebradas, incluyendo las referentes a la constitución de la comisión negociadora y firma del plan de igualdad, con expresión de las partes que lo suscriban (art. 7.1 RD 713/2010).

4.ª) La autoridad laboral competente debe comprobar que la solicitud reúne los requisitos exigidos por la normativa vigente, y muy en particular que la composición de la representación de las personas trabajadoras en la comisión negociadora y el plan de igualdad no vulneran la legalidad vigente (art. 8.3 RD 713/2010)[100]. Si se comprueba que la solicitud no reúne los requisitos exigidos por la normativa vigente, se requerirá por medios electrónicos al solicitante para que, en un plazo de 10 días hábiles, subsane la falta o acompañe los documentos preceptivos, con indicación de que, si así no lo hiciera, se le tendrá por desistido de su petición, previa resolución que deberá ser dictada en los términos previstos en el art. 21 de la Ley 39/2015, de 1 de octubre, del Procedimiento Administrativo Común de las Administraciones Públicas (LPAC) (art. 8.2 RD 713/2010). En cambio, si la solicitud reúne los requisitos exigidos por la normativa vigente, se procederá a dictar resolución ordenando el registro del plan de igualdad (art. 8.3 RD 713/2010).

5.ª) Una vez que la autoridad laboral competente haya ordenado la inscripción del plan de igualdad, le asignará un código específico y diferenciado para los planes de igualdad, distinguiendo si ha sido acordado o no y si es obligatorio o voluntario, en aras a facilitar su consulta automatizada (DA 1.ª RD 901/2020 y art. 13 RD 713/2010).

6.ª) La inscripción en el registro permitirá el acceso público al contenido de los planes de igualdad (art. 11.3 RD 901/2020), en los términos previstos en el art. 10 del RD 713/2010.

---

100 En el mismo sentido, ARAGÓN GÓMEZ, C. y NIETO ROJAS, P., *Planes de igualdad en las empresas*, cit., págs. 40-41.

7. Contenido de los planes de igualdad

7.1. Contenido mínimo

Los planes de igualdad constituyen «*un conjunto ordenado de medidas, adoptadas después de realizar un diagnóstico de situación, tendentes a alcanzar en la empresa la igualdad de trato y de oportunidades entre mujeres y hombres y a eliminar la discriminación por razón de sexo*» (arts. 46.1 LOI y 8.1 RD 901/2020).

Los planes de igualdad se estructurarán de la siguiente forma y tendrán, al menos, el siguiente contenido (art. 8.2 RD 901/2020):

a) Determinación de las partes que los conciertan.

b) Ámbito personal, territorial y temporal.

c) Informe del diagnóstico de situación de la empresa, o, en su caso, de cada una de las empresas del grupo.

d) Resultados de la auditoría retributiva, así como su vigencia y periodicidad en los términos establecidos en el RD 902/2020.

e) Definición de objetivos cualitativos y cuantitativos del plan de igualdad.

f) Descripción de medidas concretas, plazo de ejecución y priorización de las mismas, así como diseño de indicadores que permitan determinar la evolución de cada medida.

g) Identificación de los medios y recursos, tanto materiales como humanos, necesarios para la implantación, seguimiento y evaluación de cada una de las medidas y objetivos.

h) Calendario de actuaciones para la implantación, seguimiento y evaluación de las medidas del plan de igualdad.

i) Sistema de seguimiento, evaluación y revisión periódica.

j) Composición y funcionamiento de la comisión u órgano paritario encargado del seguimiento, evaluación y revisión periódica de los planes de igualdad.

k) Procedimiento de modificación, incluido el procedimiento para solventar las posibles discrepancias que pudieran surgir en la aplicación, seguimiento, evaluación o revisión, en tanto que la normativa legal o convencional no obligue a su adecuación.

7.2. Las medidas antidiscriminatorias y de acción positiva

Para la consecución de los objetivos fijados, los planes de igualdad podrán establecer medidas antidiscriminatorias y también medidas de acción positiva a favor de las trabajadoras, si bien estas últimas solamente en el caso de tratarse de planes de igualdad negociados. Ciertamente, las medidas antidiscriminatorias podrán adoptarse en cualquier plan de igualdad. No así las medidas de acción positiva a favor de las trabajadoras que solamente podrán implantarse cuando hayan sido previstas en convenios colectivos estatutarios y únicamente en las áreas de acceso al empleo, clasificación profesional, formación y promoción, de acuerdo con lo dispuesto en los arts. 17.4 y 24.2 del ET.

7.2.1. Las medidas antidiscriminatorias

Las medidas antidiscriminatorias o de igualdad contenidas en el plan de igualdad deberán responder a la situación real de la empresa individualmente considerada reflejada en el diagnóstico y contribuir a alcanzar la igualdad real entre mujeres y hombres en la empresa (art. 8.4 RD 901/2020). Por lo tanto, deberá existir una concordancia entre las disfunciones detectadas en el diagnóstico y las medidas contenidas en el plan de igualdad.

Así, los planes de igualdad podrán establecer medidas antidiscriminatorias en las siguientes materias:

a) Acceso al empleo: prohibir las ofertas de empleo sexistas, eliminar el lenguaje sexista de las ofertas de empleo, establecer criterios neutros, garantías de objetividad e imparcialidad en los procesos de selección para acceder a cualquier puesto de trabajo dentro de la empresa, etc.

b) Clasificación profesional: formar en igualdad a las personas responsables de realizar la valoración de puestos de igualdad, utilizar términos neutros en la denominación y clasificación profesional, evitar grupos o categoría profesionales masculinizados o feminizados sin justificación objetiva, definir los grupos o categorías profesionales tras evaluar todos los puestos de trabajo de la empresa con perspectiva de género, etc.

c) Promoción y formación profesionales: fijar criterios de selección de los destinatarios de la formación profesional en igualdad de oportunidades entre mujeres y hombres, dar prioridad a las mujeres en las acciones formativas previstas para la promoción a puestos en los que estén infrarrepresentadas, potenciar la formación en horario laboral y/o en la modalidad *on line* y semipresencial, formar en igualdad a las personas responsables de los procesos de promoción, eliminar de las bases de las convocatorias de promoción el lenguaje sexista y los requisitos relacionados directa o indirectamente con el sexo, publicar las vacantes y los requisitos exigidos para el puesto a través de los canales de comunicación interna, establecer sistemas objetivos de promoción profesional, informar a las personas que han optado a la promoción sobre cuál ha sido su resultado, los criterios que han determinado la decisión final y cuáles son sus fortalezas y áreas de mejora, etc.

d) Tiempo de trabajo para favorecer, en términos de igualdad entre mujeres y hombres, la conciliación de la vida laboral, personal y familiar y la corresponsabilidad: permisos, excedencias, reducciones y adaptaciones de jornada, suspensiones contractuales, campañas de información y de sensibilización de los trabajadores en materia de corresponsabilidad, reconocimiento de derechos de conciliación cuya titularidad se atribuye en exclusiva a los trabajadores varones, etc.

e) Retribuciones salariales y extrasalariales: eliminar los sesgos de género detectados en la estructura y/o cuantía retributiva, objetivar los criterios empleados para mejorar los salarios convencionales y/o distribuir las retribuciones variables, como los incentivos o la participación en ingresos y beneficios de la empresa, introducir correctivos en la configuración de la retribución por objetivos para que su devengo no se vea penalizado por el ejercicio de los derechos de conciliación de la vida personal, familiar y profesional, etc.

f) Prevención del acoso sexual y del acoso por razón de sexo: elaboración de un protocolo de actuación en las situaciones de acoso.

7.2.2. Las medidas de acción positiva a favor de las trabajadoras

Los planes de igualdad negociados podrán incluir asimismo medidas de acción positiva a favor de las mujeres en el acceso al empleo y en las condiciones de clasificación profesional, formación y promoción (arts. 43 LOI, 17.4 y 24.2 ET y 10.2 Ley 15/2022). En este sentido, el art. 7.4 del RD 901/2020 establece que *«en todo caso, si el resultado del diagnóstico pusiera de manifiesto la infrarrepresentación de personas de un sexo determinado en determinados puestos o niveles jerárquicos, los planes de igualdad deberán incluir medidas para corregirla, pudiendo establecer medidas de acción positiva con el fin de eliminar la segregación ocupacional de las mujeres tanto horizontal como vertical, cumpliendo así el objetivo de igualdad de la Ley Orgánica 3/2007, de 22 de marzo, de conformidad con lo previsto en su artículo 11 y en el artículo 17.4 del Estatuto de los Trabajadores»*. Con todas las dudas que esta cuestión plantea, a la vista de la confusa regulación legal de la misma, el desarrollo reglamentario ha optado, no obstante, por entender que las medidas de acción positiva en un plan de igualdad solamente pueden ir referidas a las trabajadoras y no a los trabajadores, aunque se trate de empresas o de grupos y categorías profesionales donde los hombres estén subrepresentados, independientemente de lo que pudiera establecer un convenio colectivo con base en el art. 17.4 del ET.

8. La naturaleza de los planes de igualdad

En cuanto a la naturaleza de los planes de igualdad, hay que distinguir dos supuestos de hecho diferentes, a saber:

1.º) Si el deber de negociarlos se formaliza a través de la negociación del convenio colectivo de empresa y son publicados en el Boletín Oficial correspondiente, gozan de la naturaleza propia de los convenios colectivos estatutarios y están dotados de eficacia personal general y eficacia jurídica normativa [arts. 3.1.b) y 82.3 ET].

La eficacia normativa de estos planes de igualdad significa la atribución, entre otros, de los siguientes principios:

a) El principio de automaticidad, de suerte que su contenido se aplica directa e inmediatamente sobre las relaciones individuales de trabajo incluidas en su ámbito de aplicación, sin requerir, por tanto, de la incorporación de su contenido en los respectivos contratos de trabajo.

b) El principio de imperatividad, es decir, la prevalencia de la autonomía colectiva manifestada en el plan de igualdad sobre la autonomía individual y, especialmente, sobre las facultades unilaterales del empresario. El efecto imperativo, a su vez, se concreta en los principios de inderogabilidad e indisponibilidad, que se recogen expresamente en el art. 3 del ET, en virtud de los cuales serán nulos los contratos individuales de trabajo contrarios o peyorativos de lo estipulado en el plan de igualdad y los actos de disposición o de renuncia por parte de las personas trabajadoras de los derechos en él reconocidos[101]. A este respecto, hay que tener en cuenta que el art. 3.5 del ET establece que *«los trabajadores no podrán disponer válidamente, antes o después de su adquisición, de los derechos que tengan reconocidos por disposiciones legales de derecho necesario»* y que *«tampoco podrán disponer válidamente de los derechos reconocidos como indisponibles por convenio colectivo»*.

2.º) Si el plan de igualdad no se inserta en el convenio colectivo de empresa y, por ende, no es objeto de publicación oficial, carece de la naturaleza de convenio colectivo estatutario, aunque en él hayan intervenido todos los representantes que hubiesen constituido la comisión negociadora del pertinente convenio de empresa, siendo asimilable a los acuerdos de empresa. Estos, sin ser convenios colectivos estatutarios en sentido estricto por no cumplir todos los requisitos del Título III del ET, a juicio de la doctrina científica, merecen la misma consideración que los que propiamente son convenios colectivos estatutarios por exigirse para su negociación las mismas reglas de legitimación y de mayorías de adopción de acuerdos que en el referido Título. Y, por ello, se sostiene que los mismos están dotados de

---

101 Por todas, la STSJ de Andalucía de 12 de diciembre de 1997.

eficacia personal general y eficacia jurídica normativa. Sin embargo, los planes de igualdad presentan características muy similares a otros acuerdos analizados por el Tribunal Supremo, por ejemplo, en su sentencia de 10 de marzo de 2009 (*Tol 1491213*)[102]. Pues bien, dicha resolución judicial indica que *«solo los convenios colectivos estatutarios, es decir los productos de la negociación colectiva "en la más importante de sus manifestaciones" en palabras del Alto Tribunal, tienen valor normativo en nuestro ordenamiento legal»*. En esta dirección, se argumenta que la Sala de lo Social del Tribunal Supremo siempre ha distinguido entre los convenios colectivos estatutarios y los acuerdos o pactos informales de empresa y ha reconocido valor normativo, que es el que le otorga el carácter de fuente de la relación laboral, exclusivamente a los primeros, lo que, sin embargo, no implica negar eficacia «erga omnes» a los acuerdos o pactos de empresa informales, pues la ausencia de valor normativo *«no impide que el acuerdo pueda tener una eficacia personal general a través del mecanismo específico de la representación laboral, como ocurre en los acuerdos que acaban de citarse, en los que los representantes de los trabajadores —en la doble vía de la representación unitaria o de la sindical— adoptan compromisos que vinculan a los trabajadores afectados, sin perjuicio de que éstos, como aquí sucede, puedan impugnarlos cuando los consideren contrarios a las normas legales o colectivas»*.

9. La vigencia de los planes de igualdad

9.1. Duración

El periodo de vigencia o duración de los planes de igualdad, que será determinado, en su caso, por las partes negociadoras, no podrá ser superior a cuatro años (art. 9.1 RD 901/2020). Por lo tanto, no son admisibles los planes de igualdad que no prevean expresamente su duración ni los que establezcan una duración superior a los cuatro años o una vigencia indefinida[103].

---

[102] Cfr. la STS de 11 de noviembre de 2008 (*Tol 1407874*).

[103] ARAGÓN GÓMEZ, C. y NIETO ROJAS, P., *Planes de igualdad en las empresas*, cit., pág. 11.

9.2. Revisión anticipada

Se admite la revisión anticipada del plan de igualdad o su modificación durante su vigencia cuando las partes, en el ejercicio de su libertad para establecer la duración del plan de igualdad, hayan previsto la posibilidad de una revisión *«ante tempus»*, cuando concurra alguna de las circunstancias previstas en el art. 9.2 del RD 901/2020 y cuando por mutuo acuerdo las partes negociadoras decidan revisar las medidas del plan de igualdad con el fin de añadir, reorientar, mejorar, corregir, intensificar, atenuar o, incluso, dejar de aplicar alguna medida que contenga en función de los efectos que vayan apreciándose en relación con la consecución de sus objetivos (art. 9.2 y 3 RD 901/2020).

En todo caso, los planes de igualdad deberán revisarse cuando concurra alguna de las siguientes circunstancias (art. 9.2 RD 901/2020):

a) Cuando se ponga de manifiesto su falta de adecuación a los requisitos legales y reglamentarios o su insuficiencia como resultado del seguimiento y evaluación del plan de igualdad o de la actuación de la Inspección de Trabajo y Seguridad Social.

b) En los supuestos de fusión, absorción, transmisión o modificación del estatus jurídico de la empresa.

c) Ante cualquier incidencia que modifique de manera sustancial la plantilla de la empresa, sus métodos de trabajo, organización o sistemas retributivos, incluidas las inaplicaciones de convenio y las modificaciones sustanciales de condiciones de trabajo o las situaciones analizadas en el diagnóstico de situación que haya servido de base para su elaboración.

d) Cuando una resolución judicial condene a la empresa por discriminación directa o indirecta por razón de sexo o cuando determine la falta de adecuación del plan de igualdad a los requisitos legales o reglamentarios.

En fin, la revisión del plan de igualdad implicará la actualización del diagnóstico *«cuando por circunstancias debidamente motivadas resulte necesario»* (art. 9.3 RD 901/2020).

10. Vigilancia, seguimiento y evaluación de los planes de igualdad

10.1. El pacto de constitución de la comisión de vigilancia y seguimiento del plan

En el plan de igualdad, y sin perjuicio de lo previsto en los arts. 47 de la LOI y 64 del ET, deberá incluirse una comisión u órgano concreto de vigilancia y seguimiento del plan, con la composición y atribuciones que se decidan en aquel, en el que deberán participar de forma paritaria la representación de la empresa y de las personas trabajadoras, y que, en la medida de lo posible, tendrá una composición equilibrada entre mujeres y hombres (art. 9.5 RD 901/2020).

10.2. Composición

El art. 9.5 del RD 901/2020, a parte de la referencia al carácter «paritario» de las comisiones de vigilancia y seguimiento de los planes de igualdad, no suministra ninguna indicación sobre su composición. No obstante, y dado que están destinadas a desempeñar unas funciones que originariamente corresponden a las partes negociadoras que suscriben el plan de igualdad de que se trate, es necesario que en su estructura se reproduzca el esquema de las comisiones negociadoras.

Por lo que respecta a la representación sindical de las personas trabajadoras, debe significarse que la legitimación para integrar las comisiones de vigilancia y seguimiento de los planes de igualdad, en principio, corresponde a las secciones sindicales con legitimación «ex lege» para negociar y firmar los planes de igualdad. No obstante, la exclusión de las secciones sindicales no firmantes de los planes de igualdad no es un atentado a la libertad sindical y está plenamente justificada[104]. Pero sólo deben considerarse admisibles las exclusiones de las comisiones meramente «aplicadoras», y no de las comisiones «negociadoras»[105]. Y, si un plan de igualdad contempla diversas

---

[104] SSTS de 25 de junio de 2010 (*Tol 1920432*) y 30 de mayo de 2018 (*Tol 6645563*).

[105] Cfr. la STS de 11 de marzo de 2014 (*Tol 4177371*).

medidas y acciones de mejora sobre revisión de los documentos utilizados en los procesos de selección, fomento de una política de selección potenciadora de la diversificación profesional, promoción y desarrollo, sensibilización en igualdad de oportunidades, medidas de conciliación de la vida personal, familiar y laboral, implantación del protocolo de acoso y de seguimiento y evaluación mediante la constitución de la comisión de seguimiento, no cabe duda que los cometidos y decisiones de esta comisión exceden de la «mera aplicación» del plan de igualdad, por lo que queda incursa en la categoría de «comisiones negociadoras»[106]. Y en tal caso, la exclusión de la sección sindical con legitimación negocial lesionará el derecho a la libertad sindical en relación con su derecho a la negociación colectiva, de forma que podrá impugnar su exclusión mediante el procedimiento especial para la protección de los derechos fundamentales[107]. Debe destacarse, no obstante, que si el plan de igualdad fue negociado con el comité de empresa y no con las secciones sindicales, los sindicatos, al no intervenir en la negociación del plan de igualdad por medio de sus secciones sindicales, difícilmente, pueden alegar la violación de su derecho a negociar por no ser parte de la comisión de vigilancia y seguimiento del plan[108].

En cualquier caso, al igual que sucede con la comisión negociadora y por las mismas razones, a la hora de repartir los puestos de la comisión de vigilancia y seguimiento del plan o de establecer un

---

106 SAN de 17 de febrero de 2012 (*Tol 2509560*).

107 Por lo demás, como destaca la SAN de 15 de julio de 2011 (*Tol 2188511*), pese a que USO no participó en la gestación del plan de igualdad, lo que impedirá reprocharle la exclusión de CGT de la comisión que lo aprobó, pero no es menos cierto que dicho sindicato se adhirió posteriormente al plan y se ha probado que forma parte de sus comisiones de seguimiento e igualdad de oportunidades, de modo que la estimación de la demanda afectará directamente a sus intereses, ya que no solo anulará la composición de la comisión, sino que supondría también la anulación del propio plan y las comisiones del mismo, haciéndose evidente, a nuestro juicio, que USO deber ser parte en el procedimiento para hacer valer sus derechos, asegurándose, de esta manera, su derecho a la tutela judicial efectiva, garantizado por el art. 24 de la CE, lo que nos obliga a estimar necesariamente la excepción de falta de litisconsorcio pasivo necesario.

108 STS de 24 de enero de 2012 (*Tol 2450928*).

sistema de voto ponderado habrá de tenerse en cuenta la mayor o menor representatividad de las organizaciones sindicales de pertenencia en el ámbito de la empresa[109]. En otro orden de cosas, para el nombramiento de los vocales representantes de las secciones sindicales habrá de seguirse idéntico procedimiento al previsto para la designación de los vocales de la comisión negociadora del plan de igualdad. Y en cuanto a los posibles designables, hay que indicar que, aunque lo lógico es que sean elegidos los miembros de la comisión negociadora, ya que son éstos los que mejor conocen el plan a aplicar o interpretar, ante el silencio legal, nada obsta a que sean designados miembros ajenos a la comisión negociadora. Ahora bien, en la medida de lo posible, debe tener una composición equilibrada entre mujeres y hombres (art. 9.5 RD 901/2020).

Ante el mutismo del legislador y vista la amplia libertad con que cuentan las partes en orden a la configuración de las comisiones de vigilancia seguimiento y sus funciones, parece evidente que las cuestiones organizativas relativas al número de puestos y al carácter simétrico o asimétrico en su composición, deberán ser resueltas libremente por los negociadores, sin que sea necesaria la composición igualitaria de las partes.

10.3. Funciones

El art. 9.5 del RD 901/2020 alude a las *«atribuciones que se decidan»* en el plan de igualdad. De este modo, las partes son libres de atribuir a la comisión de vigilancia y seguimiento del plan las funciones que estimen conveniente, dentro de la naturaleza de una comisión de este tipo, entre las que tienen cabida no sólo la vigilancia en el cumplimiento del plan o el control de los resultados de su aplicación, sino también las de intervenir en la resolución de cuantas cuestiones deriven del proceso de concreción del contenido del plan o recabar informes y estudios que posibiliten la futura renegociación del plan de igualdad. En cambio, la comisión de vigilancia y seguimiento no puede prolongar el plan más allá de su vigencia, ni extender su ám-

109 Cfr. la SAN de 28 de junio de 2021 (*Tol 8514358*).

bito funcional a colectivos no representados durante su negociación inicial, ni mantenerse en sus funciones, una vez extinguida la vigencia del plan, ni renovar y modificar su composición, ni negociar un nuevo plan de igualdad, arrogándose funciones que competen en exclusiva a los representantes unitarios o sindicales de los trabajadores[110].

El seguimiento y evaluación de las medidas previstas en el plan de igualdad deberá realizarse de forma periódica conforme se estipule en el calendario de actuaciones del plan de igualdad o en el reglamento que regule la composición y funciones de la comisión encargada del seguimiento del mismo (art. 9.5 RD 901/2020). No obstante, se realizará al menos una evaluación intermedia y otra final, así como cuando sea acordado por la comisión de seguimiento (art. 9.5 RD 901/2020). A tales efectos, el plan de igualdad debe contener el diseño de indicadores cuantitativos o cualitativos que permitan a la comisión de seguimiento medir la evolución de cada medida [art. 8.2.f) y Anexo RD 901/2020][111].

Asimismo, los representantes legales de los trabajadores tienen encomendada una función de vigilancia del respeto y aplicación del principio de igualdad de trato y de oportunidades entre mujeres y hombres [art. 64.7.a) ET]. Para el cabal cumplimiento de dicha función se garantiza el acceso de la representación legal de los trabajadores y trabajadoras o, en su defecto, de los propios trabajadores y trabajadoras, *«a la información sobre el contenido de los Planes de igualdad y la consecución de sus objetivos»* (art. 47 LOI). La representación legal de los trabajadores también *«tendrá derecho a recibir información, al menos anualmente, relativa a la aplicación en la empresa del derecho de igualdad de trato y de oportunidades entre mujeres y hombres, en la que deberá incluirse el registro previsto en el artículo 28.2 y los datos sobre la proporción de mujeres y hombres en los diferentes niveles profesionales, así como, en su caso, sobre las medidas que se hubieran adoptado para fomentar la igualdad entre mujeres y hombres en la empresa y, de haberse establecido un plan de igualdad, sobre la aplicación del mismo»* (art. 64.3 ET).

---

110 SAN de 26 de junio de 2019 (*Tol 7379170*).

111 Cfr. la Guía para la elaboración de indicadores de género del Instituto de la Mujer de Castilla-La Mancha, 2010, págs. 10 y ss.

11. Régimen de infracciones y sanciones en materia de planes de igualdad

La Inspección de Trabajo y Seguridad Social, en los términos previstos en la normativa aplicable, deberá velar particularmente por el respeto del derecho a la igualdad de trato y no discriminación en el acceso al empleo y en las condiciones de trabajo (art. 9.4 Ley 15/2022). Para ello, en el ejercicio de su función de vigilancia y exigencia del cumplimiento de las normas de orden social, la Inspección de Trabajo y Seguridad Social incluirá en su plan anual integrado de actuación con carácter de objetivo de alcance general, el desarrollo de planes específicos sobre igualdad de trato y no discriminación en el acceso al empleo y en las condiciones de trabajo (art. 9.4 Ley 15/2022).

El régimen de infracciones y sanciones en materia planes de igualdad viene a ser el siguiente:

a) No cumplir las obligaciones que en materia de planes y medidas de igualdad establecen la Ley Orgánica 3/2007, el Estatuto de los Trabajadores o el convenio colectivo que sea de aplicación, constituye en sí misma, y siempre que no concurra además discriminación, infracción grave (art. 7.13 LISOS). Ciertamente, la discriminación en la empresa operada por el empresario, tanto en su vertiente directa como indirecta, constituye infracción muy grave (art. 8.12 LISOS). También constituyen infracciones muy graves el acoso moral (art. 8.11 LISOS), el acoso sexual (art. 8.13 LISOS), y el acoso por razón de sexo, de origen racial o étnico, religión o convicciones, discapacidad, edad y orientación e identidad sexual, expresión de género o características sexuales y el acoso por razón de sexo, cuando se produzcan dentro del ámbito a que alcanzan las facultades de dirección empresarial, cualquiera que sea el sujeto activo del mismo, siempre que, conocido por el empresario, este no hubiera adoptado las medidas necesarias para impedirlo (art. 8.13.bis LISOS). Y, en fin, son infracciones muy graves en materia de empleo solicitar datos de carácter personal en los procesos de selección o establecer condiciones, mediante la publicidad, difusión o por cualquier otro medio, que constituyan discriminaciones para el acceso al empleo por motivos de sexo, origen, incluido el racial o étnico, edad, estado civil, discapacidad, religión o convicciones, opinión política, orientación e identidad sexual, expresión de género, características sexuales, afiliación sindical, condición social y lengua dentro del Estado [art. 16.1c) LISOS].

b) No elaborar o no aplicar el plan de igualdad sustitutorio de las sanciones accesorias *ex* art. 46 bis.2 de la LISOS, o hacerlo incumpliendo manifiestamente los términos previstos en el acuerdo sancionador, constituye una infracción muy grave (art. 8.17 LISOS).

III. MEDIDAS ESPECÍFICAS PARA PROMOVER LA IGUALDAD EN LA CLASIFICACIÓN PROFESIONAL, EL ACCESO AL EMPLEO Y LA PROMOCIÓN PROFESIONAL

1. La valoración de los puestos de trabajo con perspectiva de género

1.1. Los factores y criterios para la correcta valoración de los puestos de trabajo

Las causas principales de discriminación por razón de sexo son la segregación horizontal en el trabajo definida ampliamente como la concentración de hombres y mujeres en diferentes tipos de trabajos y la invisibilidad de las condiciones y factores que concurren en los trabajos desarrollados mayoritariamente por las mujeres como consecuencia de la incorrecta valoración de los puestos de trabajo con la consiguiente brecha salarial de género y la opacidad en la determinación de las retribuciones[112].

Pues bien, partiendo de la doctrina jurisprudencial comunitaria y constitucional, es posible sintetizar cuatro grupos de reglas, que integran las diversas facetas del proceso de valoración de los puestos de trabajo con perspectiva de género:

---

112 Por todos, BALLESTER PASTOR, M.ª. A., *La discriminación retributiva por razón de sexo*, cit., págs. 19 y ss.; y RODRÍGUEZ GONZÁLEZ, S., *La no discriminación retributiva por causa del sexo y del género. Un derecho constitucional laboral específico*, Bomarzo, Albacete, 2020, págs. 37 y ss.

1.ª) Para calibrar la legitimidad de la diferencia de trato en materia salarial, *«no puede tomarse en consideración otro elemento que no sea el trabajo efectivamente prestado, y la concurrencia en él de circunstancias objetivamente acreditadas que no se vinculen directa o indirectamente al sexo de la persona, salvo en los casos excepcionales, que deben ser apreciados de forma restrictiva, en los que el sexo sea un elemento determinante de la aptitud profesional para el desempeño de ciertas tareas»*[113]. Ciertamente, *«sólo la efectiva diferencia entre los trabajos prestados, valorados de forma no discriminatoria, permitirá diferenciar a efectos retributivos, como se desprende de la esencial vinculación entre el salario y el trabajo del que aquél resulta ser la contraprestación»*.

2.ª) La valoración de los puestos de trabajo debe realizarse tomando en cuenta los elementos relativos a la naturaleza de las tareas que pueden encomendarse a cada grupo de trabajadores en función del sistema de clasificación profesional, a los requisitos de formación exigidos para su ejercicio y a las condiciones laborales en las que dichas tareas se efectúan (nocturnidad, trabajo en domingo o festivos, flexibilidad o adaptabilidad a horarios y lugares de trabajo variables, etc.).

3.ª) En la valoración del trabajo, además, ha de garantizarse y exigirse, por tanto, que los propios criterios de evaluación del trabajo no sean, por sí mismos, discriminatorios[114]. De este modo, deberá recurrirse a criterios de evaluación neutros, basados en atributos igualmente predicables de ambos sexos, que garanticen la igualdad de condiciones de todas las personas trabajadoras, ya sean mujeres u hombres, salvo que en circunstancias excepcionales y por razón de la específica naturaleza del trabajo, se requieran criterios diversos para la referida evaluación. Todo ello porque la prohibición de discriminación por sexo en materia salarial también se ignora cuando se produce una hipervaloración de trabajos en los que sólo han sido tomados en consideración a efectos salariales rasgos inherentes a uno de los sexos, en detrimento del otro.

---

113 STC 145/1991, de 1 de julio.

114 SSTC 58/1994, de 28 de febrero, 286/1994, de 27 de octubre, y 147/1995, de 16 de octubre.

4.ª) En particular, el esfuerzo físico, en cuanto rasgo de la actividad humana proyectable sobre una determinada tarea, puede ser tomado en consideración. Pero no se trata de un criterio de valoración sexualmente neutro, sino que implica una ventaja injustificada para los varones. Por ello, sólo será posible la admisión de este criterio si se acredita de forma indubitada que el esfuerzo físico constituye un elemento determinante absoluto de la aptitud para el desarrollo de la tarea, o bien, que se trate de un elemento esencial en ésta, siendo preciso, aun en estos casos, que se combine con otros rasgos tipificadores neutros desde el punto de vista que interesa considerar —como la adecuación, destreza, concentración, responsabilidad, etc.—[115]. En principio, por tanto, no cabe adoptar, como criterio dominante de valoración, a efectos de anudar una superior retribución, el esfuerzo físico, que se corresponde con los rasgos medios del trabajo del varón, desconociendo otras características más comunes en cuanto al impacto en los dos sexos. A mayor abundamiento, como subraya la STJCE de 1 de julio de 1986 (TJCE/107), «*el hecho de fundarse en valores que corresponden a los resultados medios de los trabajadores de un único sexo, para determinar en qué medida un trabajo exige un esfuerzo u ocasiona una fatiga o es físicamente penoso, constituye una forma de discriminación basada en el sexo, prohibida por la Directiva*»[116].

Sólo del juego conjunto de estas reglas es posible deducir si se ha realizado correctamente la valoración de los puestos de trabajo.

En línea con la doctrina jurisprudencial comunitaria y constitucional reseñada, el art. 28.1 del ET precisa que «*un trabajo tendrá igual valor que otro cuando la naturaleza de las funciones o tareas efectivamente encomendadas, las condiciones educativas, profesionales o de formación exigidas para su ejercicio, los factores estrictamente relacionados con su desempeño y las condiciones laborales en las que dichas actividades se llevan a cabo en realidad sean equivalentes*». Por su parte, el art. 4.2 del RD 902/2020 define cada uno de los parámetros que deben tenerse en cuenta para efectuar la comparación de los trabajadores a fin de determinar, en

---

115 STJCE de 1 de julio de 1986 (Asunto 237/85); y SSTC 145/1991, de 1 de julio, 58/1994, de 28 de febrero, 286/1994, de 27 de octubre, 147/1995, de 16 de octubre, y 250/2000, de 30 octubre.

116 STJCE de 1 de julio de 1986 (Asunto 237/85).

su caso, su equivalencia, a saber: la naturaleza de sus funciones o tareas, las condiciones educativas, las condiciones profesionales y de formación y las condiciones laborales y otros factores estrictamente relacionados con su desempeño.

1.1.1. Los factores a tomar en consideración

A) La naturaleza de las funciones o tareas

Se entiende por naturaleza de las funciones o tareas «*el contenido esencial de la relación laboral, tanto en atención a lo establecido en la ley o en el convenio colectivo como en atención al contenido efectivo de la actividad desempeñada*» [art. 4.2.a) RD 902/2020][117].

B) Las condiciones educativas

Se entiende por condiciones educativas «*las que se correspondan con cualificaciones regladas y guarden relación con el desarrollo de la actividad*» [art. 4.2.b) RD 902/2020][118].

---

117 A respecto, la STS de 17 de marzo de 2023 (*Tol 9482467*) subraya lo siguiente: «*Al igual que el trabajador que desempeña las tareas relatadas, al que la empresa sí le aplica el convenio ferroviario, la trabajadora ahora demandante que presta sus servicios de limpieza en las mismas dependencias -estación del AVE de Cuenca- tiene igual derecho a que su relación laboral se rija por el Convenio estatal de contratas ferroviarias, norma más específica y beneficiosa que el Convenio provincial de limpieza de edificios y locales de la provincia de Cuenca. Las funciones que todos llevan a cabo corresponden al sector de limpiezas (de trenes, estaciones, dormitorios, oficinas, vías, fosos y adecentamientos y demás dependencias), y la circunstancia de que unas puedan alcanzar a los trenes y dependencias exteriores y otras a oficinas, despachos y dependencias diversas de la estación, no conlleva una valoración o tratamiento diverso, ni apareja exclusión ninguna del ámbito convencional elegido en la negociación*».

118 A tales efectos, se puede utilizar como referente la Clasificación Nacional de Programas en Niveles Educativos [BLÁZQUEZ AGUDO, E.Mª., «El registro salarial: una simple obligación con una gran implicación», *Revista Multidisciplinar de Estudios de Género*, Vol. 4, núm. 3, 2019, pág. 8].

C) Las condiciones profesionales y de formación

Se entiende por condiciones profesionales y de formación «*aquellas que puedan servir para acreditar la cualificación de la persona trabajadora, incluyendo la experiencia o la formación no reglada, siempre que tenga conexión con el desarrollo de la actividad*» [art. 4.2.c) RD 902/2020].

D) Las condiciones laborales y los factores estrictamente relacionados con el desempeño de las funciones o tareas

Se entiende por condiciones laborales y por factores estrictamente relacionados con el desempeño «*aquellos diferentes de los anteriores que sean relevantes en el desempeño de la actividad*» [art. 4.2.d) RD 902/2020]. A tales efectos, podrán ser relevantes, entre otros factores y condiciones, con carácter no exhaustivo (art. 4.3 RD 902/2020): la penosidad y dificultad, las posturas forzadas, los movimientos repetitivos, la destreza, la minuciosidad, el aislamiento, la responsabilidad tanto económica como relacionada con el bienestar de las personas, la polivalencia o definición extensa de obligaciones, las habilidades sociales, las habilidades de cuidado y atención a las personas, la capacidad de resolución de conflictos o la capacidad de organización, en la medida en que satisfagan las exigencias de adecuación, totalidad y objetividad en relación con el puesto de trabajo que valoran.

1.1.2. Los criterios de adecuación, totalidad y objetividad

De acuerdo con el art. 4.4 del RD 902/2020, una correcta valoración de los puestos de trabajo «*requiere que se apliquen los criterios de adecuación, totalidad y objetividad*», definidos en los siguientes términos:

a) La adecuación implica que los factores relevantes en la valoración deben estar relacionados con la actividad y, además, deben concurrir efectivamente en la misma, incluyendo la formación necesaria.

b) La totalidad implica que, para constatar si concurre igual valor, deben tenerse en cuenta todas las condiciones que singularizan el puesto del trabajo, sin que ninguna se invisibilice o se infravalore.

c) La objetividad implica que deben existir mecanismos claros que identifiquen los factores que se han tenido en cuenta en la fijación de una determinada retribución y que no dependan de factores o valoraciones sociales que reflejen estereotipos de género.

1.2. Sujetos obligados

1.2.1. La autonomía colectiva

La autonomía colectiva al establecer los sistemas de clasificación profesional debe respetar obviamente el principio de igualdad y no discriminación por razón de sexo. En este sentido, el art. 22.3 del ET señala que *«la definición de los grupos profesionales se ajustará a criterios y sistemas que, basados en un análisis correlacional entre sesgos de género, puestos de trabajo, criterios de encuadramiento y retribuciones, tengan como objeto garantizar la ausencia de discriminación, tanto directa como indirecta, entre mujeres y hombres»* y *«estos criterios y sistemas, en todo caso, cumplirán con lo previsto en el artículo 28.1»*. Hay que entender que esta exigencia se extiende también a las eventuales concreciones funcionales existentes dentro de los grupos puesto que lo que se pretende evitar es el establecimiento de grupos profesionales específicamente masculinos o femeninos que incurran en discriminación injustificada así como la existencia de sistemas clasificatorios que escondan discriminaciones encubiertas[119]. Así lo confirma el art. 9 del RD 902/2020, a cuyo tenor *«con el objetivo de comprobar que la definición de los grupos profesionales se ajusta a criterios y sistemas que garantizan la ausencia de discriminación directa e indirecta entre mujeres y hombres y la correcta aplicación del principio de igualdad de retribución por trabajos de igual valor, las mesas negociadoras de los convenios colectivos deberán asegurarse de que los factores y condiciones concurrentes en cada uno de los grupos y niveles profesionales respetan los criterios de adecuación, totalidad y objetividad, y el principio de igual retribución para puestos de igual valor en los términos establecidos en el artículo 4»*.

Por consiguiente, los sistemas de clasificación profesional y de retribuciones previstos en los convenios colectivos deben tomar en

---

119 SSTC 58/1994, de 28 de febrero, y 286/1994, de 27 de octubre.

consideración los elementos relativos a la naturaleza de las tareas que pueden encomendarse a cada grupo de trabajadores, los requisitos de formación exigidos para su ejercicio y las condiciones laborales en las que dichas tareas se efectúan (nocturnidad, trabajo en domingos y festivos, flexibilidad o adaptabilidad de horarios, lugares de trabajo variables, etc.), utilizar criterios de evaluación neutros, basados en atributos igualmente predicables de ambos géneros, que garanticen la igualdad de condiciones de los trabajadores de ambos sexos, salvo que en circunstancias excepcionales y por razón de la específica naturaleza del trabajo, se requieran criterios diversos para la referida evaluación, y siendo preciso, en todo caso, que se combinen con otros rasgos tipificadores neutros, sin que se invisibilice o se infravalore ninguna de las condiciones que singularizan los puestos de trabajo.

En fin, puede servir como base a las comisiones negociadoras de los convenios colectivos la herramienta desarrollada por el Ministerio de Trabajo y Economía Social y el Ministerio de Igualdad.

1.2.2. Las empresas que elaboran un plan de igualdad

Las empresas que elaboren un plan de igualdad, como parte del diagnóstico de la situación retributiva en la empresa, deben evaluar todos los puestos de trabajo de su empresa con perspectiva de género conforme a lo establecido en el art. 4 del RD 902/2020, tanto con relación al sistema retributivo como con relación al sistema de promoción [art. 8.1.a).1° RD 902/2020].

A) Procedimiento

Existen diferentes métodos o procedimientos para llevar a cabo la valoración de los puestos de trabajo con perspectiva de género. Estos sistemas detectan la discriminación salarial indirecta vinculada a la infravaloración del empleo de las mujeres, puesto que miden y comparan empleos cuyo contenido es diferente pero de igual valor; procedimientos que han sido desarrollados por las empresas, asociaciones sectoriales y consultorías especializadas en esta materia.

Los métodos con mayor aceptación son los siguientes[120]:

1.º) Procedimientos cuantitativos o globales: Son aquellos que comparan los empleos y los clasifican en función de unos requisitos básicos, sin llevar a cabo un análisis de su contenido. Sirven para determinar la importancia de cada puesto, pero no las diferencias de valor entre unos y otros.

Se dividen a su vez en:

a) Sistema de jerarquización: Establece si un puesto de trabajo es inferior, igual o superior a otro, ordenándolos desde el nivel inferior al superior o viceversa.

b) Sistema de clasificación: Ordena los puestos de trabajo respecto a una escala con unos niveles o grados ya establecidos (en función de responsabilidades, funciones y habilidades ejercidas en casa puesto de trabajo).

2.º) Procedimientos cualitativos o analíticos: Permiten examinar de manera sistemática todos los requisitos de los puestos de trabajo, evaluándolos y comparándolos mediante criterios comunes, precisos y detallados. Permiten identificar la diferencia de valor entre puestos de trabajo, puesto que se les asigna un valor numérico.

Se dividen a su vez en:

a) Sistema de comparación por factores: El puesto de trabajo se descompone en «factores» que se jerarquizan en orden de importancia. De manera que los puestos se comparan factor a factor para determinar su valor relativo.

b) Sistema de puntos por factor: Combina el procedimiento analítico, puesto que emplea la descomposición en factores, con el cuantitativo, ya que asigna un valor a cada uno de esos factores. Este es el sistema de VPT que recomienda usar la Organización Internacional de Trabajo (OIT) y el que más se utiliza en la práctica para llevar a cabo la valoración de puestos de trabajo. Este sistema se basa en da-

---

[120] Por todos, FERNÁNDEZ NIETO, L.A., «El registro obligatorio de salarios y las auditorías salariales como medidas disuasorias de la discriminación retributiva», *Diario La Ley*, núm. 9765, 7 de enero de 2021.

tos cuantitativos y cualitativos para determinar el valor de cada tarea a desempeñar, de manera que dividen las tareas que se realizan en cada puesto de trabajo en la empresa en función de los «factores» y «subfactores» que concurren en las mismas y a cada uno de ellos se les otorga un valor concreto, que sumará puntos cuando valore el puesto de trabajo. Además, cada factor está dividido en «grados», que son la intensidad con que se debe llevar a cabo cada uno de los factores, es decir, las tareas. Así, la valoración del puesto de trabajo se basa en las tareas que los forman (los factores) y la intensidad (grados) con la que se llevan a cabo. De esta forma, se puede establecer una jerarquía de los puestos y obtener de ella un análisis basado en una puntuación concreta.

Pues bien, en línea con las recomendaciones de la OIT, el RD 902/2020 viene a inclinarse por el Sistema de Puntos por Factor. En efecto, de acuerdo con lo dispuesto en el art. 8.1.a).1° de esta disposición reglamentaria, la valoración de puestos de trabajo tiene por objeto realizar una estimación global de todos los factores que concurren o pueden concurrir en los puestos de trabajo, teniendo en cuenta su incidencia y permitiendo la asignación de una puntuación o valor numérico a los mismos. Los factores de valoración deben ser considerados de manera objetiva y deben estar vinculados de manera necesaria y estricta con el desarrollo de la actividad laboral. La valoración debe referirse a cada una de las tareas y funciones de cada puesto de trabajo de la empresa, ofrecer confianza respecto de sus resultados y ser adecuada al sector de actividad, tipo de organización de la empresa y otras características que a estos efectos puedan ser significativas, con independencia, en todo caso, de la modalidad de contrato de trabajo con el que vayan a cubrirse los puestos.

Por lo demás, la DF 1.ª del RD 902/2020 dispone que en el plazo de seis meses desde su entrada en vigor —esto es, desde el 14 de abril de 2021 (DF 4.ª RD 902/2020)—, «*se aprobará, a través de una orden dictada a propuesta conjunta de las personas titulares de los Ministerios de Trabajo y Economía Social y del Ministerio de Igualdad, un procedimiento de valoración de los puestos de trabajo*» y que «*en su caso, dicha orden ministerial podrá prever que la valoración de los puestos de trabajo efectuada cumple con los requisitos formales exigidos en el presente reglamento, cuando para su realización se haya aplicado el procedimiento al que se refiere el apartado primero de esta disposición final»*. Entretanto no se dictase dicha orden, el Instituto de la Mujer y para la Igualdad de Oportunidades, ofrecía a las empresas la herramienta «Sistema de valoración de puestos de trabajo en las empresas con perspectiva de género» que les permitía diseñar su propio SVPT incorporando la perspectiva de género, y utilizarlo para valorar sus puestos de trabajo, determinar un sistema de retribución y compararlo con la realidad de su organización.

B) La herramienta para la implementación del procedimiento de valoración de puestos de trabajo

El 1 de noviembre de 2022 se publicó la Orden PCM/1047/2022, de 1 de noviembre, por la que se aprueba y se publica el procedimiento de valoración de los puestos de trabajo previsto en el RD 902/2020, de 13 de octubre, de igualdad retributiva entre mujeres y hombres.

El objeto de la valoración es realizar una estimación global de todos los factores que concurren o pueden concurrir en un puesto de trabajo, teniendo en cuenta su incidencia y permitiendo la asignación de una puntuación o valor numérico al mismo. Los factores de valoración deben ser considerados de manera objetiva y deben estar vinculados de manera necesaria y estricta con el desarrollo de la actividad laboral.

En cumplimiento de este mandato, el Ministerio de Trabajo y Economía Social y el Instituto de las Mujeres, adscrito al Ministerio de Igualdad, han trabajado, con la participación de los interlocutores sociales, en el desarrollo de una herramienta informática que diese soporte a dicho procedimiento.

La herramienta incorpora un modelo *«voluntario»* de procedimiento de valoración de puestos de trabajo (art. 1.2 Orden PCM/1047/2022), que posibilita que cada empresa pueda evaluar de forma efectiva el valor que realmente aporta cada puesto de trabajo al conjunto de la organización.

El procedimiento de valoración de puestos de trabajo se ha construido a partir de estos elementos:

1.°) Categorías de factores de valoración: naturaleza de las funciones o tareas, condiciones educativas, condiciones profesionales y de formación, y otras condiciones o factores diferentes de los anteriores que sean relevantes en el desempeño de la actividad.

2.°) Factores y subfactores de valoración. Son todos aquellos componentes que permiten apreciar las características de un determinado puesto de trabajo.

a) Naturaleza de las funciones o tareas: polivalencia o definición extensa de obligaciones; esfuerzo físico; esfuerzo mental; esfuerzo emocional; responsabilidad de organización, coordinación y supervisión; responsabilidades funcionales; autonomía; y otros.

b) Condiciones educativas: enseñanza reglada.

c) Condiciones profesionales y de formación: conocimientos y comprensión; aptitudes; habilidades sociales; y otros factores relacionados con las condiciones profesionales y de formación.

d) Condiciones laborales y factores estrictamente relacionados con el desempeño: entorno; condiciones organizativas; y otros factores relacionados con las condiciones laborales y factores estrictamente relacionados con el desempeño.

3.°) Niveles. Cada factor y subfactor se completa con una escala de niveles predeterminada que permite medir la intensidad en la que aquellos concurren para cada puesto de trabajo. Los niveles deben ser definidos de forma clara, concisa y precisa, para que, posteriormente, cada puesto pueda ser asignado, sin dudas, sólo a uno de los niveles de cada factor. Los niveles del factor deben representar umbrales claros y fácilmente reconocibles. En la medida de lo posible es aconsejable la utilización de escalas con intervalos cuantitativos y no escalas cualitativas, a excepción de aquellos factores en los que, por su naturaleza, sea inevitable la utilización de estas últimas.

4.°) Ponderación de los factores y subfactores de valoración. La herramienta, elaborada sobre un total de 1000 puntos, otorga de forma predeterminada y automática un peso o valor relativo a cada factor y subfactor de valoración, así como a sus distintos niveles atendiendo a la intensidad con la que estos pueden concurrir en un determinado puesto de trabajo. La fórmula matemática empleada garantiza un equilibrio entre la valoración de los niveles mínimos y máximos de cada factor o subfactor, asignando la puntuación máxima del factor al nivel máximo definido.

5.º) Puntuación de los puestos de trabajo. Todos los puestos de trabajo de la empresa serán evaluados empleando todos los factores y subfactores de valoración y una vez completada la valoración de cada puesto de trabajo, habiendo puntuado cada uno de ellos mediante la selección de un nivel de concurrencia de cada factor y subfactor de valoración, la herramienta calculará su puntuación total. A continuación, la herramienta agrupará los puestos de trabajo de igual valor conforme a los criterios establecidos en los arts. 28.1 del ET y 4.2 del RD 902/2020.

Y así, la herramienta debe servir para:

a) Identificar y corregir las diferencias retributivas que pudieran existir en la empresa entre los trabajos de igual valor.

b) Corregir la política de personal y retributiva de la empresa. La persistencia, una vez constatado el uso adecuado del procedimiento de valoración, de ponderaciones segregadas por sexos ha de llevar a la empresa a plantearse otros aspectos relacionados con su política de personal como la selección y contratación, la promoción profesional, etc.

Finalmente, hay que señalar que, de conformidad con lo previsto en el apartado 2 de la DF 1.ª del RD 902/2020 y en el art. 2 de la Orden PCM/1047/2022, se entenderá que la valoración de los puestos de trabajo realizada utilizando la herramienta de valoración de los puestos de trabajo y de igualdad retributiva elaborada por el Ministerio de Trabajo y Economía Social y el Ministerio de Igualdad «*reúne los requisitos formales establecidos en el citado real decreto*», lo que vendría a constituir una suerte de presunción iuris tantum de que la infravaloración de los puestos desempeñados por las mujeres no se basa en un sistema de valoración subjetiva y sexista de las tareas.

1.3. La valoración de los puestos de trabajo por los órganos jurisdiccionales

Dado que el principio de igualdad de retribución lleva implícito que las personas trabajadoras a las que se aplica deben encontrarse en situaciones idénticas o comparables, en caso de reclamación judicial es preciso comprobar si realizan un mismo trabajo o un trabajo al que se puede atribuir un mismo valor[121]. El Tribunal de Justicia de la Unión Europea ha declarado en varias ocasiones que la necesaria comprobación de la cuestión de si las personas trabajadoras de que se trata realizan un mismo trabajo o un trabajo al que se puede atribuir un mismo valor corresponde al órgano jurisdiccional nacional, único competente para constatar y apreciar los hechos[122]. No obstante, en el marco de una remisión prejudicial, el Tribunal de Justicia de la Unión Europea, llamado a facilitar respuestas útiles al juez nacional, es competente para proporcionar indicaciones, basadas en los autos del procedimiento principal y en las observaciones que le hayan sido presentadas, que puedan permitir al órgano jurisdiccional nacional dictar una resolución.

Partiendo de la doctrina jurisprudencial comunitaria y constitucional, es posible sintetizar cuatro grupos de reglas, que integran las diversas facetas del proceso de valoración de los puestos de trabajo en sede judicial:

1.ª) El parámetro de igualdad en este punto no es la identidad de tareas, sino la igualdad de valor del trabajo, único elemento que es relevante a estos efectos para captar la razonabilidad o no de una diferencia retributiva[123]. Las divergencias funcionales entre los puestos de trabajo de cada una de las secciones no prejuzgan en absoluto la razón por la que unas tareas —las desempeñadas predominantemente por los hombres— tengan que ser más valoradas que otras —las desempeñadas predominantemente por mujeres—.

---

121 STJUE de 28 de febrero de 2013 (Asunto C-427/11).

122 STJUE de 28 de febrero de 2013 (Asunto C-427/11).

123 SSTC 58/1994, de 28 de febrero, y 147/1995, de 16 de octubre.

2.ª) Para apreciar si unos trabajadores realizan un mismo trabajo o un trabajo al que se puede atribuir un mismo valor, el órgano jurisdiccional debe comprobar si, habida cuenta de un conjunto de factores, como la naturaleza del trabajo (**a**), las condiciones de formación (**b**) y las condiciones laborales (**c**), puede considerarse que dichos trabajadores se encuentran en una situación comparable[124]. De ello se deduce que la clasificación de los trabajadores de que se trata en la misma categoría profesional prevista en el convenio colectivo aplicable a su empleo no basta por sí sola para concluir que realizan el mismo trabajo o un trabajo de valor igual[125].

a) Para apreciar si unos trabajadores realizan un mismo trabajo o un trabajo al que se puede atribuir un mismo valor es necesario, esencialmente, la toma en consideración objetiva de la naturaleza de las actividades efectivamente encomendadas a dichos trabajadores. Por lo demás, como subraya la STC 145/1991, de 1 de julio, es «*el trabajo mismo y no su denominación, el factor esencial para la comparación a efectos de no discriminación por sexo en materia salarial, siendo la categoría profesional un elemento secundario cuando se constata esta esencial identidad en la prestación laboral de los trabajadores afectados y de aquéllos con quienes se comparan*». De esta forma, la asignación de diversas categorías o grupos profesionales o la simple constatación de que las funciones realizadas por los trabajadores de diferentes sexos objeto de comparación no son las mismas, no exime al juez de hacer un análisis de los criterios empleados para fijar el valor del trabajo realizado por las categorías de trabajadores comparadas[126]. Para examinar las diferencias salariales entre categorías profesionales contenidas en el convenio colectivo, no basta así con probar la corrección formal de las mismas, sin tener que apreciar si los trabajadores en liza realizan un mismo trabajo o un trabajo al que se puede atribuir un mismo valor.

Y lo mismo cabe decir cuando el sistema de adscripción departamental del personal responde a una división del trabajo basada en el

---

124 Por todas, las SSTJCE de 31 de mayo de 1995 (TJCE/79), 11 de mayo de 1999 (Asunto C-309/1997) y 28 de febrero de 2013 (Asunto C-427/11).

125 STJCE de 26 de junio de 2001 (Asunto C-381/99).

126 STJUE de 28 de febrero de 2013 (Asunto C-427/11); y SSTC 145/1991, de 1 de julio, y 286/1994, de 27 de octubre.

sexo, que tiene su origen en una práctica inveterada de adscripción del personal masculino o femenino preferentemente a alguno de los dos departamentos objeto de comparación. Las tareas de producción están reservadas a los hombres a excepción de cuatro, mientras que las mujeres prestan servicios en el departamento de envasados, que tiene asignado un nivel retributivo inferior. Pues bien, como señala la STC 286/1994, de 27 de octubre, las diferentes funciones previstas para un departamento u otro pueden *«no enmascarar trabajos de igual valor, pero esa desigualdad pierde toda razonabilidad para justificar la diferencia retributiva desde el momento en que no es tomada en consideración para las trabajadoras que, prestando servicios en la sección de producción, cobran la retribución básica correspondiente a la de empaquetado»*. Aquí resulta que trabajos idénticos o de igual valor (según los criterios neutros aportados por la empresa y manejados por los órganos judiciales) no son retribuidos con igual salario. Nos hallamos, así, ante una discriminación indirecta, donde la cobertura formal —la adscripción de estas trabajadoras al sector de empaquetado— oculta la realidad judicialmente comprobada de la desigualdad de trato entre quienes desarrollan un mismo trabajo.

Por lo demás, en los supuestos en que la diferencia salarial aparece cubierta por una asignación diversa de categorías o de adscripción departamental, al empresario incumbe la carga de probar que su práctica salarial no perjudica sistemáticamente a la categoría salarialmente infravalorada, poniendo de manifiesto los criterios que determinan una mayor retribución al sector privilegiado; lo que exige, a la postre, hacer que su sistema, retributivo sea transparente[127].

b) La formación profesional se cuenta entre los criterios que permiten verificar si los trabajadores efectúan o no el mismo trabajo[128]. Ciertamente, como señala la STJCE de 11 de mayo de 1999 (Asunto C-309/1997), si bien los psicólogos y los médicos empleados como psicoterapeutas por la Mutualidad Regional ejercen una actividad aparentemente idéntica, utilizan, para tratar a sus pacientes, conocimientos y capacidades adquiridas en disciplinas muy diferentes, unas

---

[127] STC 147/1995, de 16 de octubre.

[128] SSTJUE de 11 de mayo de 1999 (Asunto C-309/1997) y 28 de febrero de 2013 (Asunto C-427/11).

fundadas en estudios de psicología y otras en estudios de medicina. Además, si bien tanto los médicos como los psicólogos realizan en la práctica un trabajo de psicoterapia, los primeros están habilitados para ejercer, además, otras actividades pertenecientes a un ámbito vedado a los segundos, quienes únicamente pueden ejercer como psicoterapeutas. En tales circunstancias, no puede considerarse que se encuentren en una situación comparable dos grupos de trabajadores que han recibido una formación profesional diferente y que, debido al distinto alcance de la habilitación que se deriva de dicha formación y sobre cuya base fueron contratados, son requeridos para ejercer tareas o funciones diferentes. En definitiva, no se está en presencia del mismo trabajo en el sentido del art. 157 del TFUE o de la Directiva 2006/54, cuando trabajadores con diferentes habilitaciones profesionales desempeñan la misma actividad durante un período prolongado.

c) Asimismo, se deben ponderar las condiciones laborales en las que se efectúa el trabajo (nocturnidad, trabajo dominical, flexibilidad o adaptabilidad a horarios y lugares de trabajo variables, etc.). Pero para que tales diferencias se encuentren justificadas desde la perspectiva constitucional, no basta la invocación abstracta de criterios diferenciales, sino que son necesarios baremos más estrictos: es preciso probar que los presupuestos materiales de dichos criterios, concurren en el caso y, más aún, el modo y la relevancia con que lo hacen —prueba que corresponde aportar al empresario— y, además, resulta necesario justificar, desde esa base fáctica, la prevalencia que les otorga sobre otras características de las actividades laborales[129].

3.ª) En la valoración del trabajo, además, ha de garantizarse y exigirse, por tanto, que los propios criterios de evaluación del trabajo no sean, por sí mismos, discriminatorios[130]. De este modo, deberá evidenciarse que se ha recurrido a criterios de evaluación neutros, que garanticen la igualdad de condiciones de los trabajadores de ambos sexos, salvo que en circunstancias excepcionales debidamente acreditadas por el empresario y por razón de la específica natura-

---

129 SSTC 58/1994, de 28 de febrero, y 147/1995, de 16 de octubre.

130 SSTC 58/1994, de 28 de febrero, 286/1994, de 27 de octubre, y 147/1995, de 16 de octubre.

leza del trabajo, se requieran criterios diversos para la referida evaluación. Por lo tanto, si el empresario se limita a alegar el criterio del esfuerzo físico como único explícito y relevante para justificar la diferencia salarial, esta referencia —vacía, por no ir acompañada de la prueba cualificada de que se ha hablado— es irrelevante para justificar la diferencia de trato, que debe ser por tanto considerada discriminatoria.

4.ª) En los supuestos en que existan categorías predominantemente ocupadas por trabajadores de uno u otro sexo, desigualmente retribuidas, y no exista transparencia en la determinación de los criterios retributivos, corresponde plenamente al empleador la carga de poner de manifiesto los citados criterios, para excluir cualquier sospecha de que el sexo haya podido ser el factor determinante de dichas diferencias[131].

Sólo del juego conjunto de estas reglas es posible deducir si se ha realizado correctamente el juicio de igualdad y si, en consecuencia, se ha apreciado adecuadamente la existencia o no de discriminación, dispensando a los afectados la tutela que los Tribunales, como poderes públicos, están obligados a dar.

2. El principio de igualdad de trato entre mujeres y hombres en el acceso al empleo y en la formación y promoción profesionales

2.1. Alcance objetivo del principio de igualdad de trato entre mujeres y hombres

El principio de igualdad de trato y de oportunidades entre mujeres y hombres en el ámbito del empleo se garantizará, en los términos previstos en la normativa aplicable, en el acceso al empleo, incluso al trabajo por cuenta propia, en la formación profesional, en la promoción profesional, en las condiciones de trabajo, incluidas las retributivas y las de despido, y en la afiliación y participación en las organizaciones sindicales y empresariales, o en cualquier organi-

---

[131] STJCE de 27 de octubre de 1993 (TJCE/165); y STC 58/1994, de 28 de febrero.

zación cuyos miembros ejerzan una profesión concreta, incluidas las prestaciones concedidas por las mismas (art. 5 LOI). Los servicios públicos de empleo, sus entidades colaboradoras y las agencias de colocación o entidades autorizadas deberán velar específicamente por el respeto del derecho a la igualdad de trato y no discriminación indirecta por razón de sexo, favoreciendo la aplicación de medidas para la consecución de tal fin como el currículo de vida anónimo [arts. 9.3 Ley 15/2022 y 4.a), 5.a), 39, 43.3.f) y 45.2 Ley 3/2023, de 28 de febrero, de Empleo (LE)].

Sin embargo, el acceso al empleo es una materia especialmente sensible a la discriminación por razón de género, habida cuenta los amplios márgenes de discrecionalidad empresarial en los procesos de selección en el ámbito del empleo privado y la dificultad de probar la existencia de móviles discriminatorios en la actuación empresarial[132]. Por ello, se deben establecer sistemas de selección basados en criterios técnicos, objetivos y neutros por razón de género, que incorporen reglas que limiten la discrecionalidad empresarial en este ámbito y que garanticen unas pautas que no sean ni directa ni indirectamente discriminatorias.

2.2. Diferencias de trato justificadas

No constituirá discriminación en el acceso al empleo, incluida la formación necesaria para el mismo, una diferencia de trato basada en una característica relacionada con el sexo cuando, debido a la naturaleza de las actividades profesionales concretas o al contexto en el que se lleven a cabo, dicha característica constituya un requisito profesional esencial y determinante, siempre y cuando el objetivo sea legítimo y el requisito proporcionado (art. 5 LOI). A través de esta previsión, nuestro legislador hace uso de la facultad concedida por el art. 14.2 de la Directiva 2006/54/CE del Parlamento Europeo y del Consejo, de 5 de julio de 2006, relativa a la aplicación del principio de igualdad de oportunidades e igualdad de trato entre hombres y mujeres en asuntos de empleo y ocupación, que habilita a los Estados

---

132 ESCUDERO RODRÍGUEZ, R. y MENÉNDEZ CALVO, R., «Las políticas de igualdad de mujeres y hombres en el ámbito laboral», cit., pág. 147 y ss.

miembros —*«podrán disponer»*— para establecer esta excepción al principio de no discriminación. En tal sentido, el contenido del art. 5 de la LOI, equivalente al previsto en el art. 34.2 Ley 62/2003 para las demás causas discriminatorias, no constituye sino un calco de la actual redacción de la norma comunitaria, que introducida ya en el texto original de la Directiva 76/207, fue objeto de modificación por la Directiva 2002/73, con el fin de incorporar algunas pautas interpretativas que había ido sentando el TJCE y que actualmente se reflejan en las premisas que condicionan la aplicación de la excepción.

Al respecto, cabe formular las siguientes precisiones[133]:

a) El ámbito de aplicación de esta posibilidad de exclusión se sitúa en el *«acceso al empleo»* —incluida la *«formación necesaria»* para el mismo—; y en concreto, el precepto tiene como fin permitir excluir del ejercicio de determinadas profesiones a personas de un determinado sexo, cuando la naturaleza del trabajo o el contexto en que se realicen así lo justifiquen. De hecho, la LOI añadió un nuevo art. 22.bis) a la Ley 56/2003, de Empleo, que luego se recogió en el art. 35.2 del Real Decreto Legislativo 3/2015, de 23 de octubre, por el que se aprobó el texto refundido de la Ley de Empleo, en el que, tras tachar de discriminatorias las ofertas de empleo referidas a uno de los sexos, exceptuaba aquellas en que se tratase de *«un requisito profesional esencial y determinante de la actividad a desarrollar»* —repárese, por cierto, en la omisión de la exigencia de legitimidad del objetivo y proporcionalidad del requisito—. De cualquier modo, no cabe ignorar que los conflictos en la práctica pueden tener un alcance más amplio y plantearse, no sólo en el acceso a un empleo, sino también durante el transcurso de la relación laboral, a efectos, por ejemplo, de llevar a cabo una movilidad funcional o geográfica[134].

---

133 Cfr. GARCÍA RUBIO, M.ª A., «Cuestiones generales», en AA.VV., *Los aspectos laborales de la Ley de igualdad*, Tirant lo Blanch, Valencia, 2007, págs. 55 y ss.

134 Un ejemplo significativo puede verse en la STSJ de Madrid, de 16 de mayo de 2005 (*Tol 657649*), relativa una trabajadora con funciones de limpieza que había solicitado ser movilizada a otro centro de trabajo y a la que la empresa había denegado la solicitud por la existencia en dicho centro de vestuarios y servicios separados para hombres y para mujeres, que, según el criterio empresarial, exigían siempre la presencia en cada turno de un

b) En todo caso, para que la exclusión a un empleo o a la formación previa resulte admisible y justificada, la norma exige la concurrencia simultánea de dos requisitos.

De una parte, la característica vinculada al sexo debe constituir un requisito profesional *«esencial y determinante»* para la actividad profesional. El juicio a efectuar, por tanto, no debe ser de mera conveniencia, sino de necesidad, y según la norma, puede venir determinado por dos factores: bien por la naturaleza de la actividad profesional —con ejemplos muy claros como emplear sólo mujeres para representar un papel femenino en el cine u hombres para un pase de modelos de ropa masculina—, o bien también por el contexto en que se lleve a cabo la actividad —concepto mucho más indeterminado, con los márgenes de discrecionalidad que ello abre, pero que, entre otras consideraciones y según se deduce del art. 31.3 de la Directiva 2006/54/CE, exigirá tener en cuenta la evolución social, a fin de constatar si determinadas exclusiones del pasado pueden seguir gozando todavía de justificación—[135].

De otra parte, la exclusión del empleo o formación de trabajadores de un determinado sexo sólo será válida cuando el objetivo pretendido sea legítimo y el requisito resulte proporcionado —proporcionalidad que, según el TJCE, exige no traspasar los límites de lo que es *adecuado y necesario* para la consecución del objetivo propuesto[136]—.

---

trabajador hombre y una trabajadora mujer para asegurar que el trabajador fuera siempre del mismo sexo que el vestuario a limpiar. La Sentencia considera el argumento carente de justificación objetiva y razonable si se adoptan determinadas previsiones organizativas, y llega a tachar el supuesto de discriminación indirecta por el mayor número de mujeres que realizan labores de limpieza y por ser ellas, por tanto, las que a través de criterios como el mantenido por la empresa, pueden gozar de menores posibilidades que los hombres de cambiar de centro de trabajo.

135 Representativa a este respecto puede ser la STJCE de 8 de noviembre de 1983 (Asunto C-165/82), que en aquel momento consideró justificado reservar a las mujeres el puesto de matrona en atención al respeto a la sensibilidad de la paciente.

136 Por ejemplo, SSTJCE de 15 de mayo de 1986 (Asunto C-222/84); o de 26 de octubre de 1999 (Asunto C-273/97).

Junto a esta última consideración, el TJCE ha ido sentando otras pautas interpretativas de interés en relación con las premisas a las que queda supeditada la exclusión que ahora se analiza y que, aun referidas al texto originario de la Directiva 76/207, parten de los mismos principios que ahora inspiran la redacción actual de la Directiva 2006/54/CE.

Así, de entrada, la jurisprudencia comunitaria postula la necesidad de efectuar una interpretación restrictiva de esta excepción normativa[137], si bien, ha llamado siempre la atención la generosidad con que ha admitido la exclusión de las mujeres de profesiones relacionadas con la seguridad pública de los Estados[138] (vigilantes de prisiones[139], policías en un determinado contexto de atentados[140], o unidades de combate especiales[141]).

Importante es también tener en cuenta que el TJCE no admite exclusiones generales de un empleo considerado globalmente, sino que requiere una justificación específica respecto a las actividades concretas que deben realizarse[142]. Esta exigencia constituye un juicio necesario para velar por el cumplimiento del principio de proporcionalidad, cuyo respeto requiere tener en cuenta la posibilidad de destinar al sexo excluido a tareas distintas de las reservadas para el otro

---

137 *V.gr.* STJCE de 15 de mayo de 1986 (Asunto C-222/84). Por ejemplo, la STJCE de 8 de noviembre de 1983 (Asunto C-165/82), consideró contrario a la Directiva no aplicar la normativa antidiscriminatoria en la contratación al servicio del hogar familiar y en empresas que no excedan de cinco trabajadores.

138 Sobre la «generosidad» indicada, BALLESTER PASTOR, M.A., «Las Directivas sobre aplicación del principio de igualdad de trato de las personas por razón de origen racial o étnico (2000/43) y por motivos de religión o convicciones, discapacidad, edad u orientación sexual (2000/78)», en AA.VV., *La protección de derechos fundamentales en el orden social*, Cuadernos de Derecho Judicial nº XXI-2003, pág. 333.

139 STJCE de 30 de junio de 1988 (Asunto C-318/86).

140 STJCE de 15 de mayo de 1986 (Asunto C-222/84).

141 STJCE de 26 de octubre de 1999 (Asunto C-273/97).

142 SSTJCE de 30 de junio de 1988 (Asunto C-318/86); y de 11 de enero de 2000 (Asunto C-285/98), que considera injustificada y desproporcionada la exclusión «total» de las mujeres de cualquier empleo militar que implique el uso de armas.

sexo[143]. En tal sentido se ha destacado por la doctrina que no cabría excluir a uno de los sexos de ciertos empleos sólo porque algunas actividades de éstos puedan quedar reservadas al otro sexo: la exclusión sólo quedaría justificada cuando la presencia de un sexo concreto sea necesaria para el desarrollo de las funciones esenciales de la actividad profesional y no de funciones meramente tangenciales[144].

Por último, una idea en que ha insistido el TJCE y a la que se suma nuestro Tribunal Constitucional es la de considerar injustificada la pretensión de excluir a las mujeres de determinados trabajos bajo el argumento de que éstas requieren mayor protección o de que, en relación directa con lo anterior, el sexo femenino se caracteriza por una mayor debilidad física[145]. Ciertamente, nuestro Tribunal Constitucional considera discriminatorias las medidas meramente protectoras de la mujer, excepción hecha de las ligadas al embarazo o la maternidad; y por lo que se refiere a su fortaleza, el Tribunal declara inadmisibles los estereotipos sobre la inferioridad o mayor debilidad física de las mujeres respecto a un varón, por cuanto responden más a un prejuicio infundado que a diferencias reales naturales o biológicas, dando lugar a una división sexista del trabajo que constituye un límite o desventaja para la mujer en el mercado laboral[146]. Por ello, el Tribunal ha entendido que resulta discriminatorio excluir globalmente a las mujeres de aquellos trabajos que para su correcto ejercicio requieren objetivamente un elevado esfuerzo físico: en tales casos, debe adoptarse un criterio neutro, permitiendo la concurrencia de ambos sexos y debiendo proceder a una valoración individual de cada persona respecto a su idoneidad para el cumplimiento de las funciones propias del puesto, de forma que, sólo cuando se haya acreditado la ineptitud para el adecuado desarrollo de la prestación,

---

143 La STJCE de 15 de mayo de 1986 (Asunto C-222/84) afirma que corresponde al órgano judicial nacional *«velar por el respeto al principio de proporcionalidad y comprobar si la negativa a prorrogar el contrato de la Sra. Johnston no se podría haber evitado destinando a las mujeres a tareas que puedan ser realizadas sin armas y que no pongan en peligro los objetivos aludidos»*.

144 Así lo ha expresado SÁEZ LARA, C., *Mujeres…*, cit., pp. 78, 93, 101-102.

145 *V.gr.* SSTJCE de 15 de mayo de 1986 (Asunto C-222/84), o de 11 de enero de 2000 (Asunto C-285/98).

146 SSTC 229/1992, de 14 de diciembre; y 286/1994, de 27 de octubre.

sea posible rechazar al candidato —hombre o mujer—, con base en que el esfuerzo físico es un factor requerido por la naturaleza del trabajo[147]. Estas consideraciones han servido para que, por ejemplo, tanto la jurisprudencia comunitaria como la constitucional hayan considerado injustificadas las prohibiciones generales de emplear a las mujeres en la industria minera[148], los trabajos nocturnos[149], o los trabajos de buceo o realizados en medio hiperbárico[150]. Además, con las reformas incorporadas por la LOI, estos criterios quedaron normativamente plasmados en el art. 35.2 de la Real Decreto Legislativo 3/2015, de 23 de octubre, por el que se aprobó el texto refundido de la Ley de Empleo, en el que de manera específica se consideraba discriminatoria toda oferta de empleo referida a uno de los sexos *«basada en exigencias del puesto de trabajo relacionadas con el esfuerzo físico»* y cuyo tenor habría de ser interpretado conforme a la construcción jurisprudencial expuesta. Más esta previsión no se recoge en la nueva Ley de Empleo.

2.3. Las medidas de acción positiva en la negociación colectiva

A través de los convenios colectivos estatutarios se podrán establecer medidas de acción positiva para favorecer el acceso al empleo, los ascensos y la promoción profesional de las mujeres en aquellas profesiones u oficios en los que se encuentren subrepresentadas (arts. 43 LOI, 11.6, 17.4 y 24.2 ET y 10.2 Ley 15/2022).

A tales efectos, la negociación colectiva podrá *establecer «reservas y preferencias»*:

---

147 STC 198/1996, de 3 de diciembre, sobre la realización de funciones de «basculero». *Vid.* también la STC 216/1991, de 14 de noviembre, respecto al acceso a la Academia General del Aire.

148 STC 229/1992, de 14 de diciembre —en la que se aludía a la derogación del Decreto de 26 de julio de 1957, por el que se prohibía a las mujeres la realización de determinados trabajos—; o STJCE de 1 de febrero de 2005 (Asunto C-203/03).

149 Por ejemplo, SSTJCE de 25 de julio de 1991 (Asunto C-345/89); de 2 de agosto de 1993 (Asunto C-158/91); o de 3 de febrero de 1994 (Asunto C-13/93).

150 STJCE de 1 de febrero de 2005 (Asunto C-203/03).

1.º) *«Reservas y preferencias»* en las condiciones de contratación de modo que, en igualdad de condiciones de idoneidad, tengan preferencia para ser contratadas las candidatas femeninas en aquellas empresas que, en el grupo o categoría profesional de que se trate, tengan un menor número de mujeres que de hombres.

2.º) *«Reservas y preferencias»* en las condiciones de clasificación profesional, promoción y formación, de modo que, en igualdad de condiciones de idoneidad, tengan preferencia en los ascensos y la promoción profesional o en el acceso a la formación las candidatas femeninas en aquellas empresas que, en la profesión, grupo profesional o puesto de trabajo de que se trate, tengan un menor número de mujeres que de hombres.

3.º) Criterios y procedimientos tendentes a conseguir una presencia equilibrada de hombres y mujeres vinculados a la empresa mediante contratos formativos.

Por lo demás, procede realizar una quíntuple observación en relación con esta posibilidad:

- En primer lugar, aunque los arts. 43 de la LOI, 17.4 del ET y 10.2 Ley 15/2022 se refieren genéricamente a *«la negociación colectiva»*, de acuerdo con la interpretación del Tribunal Constitucional del art. 14.2 de la CE[151], a mi juicio las medidas de acción positiva solamente se podrán establecer en los convenios colectivos estatutarios de eficacia normativa y general —alcance que es consustancial con una política correcta de acción positiva—. Por lo demás, como los preceptos reseñados se remiten a la negociación colectiva en general, no se distingue entre los diferentes ámbitos o niveles de la negociación colectiva, de suerte que los convenios colectivos estatutarios de cualquier ámbito funcional y territorial quedan habilitados para establecer medidas de acción positiva.
- En segundo lugar, aunque los arts. 43 de la LOI y 10.2 Ley 15/2022 contienen una descripción generosa y amplia del contenido posible de los programas de acción positiva (*«para*

[151] Por todas, SSTC de 28 de mayo de 2004 o de 7 de julio de 2005.

favorecer el acceso de las mujeres al empleo y la aplicación efectiva del principio de igualdad de trato y no discriminación en las condiciones de trabajo entre mujeres y hombres» y *«para prevenir, eliminar y corregir toda forma de discriminación en el ámbito del empleo y las condiciones de trabajo por las causas previstas en esta ley»*), se remiten a *«la legislación laboral»*, esto es, al art. 17.4 del ET en la versión dada por la DA 11.ª de la LOI. Pues bien, este precepto sólo habilita a la negociación colectiva para establecer medidas de acción positiva para *«favorecer el acceso de las mujeres»* a los grupos profesionales o puestos de trabajo en que estén subrepresentadas, esto es, en el acceso al empleo y en la promoción profesional en el seno de la empresa. Asimismo, el art. 17.4 del ET faculta a la negociación colectiva a establecer este tipo de medidas en las condiciones de clasificación profesional, promoción y formación, de modo que, en igualdad de condiciones de idoneidad, tengan preferencia las personas del sexo menos representado para favorecer su acceso al grupo profesional o puesto de trabajo de que se trate. En este sentido, el art. 24.2 del ET completa el principio general de no discriminación por razón de sexo en los ascensos y la promoción profesional en la empresa con la posibilidad de que, en convenio o, en su defecto, en acuerdo colectivo entre la empresa y los representantes de los trabajadores, puedan establecerse medidas de acción positiva dirigidas a eliminar o compensar situaciones de discriminación. Fuera del alcance de la negociación colectiva quedarían, en principio, otras posibles materias laborales susceptibles de una aproximación de acción positiva, como la política retributiva o de tiempo de trabajo[152]. Por lo demás, aunque las medidas de acción positiva se prevén a favor de *«las personas del sexo*

---

152 Cfr. TORRENTE GARI, S., «La noción de discriminación directa e indirecta y de medidas de acciones positivas y su aplicación en la empresa», en AA.VV., *Diseño e implementación de planes de igualdad en las empresas,* Aranzadi, Pamplona, 2020, pág. 187, quien alude a la posibilidad de reconocer derechos al trabajador varón ligados a la conciliación de la vida laboral, personal y familiar para contribuir a la corresponsabidad en las obligaciones de cuidado y atención a familiares.

menos representado», en la mayoría de los casos beneficiarán a las mujeres dada la segregación vertical del mercado de trabajo.

- En tercer lugar, se delimitan los ámbitos que deben tomarse en consideración a efectos de determinar cuándo las mujeres se hallan menos representadas. En este sentido, el párrafo primero del art. 17.4 del ET establece que *«la negociación colectiva podrá establecer medidas de acción positiva para favorecer el acceso de las mujeres a todas las profesiones»*. De este modo, y teniendo en cuenta el concepto de acción positiva que se recoge en el art. 11 de la LOI, lo que se prevé son medidas de acción positiva para fomentar el acceso y la promoción profesional de las mujeres en igualdad de condiciones a los hombres en aquellas profesiones y oficios en los que se encuentren subrepresentadas. Pero, además, las preferencias en la contratación o en la promoción deben establecerse tomando a cada empresa como módulo de cálculo de la representación relativa de los sexos en los diversos grupos, categorías o puestos de trabajo, no sólo porque otra solución resultaría injusta en el caso concreto de las empresas con paridad en un determinado grupo, categoría o puesto de trabajo, sino porque otra solución provocaría dificultades de gestión que la harían prácticamente inviable.
- En cuarto lugar, salvando la contradicción existente en la literalidad del art. 17.4 del ET, aunque en este precepto se habla de *«reservas»* y de *«preferencias»*, debe entenderse que no caben *«reservas»* en el empleo a la vista de la literalidad del propio artículo, ya que habla posteriormente de que *«en igualdad de condiciones de idoneidad»* tendrán preferencia las mujeres.

IV. MEDIDAS ESPECÍFICAS CONTRA LA DISCRIMINACIÓN RETRIBUTIVA POR RAZÓN DE SEXO

1. El principio de igual retribución por trabajo de igual valor

De conformidad con el art. 28.1 del ET, el empresario *«está obligado a pagar por la prestación de un trabajo de igual valor la misma retribu-*

ción, satisfecha directa o indirectamente, y cualquiera que sea la naturaleza de la misma, salarial o extrasalarial, sin que pueda producirse discriminación alguna por razón de sexo en ninguno de los elementos o condiciones de aquella»[153]. El principio de igual retribución por trabajo de igual valor en los términos establecidos en el art. 28.1 del ET vincula a todas las empresas, independientemente del número de personas trabajadoras, tal y como subraya el art. 4.1 del RD 902/2020.

Como ha declarado el TJCE, el concepto de retribución, en el sentido del párrafo 2 del art. 157 del TFUE, comprende todas las gratificaciones en dinero o en especie, actuales o futuras, siempre que sean satisfechas, aunque sea indirectamente, por el empresario al trabajador en razón de la relación de trabajo (como por ejemplo, un complemento por horarios incómodos[154], o un complemento mensual de salario en virtud de contrato de trabajo[155]), independientemente de que sea en virtud de disposiciones legislativas o de un contrato de trabajo o de que tengan carácter voluntario. Por consiguiente, el hecho de que determinadas prestaciones sean pagadas una vez extinguida la relación de trabajo no excluye que puedan tener un carácter de retribución, en el sentido del art. 157 del TFUE.

Por lo que se refiere en particular a las indemnizaciones concedidas al trabajador con ocasión de su despido, procede decir que éstas constituyen una forma de retribución a la que tiene derecho el trabajador en razón de su relación de trabajo, que le es pagada en el momento de cesar su relación de trabajo, que permite facilitar su adaptación a las nuevas circunstancias resultantes de la pérdida de su empleo y que le garantiza una fuente de ingresos durante el período de búsqueda de un nuevo trabajo. De ello se deduce que las indemnizaciones concedidas al trabajador con ocasión de su despido están comprendidas, en principio, dentro del concepto de retribución en el sentido de los arts. 157 del TFUE y 28.1 del ET[156]. El derecho a

---

153 Por todos, ROQUETA BUJ, R., *La igualdad retributiva entre mujeres y hombres. Registros y auditorías salariales,* Tirant lo Blanch, Valencia, 2021.

154 STJCE de 30 de marzo de 2000 (Asunto C-236/98).

155 STJCE de 26 de junio de 2001 (Asunto C-381/99).

156 SSTJCE de 17 de mayo de 1990 (TJCE/158) y 9 febrero 1999 (Asunto C-167/97).

participar en un sistema de prejubilación convencional o en un plan de pensiones de empresa también está incluido dentro del ámbito de aplicación de estos preceptos y, por tanto, está comprendido en la prohibición de discriminación que dichos artículos establecen[157].

Por lo demás, los arts. 157 del TFUE y 28.1 del ET exigen expresamente la aplicación del principio de la igualdad de retribución entre hombres y mujeres sólo en el caso del mismo trabajo o en el caso de un trabajo del mismo valor y no en el de un trabajo de distinto valor. Sin embargo, como subraya la STJCE de 4 de febrero de 1988 (Asunto 157/86), si este principio «*prohíbe que los trabajadores de determinado sexo empleados en una tarea de igual valor que la de los trabajadores del sexo opuesto reciban una retribución menor a la de los otros por razón de sexo, prohíbe a fortiori semejante diferencia de retribución cuando la categoría de trabajadores peor pagados realiza una tarea de superior valor*».

La discriminación retributiva directa oculta plantea importantes problemas de prueba en los trabajos con escasa participación femenina o masculina, pues la discriminación directa no se constata a partir de datos de afectación mayoritaria y en estas circunstancias puede resultar imposible encontrar en la misma empresa una persona trabajadora del otro sexo que se encuentre en una situación comparable y que haya recibido, por el mismo o por un trabajo de igual valor, una retribución más elevada. Pues bien, el Tribunal de Justicia ha aclarado que, para determinar si los trabajadores se encuentran en una situación comparable, la comparación no debe limitarse necesariamente a las situaciones en las que hombres y mujeres trabajan para un mismo empleador[158] o en el mismo establecimiento de ese empresario[159]. Los trabajadores pueden encontrarse en una situación comparable incluso si no trabajan para el mismo empleador, siempre que las condiciones de retribución puedan atribuirse a una única fuente que las determine y que dichas condiciones sean iguales y comparables, así como en el supuesto de que el trabajo se reali-

---

157 SSTJCE de 24 de octubre de 1996 (TJCE/193), 13 de julio de 2000 (Asunto C-166/99) y 9 de diciembre de 2004 (Asunto C-19/02).

158 STJCE de 17 de septiembre de 2002 (Asunto C 320/00).

159 STJCE de 3 de junio de 2021 (Asunto C-624/19).

ce en un mismo establecimiento o servicio, privado o público[160]. Tal puede ser el caso cuando las condiciones de retribución pertinentes estén reguladas por disposiciones reglamentarias o convenios en materia de retribución aplicables a varios empleadores[161], o cuando esas condiciones se establezcan de forma centralizada para más de una organización o empresa dentro de un holding o grupo de empresas[162]. Y así, el art. 157 del TFUE debe interpretarse en el sentido de que, cuando se discute una reglamentación estatal, la aplicabilidad de dicha disposición, a una empresa no está subordinada al requisito de que el trabajador afectado pueda ser comparado a un trabajador de otro sexo empleado, en la actualidad o en el pasado, por el mismo empleador y que haya recibido, por un mismo trabajo o por un trabajo de igual valor, una retribución más elevada[163]. Sin embargo, cuando las diferencias observadas en las condiciones de retribución de trabajadores que realizan un mismo trabajo o un trabajo de igual valor no son imputables a una única fuente, falta una entidad que sea responsable de la desigualdad y que pudiera restablecer la igualdad de trato. Tal situación no se encuentra comprendida en el art. 157 del TFUE y el trabajo y la retribución de dichos trabajadores no pueden compararse entonces sobre la base de esta disposición[164].

Y, en fin, tal y como destaca la STJCE de 27 de marzo de 1980 (Asunto 129/79), el principio de la igualdad de retribución entre trabajadores y trabajadoras para un mismo trabajo «*no se limita a las situaciones en las que hombres y mujeres efectúan simultáneamente un mismo trabajo para el mismo empleador*». Antes al contrario, también «*se aplica en caso de que se demuestre que un trabajador femenino, habida cuenta de la naturaleza de sus servicios, ha percibido una retribución inferior a la que percibía un trabajador masculino, empleado con anterioridad al período de empleo de la operaría femenina, y que efectuaba el mismo trabajo para su empleador*».

---

160 SSTJCE de 17 de septiembre de 2002 (Asunto C 320/00), 13 de enero de 2004 (Asunto C-256/01) y 3 de junio de 2021 (Asunto C-624/19).

161 STJCE de 17 de septiembre de 2002 (Asunto C-320/2000)

162 Cfr. el Considerando 29 de la Directiva 2023/970.

163 STJCE 13 de enero de 2004 (Asunto C-256/01).

164 SSTJCE de 17 de septiembre de 2002 (Asunto C 320/00) y 3 de junio de 2021 (Asunto C-624/19).

2. *El principio de transparencia retributiva*

2.1. El principio de transparencia retributiva: objeto

A fin de garantizar la aplicación efectiva del principio de igualdad de trato y no discriminación en materia retributiva entre mujeres y hombres, las empresas deberán integrar y aplicar el principio de transparencia retributiva entendido como aquel que, aplicado a los diferentes aspectos que determinan la retribución de las personas trabajadoras y sobre sus diferentes elementos, permite obtener información suficiente y significativa sobre el valor que se le atribuye a dicha retribución (art. 3.1 RD 902/2020). El principio de transparencia retributiva tiene por objeto «*la identificación de discriminaciones, en su caso, tanto directas como indirectas, particularmente las debidas a incorrectas valoraciones de puestos de trabajo, lo que concurre cuando desempeñado un trabajo de igual valor de acuerdo con los artículos siguientes, se perciba una retribución inferior sin que dicha diferencia pueda justificarse objetivamente con una finalidad legítima y sin que los medios para alcanzar dicha finalidad sean adecuados y necesarios*» (art. 3.1 RD 902/2020).

2.2. Los instrumentos de transparencia retributiva en las empresas

El principio de transparencia retributiva se aplicará, fundamentalmente, a través de los instrumentos regulados en el RD-l 6/2019 y en el RD 902/2020, a saber: los registros y las auditorías retributivos.

2.3. Los plazos para llevar a cabo los registros retributivos y las auditorias retributivas

El RD-l 6/2019 entró en vigor el 8 de marzo de 2019 (DF 2.ª RD-l 6/2019) y el RD 902/2020 «*a los seis meses de su publicación en el «Boletín Oficial del Estado»*» —esto es, el 14 de abril de 2021— (DF 4.ª RD 902/2020).

2.3.1. Registros retributivos

La obligación empresarial de realizar un registro retributivo con los valores medios de los salarios, los complementos salariales y las percepciones extrasalariales de su plantilla, desagregados por sexos y distribuidos por grupos profesionales, categorías profesionales o puestos de trabajo iguales o de igual valor, existe desde el 8 de marzo de 2019 (fecha de entrada en vigor de la modificación realizada sobre el 28.2 del ET, por el RD-l 6/2019)[165]. No obstante, su regulación en los términos descritos en los arts. 5 y 6 del RD 902/2020 resulta exigible a las empresas a partir del 14 de abril de 2021 (fecha de entrada en vigor del RD 902/2020). A partir de esta fecha todas las empresas están obligadas a elaborar el registro retributivo en la forma y con el contenido indicado en dichos preceptos, correspondiente a las retribuciones del año natural anterior, ya que, como se verá, el periodo temporal de referencia para confeccionar el registro retributivo es el año natural y, además, como el importe exacto de las retribuciones devengadas en un año no se conoce hasta que este no concluye, el registro retributivo se confeccionara a año vencido. En fin, como no se delimita el plazo para que las empresas dispongan del registro salarial del año anterior, estas dispusieron de todo el 2021 para confeccionar el registro retributivo del 2020. En todo caso, los registros debieron estar ultimados antes del 1 de enero de 2022.

2.3.2. Auditorias retributivas

Las auditorias salariales forman parte de los planes de igualdad y, por ello, se prevé la aplicación paulatina del RD 902/2020 a las mismas. En efecto, la DT Única de esta disposición reglamentaria determina que «*la aplicación de lo establecido en el presente real decreto para las auditorías retributivas seguirá la misma aplicación paulatina que para la aplicación de los planes de igualdad se configura en la disposición transitoria décima segunda de la Ley Orgánica 3/2007, de 22 de marzo*».

Pues bien, de conformidad con la DT 12.ª de la LOI, añadida por el RD-l 6/2019, irá progresivamente descendiendo el número de tra-

[165] Cfr. la DF 2.ª del RD-l 6/2019, de 1 de marzo.

bajadores de la empresa que requiere plan de igualdad, porque en 2019 la obligación afectaba a las empresas de más de 250 trabajadores en los siguientes términos:

1.º) Desde el 7 de marzo de 2020, lo deben tener todas las empresas con más de 150 personas en plantilla.

2.º) A partir del 7 de marzo de 2021, deben tenerlo todas las empresas con más de 100 personas en plantilla.

3.º) A partir del 7 de marzo de 2022, deben tenerlo todas las empresas de 50 a 100 personas en plantilla.

Por lo demás, en cuanto al plazo para llevar a cabo la negociación del plan de igualdad y del diagnóstico previo, habrá que distinguir entre las empresas que en la fecha de entrada en vigor del RD 901/2020 tenían un plan de igualdad vigente (**a**) y las que no (**b**).

a) Las empresas que tenían un plan de igualdad en vigor el 14 de enero de 2021, debieron adaptarlo «*en el plazo previsto para su revisión y, en todo caso, en un plazo máximo de doce meses contados a partir de la entrada en vigor de este real decreto, previo proceso negociador*» (DT Única RD 901/2020).

b) El resto de las empresas deberán iniciar el procedimiento de negociación de sus planes de igualdad y de los diagnósticos previos mediante la constitución de la comisión negociadora, dentro del plazo máximo de los tres meses siguientes al momento en que hubiesen alcanzado las personas de plantilla que lo hacen obligatorio (art. 4.1 RD 901/2020). Las empresas no contempladas en el apartado anterior y que queden obligadas por convenio colectivo a negociar un plan de igualdad, deberán iniciar el procedimiento de negociación dentro del plazo establecido en el convenio colectivo, o, en su defecto, dentro de los tres meses posteriores a la publicación del mismo (art. 4.2 RD 901/2020). Y, en fin, cuando la obligación de elaborar y aplicar un plan de igualdad fuere acordada por la autoridad laboral en un procedimiento sancionador, en sustitución de las sanciones accesorias, el plazo para iniciar el procedimiento de negociación, en su caso, será el fijado en dicho acuerdo (art. 4.3 RD 901/2020).

En todo caso, las empresas deberán tener negociado y aprobado su plan de igualdad y presentada la solicitud de registro «*en el plazo máximo de un año a contar desde el día siguiente a la fecha en que finalice el plazo previsto para iniciar el procedimiento de negociación de conformidad con lo establecido en los apartados anteriores*» (art. 4.4 RD 901/2020).

3. El registro retributivo

3.1. Normativa aplicable

Los apartados 2 y 3 del art. 28 del ET, en su nueva redacción dada por el RD-l 6/2019, establecen lo siguiente[166]:

> *«2. El empresario está obligado a llevar un registro con los valores medios de los salarios, los complementos salariales y las percepciones extrasalariales de su plantilla, desagregados por sexo y distribuidos por grupos profesionales, categorías profesionales o puestos de trabajo iguales o de igual valor.*
> *Las personas trabajadoras tienen derecho a acceder, a través de la representación legal de los trabajadores en la empresa, al registro salarial de su empresa.*
> *3. Cuando en una empresa con al menos cincuenta trabajadores, el promedio de las retribuciones a los trabajadores de un sexo sea superior a los del otro en un veinticinco por ciento o más, tomando el conjunto de la masa salarial o la media de las percepciones satisfechas, el empresario deberá incluir en el Registro salarial una justificación de que dicha diferencia responde a motivos no relacionados con el sexo de las personas trabajadoras»*.

Estas previsiones han sido desarrolladas por los arts. 5 y 6 del RD 902/2020, de 13 de octubre, de igualdad retributiva entre mujeres y hombres.

---

166 Por todos, SÁEZ LARA, C., «Registro salarial e igualdad retributiva entre mujeres y hombres tras el RDL 6/2019: una primera aproximación», *Revista Derecho social y empresa*, núm. 12, 2020; FERNÁNDEZ NIETO, L.A., «El registro obligatorio de salarios y las auditorías salariales como medidas disuasorias de la discriminación retributiva», *Diario La Ley*, núm. 9765, 7 de enero de 2021; y GARCÍA CAMPÁ, S., «El registro salarial o retributivo», *Estudios financieros. Revista de Trabajo y Seguridad Social*, núm. 455, 2021, págs. 79-115.

3.2. Empresas obligadas a confeccionar el registro retributivo

De conformidad con el art. 5.1 del RD 902/2020, «*todas las empresas*», con independencia de su tamaño, están obligadas a tener un registro retributivo. Así lo viene a confirmar el inciso final de este precepto al señalar que «*este registro tiene por objeto garantizar la transparencia en la configuración de las percepciones, de manera fiel y actualizada, y un adecuado acceso a la información retributiva de las empresas, al margen de su tamaño, mediante la elaboración documentada de los datos promediados y desglosados*».

Están obligados a tener un registro retributivo todos los empresarios, tanto si son una persona, física o jurídica, como un ente desprovisto de personalidad unitaria reconocida por el Derecho, ya que, de acuerdo con el art. 1.2 del ET, «*a los efectos de esta Ley, serán empresarios todas las personas, físicas o jurídicas, o comunidades de bienes que reciban la prestación de servicios de las personas referidas en el apartado anterior*». Y aunque la norma, con mejor o peor fortuna, alude tan sólo expresamente a las «*comunidades de bienes*», es pacífico en la doctrina y en la jurisprudencia que tal expresión no ha de entenderse circunscrita a las diversas modalidades de ellas, sino que se extiende a todos aquellos supuestos análogos en los que el acreedor de trabajo es un ente colectivo desprovisto de personalidad jurídica.

Por lo demás, tal y como ha quedado dicho, la condición de sujeto obligado a confeccionar el registro retributivo viene referida a todo empleador, tanto si es una persona privada como una persona jurídico-pública. No obstante ello, según la DA 4.ª del RD 902/2020, «*al personal laboral al servicio de las Administraciones Públicas le resultará de aplicación lo previsto en el presente reglamento, de acuerdo con las peculiaridades establecidas en su legislación específica*». De este modo, el RD 902/2020 precisa de un ulterior desarrollo y articulación en relación con el personal laboral al servicio de las Administraciones Públicas y en tanto este desarrollo no se produzca ello dificulta su aplicación directa. Ahora bien, este precepto ha de interpretarse en sentido estricto en relación con el personal laboral al servicio de las Administraciones Públicas previstas en el art. 2.1 del EBEP y que, por ende, queda comprendido en el ámbito de aplicación de esta disposición legal. Por consiguiente, la futura regulación diferenciada que se postula en materia de igualdad retributiva entre mujeres y hombres en el sector público sólo podrá afectar al personal laboral al servicio de la Administración General del Estado, las Administraciones de las Comunidades Autónomas y de las Ciudades de Ceuta y Melilla, las Administraciones de las Entidades Locales, los Organismos públicos, Agencias y demás Entidades de derecho público con personalidad jurídica propia, vinculadas o dependientes de cualquiera de las Administraciones Públicas, y las Universidades Públicas. En cambio, el personal laboral de las entidades públicas empresariales, sociedades de capital íntegramente público y fundaciones del sector público se rige por la legislación laboral general sin que se prevea salvedad o peculiaridad alguna a este respecto [arts. 106.1, 117.4 y 132.3 Ley 40/2015, de 1 de octubre, de Régimen Jurídico del Sector Público (LRJSP)].

Tampoco existe exclusión alguna por razón del sector de actividad al que se dedique la empresa. Por último, la obligación de confeccionar el registro retributivo pesa sobre cualquier empleador que tenga trabajadores a su servicio, ya sea una empresa ordinaria, una cooperativa, una sociedad laboral, una empresa de trabajo temporal, una empresa contratista o subcontratista, empresa multiservicio, etc. Ahora bien, esta obligación debe ser cumplida por las empresas de trabajo temporal, las empresas contratistas o subcontratistas y las empresas multiservicios en relación con las personas trabajadoras contratadas directamente por ellas. Por lo tanto, estas últimas no podrán conocer el contenido del registro retributivo de las empresas usuarias[167] ni de las empresas principales o clientes.

3.3. Ámbito de los registros retributivos

3.3.1. Ámbito funcional

De conformidad con el art. 28.1 del ET, el empresario está obligado a llevar un registro con los valores medios de las retribuciones de

---

[167] GOÑI SEIN, J.L., «La reducción de la brecha salarial de género a través de la transparencia y el registro salarial», en AA.VV., *La discriminación de la mujer en el trabajo y las nuevas medidas legales para garantizar la igualdad de trato en el empleo*, Aranzadi, Pamplona, 2020, pág. 104.

«su plantilla». De esta forma, el registro retributivo debe expresar las retribuciones del conjunto de los trabajadores de cada empresa con independencia de que la misma cuente con varios centros de trabajo, departamentos, secciones, tiendas, etc. El desarrollo reglamentario viene a confirmar esta interpretación al señalar que *«las empresas deben tener un registro retributivo de toda su plantilla, incluido el personal directivo y los altos cargos»* (art. 5.1 RD 302/2020). Ahora bien, si la empresa aplica distintos convenios colectivos/salarios profesionales y/o las retribuciones de los trabajadores de la empresa difieren en función del centro del trabajo o unidad productiva de que se trate (como puede suceder, por ejemplo, con los incentivos reconocidos de forma plural o colectiva en función del rendimiento o de la productividad del correspondiente centro de trabajo o unidad productiva), dichas variables deberán ser tomadas en consideración a la hora de desglosar los valores retributivos.

3.3.2. Ámbito personal

De conformidad con lo establecido en el art. 2 del RD 902/2020, esta disposición reglamentaria se aplicará *«en el ámbito de las relaciones laborales reguladas en el texto refundido de la Ley del Estatuto de los Trabajadores, aprobado por el Real Decreto Legislativo 2/2015, de 23 de octubre»*. Por consiguiente, quedan comprendidos en el ámbito de aplicación del RD 902/2020 los trabajadores por cuenta ajena sujetos a una relación laboral ordinaria, ya sean fijos o con contrato de trabajo de duración determinada, o con cualquier modalidad contractual, siendo indiferente el Régimen de la Seguridad Social en el que estén incluidos. También quedarán incorporados los trabajadores sujetos a una relación laboral especial, incluidos el personal directivo y los altos cargos, tal y como señala específicamente el art. 5.1 del RD 902/2020[168]. En definitiva, deberán quedar incluidas en el registro retributivo todas las personas trabajadoras por cuenta ajena, cualquiera que sea la modalidad de su contrato, con el contrato en vigor en algún momento durante el periodo de referencia y que hayan percibido alguna retribución en dicho periodo.

---

[168] Supra. Capítulo Segundo, II.4.2.

3.4. Contenido de los registros retributivos

3.4.1. En todas las empresas

Respecto a la manera de verificar el respeto del principio de igualdad de retribución, el Tribunal de Justicia de la Unión Europea ha sentado dos reglas fundamentales, a saber:

a) El examen del cumplimiento del principio de igualdad de retribución requiere una comparación entre retribuciones pagadas a trabajadores de sexo diferente por un mismo trabajo o por trabajos a los que se atribuye el mismo valor. Cuando dicha comparación tenga por objeto las retribuciones medias de dos grupos de trabajadores, para que sea adecuada, deberá recaer sobre grupos todos ellos integrados por la totalidad de los trabajadores que, habida cuenta de un conjunto de factores, como la naturaleza del trabajo, las condiciones de formación y las condiciones laborales, pueda considerarse que se encuentran en una situación comparable[169]. Se deduce, no obstante, de lo dicho, que una comparación no es adecuada cuando se realiza con grupos formados arbitrariamente, de manera que uno esté integrado fundamentalmente por mujeres y el otro fundamentalmente por hombres, con el objetivo de alcanzar, mediante comparaciones sucesivas, la equiparación de las retribuciones del grupo integrado fundamentalmente por mujeres con las de otro grupo, formado también arbitrariamente de manera que esté integrado fundamentalmente por hombres. Un indicio de tal formación arbitraria de los grupos objeto de comparación lo puede constituir el hecho de que, dentro de un grupo más amplio integrado fundamentalmente por mujeres, se efectúe una distinción entre dos subgrupos en función de las diferentes condiciones de formación profesional y que después se descarte, para la comparación de retribuciones con un grupo integrado fundamentalmente por hombres, aquél de los dos subgrupos compuesto fundamentalmente por mujeres que tenga una mayor semejanza, en cuanto a las condiciones de formación profesional, con el grupo integrado fundamentalmente por hombres. La comparación deberá realizarse, además, con un número relativamente im-

---

169 Cfr. las SSTJCE de 31 de mayo de 1995 (TJCE/79) y 28 de febrero de 2013 (Asunto C-427/11).

portante de trabajadores, de forma que quede excluida la posibilidad de que las diferencias existentes obedezcan a fenómenos puramente fortuitos o coyunturales, o se deban a distintos resultados individuales de la labor realizada por los trabajadores de que se trate.

b) Si los órganos jurisdiccionales nacionales estuvieran obligados a proceder a una valoración y a una comparación del conjunto de las gratificaciones de distinto carácter concedidas, según los casos, a los trabajadores masculinos o femeninos, el control jurisdiccional sería difícil de realizar y la eficacia del art. 157 del TFUE se vería disminuida en la misma medida. De ello se sigue que una verdadera transparencia, que permita un control eficaz, sólo se garantiza si el principio de igualdad de retribución se aplica a cada uno de los elementos de la retribución concedida respectivamente a los trabajadores masculinos y femeninos[170].

Pues bien, en línea con la doctrina jurisprudencial comunitaria, el art. 28.1 del ET determina que el empresario está obligado a llevar «*un registro con los valores medios de los salarios, los complementos salariales y las percepciones extrasalariales de su plantilla, desagregados por sexo y distribuidos por grupos profesionales, categorías profesionales o puestos de trabajo iguales o de igual valor*». Por su parte, el art. 5.1 del RD 902/2020 prescribe que el registro retributivo «*deberá incluir los valores medios de los salarios, los complementos salariales y las percepciones extrasalariales de la plantilla desagregados por sexo y distribuidos conforme a lo establecido en el artículo 28.2 del Estatuto de los Trabajadores*». A tales efectos, deberán establecerse «*en el registro retributivo de cada empresa, convenientemente desglosadas por sexo, la media aritmética y la mediana de lo realmente percibido por cada uno de estos conceptos en cada grupo profesional, categoría profesional, nivel, puesto o cualquier otro sistema de clasificación aplicable*» y, a su vez, esta información «*deberá estar desagregada en atención a la naturaleza de la retribución, incluyendo salario base, cada uno de los complementos y cada una de las percepciones extrasalariales, especificando de modo diferenciado cada percepción*».

---

170 SSTJCE de 17 de mayo de 1990 (TJCE/158), 30 de marzo de 2000 (Asunto C-236/98) y 26 de junio de 2001 (Asunto C-381/99).

Pues bien, en línea con la doctrina jurisprudencial antes reseñada, el RD 902/2020 exige que los registros reflejen: 1.º) Los valores medios de las retribuciones (la media aritmética y la mediana). 2.º) De modo diferenciado para cada percepción salarial y extrasalarial. 3.º) Desglosados en función de la clasificación profesional o de cualquier otro sistema de fijación de salarios aplicable en la empresa. 4.º) Desagregados por sexos.

Por lo demás, el art. 5.4 del RD 902/2020 determina que *«el periodo temporal de referencia será con carácter general el año natural, sin perjuicio de las modificaciones que fuesen necesarias en caso de alteración sustancial de cualquiera de los elementos que integran el registro, de forma que se garantice el cumplimiento de la finalidad prevista en el apartado»*. Por consiguiente, es obvio que los registros retributivos deben reflejar las retribuciones medias en cómputo anual, de forma que las empresas no tienen libertad para elegir la unidad de referencia temporal (horaria, diaria, mensual o anual) que consideren más conveniente para su registro de salarios. Por lo demás, el registro debe contener todas las retribuciones efectivamente satisfechas y percibidas en el periodo de referencia —el año natural—, independientemente de su fecha de devengo[171].

No se contemplan otras variables adicionales, como la subdivisión de los datos por el tipo de jornada de los trabajadores (completa o parcial), los convenios colectivos aplicables en la empresa, los departamentos o los centros de trabajo, por ejemplo[172]. Pero teniendo en cuenta la finalidad última de los registros salariales de facilitar la detección de las discriminaciones retributivas, es evidente que habrá que tomarlas en consideración cuando tengan incidencia en las retribuciones de la plantilla. Es decir, a la hora de organizar el contenido de los registros retributivos, las empresas deberán ajustarse a los correspondientes sistemas de clasificación profesional y de salarios, por lo que el modelo o formato de los registros salariales puede variar de una empresa a otra. De esta forma, si existen complementos salariales vinculados a la pertenencia a determinados departamentos

---

171 Así lo señala la Guía de uso de la Herramienta de Registro Retributivo, pág. 5.

172 GARCÍA CAMPÁ, S., «El registro salarial o retributivo», cit., pág. 95.

o centros de trabajo, el registro retributivo deberá reflejar los valores medios de dichos complementos por departamentos o centros de trabajo.

Y, si en determinado puesto de trabajo, categoría profesional/ nivel retributivo o grupo profesional existen trabajadores a tiempo parcial o con reducción de jornada o trabajadores que no han estado contratados o trabajando durante todo el año (verbigracia, temporales o trabajadores con el contrato en suspenso o en situación de excedencia en algún momento del año), las retribuciones efectivas deberán aumentarse proporcionalmente hasta alcanzar la jornada completa y todo el año, respectivamente, pues de otro modo no sería posible la comparación a efectos de detectar posibles discriminaciones por razón de sexo. Por ello, la Herramienta del Registro Retributivo, además de la información fidedigna de las retribuciones efectivamente satisfechas y correspondientes a las diferentes situaciones contractuales agrupadas de acuerdo con el sistema de clasificación profesional de la empresa y durante el periodo de referencia del año natural desagregadas por sexo (importes efectivos), incluye la denominada «equiparación» de las retribuciones (normalización de las retribuciones a la misma jornada —jornada completa— y/o anualización de las retribuciones percibidas en periodos inferiores al año), a fin proporcionar en estos casos un dato adicional de comparabilidad (importes equiparables).

Asimismo, habrá que tomar en consideración la prestación de servicios de forma presencial o a distancia, especialmente si existen complementos retributivos que únicamente se abonan a los trabajadores que presten servicios de forma presencial. En cualquier caso, la representación unitaria en el trámite de consulta previsto en el art. 5.6 del RD 902/2020 puede proponer otras variables. Además, en las empresas obligadas a confeccionar una auditoría retributiva, la comisión negociadora del plan puede negociar cómo organizar el contenido de los registros retributivos. En fin, el principal problema de las empresas consiste en cómo volcar de manera automática todos estos datos en el registro retributivo a través de los programas informáticos utilizados para confeccionar las nóminas.

A) Los valores medios de las retribuciones: la media aritmética y la mediana

El registro retributivo debe expresar sólo los «*valores medios*» de las retribuciones (arts. 28.2 ET y 5.2 RD 902/2020); no las cuantías salariales reales, no promediadas, percibidas por cada persona trabajadora. Téngase en cuenta a este respecto que los datos relativos a los rendimientos del trabajo, en principio, se incluyen en el ámbito de la intimidad constitucionalmente protegido y, además, constituyen datos personales en el sentido del art. 4.1 del Reglamento (UE) 2016/679 del Parlamento Europeo y del Consejo, de 27 de abril de 2016, relativo a la protección de las personas físicas en lo que respecta al tratamiento de datos personales y a la libre circulación de estos datos, puesto que se trata de *«información sobre una persona física identificada o identificable»*.

Por lo demás, el art. 5.2 del RD 902/2020 incluye en la noción «*valores medios*» tanto la media aritmética (**a**) como la mediana (**b**).

a) La «media» aritmética de un conjunto de números se calcula sumando todos los valores y dividiendo la suma entre el número total de valores.

b) La mediana es un valor numérico que separa la mitad superior de un conjunto de la mitad inferior y se puede calcular poniendo los números en orden ascendente y luego localizando el número del centro de esa distribución.

Mientras la media aritmética se utiliza para distribuciones normales de números, con una cantidad baja de valores atípicos; la mediana, en cambio, se utiliza generalmente para devolver la tendencia central en el caso de distribuciones numéricas sesgadas.

B) De modo diferenciado para cada percepción salarial y extrasalarial

El registro debe reflejar los valores medios de los salarios, los complementos salariales y las percepciones extrasalariales de la plantilla (arts. 28.1 ET y 5.2 RD 902/2020). Y, además, lo debe hacer de forma «*desagregada en atención a la naturaleza de la retribución, incluyendo salario base, cada uno de los complementos y cada una de las percepciones extrasalariales, especificando de modo diferenciado cada percepción»* (art. 5.2 RD 902/2020). De esta manera, el registro salarial debe contener los valores medios de los salarios base, de cada complemento salarial y de cada percepción extrasalarial de la plantilla[173].

a) Salarios base

Es salario base la parte de la retribución del trabajador fijada *«por unidad de tiempo o de obra»*, sin tener en cuenta otras circunstancias distintas que puedan dar lugar a complementos salariales. Suele ser mensual y diferente para cada grupo o categoría profesional o nivel retributivo en las tablas salariales de los convenios colectivos. Cuando no exista convenio colectivo aplicable tendrá la consideración de salario base el mínimo interprofesional fijado anualmente por el Gobierno.

Dentro del salario base habrá que incluir las dos pagas o gratificaciones extraordinarias legalmente establecidas (art. 31 ET), ya que realmente son salario por unidad de tiempo (semestre/año) y no tienen cabida en ninguna de las circunstancias que configuran los distintos tipos de complementos salariales. Así como otras pagas extraordinarias adicionales que puedan establecerse por convenio o contrato, siempre que no estén relacionadas con la situación o resultados de la empresa.

b) Complementos salariales

En cuanto a los complementos salariales, habrá que estar a la estructura salarial fijada por el convenio colectivo aplicable en la empresa o por los contratos individuales, fuentes a las que se remite el propio art. 26.3 del ET. Pero este precepto determina que tienen que ser en función de alguna de estas circunstancias: *«circunstancias*

---

173 En cuanto a la estructura del salario, véase LLOMBART BENASSAR, M., *El salario: concepto, estructura y cuantía,* La Ley, Madrid, 2007.

relativas a las condiciones personales del trabajador, al trabajo realizado o a la situación y resultados de la empresa».

Los tipos de complementos salariales son los siguientes:

a) Personales

En ellos se retribuyen condiciones que concurren en la persona del trabajador singularmente considerado, por lo que no pudieron ser valoradas al establecer el salario base, que por lo general es aplicable a una categoría o grupo profesional o a un puesto de trabajo. Entre estas condiciones cabe citar: antigüedad, idiomas o conocimientos especiales, aplicación de títulos, etc.

b) Por el trabajo realizado

Dentro de este tipo de complementos se sitúan los complementos de puesto de trabajo y por calidad y cantidad de trabajo.

En los complementos de puesto se retribuyen las características del puesto de trabajo o de la forma de realizar la actividad profesional, que comporte conceptuación distinta del trabajo corriente. Dentro de esta clasificación tienen cabida los complementos relativos a las condiciones geográficas del puesto de trabajo [residencia —que es complemento salarial y no suplido por gastos—, destino, montaña, zona de guerra, etc.], el tiempo de trabajo [nocturnidad, turnicidad, disponibilidad horaria, trabajo en domingos o festivos, etc.] y las características del puesto de trabajo [peligrosidad, toxicidad o penalidad, disponibilidad o polivalencia funcional, responsabilidad, mando, dirección, dedicación especial, conducción de vehículos, vuelo, máquinas, etc.].

En los complementos por calidad o cantidad del trabajo se incluyen todas aquellas partidas que compensan al trabajador en función del resultado obtenido por su prestación de servicios, ya sea en términos cuantitativos o cualitativos. Los complementos por calidad o cantidad del trabajo se pueden clasificar según vengan referidos al rendimiento del trabajador —primas o incentivos, pluses de actividad, comisiones, etc.— o al tiempo de trabajo —pluses de asistencia o de asiduidad y puntualidad, pluses de absentismo, primas antihuelga, retribución por realización de horas extraordinarias, disponibilidad para efectuar trabajo extraordinario, etc.—.

c) Por situación y resultados de la empresa

Dentro de estos complementos se incluirán los diversos sistemas de participación en beneficios, siempre que efectivamente estén relacionados con la situación y resultados de la empresa. Dentro de este tipo de complementos cabe diferenciar dos grupos: los relativos a la participación en ingresos o beneficios y los referentes a la participación en el capital, si bien cabe la posibilidad de una fórmula híbrida (la participación en ingresos o beneficios mediante la entrega de acciones).

Por último, hay que tener en cuenta que el salario base constituye un concepto de cierre, es decir, cuando una percepción no es asimilable a ninguno de los complementos salariales, debe imputarse a la retribución básica. En ocasiones, formalmente se mantienen viejos complementos aun cuando han perdido su razón de ser, como ocurre por ejemplo con los denominados pluses de convenio propios del ámbito sectorial. Careciendo de concausalidad específica, estos complementos deben necesariamente ser considerados salario base. Como también multitud de pluses de convenio cuantificados en función de la clasificación profesional de los trabajadores sin atender a cualquier otra circunstancia. Y es que, en todos estos supuestos, su determinación y abono tan sólo se basa en una concreta vinculación laboral[174].

c) Percepciones extrasalariales

Conforme al art. 26.2 del ET, no tendrán carácter salarial *«las cantidades percibidas por el trabajador en concepto de indemnizaciones o suplidos por gastos realizados como consecuencia de su actividad laboral, las prestaciones e indemnizaciones de la Seguridad Social y las indemnizaciones correspondientes a traslados, suspensiones o despidos»*.

Sobre los distintos conceptos que integran las percepciones extrasalariales puede hacerse, ante todo, una consideración de alcance general, relacionada con la probable existencia de otros conceptos

---

174 SSTS de 22 de octubre de 2013 (*Tol 4007945* y *4095744*) y 4 de diciembre de 2013 (*Tol 4066309*).

diferentes a los que se enuncian en el art. 26.2 del ET: seguramente la enumeración de conceptos extrasalariales no es cerrada.

Por otro lado, respecto a cada una de las enumeradas, cabe hacer las siguientes consideraciones:

a) En cuanto a las indemnizaciones o suplidos, son las cantidades que indemnizan al trabajador de los gastos habidos por consecuencia del trabajo. Cabe incluir en este concepto los siguientes: el quebranto de moneda; las percepciones por desgaste de útiles o herramientas o para la adquisición o mantenimiento de prendas de trabajo; los gastos de locomoción y las dietas de viaje; los pluses de distancia y de transportes y cualesquiera otros de igual naturaleza indemnizatoria o de compensación de suplidos, como puedan ser los gastos de celebración del contrato de trabajo. En fin, no hay una lista al respecto —y, menos, cerrada—, por lo que habrá que estar a la regulación convencional aplicable.

b) Se entiende por prestaciones de la Seguridad Social las abonadas por las Entidades Gestoras o colaboradoras o por las empresas, bien como pago delegado, bien como mejora voluntaria —incluidas las aportaciones empresariales a planes de pensiones—. Sin embargo, obviamente en el registro retributivo sólo deben consignarse las mejoras financiadas a cargo exclusivamente de las empresas, con exclusión de las prestaciones públicas.

c) Las indemnizaciones por traslados, suspensiones o despidos; por el contrario, no existe ningún tipo de indemnización legal en caso de suspensiones por causas económicas técnicas, organizativas o de producción[175], aunque pueden estar previstas convencionalmente.

---

175 Los trabajadores afectados por los ERTEs tendrán, en su caso, derecho a las prestaciones de desempleo durante la situación suspensiva y, a su término, *«a la reincorporación al puesto de trabajo reservado»* (art. 48.1 ET). De ahí, que la suspensión contractual no genere derecho a indemnización alguna a favor de los trabajadores, aunque el nuevo art. 47 del ET no lo diga expresamente. Ciertamente, el anterior art. 47.1 del ET aclaraba que la medida de autorización de la suspensión contractual no daba derecho a indemnización alguna a fin de evitar que la remisión que hacía al procedimiento del art. 51 del ET pudiera interpretarse en el sentido de que los

C) Desglosados en función de la clasificación profesional o de cualquier otro sistema de fijación de salarios aplicable en la empresa

El art. 28.2 del ET ha dispuesto que los valores medios de cada uno de los conceptos retributivos antes enumerados sean distribuidos, no agrupados, «*por grupos profesionales, categorías profesionales o puestos de trabajo iguales o de igual valor*». Por su parte, el desarrollo reglamentario ha especificado que los datos promediados deben ser desglosados «*en cada grupo profesional, categoría profesional, nivel, puesto o cualquier otro sistema de clasificación aplicable*» (art. 5.2 RD 902/2020). De este modo, a la luz de la interpretación literal y teleológica de estas normas, es evidente que la empresa debe desglosar tales datos por grupos profesionales, categorías profesionales, puestos o cualquier otro sistema de la clasificación o parámetro que se utilice en la fijación de los salarios. Ciertamente, si el registro es un instrumento de transparencia salarial, su interpretación debe contribuir a garantizarla, de tal manera que, de acuerdo con el art. 3.2 del RD 902/2020, permita obtener información suficiente y significativa sobre el valor de las retribuciones, lo que se conseguirá con un desglose de las mismas en función de los parámetros que se utilicen en la determinación de su importe. Así, por ejemplo, como el salario base suele ser diferente para cada grupo profesional y, dentro de cada grupo, para cada categoría profesional o nivel retributivo, los valores medios de este concepto retributivo deberán ser desglosados por categorías profesionales o niveles retributivos y, en su defecto, por grupos profesionales. Y, dado que la cuantificación de los complementos de antigüedad suele efectuarse aplicando un concreto porcentaje al salario base correspondiente, los valores

---

trabajadores tenían derecho, además de a las prestaciones por desempleo, a las indemnizaciones que pudieran corresponderles. Al suprimirse tal remisión, ya no es precisa dicha aclaración. En cualquier caso, el art. 16.4 del RD 1483/2012, de 29 de octubre, por el que se aprueba el Reglamento de los procedimientos de despido colectivo y de suspensión de contratos y reducción de jornada (RPDC), señala expresamente que «*la adopción de las medidas de suspensión de contratos o reducción de jornada no generará derecho a indemnización alguna a favor de los trabajadores afectados*».

medios también se deberán distribuir en cada categoría profesional o nivel retributivo y, en su defecto, en cada grupo profesional. En el caso de los complementos vinculados al desempeño de un determinado puesto de trabajo, los datos promediados se desglosarán por puestos de trabajo. O, fin, tratándose de primas o de participación en ingresos y beneficios que atienden, respectivamente, a los rendimientos colectivos —de un centro de trabajo, de un departamento o de una sección, etc.— o a las recaudaciones más o menos netas o los beneficios de la empresa o centro de trabajo, habrá que estar a estos parámetros de referencia.

D) Desagregados por sexos

Los valores medios retributivos de cada puesto de trabajo, categoría profesional/nivel retributivo o grupo profesional deben ser «*desagregados por sexo*» (arts. 28.2 ET y 5.2 RD 902/2020). Así debe ser aunque en un puesto de trabajo, categoría profesional/nivel retributivo o grupo profesional todos los empleados estén integrados por mujeres u hombres, ya que el registro también debe facilitar la comparación de las retribuciones recibidas por las personas trabajadoras de cada sexo que realizan un «trabajo igual», pero clasificados de forma diferente. Ciertamente, como señala la STC 81/1982, de 21 de diciembre, en una materia como la discriminación en las condiciones de trabajo —en una correcta interpretación conjunta de los arts. 14 y 35.2 de la CE— es «*el trabajo mismo y no su denominación, el factor esencial para la comparación a efectos de no discriminación por sexo en materia salarial, siendo la categoría profesional un elemento secundario cuando se constata esta esencial identidad en la prestación laboral de los trabajadores afectados y de aquéllos con quienes se comparan*». A mayor abundamiento, el principio de igualdad de retribución por un mismo trabajo también resulta de aplicación en aquellos supuestos en que se realiza un trabajo de mayor valor que el de la persona con la que se establece la comparación. Por ello, en estos casos deben plasmarse los valores retributivos medios de las personas trabajadoras del mismo sexo en el puesto, categoría profesional/nivel retributivo o grupo profesional de que se trate, dejando en blanco la casilla correspondiente a los trabajadores del sexo contrario.

Por lo demás, como el registro retributivo no puede reflejar los valores retributivos individualizados, cuando la empresa cuente con una única persona trabajadora, mujer u hombre, en alguno de los puestos de trabajo, categorías profesionales/niveles retributivos o grupos profesionales de que se trate, también aparecerá en blanco la casilla correspondiente al género de dicha persona[176].

3.4.2. En las empresas con auditoría retributiva

De conformidad con el art. 6 del RD 902/2020, las empresas que lleven a cabo auditorías retributivas tendrán un registro retributivo con las siguientes peculiaridades:

> *«a) El registro deberá reflejar, además, las medias aritméticas y las medianas de las agrupaciones de los trabajos de igual valor en la empresa, conforme a los resultados de la valoración de puestos de trabajo descrita en los artículos 4 y 8.1.a) aunque pertenezcan a diferentes apartados de la clasificación profesional, desglosados por sexo y desagregados conforme a lo establecido en el citado artículo 5.2.*
> *b) El registro deberá incluir la justificación a que se refiere el artículo 28.3 del Estatuto de los Trabajadores, cuando la media aritmética o la mediana de las retribuciones totales en la empresa de las personas trabajadoras de un sexo sea superior a las del otro en, al menos, un veinticinco por ciento».*

A) Los valores medios de las retribuciones de las agrupaciones de los trabajos de igual valor en la empresa

El registro salarial debe detectar no solo las desigualdades salariales de género entre los trabajadores del mismo puesto de trabajo, categoría profesional/nivel o grupo profesional sino la discriminación salarial, es decir, las diferencias de salario entre mujeres y hombres por trabajos iguales y trabajos de igual. En efecto, el registro retributivo deberá reflejar los valores medios de las retribuciones de las agrupaciones de los trabajos de igual valor en la empresa acorde a los resultados de la valoración de puestos de trabajo realizada por

---

176 Cfr. GARCÍA CAMPÁ, S., «El registro salarial o retributivo», cit., págs. 93 y ss.

el empleador conforme a lo previsto en los arts. 4 y 8.1.a) del RD 902/2020 aunque estén encuadrados en diferentes grupos y/o categorías profesionales. Es decir, deberá reflejar los valores medios de las retribuciones de las agrupaciones de los trabajos que hayan obtenido la misma puntuación en la valoración de puestos de trabajo llevada a cabo por la empresa. Por lo demás, el registro retributivo debe mostrar tanto las medias aritméticas como las medianas. Y, en fin, dichos valores deben ser desglosados por sexo y desagregados de modo diferenciado para cada percepción salarial y extrasalarial.

B) La justificación de las diferencias salariales entre hombres y mujeres iguales o superiores al 25%

De conformidad con el art. 28.3 del ET, «*cuando en una empresa con al menos cincuenta trabajadores, el promedio de las retribuciones a los trabajadores de un sexo sea superior a los del otro en un veinticinco por ciento o más, tomando el conjunto de la masa salarial o la media de las percepciones satisfechas, el empresario deberá incluir en el Registro salarial una justificación de que dicha diferencia responde a motivos no relacionados con el sexo de las personas trabajadoras*». Previsión que es desarrollada por el art. 6.b) del RD 902/2020, a cuyo tenor «*el registro deberá incluir la justificación a que se refiere el artículo 28.3 del Estatuto de los Trabajadores, cuando la media aritmética o la mediana de las retribuciones totales en la empresa de las personas trabajadoras de un sexo sea superior a las del otro en, al menos, un veinticinco por ciento*».

De este modo, la justificación se requiere únicamente cuando la media aritmética o la mediana «*de las retribuciones totales*» de los trabajadores de un sexo sea superior a los del otro en, al menos, un 25%. Además, la justificación se exige solamente cuando se alcanza una diferencia en el promedio de las retribuciones igual o superior al 25%. Por consiguiente, la justificación no resulta obligatoria cuando la diferencia porcentual sea menor ni cuando exista alguna diferencia igual o superior al 25% en algún elemento de las retribuciones de la plantilla de la empresa o en las retribuciones totales en alguna categoría o grupo profesional.

Por último, la obligación de justificación prevista en el art. 28.3 del ET tiene «*exclusivamente el alcance previsto en dicho artículo, sin que pueda aplicarse para descartar la existencia de indicios de discriminación»* (art. 10.2 RD 901/2020). Asimismo, dicha obligación es independiente del deber empresarial de corregir las desigualdades retributivas por razón de sexo detectadas en el registro carentes de justificación objetiva y razonable.

a) Justificación en los casos de discriminación salarial directa y trabajos de igual valor

En los casos de discriminaciones salariales directas no se admite justificación alguna. No obstante, la consecución de la igualdad real en los términos establecidos en el art. 9.2 de la CE no solo autoriza sino que incluso obliga a los Poderes Públicos a que establezcan medidas diferenciadoras en beneficio de los integrantes de los colectivos protegidos. Esta finalidad justifica también la posibilidad de que las acciones positivas formen parte de los convenios colectivos y de la actuación empresarial. Estas medidas diferenciales o medidas de acción positiva no constituyen, pues, excepciones al principio de no discriminación sino manifestaciones del principio de igualdad real. La previsión de las medidas de acción positiva se encuentra recogida expresamente en los arts. 3 de la Directiva 2006/54/CE, 11 y 43 de la LOI, 17.2 y 3 del ET y 10.2 de la Ley 15/2022.

Por ello, el Tribunal de Justicia de la Unión Europea ha aceptado medidas económicas en favor de las mujeres, para compensar las desventajas reales que, en sus carreras profesionales, se derivan de las situaciones de embarazo y maternidad. Así, se ha declarado, por ejemplo, que el principio de igualdad de retribución no se opone al pago de una asignación a tanto alzado, reservada únicamente a las trabajadoras que inician su permiso de maternidad, siempre que dicha asignación esté destinada a compensar las desventajas profesionales que la interrupción del trabajo supone para ellas[177].

Pero la protección de la mujer por sí sola no es razón suficiente para justificar la diferenciación, ni es suficiente tampoco que el sujeto beneficiario de la protección sea la mujer en cuanto tal mujer, pues ello, en tales términos, es evidentemente contrario al art. 14 de la CE.

---

177 STJCE de 16 de septiembre de 1999 (Asunto C-218/98).

De este modo, la prohibición de la discriminación por razón de sexo requiere y admite la existencia de medidas singulares en favor de la mujer, que traten de corregir una situación desigual de partida por el hecho biológico de ser mujer (embarazo, maternidad y lactancia natural) y de medidas de acción positivas o similares para superar situaciones históricas de desigualdad o compensar situaciones fácticas desfavorables, pero, al mismo tiempo, exige la eliminación, en principio, de las normas protectores del trabajo femenino, y que pueden suponer en sí mismas un obstáculo para el acceso real de la mujer al empleo en igualdad de condiciones de trabajo con los varones. Ha de valorarse, en consecuencia, si la norma convencional es una norma «protectora», que responde a una consideración no igual de la mujer como trabajadora y que, por ello, sería constitucionalmente ilegítima o, al contrario, es una medida tendente a compensar una desigualdad de partida y que trata de lograr una igualdad efectiva de acceso y de mantenimiento del empleo de la mujer en relación con el varón. Y cuando se establece para la mujer una retribución superior por el trabajo en domingo[178] o un plus de peligrosidad para el transporte nocturno[179], no estamos ante medidas establecidas para favorecer la promoción del trabajo de la mujer, sino más bien, al conectarse con la diferente forma de llevar a cabo el trabajo nocturno por el personal femenino y el masculino o con la eventual peligrosidad del transporte por la noche, respectivamente, se parte de una noción diferenciadora de la mujer a la que se supone sujeta a unos inconvenientes o riesgos que nunca amenazan al varón, y por ello mismo, ha de calificarse como medidas protectoras en favor de la mujer. En cambio, según la STC 128/1987, de 16 de julio, aunque no sea admisible una diferencia de obligaciones familiares entre hombre y mujer, *«existe una innegable y mayor dificultad para la mujer con hijos de corta edad para incorporarse al trabajo o para permanecer en él, dificultad que tiene orígenes muy diversos, pero que coloca a esta categoría social en una situación de hecho claramente desventajosa respecto a los hombres en la misma situación»*. En tanto, pues, esta realidad perdure, no pueden considerarse discriminatorias las medidas tendentes a favorecer el acceso al trabajo de un grupo en situación de clara desigualdad social, y que traten de evitar,

---

178 STC 81/1982, de 21 de diciembre.

179 STC 28/1992, de 9 de marzo.

facilitando mediante la concesión de un complemento retributivo en concepto de guardería, que una práctica social discriminatoria se traduzca en un apartamiento del trabajo de la mujer con hijos pequeños.

b) Justificación en los casos de discriminación salarial indirecta y trabajos de igual valor

Entre los concretos motivos de justificación admitidos por la doctrina jurisprudencial comunitaria y constitucional en los casos de discriminación salarial indirecta y trabajos de igual valor cabe señalar los siguientes:

- El Tribunal de Justicia de la Unión Europea ya ha tenido la ocasión de declarar que el hecho de que la retribución se haya fijado a través de negociaciones colectivas o de negociaciones de ámbito local puede ser tomado en consideración por el órgano jurisdiccional nacional como elemento para apreciar si las diferencias entre las retribuciones medias de dos grupos de trabajadores se deben a factores objetivos y ajenos a cualquier discriminación por razón de sexo[180]. De ello se sigue que el interés por mantener unas buenas relaciones laborales puede ser tomado en consideración por el órgano jurisdiccional nacional entre otros elementos para apreciar si las diferencias entre las retribuciones de dos grupos de trabajadores se deben a factores objetivos y ajenos a cualquier discriminación por razón de sexo y son conformes con el principio de proporcionalidad[181].
- El empresario puede explicar válidamente la diferencia de retribución especialmente a través de circunstancias que no han sido tenidas en cuenta por el convenio colectivo aplicable a los trabajadores interesados, en la medida en que constituyan razones objetivamente justificadas, ajenas a toda discriminación

[180] STJCE de 31 de mayo de 1995 (TJCE/79).
[181] STJUE de 28 de febrero de 2013 (Asunto C-427/11).

por razón de sexo y conformes al principio de proporcionalidad.

- La empresa puede aducir que, a pesar de la correcta valoración de los puestos de trabajo desde la perspectiva de género, existen categorías profesionales que ocupan mayoritariamente a trabajadores de un sexo y a las que corresponden salarios desiguales. Como acertadamente razona la STC 286/1994, de 27 de octubre, ese reparto diferenciado de tareas no corresponde a la posible discriminación salarial, sino a la igualdad en el acceso al trabajo, en cuanto exista un obstáculo infundado al pase a uno u otro sector, o a la comunicabilidad de los sexos entre ambos. Pero este es un problema que no puede resolverse a través de una pretensión de discriminación salarial, en tanto no se cumpla el necesario presupuesto de la existencia de un trabajo de igual valor.
- La situación del mercado del empleo, que puede llevar a un empresario a aumentar la retribución de un trabajo concreto para atraer candidatos ante la escasez de los mismos, puede constituir una de las razones económicas objetivamente justificadas, a efectos de la jurisprudencia antes mencionada. La determinación del alcance exacto de dicho factor en las circunstancias de cada caso concreto requiere una valoración de los hechos y, en consecuencia, está incluida en la competencia del juez nacional[182].
- En un sistema de retribución por unidad de tiempo, el empresario puede tener en cuenta la capacidad de trabajo personal de los interesados o la calidad de las prestaciones de un trabajador con respecto a las de su compañero de trabajo. Estas circunstancias relativas a la persona del trabajador no pueden ser objetivamente determinadas en el momento de su contratación, sino que se manifiestan únicamente durante el desempeño concreto de su actividad, por lo que no pueden ser invocadas por el empresario para justificar la fijación, desde el inicio de la relación laboral, de una retribución diferente de la paga-

---

182 STJCE de 27 de octubre de 1993 (TJCE/165).

da a un compañero de trabajo que efectúa un trabajo idéntico o comparable. Como ha destacado el Tribunal de Justicia de la Unión Europea, por lo que respecta a un trabajo remunerado por unidad de tiempo, un empresario sólo puede conceder un salario desigual basándose en la calidad de las prestaciones realizadas en el desempeño efectivo del trabajo que les hubiera sido encomendado inicialmente a los trabajadores afectados, asignando funciones diferentes a los interesados, por ejemplo, destinando a otro puesto de trabajo al empleado cuyas prestaciones no estén a la altura de las expectativas[183]. En efecto, nada impide que, en circunstancias como las descritas, pueda tenerse en cuenta lícitamente la capacidad individual para influir en el desarrollo de la carrera de un trabajador con respecto a la de su compañero de trabajo y, por lo tanto, el destino y la retribución subsiguientes de los interesados, aun cuando se haya considerado al principio de la relación de trabajo que éstos realizaban un mismo trabajo o un trabajo de valor igual.

- En un sistema de retribución por unidad de obra realizada o a destajo, es esencial que el empresario pueda tener en cuenta la productividad de los trabajadores y, por consiguiente, su capacidad de trabajo personal. Ahora bien, el principio de igualdad de retribución exige que la retribución de dos grupos de trabajadores integrados, uno esencialmente por hombres y otro esencialmente por mujeres, se fije sobre la base de una misma unidad de medida[184]. En el supuesto de que la unidad de medida sea la misma para los dos grupos de trabajadores que realizan una misma labor, o que se pueda objetivamente garantizar a los trabajadores de los dos grupos retribuciones totales individuales idénticas para trabajos que, aunque sean diferentes, se considere que tienen el mismo valor, el principio de igualdad de retribución no prohíbe que los trabajadores pertenecientes a uno u otro grupo perciban retribuciones totales diferentes, siempre y cuando éstas sean consecuencia de diferentes resultados del trabajo individual de unos y otros. De

183 STJCE de 26 de junio de 2001 (Asunto C-381/99).

184 STJCE de 31 de mayo de 1995 (TJCE/79).

ello se deduce que, en un sistema de remuneración del trabajo a destajo, la mera existencia de retribuciones medias diferentes para dos grupos de trabajadores, calculadas en función de las retribuciones totales individuales del conjunto de los trabajadores pertenecientes a uno u otro grupo, no es suficiente para concluir que existe una discriminación en materia de retribución. No obstante, cuando en un sistema de retribución del trabajo a destajo, en el que las retribuciones individuales se componen de una parte variable, que está en función del resultado individual de la labor realizada por cada trabajador, y de una parte fija diferente según los grupos de trabajadores de que se trate, no pudiera determinarse qué factores fueron decisivos a la hora de fijar los porcentajes o unidades de medida aplicados para calcular la parte variable de la retribución, podrá imponerse al empleador la carga de probar que las diferencias existentes no se deben a una discriminación por razón de sexo.

- El criterio de la antigüedad puede redundar en un trato menos favorable para los trabajadores femeninos que para los masculinos en la medida en que las mujeres han entrado más recientemente que los hombres en el mercado de trabajo o sufren con más frecuencia una interrupción de su carrera profesional. Sin embargo, como la antigüedad es paralela con la experiencia y ésta, en general, coloca al trabajador en la situación de cumplir mejor sus tareas, el empresario puede retribuirla sin tener que demostrar la importancia que reviste para la ejecución de las tareas específicas que se confían al trabajador[185]. Por lo tanto, el empresario puede retribuir la antigüedad, sin que tenga que justificar la importancia que reviste para el desempeño de las tareas concretas que le están encomendadas al trabajador[186]. Es más, cuando para la fijación de la retribución se utiliza un sistema de clasificación profesional fundado

---

185 SSTJCE de 17 de octubre de 1989 (Asunto 109/88) y 3 de octubre de 2006 (Asunto C-17/05).

186 SSTJCE de 17 de octubre de 1989 (Asunto 109/88) y 3 de octubre de 2006 (Asunto C-17/05).

en una evaluación del trabajo que debe realizarse, no se exige que la justificación de la utilización de un determinado criterio verse, de una forma individualizada, sobre la situación de los trabajadores de que se trate[187]. Por lo tanto, si la finalidad perseguida con la utilización del criterio de la antigüedad es el reconocimiento de la experiencia adquirida, no será preciso demostrar, en el marco de un sistema de este tipo, que un trabajador considerado individualmente haya adquirido, durante el período pertinente, una experiencia que le haya permitido desempeñar mejor su trabajo, a no ser que el demandante facilite datos que puedan hacer nacer dudas fundadas a este respecto.

- El criterio de la formación profesional puede redundar en perjuicio de los trabajadores femeninos, en la medida en que éstos hayan tenido menos posibilidades de adquirir una formación profesional tan avanzada como los trabajadores masculinos o hayan utilizado estas posibilidades en menor medida. Sin embargo, el empresario puede justificar la retribución de una formación profesional especial, demostrando que ésta reviste importancia para la ejecución de las tareas específicas que se confían al trabajador[188]. De esta forma, la formación profesional no sólo constituye uno de los criterios que permiten comprobar si los trabajadores realizan o no el mismo trabajo, sino que, además, se encuentra entre los factores que pueden justificar objetivamente una diferencia en las retribuciones asignadas a trabajadores que efectúan un mismo trabajo.

- El criterio de la flexibilidad en el sentido de adaptabilidad de los trabajadores a horarios y lugares de trabajo variables y/o incómodos puede ir en perjuicio de los trabajadores femeninos, quienes, por razón de las tareas domésticas y familiares que a menudo asumen, tienen menos facilidad para organizar su tiempo de trabajo de un modo flexible como los trabajadores masculinos. Sin embargo, el empresario puede justificar la uti-

[187] STJCE de 3 de octubre de 2006 (Asunto C-17/05).

[188] SSTJCE de 17 de octubre de 1989 (Asunto 109/88) y 26 de junio de 2001 (Asunto C-381/99).

lización del criterio de la flexibilidad, demostrando que dicha adaptabilidad reviste importancia para la ejecución de las tareas específicas que se confían a los trabajadores[189]. Asimismo, la reducción de la jornada de trabajo de unas comadronas con respecto a la jornada normal diurna, prevista en un régimen de rotación de tres turnos puede constituir una razón objetiva y ajena a cualquier discriminación por razón de sexo capaz de justificar una diferencia de retribución con respecto a un ingeniero clínico[190].

- La promoción de la contratación constituye un objetivo legítimo de política social. Así lo ha señalado el Tribunal de Justicia de la Unión Europea en relación con la indemnización concedida en virtud de una decisión judicial por la vulneración del derecho a no ser despedido de forma improcedente que no se aplicaba al despido de un trabajador por cuenta ajena si éste no había estado empleado de forma continuada durante un período mínimo de dos años hasta la fecha efectiva de despido[191]. En el caso de autos, los datos estadísticos disponibles mostraban que un porcentaje considerablemente menor de trabajadores femeninos que de trabajadores masculinos reunían el requisito impuesto por dicha medida. Pues bien, el Gobierno del Reino Unido alegó que el riesgo de que los empresarios se vieran involucrados en procedimientos por despido improcedente entablados por trabajadores de reciente incorporación constituía un elemento que podía disuadir la contratación, de forma que la ampliación del período de empleo requerido para tener derecho a la protección contra el despido favorecía la contratación de trabajadores. En cualquier caso, según el Tribunal de Justicia de la Unión Europea, corresponde al Estado miembro, en su calidad de autor de la norma presuntamente discriminatoria, demostrar que dicha norma responde a un objetivo legítimo de su política social,

---

189 Cfr. las SSTJCE de 17 de octubre de 1989 (Asunto 109/88) y 30 de marzo de 2000 (TJCE/59); y STC 286/1994, de 27 de octubre.

190 STJCE de 30 de marzo de 2000 (Asunto C-236/98).

191 STJCE de 9 febrero 1999 (Asunto C-167/97).

que dicho objetivo es ajeno a toda discriminación por razón de sexo y que podía estimar razonablemente que los medios escogidos eran adecuados para la consecución de dicho objetivo. Meras generalizaciones relativas a la idoneidad de una medida determinada para promover la contratación no bastan para deducir que el objetivo de la norma controvertida es ajeno a cualquier discriminación por razón de sexo ni para aportar elementos que permitan estimar razonablemente que los medios escogidos eran adecuados para la consecución de dicho objetivo.

- En fin, cuando las diferencias observadas en las condiciones de retribución de trabajadores que realizan un mismo trabajo o un trabajo de igual valor no son imputables a una única causa, falta una entidad que sea responsable de la desigualdad y que pudiera restablecer la igualdad de trato[192]. Tal situación no se encuentra comprendida en el art. 157 del TFUE. El trabajo y la retribución de dichos trabajadores no pueden compararse entonces sobre la base de esta disposición. Así lo ha señalado el Tribunal de Justicia de la Unión Europea a propósito de la existencia de marcos convencionales diferentes para los trabajadores de una misma entidad, en función de que hayan sido contratados directamente por esta o subrogados tras una transmisión de empresa[193], o una profesora que realiza, como trabajadora por cuenta propia, un trabajo presumiblemente de igual valor que el que realizan en el mismo centro docente, como trabajadores por cuenta ajena, unos profesores de sexo masculino, pero en virtud de un contrato con una sociedad tercera[194].

En cambio, en una materia como la discriminación en las condiciones de trabajo es el trabajo mismo y no su denominación, el factor esencial para la comparación a efectos de no discriminación por razón de sexo en materia salarial, siendo la categoría profesional

---

192 SSTJCE de 17 de septiembre de 2002 (Asunto C-320/2000) y 13 de enero de 2004 (Asunto C-256/01)

193 STJCE de 17 de septiembre de 2002 (Asunto C-320/2000).

194 STJCE de 13 de enero de 2004 (Asunto C-256/01).

un elemento secundario cuando se constata esta esencial identidad en la prestación laboral de los trabajadores afectados y de aquéllos con quienes se comparan. Por ello, como subraya la STC 145/1991, de 1 de julio, la diferencia por sexo de categorías profesionales entre quienes realizan un mismo trabajo «*no puede considerarse como la justificación, sino antes bien, como el origen o instrumento mismo a través del cual se formaliza esa discriminación vedada*».

c) Justificación en los casos de discriminación salarial indirecta y trabajo a tiempo parcial

Fuera de los aspectos de tiempo de trabajo y novación del contrato, el régimen jurídico del trabajo a tiempo parcial es el común del contrato de trabajo a tiempo completo. Por ello, el art. 12.4.d) del ET establece que las personas trabajadoras a tiempo parcial tendrán los mismos derechos que los trabajadores a tiempo completo; pero contempla que «*cuando corresponda en atención a su naturaleza, tales derechos serán reconocidos en las disposiciones legales y reglamentarias y en los convenios colectivos de manera proporcional, en función del tiempo trabajado, debiendo garantizarse en todo caso la ausencia de discriminación, tanto directa como indirecta, entre mujeres y hombres*». Por su parte, el art. 11 del RD 902/2020 insiste en la «*igualdad retributiva de las personas trabajadoras a tiempo parcial*». En este sentido prescribe que «*las personas trabajadoras a tiempo parcial tienen los mismos derechos, incluidos los retributivos, que las personas trabajadoras a tiempo completo*» y que «*el principio de proporcionalidad en las retribuciones percibidas resultará de aplicación cuando lo exijan la finalidad o naturaleza de estas y así se establezca por una disposición legal, reglamentaria o por convenio colectivo*». Asimismo, preceptúa que «*cualquier reducción proporcional deberá garantizar asimismo que no tenga repercusión negativa alguna en el disfrute de los derechos relacionados con la maternidad y el cuidado de menores o personas dependientes*».

Como recalca la STS de 15 de septiembre de 2006 (*Tol 1018522*), el art. 12.4.d) del ET «*acude en primer lugar al principio de igualdad, que deriva del art. 14 de la CE, pero a renglón seguido, habida cuenta de la diferencia de situación en que se encuentran unos y otros trabajadores (a tiempo completo y a tiempo parcial) matiza el principio de igualdad haciendo una diferenciación razonable, esto es, acudiendo al principio de proporcionalidad cuando así corresponda a la naturaleza de los derechos aplicables, y lo hace de forma imperativa, por lo que la regla general aplicable a los trabajadores a tiempo parcial, no es ya la de la igualdad de derechos pura y simple, sino la de acomodar el disfrute de aquellos derechos que no se consideran divisibles a la proporcionalidad derivada de la situación desigual en que se encuentran, lo cual supone aplicar en plenitud a esta clase de trabajadores aquellos derechos que por su naturaleza sean indivisibles y, en cambio, reconocérselos sólo proporcionalmente cuando el beneficio es susceptible de algún tipo de medición».* Por consiguiente, habrá que atender a las condiciones de trabajo y distinguir las que son susceptibles de fragmentación de aquellas cuya aplicación parcial supone una desnaturalización.

El principio de proporcionalidad, que es una manifestación del principio de igualdad, despliega toda su virtualidad en relación con el régimen retributivo de los trabajadores a tiempo parcial, aunque el módulo no puede ser inferior que el aplicado a los trabajadores a tiempo completo[195]. Por lo tanto, el mero hecho de que las mujeres que hayan escogido aprovechar la posibilidad de trabajar a tiempo parcial perciban una retribución menor que aquellos colegas que trabajan a jornada completa no constituye, en sí mismo, por cuanto trabajan menos que éstos, una discriminación directa ni indirecta, ni siquiera en el supuesto de que sólo las mujeres trabajen a tiempo parcial[196]. Tampoco se incurre en una discriminación por razón de sexo cuando el convenio colectivo sólo prevé el pago de complementos salariales por las horas extraordinarias efectuadas sobrepasando la jornada ordinaria de trabajo a tiempo completo, excluyendo todo tipo de complemento salarial adicional por las horas trabajadas por los trabajadores a tiempo parcial que sobrepasan su horario individual de trabajo cuando estas horas no superan la jornada ordinaria de trabajo a tiempo completo, siempre y cuando los trabajadores a tiempo parcial perciban realmente, a igualdad de horas trabajadas, la misma retribución global que los trabajadores a jornada completa[197].

---

195 STJCE de 31 de marzo de 1981 (Asunto 96/80); y STC 22/1994, de 27 de enero.

196 Cfr. STJCE de 10 de marzo de 2005 (Asunto C-196/02); y STC 22/1994, de 27 de enero.

197 STJCE de 15 de diciembre de 1994 (TJCE/207). En cambio, la STJCE de 6 de diciembre de 2007 (Asunto C-300/06) declara lo siguiente: «*En conse-*

En fin, en el supuesto de que el grupo de trabajadores a tiempo parcial comprenda un número de mujeres considerablemente superior que de hombres, se vulnera la prohibición de discriminación indirecta en materia de retribución cuando la legislación nacional, sin ser adecuada para alcanzar un objetivo legítimo de política social y necesaria a tal fin, tiene como consecuencia limitar hasta su horario laboral individual la compensación que los miembros de comités de empresa empleados a tiempo parcial deben obtener de su empresa en concepto de su participación en cursos de formación en los que se impartan conocimientos necesarios para la actividad de los comités de empresa, organizados durante la jornada laboral completa vigente en la empresa, pero que exceden de su horario individual de trabajo a tiempo parcial, mientras que los miembros de comités de empresa que trabajan en jornada completa obtienen una compensación por su participación en estos mismos cursos, hasta el límite correspondiente a su horario laboral[198].

Por el contrario, los arts. 157 del TFUE y 1 de la Directiva 2006/54 se oponen a una normativa nacional por la que los profesores a tiempo parcial no perciben —ni tampoco los que trabajan a tiempo com-

---

cuencia, procede responder a la cuestión planteada que el artículo 141 CE (actual art. 157 del TFUE) *debe interpretarse en el sentido de que se opone a una normativa nacional en materia de retribución de los funcionarios, como la controvertida en el procedimiento principal, que, por una parte, define las horas extraordinarias efectuadas tanto por los funcionarios empleados a jornada completa como por los empleados a tiempo parcial como las horas que trabajan fuera de su tiempo individual de trabajo y, por otra parte, remunera estas horas a un nivel inferior a la retribución horaria aplicada a las horas efectuadas dentro del tiempo individual de trabajo, de forma que los funcionarios empleados a tiempo parcial están peor remunerados que los funcionarios empleados a jornada completa en lo que se refiere a las horas que efectúan fuera de su tiempo individual de trabajo y hasta el límite del número de horas que debe trabajar un funcionario empleado a jornada completa en el marco de su tiempo de trabajo, en el supuesto de que:*

- *entre los trabajadores a los que se aplica dicha normativa esté afectado un porcentaje considerablemente más elevado de trabajadoras que de trabajadores;*

  y

- *la diferencia de trato no esté justificada por factores objetivos y ajenos a toda discriminación por razón de sexo*».

198 Cfr. las SSTJCE de 4 de junio de 1992 (TJCE/114), 6 de febrero de 1996 (TJCE/13) y 7 de marzo de 1996 (TJCE/39).

pleto— ninguna retribución por las horas extraordinarias que realizan cuando éstas no superan tres horas al mes, si esta diferencia de trato afecta a un número mucho mayor de mujeres que de hombres y si tal diferencia de trato no puede justificarse por un objetivo ajeno a la pertenencia a un determinado sexo o no es necesaria para alcanzar el objetivo perseguido[199]. Asimismo, los antecitados preceptos se oponen a que un convenio colectivo excluya totalmente, del cálculo de la antigüedad, el trabajo a tiempo parcial o establezca un cómputo proporcional del mismo o del tiempo de servicios efectivamente prestados por los trabajadores fijos discontinuos para dicho cálculo a efectos del complemento de la antigüedad, de la promoción a un nivel retributivo superior o de determinadas ventajas sociales, cuando resulte que, de hecho, el grupo de trabajadores a tiempo parcial o fijos discontinuos comprende un porcentaje considerablemente inferior de hombres que de mujeres, a no ser que el empresario acredite que dicha norma está justificada por factores cuya objetividad depende fundamentalmente de la relación entre la naturaleza de la función desempeñada y la experiencia que el ejercicio de dicha función aporte tras un determinado número de horas de trabajo realizadas[200]. Tampoco se puede excluir del cobro de una prima especial anual[201] o de un subsidio transitorio en caso de extinción de la relación laboral[202] ni de la continuación del pago del salario, en caso de enfermedad[203], a los trabajadores a tiempo parcial, cuando se demuestra que, en realidad, el porcentaje de hombres que trabajan a tiempo parcial es mucho menor que el de mujeres, a menos que el empleador demuestre que la citada disposición está justificada por factores objetivos y ajenos a cualquier discriminación por razón de sexo.

---

199 Cfr. la STJCE de 27 de mayo de 2004 (Asunto C-285/02).

200 Cfr. SSTJCE de 7 de febrero de 1991 (TJCE/128), 2 de octubre de 1997 (TJCE/193), 17 de junio de 1998 (Asunto C-243/95) y 10 de marzo de 2005 (Asunto C-196/02); y SSTS de 19 de noviembre de 2019 (*Tol 7671964*) y 29 de junio de 2021 (*Tol 8511438*), entre otras muchas.

201 STJCE de 9 de septiembre de 1999 (Asunto C-281/97).

202 STJCE de 27 de junio de 1990 (TJCE/20).

203 STJCE de 13 de julio de 1989 (TJCE/29).

d) Justificación en los casos de discriminación en las mejoras voluntarias de las prestaciones de la Seguridad Social

De conformidad con la doctrina jurisprudencial comunitaria, la fijación de un requisito de edad, distinto según el sexo, para las pensiones abonadas en el marco de un Plan de Pensiones de Empresa es contraria al art. 157 del TFUE, aunque la diferencia entre las edades de jubilación de los hombres y de las mujeres corresponda a la prevista por el régimen legal nacional[204]. Igualmente, un Plan de Pensiones de Empresa que impida que las mujeres casadas participen en él implica una discriminación directamente basada en el sexo, contraria al antecitado precepto[205].

En cambio, la STJCE de 9 de diciembre de 2004 (Asunto C-19/02) acepta la asignación de los complementos de prejubilación previstos en un convenio de empresa elaborado con ocasión de una operación de reestructuración de la empresa, a los trabajadores que hayan alcanzado en el momento de su despido una edad diferente en función del sexo de los trabajadores despedidos. En este sentido, se argumenta que, dado que, en la época en que se celebró el plan social, las mujeres tenían derecho a una pensión de jubilación anticipada abonada por el régimen legal a partir de la edad de 55 años, mientras que los hombres no tenían derecho a esa pensión hasta la edad de 60 años, los interlocutores sociales estimaron que, para asegurar la igualdad de trato de todos los trabajadores, era necesario que las trabajadoras pudieran tener derecho a la asignación de transición a partir de una edad inferior en cinco años a la fijada para sus colegas varones. Esta disposición del plan social no tenía por objeto ni por efecto establecer una discriminación contra los hombres que trabajaban en la empresa, ya que los varones que se hallaban en el tramo de edades comprendido entre 50 y 54 años en el momento de su despido, estaban más lejos de la edad legal de jubilación anticipada y, por tanto, no se encontraban en una situación idéntica a la de las trabajadoras incluidas en ese mismo tramo de edad, habida cuenta de la

---

204 Cfr. las SSTJCE de 17 de mayo de 1990 (TJCE/158) y 14 de diciembre de 1993 (TJCE/196).

205 STJCE de 28 de septiembre de 1994 (TJCE/168).

gravedad del riesgo de desempleo al que aquéllos estaban expuestos. Por ello, el Tribunal de Justicia de la Unión Europea declara que, al establecer edades diferentes entre los trabajadores y las trabajadoras para tener derecho al complemento de prejubilación, el plan social estableció un mecanismo neutro, lo que confirma la inexistencia de cualquier elemento discriminatorio.

e) Justificación en los casos de discriminación salarial por maternidad o paternidad

Como subraya la STC 182/2005, de 4 de julio, la discriminación por razón de sexo *«comprende, sin duda, aquellos tratamientos peyorativos que se fundan no sólo en la pura y simple constatación del sexo de la víctima, sino en la concurrencia de razones o circunstancias que tengan con el sexo de la persona una conexión directa e inequívoca, como sucede con el embarazo, elemento o factor diferencial que, por razones obvias, incide de forma exclusiva sobre las mujeres»*. De ello se deduce, en relación con la prohibición de discriminación por maternidad, *«la limitación de las potestades organizativas y disciplinarias del empresario en el ámbito estricto del desarrollo y vicisitudes de la relación laboral, pues es obligado evitar las consecuencias físicas y psíquicas que las medidas discriminatorias podrían tener en la salud de la trabajadora, resultando un imperativo constitucional, al mismo tiempo, afianzar los derechos laborales que le corresponden en su condición de trabajadora (por todas, STC 17/2003, de 30 de enero)»*. Y, aunque ciertamente el art. 14 de la CE *«no consagra la promoción de la maternidad o de la natalidad, sí excluye toda distinción o trato peyorativo a la mujer en la relación laboral fundado en dichas circunstancias»*. En definitiva, la protección de la condición biológica y de la salud de la mujer trabajadora *«ha de ser compatible con la conservación de sus derechos profesionales, de suerte que la minusvaloración o el perjuicio causado por el embarazo o la sucesiva maternidad constituyen un supuesto de discriminación directa por razón de sexo»*.

Y así, según el art. 8 de la LOI, *«constituye discriminación directa por razón de sexo todo trato desfavorable a las mujeres relacionado con el embarazo o la maternidad»*. A ello cabe añadir que el art. 15 de la Directiva 2006/54 establece que *«la mujer en permiso de maternidad tendrá derecho, una vez finalizado el período de permiso, a reintegrarse a su puesto de trabajo o a uno equivalente, en términos y condiciones que no le resulten menos favo-*

rables y a beneficiarse de cualquier mejora en las condiciones de trabajo a la que hubiera podido tener derecho durante su ausencia».

Y a este respecto, conviene recordar que las discriminaciones directas no admiten justificación alguna. Es más, como señala la STC 182/2005, de 4 de julio, no puede mantenerse que no exista discriminación por el hecho de que el empresario se encuentre en el ejercicio de actos amparados por la legislación laboral. Efectivamente, aunque concurriera causa legal, la libertad empresarial *«no alcanza a la producción de resultados inconstitucionales (por todas, STC 87/2004, de 10 de mayo), y que no es admisible una minusvaloración o perjuicio en las condiciones de trabajo inmediatamente asociado a la maternidad, al constituir una discriminación directa por razón de sexo (art. 14 CE)»*. Por tanto, la conducta empresarial fundada en motivos expresamente prohibidos como el sexo *«no puede ser valorada como un mero acto de libertad o como el ejercicio de facultades habilitadas por el Derecho, lo mismo que el interés empresarial latente en ese tipo de decisiones, sea del tipo que sea, no puede legitimarse a través de medidas contrarias al mandato constitucional de prohibición de la discriminación de la mujer»*.

En virtud de todo ello, los tribunales han declarado, en numerosas ocasiones, contrarios a la prohibición de discriminación por razón de sexo diversos resultados perjudiciales para las trabajadoras, que traen causa del ejercicio de derechos ligados al embarazo o a la maternidad, garantizándose así que sus derechos y expectativas profesionales y económicas no resulten afectados por tales motivos.

Y así, se han considerado discriminatorias, entre otras, las siguientes prácticas empresariales: no incluir los conceptos salariales variables y vinculados a objetivos en la retribución del permiso de lactancia previsto en el convenio colectivo aplicable[206]; excluir por completo a los trabajadores femeninos que disfruten de su permiso parental del pago de una gratificación de carácter voluntario concedida como una prestación excepcional con motivo de la Navidad, sin tomar en consideración el trabajo realizado durante el año en que se concede la gratificación, ni los períodos de descanso por maternidad (prohibición del trabajo), cuando dicha gratificación tiene la finalidad

---

[206] STS de 9 de diciembre de 2009 (*Tol 1773201*).

de retribuir retroactivamente el trabajo realizado durante ese año[207]; computar como ausencias, las bajas por maternidad y por riesgo de embarazo, siendo obligatorias ambas bajas, a los efectos de acreditar el número de días productivos para tener derecho a las retribuciones variables de incentivos en el momento de la reincorporación[208]; o, en fin, no computar los períodos de suspensión del contrato de las trabajadoras —controladoras aéreas— por maternidad durante las seis primeras semanas, riesgo durante el embarazo y riesgo durante la lactancia natural como horas efectivamente trabajadas, a los efectos del devengo del complemento personal de adaptación variable, con la consiguiente disminución en el importe del citado complemento, también supone una discriminación directa por razón de sexo, atendido que dichas situaciones afectan únicamente a las mujeres[209].

Asimismo, la disminución retributiva sufrida por una médica residente durante el período de adaptación del puesto por riesgo durante el embarazo y durante la lactancia, derivada de la no realización de guardias médicas, entraña una discriminación directa por razón de sexo *ex* art. 8 de la LOI[210]. En efecto, dicha práctica no es neutra, sino única y exclusiva de la condición femenina, pues solo respecto de las mujeres cabe exigir el cumplimiento de las obligaciones empresariales que a la postre, se derivan de las disposiciones en materia de prevención de riegos durante el embarazo y la lactancia.

A mayor abundamiento, para evitar toda discriminación y garantizar la igualdad de oportunidades entre hombres y mujeres, los trabajadores varones que suspendan sus contratos de trabajo por nacimiento, adopción, guarda con fines de adopción o acogimiento no pueden estar en una posición de desventaja con respecto a los trabajadores[211]. De otro modo, ello condicionaría de manera directa el ejercicio de los derechos parentales provocando una desigualdad de

---

207 STJCE de 21 de octubre de 1999 (Asunto C-333/97).

208 SSTS de 27 de mayo de 2015 (*Tol 5186152*) y 10 de enero de 2017 (Rec. 283/2015).

209 STS de 16 de julio de 2021 (*Tol 7489150*).

210 STS de 24 de enero de 2017 (*Tol 5978363*).

211 SSTS de 10 de enero de 2017 (Rec. 283/2015), 23 de septiembre de 2020 (*Tol 8096514*), 16 de julio de 2021 (*Tol 7489150*) y 3 de diciembre de 2019 (*Tol 7687761*).

trato entre hombres y mujeres, de forma directa frente a los padres y de manera indirecta sobre el derecho de conciliación de la vida familiar y laboral de mujeres y hombres, influyendo negativamente sobre la asunción equilibrada de las responsabilidades familiares.

En cambio, los arts. 157 del TFUE y 15 de la Directiva 2006/54 no se oponen a que se niegue el pago de la gratificación voluntaria de Navidad a una mujer que disfruta de un permiso parental, cuando la concesión de la mencionada gratificación sólo esté sujeta a la condición de que el trabajador se encuentre en activo en el momento de su concesión[212] ni a que una cláusula de un contrato de trabajo supedite, durante el permiso de maternidad, el abono de una retribución más elevada que la prestación pública al requisito de que la trabajadora se comprometa a reintegrarse al trabajo después del parto durante al menos un mes so pena de tener que devolver la diferencia entre el importe de la retribución que se le haya pagado durante el permiso de maternidad y el de dicha prestación[213].

3.5. Procedimiento de elaboración de los registros retributivos

La elaboración del registro retributivo corresponde al empresario y no se prevé la negociación del mismo. La regulación del registro salarial no ha previsto nada sobre el papel de la representación legal de la plantilla sobre su contenido, a diferencia de la regulación del registro horario contenida en el art. 34.9 del ET, introducida por el RD-l 8/2019, de 8 de marzo. Pero recuérdese que los datos relativos a los rendimientos del trabajo, en principio, se incluyen en el ámbito de la intimidad constitucionalmente protegido y, además, constituyen datos personales. Por ello, es lógico que los representantes de los trabajadores no tengan acceso a la información relativa a los valores retributivos individualizados, necesaria para confeccionar los registros retributivos.

Ello no obstante, el art. 5.6 del RD 902/2020 establece que «*la representación legal de las personas trabajadoras deberá ser consultada, con*

[212] STJCE de 21 de octubre de 1999 (Asunto C-333/97).
[213] STJCE de 27 de octubre de 1998 (Asunto C-411/96).

una antelación de al menos diez días, con carácter previo a la elaboración del registro» o a su modificación de acuerdo con lo previsto en el apartado cuarto de dicho precepto. De este modo, los representantes de los trabajadores podrán dar su opinión sobre cómo debe organizarse el contenido del registro retributivo.

3.6. Obligaciones formales de los registros retributivos

Aunque el art. 28.2 del ET no lo diga expresamente, es obvio que los registros retributivos deben formalizarse por escrito. El RD 902/2020 tampoco ha fijado en un anexo el formato en que debe organizarse este contenido, admitiendo la libertad de forma en la documentación de los datos del registro salarial, siempre que se organicen y presenten de tal modo que la información sea suficiente y significativa (art. 3.1 RD 902/2020), así como fiel y actualizada (art. 5.1 RD 902/2020). En su artículo 5.5 se anuncia la publicación de un modelo o formato en las webs oficiales del Ministerio de Trabajo y Economía Social y del Ministerio de Igualdad, que podrá ser utilizado pero que, en ningún caso, será vinculante para las empresas. El Ministerio de Trabajo y Economía Social junto con el Ministerio de Igualdad publicó la herramienta de Registro Retributivo en abril de 2021. El Ministerio ha facilitado un *excel* descargable junto a una guía y un ejemplo de uso. Esta herramienta incorpora un «*modelo voluntario de registro retributivo que permite a las empresas cumplir con la obligación de elaborar un registro retributivo*» de acuerdo con las exigencias previstas en el RD 902/2020 y en el art. 28.2 del ET. Se trata de un fichero Microsoft Excel® en el que hay que incorporar los datos y a partir de ellos, y de forma automatizada, la aplicación realizará los cálculos necesarios para los análisis correspondientes.

3.7. Periodo de vigencia o duración de los registros retributivos

El art. 5.4 del RD 902/2020 establece que «*el periodo temporal de referencia será con carácter general el año natural, sin perjuicio de las modificaciones que fuesen necesarias en caso de alteración sustancial de cualquiera de los elementos que integran el registro, de forma que se garantice el cumplimiento de la finalidad prevista en el apartado 1*». De este modo, los registros retributivos deben confeccionarse o actualizarse todos los años, lo cual es lógico si se tiene en cuenta que los salarios suelen revisarse con carácter anual. Por lo demás, como el importe exacto de las retribuciones devengadas en un año no puede conocerse hasta que este no concluye, el registro retributivo se confeccionara a año vencido. El desarrollo reglamentario ha olvidado —o no ha creído necesario— delimitar el plazo para que la empresa disponga del registro salarial del año anterior, por lo que esta podrá tomarse todo el año natural para confeccionar el registro retributivo del año anterior. En todo caso, éste deberá estar ultimado antes de concluya el año natural en curso, habida cuenta la periodicidad anual del registro retributivo.

En fin, la empresa deberá introducir en el registro retributivo «*las modificaciones que fuesen necesarias en caso de alteración sustancial de cualquiera de los elementos que integran el registro, de forma que se garantice el cumplimiento de la finalidad prevista en el apartado 1*» (art. 5.4 RD 902/2020). En todo caso, la necesaria actualización del registro retributivo sólo procede cuando se ha producido una variación sustancial de alguno de sus elementos, como, por ejemplo, cuando se ha originado una modificación importante de los salarios profesionales con efectos retroactivos.

3.8. Derechos de información y representación

De conformidad con el art. 28.2 del ET, «*las personas trabajadoras tienen derecho a acceder, a través de la representación legal de los trabajadores en la empresa, al registro salarial de su empresa*». El desarrollo reglamentario especifica esta regla, señalando que «*cuando se solicite el acceso al registro por parte de la persona trabajadora por inexistencia de representación legal, la información que se facilitará por parte de la empresa no serán los datos promediados respecto a las cuantías efectivas de las retribuciones que constan en el registro, sino que la información a facilitar se limitará a las diferencias porcentuales que existieran en las retribuciones promediadas de hombres y mujeres, que también deberán estar desagregadas en atención a la naturaleza de la retribución y el sistema de clasificación aplicable*» y que «*en las empresas que cuenten con representación legal de las personas trabajadoras, el acceso al registro se facilitará a las personas trabajadoras a través de la citada representación, teniendo derecho aquellas a conocer el contenido íntegro del mismo»* (art. 5.3 RD 902/2020). Además, por vía reglamentaria, se podrá obligar a las empresas con más de 250 trabajadores a publicar la información salarial necesaria para analizar los factores de las diferencias salariales, teniendo en cuenta las condiciones o circunstancias del art. 2.1 de la Ley 15/2022, entre las que figura el *«sexo»* (art. 9.6 Ley 15/2022).

A la vista de lo expuesto, cabe distinguir dos supuestos diferentes, en función de que la empresa cuente o no con representación legal de los trabajadores.

3.8.1. Empresas sin representación legal de las personas trabajadoras

Cuando las personas trabajadoras no cuenten con representantes legales de los trabajadores, la información que se facilitará por parte de la empresa *«no serán los datos promediados respecto a las cuantías efectivas de las retribuciones que constan en el registro, sino que la información a facilitar se limitará a las diferencias porcentuales que existieran en las retribuciones promediadas de hombres y mujeres, que también deberán estar desagregadas en atención a la naturaleza de la retribución y el sistema de clasificación aplicable»* (art. 5.3 RD 902/2020). De este modo, el derecho a la información de las personas trabajadoras se limita a *«las diferencias porcentuales»* que existan en las retribuciones promediadas de los hombres y mujeres, se sobreentiende que de su mismo puesto de trabajo, categoría profesional/nivel retributivo o grupo profesional o de trabajos de igual valor en la empresa, debidamente desagregadas en atención a la naturaleza de las retribuciones. A pesar de la indeterminación reglamentaria, entiendo que el interés legítimo de las personas trabajadoras se limita a conocer la diferencia retributiva concerniente a su puesto de trabajo, categoría profesional/nivel retributivo o grupo profesional o a trabajos de igual valor con la finalidad de facilitar la formulación de una demanda por discriminación salarial.

3.8.2. Empresas con representación legal de las personas trabajadoras

En las empresas que cuenten con representación legal de las personas trabajadoras, el acceso al registro *«se facilitará a las personas trabajadoras a través de la citada representación, teniendo derecho aquellas a conocer el contenido íntegro del mismo»* (art. 5.3 RD 902/2020). De esta forma, los representantes legales de los trabajadores tienen derecho a que el empresario les muestre el contenido íntegro del registro retributivo (valores medios retributivos de hombres y mujeres de cada puesto de trabajo de trabajo, categoría profesional/ nivel retributivo o grupo profesional desagregados en atención a la naturaleza de las diferentes partidas retributivas, las medias aritméticas y las medianas de las agrupaciones de los trabajos de igual valor en la empresa y la justificación de las diferencias salariales del 25% o más en el promedio de las retribuciones satisfechas a hombres y mujeres). Ahora bien, en ningún momento se obliga al empresario a entregar una copia del registro retributivo, por lo que, en principio, este cumpliría con sus deberes de información mostrando o enseñando a la representación legal de los trabajadores el contenido del registro retributivo.

Sin embargo, el art. 64.3 del ET establece que la representación legal de los trabajadores «*tendrá derecho a recibir información, al menos anualmente, relativa a la aplicación en la empresa del derecho de igualdad de trato y de oportunidades entre mujeres y hombres, en la que deberá incluirse el registro previsto en el artículo 28.2 y los datos sobre la proporción de mujeres y hombres en los diferentes niveles profesionales, así como, en su caso, sobre las medidas que se hubieran adoptado para fomentar la igualdad entre mujeres y hombres en la empresa y, de haberse establecido un plan de igualdad, sobre la aplicación del mismo*». De este modo, la falta dc claridad dc la redacción de este precepto suscita la duda de si la empresa solo debe facilitar los datos del registro salarial o si también tiene que entregar una copia del mismo. Con todo, a partir de la interpretación sistemática del mismo, a la luz de lo dispuesto en el art. 46.2 de la LOI, que sólo obliga a la empresa a facilitar los datos del registro salarial a la comisión negociadora del plan de igualdad con motivo de la elaboración de su diagnóstico, considero que se cumple con la obligación, bien porque se permite el acceso al contenido del registro retributivo, bien porque se facilitan los datos del mismo, pero sin tener que entregar el documento.

En cualquier caso, el derecho de información de la representación unitaria sobre el registro salarial no ampara en ningún caso la solicitud a la empresa de los valores salariales individualizados de las personas trabajadoras[214].

Por lo demás, en el caso de empresas de estructura compleja con varios centros de trabajo, la empresa debe facilitar la información del registro retributivo a las representaciones legales de todos los centros, pues la regulación no ha distinguido entre ellas, y, de esta manera, facilitar el acceso del personal laboral a su contenido íntegro.

Y, en fin, los representantes legales de los trabajadores deben cumplir con su deber de sigilo profesional (arts. 62.2 y 65 ET).

4. La auditoría retributiva

4.1. Normativa aplicable

El art. 46 de la LOI, en su nueva redacción dada por el RD-l 6/2019, establece que el diagnóstico previo contendrá, entre otras materias, las *«condiciones de trabajo, incluida la auditoría salarial entre mujeres y hombres»* (apartado 2) *y* que reglamentariamente se desarrollarán las *«auditorías salariales»* (apartado 6); previsiones que han sido desarrolladas por los arts. 7 y 8 del RD 902/2020.

De conformidad con el art. 7.1 del RD 902/2020, la auditoría retributiva *«tiene por objeto obtener la información necesaria para comprobar si el sistema retributivo de la empresa, de manera transversal y completa, cumple con la aplicación efectiva del principio de igualdad entre mujeres y hombres en materia de retribución»* y, asimismo, *«deberá permitir definir las necesidades para evitar, corregir y prevenir los obstáculos y dificultades existentes o que pudieran producirse en aras a garantizar la igualdad retributiva, y asegurar la transparencia y el seguimiento de dicho sistema retributivo»*.

---

214 STSJ de Cataluña de 22 de junio de 2020 (*Tol 8073158*).

4.2. Empresas obligadas a confeccionar la auditoria retributiva

De acuerdo con los arts. 46.2.e) de la LOI y 7.1 del RD 902/2020, la auditoría salarial resultará obligatoria para todas las empresas que estén obligadas a elaborar e implantar un plan de igualdad o que voluntariamente decidan hacerlo.

Y recordemos que las empresas están obligadas a elaborar un plan de igualdad en los siguientes supuestos:

- Cuando la plantilla de la empresa —no el centro de trabajo— cuente con más de cincuenta trabajadores (art. 45.2 LOI), computados de acuerdo con lo dispuesto en el art. 3 del RD 901/2020.
- Cuando así lo establezca el convenio colectivo aplicable (art. 45.3 LOI).
- Cuando la autoridad laboral hubiera acordado en un procedimiento sancionador la sustitución de las sanciones accesorias por la elaboración y aplicación de un plan de igualdad y en los términos que se fijen (art. 45.4 LOI).

4.3. Contenido de la autoría retributiva

La auditoría retributiva implica las siguientes obligaciones para la empresa (art. 8.1 RD 902/2020): 1.ª) La realización del diagnóstico de la situación retributiva en la empresa. 2.ª) El establecimiento de un plan de actuación para la corrección de las desigualdades retributivas, con determinación de objetivos, actuaciones concretas, cronograma y persona o personas responsables de su implantación y seguimiento.

4.3.1. El diagnóstico de la situación retributiva en la empresa

El diagnóstico requiere [art. 8.1.a) RD 902/2020]: 1.° La valoración de los puestos de trabajo con perspectiva de género. 2.°) La identificación de otros factores desencadenantes de las diferencias retributivas.

A) La valoración de los puestos de trabajo con perspectiva de genero

Las empresas que lleven a cabo auditorías retributivas deben evaluar los puestos de trabajo teniendo en cuenta lo establecido en el art. 4 del RD 902/2020, tanto con relación al sistema retributivo como con relación al sistema de promoción [art. 8.1.a).1° RD 902/2020][215].

B) La identificación de otros factores desencadenantes de las diferencias retributivas

El diagnóstico deberá identificar «*la relevancia de otros factores desencadenantes de la diferencia retributiva, así como las posibles deficiencias o desigualdades que pudieran apreciarse en el diseño o uso de las medidas de conciliación y corresponsabilidad en la empresa, o las dificultades que las personas trabajadoras pudieran encontrar en su promoción profesional o económica derivadas de otros factores como las actuaciones empresariales discrecionales en materia de movilidad o las exigencias de disponibilidad no justificadas*» [art. 8.1.a).2° RD 902/2020].

4.3.2. El plan de actuación para la corrección de las desigualdades retributivas

El plan de actuación para la corrección de las desigualdades retributivas debe determinar los «*objetivos, actuaciones concretas, cronograma y persona o personas responsables de su implantación y seguimiento*» [art. 8.1.b) RD 902/2020]. De este modo, el plan de actuación, obviamente, debe incorporar las medidas correctivas de las desigualdades retributivas por razón de sexo que se hayan detectado a través del registro salarial y que carezcan de justificación objetiva y razonable. Pero también debe contemplar medidas para fomentar la igualdad retribu-

---

215 Cfr. supra, Capítulo Segundo, apartado III, 1.2.2.

tiva entre mujeres y hombres (art. 7.1 RD 902/2020)[216]. Asimismo, el plan de actuación deberá contener «*un sistema de seguimiento y de implementación de mejoras a partir de los resultados obtenidos*».

4.4. Procedimiento de elaboración de la auditoria retributiva

De conformidad con lo previsto en los arts. 45 y 46 de la LOI y 5 del RD 901/2020, los planes de igualdad, incluidos los diagnósticos previos y las auditorias retributivas, deberán ser objeto de negociación con la representación legal de las personas trabajadoras de acuerdo con los antecitados preceptos.

4.5. Obligaciones formales de la auditoria retributiva

La auditoría retributiva forma parte del plan de igualdad (art. 7.2 RD 902/2020) y, por lo tanto, rigen las obligaciones formales previstas en los arts. 46 de la LOI y 11 y 12 del RD 902/2020.

4.6. Periodo de vigencia o duración de la auditoría retributiva

La auditoría retributiva tendrá «*la vigencia del plan de igualdad del que forma parte, salvo que se determine otra inferior en el mismo*» (art. 7.2 RD 902/2020). Y, de conformidad con el art. 9.1 del RD 901/2020, «*el periodo de vigencia o duración de los planes de igualdad, que será determinado, en su caso, por las partes negociadoras, no podrá ser superior a cuatro años*». Sin perjuicio de los plazos de revisión que puedan contemplarse de manera específica en el propio plan de igualdad, este deberá revisarse, en todo caso, cuando concurran las siguientes circunstancias previstas en el art. 9.2 del RD 901/2020, especialmente «*ante cualquier incidencia que modifique de manera sustancial la plantilla de la empresa, sus métodos de trabajo, organización o sistemas retributivos, incluidas las inaplicaciones de convenio y las modificaciones sustanciales de*

---

216 En parecidos términos se expresan ARAGÓN GÓMEZ, C. y NIETO ROJAS, P., *Planes de igualdad en las empresas*, cit., pág. 160.

condiciones de trabajo o las situaciones analizadas en el diagnóstico de situación que haya servido de base para su elaboración».

4.7. Derecho de información de la representación legal de los trabajadores

El art. 47 de la LOI garantiza *«el acceso de la representación legal de los trabajadores y trabajadoras o, en su defecto, de los propios trabajadores y trabajadoras, a la información sobre el contenido de los Planes de igualdad y la consecución de sus objetivos»*, sin perjuicio del seguimiento de la evolución de los acuerdos sobre planes de igualdad por parte de las comisiones paritarias de los convenios colectivos a las que éstos atribuyan estas competencias.

5. Régimen de infracciones y sanciones en materia de registros retributivos y auditorias retributivas

La información retributiva o la ausencia de la misma derivada de la aplicación del RD 902/2020, y en la medida en que se den los presupuestos necesarios previstos en la legislación vigente, podrá servir para llevar a cabo las acciones administrativas y judiciales, individuales y colectivas oportunas, de acuerdo con la LISOS, incluida, en su caso, la aplicación de las sanciones que pudieran corresponder por concurrencia de discriminación, así como de acuerdo con la LJS, incluyendo, en su caso, el procedimiento de oficio establecido en el art. 148.c) de la misma (art. 10.1 RD 902/2020).

El régimen de infracciones y sanciones en esta materia viene a ser el siguiente:

a) El incumplimiento de la obligación de llevar el registro retributivo queda comprendido en la infracción enunciada en el art. 7.13 de la LISOS, en la redacción dada por el art. 6 del RD-l 6/2019, que clasifica como infracción grave el *«no cumplir las obligaciones que en materia de planes y medidas de igualdad establecen la Ley Orgánica 3/2007, de 22 de marzo, para la igualdad efectiva de mujeres y hombres, el Estatuto de los Trabajadores o el convenio colectivo que sea de aplicación»*. Como infracción grave, la sanción correspondiente puede ser una multa, en su grado mínimo, de 751 a 1.500 euros, en su grado medio de 1.501 a 3.750 euros; y en su grado máximo de 3.751 a 7.500 euros [art. 40.1.b) LISOS].

En caso de que la empresa llevara el registro salarial, pero de una forma errónea o incurriendo en alguna omisión menor en sus datos desglosados, puede considerarse que incumple con sus obligaciones formales o documentales y, en esa medida, incurre en una infracción leve de las previstas en el art. 6.6 de la LISOS, sancionable, en su grado mínimo, con multas de 70 a 150 euros; en su grado medio, de 151 a 370 euros; y en su grado máximo, de 371 a 750 euros [art. 40.1.a) LISOS].

b) No elaborar la auditoria también será reconducible a la infracción grave prevista en el art. 7.13 de la LISOS. En el supuesto de que no se elabore o no se aplique el plan de igualdad o se haga incumpliendo manifiestamente los términos establecidos en la resolución de la autoridad laboral por la que se acuerda la sustitución de las sanciones accesorias por la comisión de las infracciones muy graves tipificadas en los apartados 12, 13 y 13 bis) del art. 8 y en el apartado 2 del art. 16 de la LISOS por la elaboración y aplicación de un plan de igualdad en la empresa, la autoridad laboral, a propuesta de la Inspección de Trabajo y Seguridad Social, nos encontraremos ante la infracción muy grave tipificada en el art. 8.17 de la LISOS, sancionable, en su grado mínimo, con multas de 7.501 a 30.000 euros; en su grado medio de 30.001 a 120.005 euros; y en su grado máximo de 120.006 euros a 225.018 euros [art. 40.1.c) LISOS].

c) El incumplimiento del deber empresarial de facilitar a la representación legal de las personas trabajadoras el acceso al registro salarial constituye una infracción grave (art. 7.7 LISOS).

6. La Directiva (UE) 2023/970 por la que se refuerza la aplicación del principio de igualdad de retribución entre hombres y mujeres y su transposición en España

6.1. Antecedentes

La normativa de la Unión Europea tiene importantes referencias a la prohibición de discriminación por razón de sexo. Dicha prohibición se contiene en el art. 157 del TFUE y se encuentra desarrollada, en el ámbito laboral, por la Directiva 2006/54. Sin embargo, esta Directiva se limita a prohibir toda discriminación retributiva directa e indirecta por razón de sexo entre quienes realizan el mismo trabajo o un trabajo de igual valor.

La evaluación de las disposiciones pertinentes de la Directiva 2006/54/CE ha constatado que la aplicación del principio de igualdad de retribución se ve entorpecida por la falta de transparencia de los sistemas retributivos, la falta de seguridad jurídica en torno al concepto de «trabajo de igual valor» y los obstáculos procedimentales a los que se enfrentan las víctimas de discriminación. Los trabajadores carecen de la información necesaria para interponer reclamaciones de igualdad retributiva que prosperen y, en particular, de los datos sobre los niveles retributivos de las categorías profesionales que realizan el mismo trabajo o un trabajo de igual valor al suyo. Una mayor transparencia permitiría revelar sesgos y discriminaciones de género en las estructuras retributivas de las empresas u organizaciones. Y, en consecuencia, los trabajadores dispondrían de medios de prueba eficaces para hacer respetar el principio de igualdad de retribución por razón de sexo en sede judicial y los empleadores e interlocutores sociales podrían adoptar las medidas adecuadas para corregir dichas discriminaciones.

Por ello, la Recomendación de la Comisión, de 7 de marzo de 2014, sobre el refuerzo del principio de igualdad de retribución entre hombres y mujeres a través de la «transparencia salarial» de los empleadores públicos y privados, facilita una serie de orientaciones a los Estados miembros para ayudarlos a aplicar mejor y de forma más eficaz el principio de igualdad de retribución. En este sentido, dispone que los Estados deben establecer medidas específicas para promover la transparencia salarial, pudiendo optar a tales efectos por una o varias de las siguientes medidas: (i) derecho individual a la información retributiva de los niveles salariales desglosada por género (promedios) a requerimiento del trabajador y la trabajadora; (ii) atribución del derecho a esta información con carácter periódico, en beneficio de las personas trabajadoras y de sus representantes, en las empresas de al menos 50 personas trabajadoras; (iii) obligación de que las empresas de al menos 250 personas trabajadoras elaboren auditorías salariales (con promedios retributivos y análisis de sistemas de valoración de los puestos) que deben ponerse a disposición de los y las representantes; (iv) garantía de que la cuestión de la igualdad de retribución, en particular las auditorías salariales, se debata en el nivel adecuado de la negociación colectiva.

Al término de una minuciosa evaluación del marco vigente en materia de igualdad de retribución por un mismo trabajo o un trabajo de igual valor, y de un proceso de consulta amplio e inclusivo, la Comunicación de la Comisión, de 5 de marzo de 2020, titulada «*Una Unión de la igualdad: Estrategia para la Igualdad de Género 2020-2025*» anunció que la Comisión propondría medidas vinculantes en materia de transparencia salarial, lo que se ha llevado a cabo a través de la reciente Directiva (UE) 2023/970 del Parlamento Europeo y del Consejo de 10 de mayo de 2023 por la que se refuerza la aplicación del principio de igualdad de retribución entre hombres y mujeres por un mismo trabajo o un trabajo de igual valor a través de medidas de transparencia retributiva y de mecanismos para su cumplimiento.

6.2. El ámbito de aplicación y la naturaleza de la Directiva 2023/970

Al respecto, cabe subrayar lo siguiente en relación con el ámbito de aplicación y la naturaleza de la Directiva 2023/970:

1.º) La presente Directiva se aplica «*a los empleadores de los sectores público y privado*» y «*a todos los trabajadores que tengan un contrato de trabajo o una relación laboral según se definen en el Derecho, los convenios colectivos o las prácticas vigentes en cada Estado miembro, y habida cuenta de la jurisprudencia del Tribunal de Justicia*» (art. 2.2 Directiva 2023/970). De este modo, la misma engloba a todos los trabajadores, sin establecer diferencias en función del carácter público o privado del empleador para el que trabajan.

2.º) La presente Directiva establece requisitos mínimos, de modo que respeta la prerrogativa de los Estados miembros de introducir y mantener disposiciones que sean más favorables para los trabajadores (art. 27.1 Directiva 2023/970). Además, su aplicación en ningún caso constituirá motivo para reducir el nivel de protección en los ámbitos por ella regulados (art. 27.2 Directiva 2023/970).

3.º) Los Estados miembros pondrán en vigor las disposiciones legales, reglamentarias y administrativas necesarias para dar cumplimiento a lo establecido en la presente Directiva a más tardar el 7 de junio de 2026, incluyendo una referencia a la presente Directiva o estando acompañadas de dicha referencia en su publicación oficial, e informarán inmediatamente de ello a la Comisión (art. 34 Directiva 2023/970). Los Estados miembros deberán informar a la Comisión sobre el cumplimiento de la presente Directiva y sus repercusiones en la práctica antes del 8 de junio de 2031 (art. 35.1 Directiva 2023/970), presentando asimismo un resumen de los resultados de la evaluación del impacto de sus medidas de transposición en lo que respecta a los trabajadores y los empleadores con una plantilla de menos de 250 trabajadores y haciendo referencia al lugar de publicación de dicha evaluación (art. 34.1 Directiva 2023/970). A más tardar el 7 de junio de 2033, la Comisión presentará un informe al Parlamento Europeo y al Consejo sobre la aplicación de la presente Directiva (art. 35.2 Directiva 2023/970). El informe examinará, entre otras cosas, los umbrales para los empleadores previstos en los artículos 9 y 10 y el porcentaje del 5% para la puesta en marcha de la evaluación retributiva conjunta prevista en el artículo 10, apartado 1. La Comisión propondrá, si corresponde, las modificaciones legislativas que considere necesarias sobre la base de dicho informe.

4.º) La presente Directiva *«no afectará en modo alguno al derecho a negociar, celebrar y aplicar convenios colectivos o a emprender acciones colectivas de conformidad con el Derecho o las prácticas nacionales»* (art. 30 Directiva 2023/970).

6.3. Las obligaciones de trasparencia retributiva que se imponen a los Estados miembros

6.3.1. En todas las empresas

A) El derecho de información de los solicitantes de empleo

Como razonan los considerandos de la Directiva 2023/970, un elemento importante para eliminar la discriminación retributiva es la transparencia retributiva previa al empleo y, por ello, la presente Directiva debe aplicarse también a los solicitantes de empleo (Considerando 19). Ciertamente, la falta de información sobre la banda retributiva prevista para un puesto de trabajo crea «*una asimetría informativa que limita la capacidad de negociación de los solicitantes de empleo*» (Considerando 32). La transparencia permitirá que los aspirantes a un puesto puedan tomar una decisión con conocimiento de causa en relación con el salario esperado, sin que ello limite en modo alguno el poder de negociación de empleadores y trabajadores para negociar un salario, incluso fuera de la banda indicada. Asimismo, garantizará «*la existencia de una base explícita y libre de sesgos de género para la fijación de retribuciones y dificultaría la infravaloración de la retribución con respecto a las competencias y la experiencia*». Y permitirá enfocar adecuadamente «*la discriminación interseccional, ya que la falta de transparencia en las estructuras retributivas posibilita prácticas discriminatorias por diversos motivos de discriminación*». Los solicitantes de empleo deben recibir información sobre «*la retribución inicial o la banda retributiva inicial por un medio que garantice una negociación informada y transparente sobre la retribución, por ejemplo, en el anuncio de vacante que se publique, antes de la entrevista de trabajo, o por otro medio antes de la celebración del contrato de trabajo*». La información debe ser facilitada «*por el empleador o por otra vía, por ejemplo, a través de los interlocutores sociales*».

Los solicitantes de empleo tendrán derecho a recibir del empleador potencial información sobre los siguientes extremos (art. 5.1 Directiva 2023/970):

> «*a) la retribución inicial o la banda retributiva inicial, basadas en criterios objetivos y neutros con respecto al género, correspondientes al puesto al que aspiran, y*
> *b) en su caso, las disposiciones pertinentes del convenio colectivo aplicado por el empleador con respecto al puesto.*»

Esa información «*se facilitará de tal forma que se garantice una negociación informada y transparente sobre la retribución, por ejemplo, en el anuncio de la vacante que se publique o por otro medio*».

Asimismo, los empleadores deben garantizar que «*los anuncios de las vacantes de trabajo y las denominaciones de los puestos de trabajo sean neutros con respecto al género*», y que «*los procesos de contratación se desarrollen de un modo no discriminatorio, a fin de no socavar el derecho a la igualdad de retribución por un mismo trabajo o un trabajo de igual valor (en lo sucesivo, «derecho a la igualdad de retribución»)»* (art. 5.3 Directiva 2023/970). En fin, ningún empleador podrá plantear a los solicitantes *«preguntas sobre su historial retributivo en sus relaciones laborales actuales o anteriores»* (art. 5.2 Directiva 2023/970).

B) El derecho de información de los empleados

Todas las empresas, con independencia de su tamaño, pondrán a disposición de su personal de manera fácil *«los criterios»*, que habrán de ser *«objetivos y neutros con respecto al género»*, que se utilizan *«para determinar la retribución de los trabajadores, los niveles retributivos y la progresión retributiva»*, si bien los Estados miembros podrán *«eximir a los empleadores con una plantilla de menos de 50 trabajadores de la obligación relacionada con la progresión retributiva»* (art. 6 Directiva 2023/970), por ejemplo, permitiéndoles que pongan los criterios de progresión salarial a disposición de los trabajadores previa petición (Considerando 35 Directiva 2023/970). La progresión retributiva se refiere al proceso por el que un trabajador pasa a un nivel retributivo superior y los criterios relacionados con la progresión salarial pueden incluir, entre otros, el rendimiento individual, el desarrollo de competencias y la antigüedad (Considerando 35 Directiva 2023/970).

Asimismo, los trabajadores tendrán *«derecho a solicitar y a recibir información por escrito {..} sobre su nivel retributivo individual y sobre los niveles retributivos medios, desglosados por sexo, para las categorías de trabajadores que realicen el mismo trabajo o un trabajo de igual valor al suyo»* (art. 7.1 Directiva 2023/970). Con el fin de garantizar una presentación uniforme de la información exigida por la presente Directiva, los niveles retributivos deben expresarse en términos de retribución bruta anual y de retribución bruta por hora correspondiente (Considerando 22 Directiva 2023/970).

A tales efectos, se prevé el siguiente procedimiento (art. 7 Directiva 2023/970):

1.°) Los trabajadores tendrán la posibilidad de solicitar y recibir la información sobre su nivel retributivo individual y sobre los niveles retributivos medios *«a través de sus representantes de los trabajadores, de conformidad con el Derecho o las prácticas nacionales»* (apartado 2). También tendrán la posibilidad de solicitar y recibir la información *«a través de un organismo de fomento de la igualdad»*. Los empleadores también podrán optar por facilitar dicha información por iniciativa propia, sin que los trabajadores tengan que solicitarla (Considerando 36 Directiva 2023/970).

2.º) Los empleadores facilitarán la información *«por escrito»* y *«en un plazo razonable y, en cualquier caso, en los dos meses a contar de la fecha en la que se cursó la solicitud»* (apartados 1 y 4).

3.º) Si la información recibida es inexacta o está incompleta, los trabajadores tendrán derecho *«a solicitar, personalmente o a través de sus representantes de los trabajadores, aclaraciones y detalles adicionales y razonables con respecto a cualquiera de los datos facilitados, y a recibir una respuesta motivada»* (apartado 2).

4.º) No se impedirá a los trabajadores *«revelar su retribución a efectos del cumplimiento del principio de igualdad de retribución»* (apartado 5). En particular, los Estados miembros establecerán medidas para *«prohibir las cláusulas contractuales que impidan a los trabajadores la divulgación de información sobre su retribución»*.

En cambio, los empleadores podrán exigir que *«los trabajadores que hayan obtenido información con arreglo al presente artículo, distinta de la información relativa a su propia retribución o su propio nivel retributivo, no la utilicen con fines distintos del ejercicio de su derecho a la igualdad de retribución»* (apartado 6).

5.º) Los empleadores informarán anualmente a todos los trabajadores de su derecho a recibir la información sobre su nivel retributivo individual y sobre los niveles retributivos medios y de los pasos que deben seguir para ejercer ese derecho (apartado 3).

C) Accesibilidad de la información para las personas con discapacidad

Los empleadores facilitarán la información que proporcionen a los trabajadores o solicitantes de empleo *«en un formato que sea accesi-*

ble para las personas con discapacidad y que tenga en cuenta sus necesidades específicas».

6.3.2. En las empresas de 100 o más trabajadores

A) La información sobre la brecha retributiva entre trabajadores y trabajadoras

Los Estados miembros garantizarán que los empleadores con una plantilla igual o superior a 100 trabajadores faciliten la siguiente información sobre su organización (art. 9.1 Directiva 2023/970):

a) La *«brecha retributiva de género»*, esto es, *«la diferencia entre los niveles retributivos medios de las mujeres y de los hombres que trabajan para un empleador, expresada como un porcentaje del nivel retributivo medio de los trabajadores de género masculino»* [art. 1.c) Directiva 2023/970].

b) La *«brecha retributiva de género en los componentes complementarios o variables»*, esto es, la diferencia entre los componentes complementarios o variables medios de las mujeres y de los hombres que trabajan para un empleador, expresada como un porcentaje de la media que por estos conceptos perciben los trabajadores de género masculino.

c) La *«brecha retributiva de género mediana»*, esto es, *«la diferencia entre el nivel retributivo mediano de las mujeres y el nivel retributivo mediano de los hombres que trabajan para un empleador, expresada como un porcentaje del nivel retributivo mediano de los trabajadores de género masculino»* [art. 1.b.e) Directiva 2023/970]. Y a tales efectos, por *«nivel retributivo mediano»* se entiende *«el nivel retributivo en el que la mitad de los trabajadores de un empleador gana más y la otra mitad gana menos»* [art. 1.d) Directiva 2023/970.

d) La *«brecha retributiva de género mediana en los componentes complementarios o variables»*, esto es, la diferencia entre las medianas en los componentes complementarios o variables totales de las mujeres y de los hombres que trabajan para un empleador, expresada en un porcentaje de la mediana de los trabajadores de género masculino

e) La proporción de trabajadoras y de trabajadores que reciben componentes complementarios o variables.

f) La proporción de trabajadoras y de trabajadores en cada cuartil de la banda retributiva. A tales efectos, se entenderá por *«cuartil de la banda retributiva»*, según indica el art. 1.f) de la Directiva 2023/970, *«cada uno de los cuatro grupos iguales de trabajadores en los que estos se dividen en función de sus niveles retributivos, del más bajo al más alto»*.

g) La *«brecha retributiva de género»*, por categorías de trabajadores, desglosada por salario o sueldo base ordinario y por componentes complementarios o variables.

Los empleadores facilitarán la información reseñada correspondiente *«al anterior año natural»* de forma progresiva conforme al siguiente calendario:

1.°) En las empresas con una plantilla igual o superior a 250 trabajadores, a más tardar el 7 de junio de 2027 y posteriormente cada año (art. 9.2 Directiva 2023/970).

2.°) En las empresas con una plantilla comprendida entre 150 y 249 trabajadores, a más tardar el 7 de junio de 2027 y posteriormente cada tres años (art. 9.3 Directiva 2023/970).

3.°) En las empresas con una plantilla comprendida entre 100 y 149 trabajadores, a más tardar el 7 de junio de 2031 y posteriormente cada tres años (art. 9.4 Directiva 2023/970).

Por lo demás, los Estados miembros no impedirán que los empleadores con una plantilla inferior a 100 trabajadores faciliten la información reseñada con carácter voluntario, y, además, podrán, con arreglo al Derecho nacional, exigir a los empleadores con una plantilla inferior a 100 trabajadores que faciliten información sobre las remuneraciones (art. 9.5 Directiva 2023/970).

En cuanto a los destinatarios de la información reseñada, la presente Directiva distingue:

1.°) La información a que se refieren las diferentes letras del art. 9.1 de la Directiva, *«se comunicará»* al organismo designado por cada Estado miembro para el seguimiento y apoyo de la ejecución de las medidas nacionales de aplicación de la presente Directiva, encargado, entre otras funciones, de recopilar y publicar dichos datos con arreglo al art. 29.3.c) (art. 9.7 Directiva 2023/970). Los Estados miembros podrán compilar por sí mismos la información a que se refiere el apartado 1, letras a) a f), del art. 9.1 de la Directiva 2023/970, sobre la base de datos administrativos como los presentados por los empleadores a las autoridades fiscales o de la seguridad social (art. 9.8 Directiva 2023/970). La información se hará pública sin demora y en un formato de fácil acceso y de fácil manejo que permita la comparación entre empleadores, sectores y regiones del Estado miembro de que se trate y garantice que los datos correspondientes a los cuatro años anteriores sean accesibles, si están disponibles [arts. 9.8 y 29.3.c) Directiva 2023/970].

Además, el empleador podrá publicar la información a que se refiere el apartado 1, letras a) a f), del presente artículo en su sitio web o divulgarla por otros medios (art. 9.7 Directiva 2023/970).

2.º) La información relativa a la brecha retributiva de género, por categorías de trabajadores, desglosada por salario o sueldo base ordinario y por componentes complementarios o variables, se facilitará por las empresas *«a todos sus trabajadores y a sus respectivos representantes de los trabajadores»* (art. 9.9 Directiva 2023/970). Los empleadores también facilitarán dicha información a la inspección de trabajo y al organismo de fomento de la igualdad, a petición de estos. También se facilitará, previa solicitud, la información correspondiente a los cuatro años anteriores, si está disponible.

Los trabajadores, los representantes de los trabajadores, la inspección de trabajo y los organismos de fomento de la igualdad *«tendrán derecho a solicitar a los empleadores aclaraciones y pormenores adicionales sobre cualquiera de los datos publicados, incluidas las oportunas explicaciones sobre cualquier diferencia retributiva de género»* (art. 9.10 Directiva 2023/970). Los empleadores deberán ofrecer *«una respuesta motivada a ese tipo de solicitudes en un plazo razonable»*. Cuando las diferencias retributivas de género no estén justificadas sobre la base de criterios objetivos y neutros con respecto al género, los empleadores deberán *«corregir la situación en un plazo razonable en estrecha cooperación con los representantes de los trabajadores, la inspección de trabajo o el organismo de fomento de la igualdad»*.

B) La evaluación o auditoria retributiva conjunta

Los Estados miembros adoptarán las medidas adecuadas para garantizar que los empleadores que están sujetos a la obligación de informar sobre la brecha retributiva entre trabajadores y trabajadoras en los términos previstos en el art. 9 realicen, en cooperación con los representantes de los trabajadores, una evaluación o auditoria retributiva conjunta cuando se cumplan *«todas las condiciones siguientes»* (art. 10.1 Directiva 2023/970):

a) que la información presentada en relación con las retribuciones demuestre la existencia de una diferencia en el nivel retributivo medio de las trabajadoras y los trabajadores de al menos el 5% en cualquier categoría de trabajadores;

b) que el empleador no haya justificado esa diferencia en el nivel retributivo medio sobre la base de criterios objetivos y neutros con respecto al género;

c) que el empleador no haya subsanado esa diferencia injustificada en el nivel retributivo medio en los seis meses siguientes a la fecha de presentación de la información sobre las retribuciones.

La evaluación retributiva conjunta se llevará a cabo con el fin de detectar, subsanar y evitar diferencias de retribución entre las trabajadoras y los trabajadores que no estén justificadas sobre la base de criterios objetivos y neutros con respecto al género e incluirá lo siguiente (art. 10.2 Directiva 2023/970):

a) un análisis de la proporción de trabajadoras y de trabajadores en cada categoría de trabajadores;

b) información sobre los niveles retributivos medios de las trabajadoras y los trabajadores y los componentes complementarios o variables para cada categoría de trabajadores;

c) cualquier diferencia en los niveles retributivos medios de las trabajadoras y los trabajadores en cada categoría de trabajadores;

d) las razones, si las hay, de tales diferencias en los niveles retributivos medios, sobre la base de criterios objetivos y neutros con respecto al género y determinadas de forma conjunta por los representantes de los trabajadores y el empleador;

e) la proporción de trabajadoras y de trabajadores que han recibido alguna mejora de su retribución tras su reincorporación después de un permiso de maternidad o de paternidad, un permiso parental o un permiso para cuidadores, si se produjo tal mejora en la categoría profesional pertinente durante el período en que disfrutaban del permiso;

f) medidas para resolver las diferencias de retribución, si no están justificadas sobre la base de criterios objetivos y neutros con respecto al género;

g) una evaluación de la eficacia de las medidas de anteriores evaluaciones retributivas conjuntas.

Por lo demás, la evaluación o auditoria retributiva requiere la valoración de los puestos de trabajo con perspectiva de género. Pues bien, a este respecto el art. 4.1 de la Directiva 2023/970 establece que *«los Estados miembros adoptarán las medidas necesarias para asegurar que los empleadores dispongan de estructuras retributivas que garanticen la igualdad de retribución por un mismo trabajo o un trabajo de igual valor»*. En línea con la doctrina jurisprudencial comunitaria, se dispone que las estructuras retributivas deberán permitir evaluar, en lo que respecta al valor del trabajo, si los trabajadores se encuentran en una situación comparable, sobre la base de criterios objetivos y neutros con respecto al género acordados con los representantes de los trabajadores, de existir tales representantes (art. 4.4 Directiva 2023/970). Estos criterios no se basarán, ni directa ni indirectamente, en el sexo de los trabajadores e incluirán las competencias, el esfuerzo, la responsabilidad y las condiciones de trabajo, y, si procede, cualquier otro factor que sea pertinente para el puesto o empleo específico. Se aplicarán de manera objetiva y neutra con respecto al género, de forma tal que se excluya toda discriminación directa o indirecta por razón de sexo. En particular, no subestimarán las aptitudes interpersonales pertinentes.

Los Estados miembros facilitarán herramientas o metodologías analíticas de fácil acceso para proporcionar ayuda y orientación a la hora de evaluar y comparar el valor del trabajo con arreglo a los criterios que se establecen en el art. 4 de la Directiva (art. 4.2 Directiva 2023/970). Esas herramientas o metodologías permitirán a los empleadores o a los interlocutores establecer y utilizar fácilmente sistemas de evaluación y clasificación profesional neutros con respecto al género que excluyan toda discriminación retributiva por razón de sexo (art. 4.2 Directiva 2023/970). Cuando proceda, la Comisión podrá actualizar las directrices a escala de la Unión relacionadas con los sistemas de evaluación y clasificación profesional neutros con respecto al género, en consulta con el Instituto Europeo de la Igualdad de Género (EIGE) (art. 4.3 Directiva 2023/970).

Los empleadores pondrán la evaluación retributiva conjunta a disposición de los trabajadores y de los representantes de los trabajadores y la comunicarán al organismo de seguimiento [arts. 10.2 y 29.3.d) Directiva 2023/970]. La facilitarán también a la inspección de trabajo y al organismo de fomento de la igualdad, a petición de estos.

Al aplicar las medidas señaladas en la evaluación retributiva conjunta, el empleador deberá subsanar las diferencias retributivas injustificadas en un plazo razonable, en estrecha cooperación con los representantes de los trabajadores, de conformidad con el Derecho o las prácticas nacionales (art. 10.2 Directiva 2023/970). Podrá pedirse a la inspección de trabajo o al organismo de fomento de la igualdad que participen en el proceso. La aplicación de las medidas incluirá un análisis de los sistemas existentes de evaluación y clasificación profesional neutros con respecto al género o el establecimiento de tales sistemas, para garantizar la exclusión de toda discriminación retributiva directa o indirecta por razón de sexo.

6.3.3. Apoyo a los empleadores con una plantilla inferior a 250 trabajadores

Los Estados miembros prestarán apoyo, en forma de asistencia técnica y formación, a los empleadores con una plantilla inferior a 250 trabajadores y a los representantes de los trabajadores de que se trate, a fin de facilitarles el cumplimiento de las obligaciones establecidas en la presente Directiva (art. 11 Directiva 2023/970).

6.3.4. Protección de datos

En la medida en que implique el tratamiento de datos personales, toda información proporcionada con arreglo a las medidas adoptadas en virtud de los arts. 7, 9 y 10 de la Directiva 2023/970 se facilitará de conformidad con el Reglamento (UE) 2016/679 (art. 12.1 Directiva 2023/970). Ningún dato personal tratado con arreglo a dichos preceptos podrá utilizarse con fines distintos de la aplicación del principio de igualdad de retribución (art. 12.2 Directiva 2023/970). Los Estados miembros podrán decidir que, cuando la divulgación de información con arreglo a los arts. 7, 9 y 10 dé lugar a la divulgación, directa o indirecta, de la retribución de un trabajador identificable, solo tengan acceso a dicha información los representantes de los trabajadores, la inspección de trabajo o el organismo de fomento de la igualdad (art. 12.3 Directiva 2023/970). Los representantes de los trabajadores o el organismo de fomento de la igualdad asesorarán a los trabajadores acerca de la posibilidad de interponer una demanda al amparo de la presente Directiva sin revelar los niveles retributivos efectivos de cada uno de los trabajadores que realizan el mismo trabajo o un trabajo de igual valor (art. 12.3 Directiva 2023/970). A los efectos de seguimiento con arreglo al art. 29, la información estará disponible sin restricciones (art. 12.3 Directiva 2023/970).

6.3.5. Diálogo social

Sin perjuicio de la autonomía de los interlocutores sociales, y de conformidad con el Derecho y las prácticas nacionales, los Estados miembros tomarán las medidas adecuadas para garantizar la participación efectiva de los interlocutores sociales a través del diálogo sobre los derechos y las obligaciones que establece la presente Directiva 2023/970, si procede, cuando así lo soliciten (art. 13 Directiva 2023/970). Sin perjuicio de la autonomía de los interlocutores sociales y tomando en consideración la diversidad de prácticas nacionales, los Estados miembros adoptarán las medidas adecuadas para promover el papel de los interlocutores sociales y fomentarán el ejercicio del derecho a la negociación colectiva sobre las medidas para luchar contra la discriminación retributiva y su repercusión negativa en la valoración de los puestos de trabajo desempeñados predominantemente por trabajadores de un determinado sexo (art. 13 Directiva 2023/970).

6.4. Defensa de los derechos

6.4.1. Inversión de la carga de la prueba

Los Estados miembros se asegurarán de que, cuando el empleador no haya cumplido las obligaciones de trasparencia retributiva que se establecen en los arts. 5, 6, 7, 9 y 10 de la Directiva 2023/970, corresponda al empleador, en todo procedimiento administrativo o judicial en relación con una presunta discriminación directa o indirecta en relación con la retribución, demostrar que no se ha producido tal discriminación, salvo que demuestre que dicho incumplimiento *«fue manifiestamente involuntario y de carácter menor»* (art. 18.2 Directiva 2023/970).

6.4.2. La prueba de la realización del mismo trabajo o de un trabajo de igual valor

En cuanto a la prueba de la realización del mismo trabajo o de un trabajo de igual valor, se establecen las siguientes previsiones en línea con la doctrina jurisprudencial comunitaria:

1.°) Al determinar si las trabajadoras y los trabajadores realizan un mismo trabajo o un trabajo de igual valor, la evaluación de si se encuentran en una situación comparable *«no se limitará a situaciones en las que las trabajadoras y los trabajadores trabajen para el mismo empleador, sino que se ampliará a la fuente única que determine las condiciones de retribución»* y se considerará que existe una fuente única *«cuando aquella establezca los elementos retributivos pertinentes a efectos de comparación entre los trabajadores»* (art. 19.1 Directiva 2023/970).

2.°) La evaluación de si los trabajadores se encuentran en una situación comparable *«no se limitará a los trabajadores que estén empleados al mismo tiempo que el trabajador o la trabajadora de que se trate»* (art. 19.2 Directiva 2023/970).

3.º) Cuando no pueda determinarse ningún referente de comparación real, se permitirá *«utilizar cualquier otra prueba para demostrar la presunta discriminación retributiva, incluidas estadísticas o una comparación de cómo se trataría a un trabajador en una situación comparable»* (art. 19.3 Directiva 2023/970). De este modo, se incorpora en línea con el art. 2.1 de la Directiva 2006/54 el concepto de comparador hipotético que permite detectar la existencia de discriminación retributiva directa no sólo cuando la trabajadora hubiera sido retribuida de modo diferente respecto a un trabajador comparable sino meramente cuando pudiera ser retribuida de modo diferente, lo que tendría la virtualidad de facilitar la presentación de indicios para detectar las discriminaciones retributivas directas ocultas.

6.4.3. Acceso a las pruebas

Los Estados miembros velarán por que, en los procedimientos correspondientes a una reclamación de igualdad retributiva, las autoridades competentes o los órganos jurisdiccionales nacionales puedan *«ordenar a la parte reclamada que exhiba cualquier prueba pertinente que obre en poder de la parte reclamada, de conformidad con el Derecho y las prácticas nacionales»* (art. 20.1 Directiva 2023/970). Los Estados miembros garantizarán que las autoridades competentes o los órganos jurisdiccionales nacionales estén facultados para *«ordenar la exhibición de las pruebas que contengan información confidencial cuando lo consideren pertinente para la reclamación de igualdad retributiva»*, y velaran porque cuando ordenen revelar esa información, las autoridades competentes o los órganos jurisdiccionales nacionales *«tengan a su disposición medidas eficaces para protegerla, de conformidad con las normas procesales nacionales»* (art. 20.2 Directiva 2023/970).

6.5. La transposición en España de la Directiva (UE) 2023/970

La LOI incorpora al ordenamiento español la Directiva 2002/73/CE, de reforma de la Directiva 76/207/CEE, relativa a la aplicación del principio de igualdad de trato entre hombres y mujeres en lo que se refiere al acceso al empleo, a la formación y a la promoción profesionales, y a las condiciones de trabajo. Debido a la persistencia de desigualdades salariales, en 2014 la Comisión Europea adoptó la Recomendación de 7 de marzo de 2014, sobre el refuerzo del principio de igualdad de retribución entre hombres y mujeres a través de la transparencia. Esta Recomendación facilita orientaciones a los Estados miembros para ayudarlos a aplicar mejor y de forma más eficaz el principio de igualdad de retribución y en este contexto se aprobó el Real Decreto-ley 6/2019, de 1 de marzo, de medidas urgentes para garantía de la igualdad de trato y de oportunidades entre mujeres y hombres en el empleo y la ocupación. Dicho real decreto-ley incorporó al ordenamiento jurídico español el principio de transparencia retributiva a través de los registros y las auditorías retributivos[217]. Estos instrumentos están regulados en los arts. 28.2 y 3 del ET y 46 de la LOI y en los RR.DD. 901/2020 y 902/2020.

Pues bien, a partir de la confrontación de la regulación estatal con la Directiva 2023/970, cabe subrayar lo siguiente:

1.°) El ordenamiento jurídico español no contempla ninguna medida legal en orden a garantizar la transparencia retributiva previa al empleo, por lo que el Estado español habrá de poner en vigor las disposiciones legales o reglamentarias necesarias para garantizar que los solicitantes de empleo reciban información sobre la retribución inicial o la banda retributiva inicial por un medio que garantice una negociación informada y transparente sobre la retribución, por ejemplo, en el anuncio de vacante que se publique, antes de la entrevista de trabajo, o por otro medio antes de la celebración del contrato de trabajo (art. 5.1 Directiva 2023/970).

2.°) En cuanto a las obligaciones informativas del empresario en relación con el trabajador individual vinculadas a la formalización del contrato de trabajo, el art. 8.2 del ET se limita a señalar que cuando la relación laboral sea de duración superior a cuatro semanas, el empresario deberá informar por escrito al trabajador, en los términos y plazos que se establezcan reglamentariamente, sobre *«la cuantía del salario base inicial y de los complementos salariales, así como la periodicidad de su pago»* [letra e)] y *«el convenio colectivo aplicable a la relación laboral, precisando los datos concretos que permitan su identificación»* [letra i)],

[217] Cfr. la STC 18/2023, de 21 de marzo.

siempre que tales elementos y condiciones no figuren en el contrato de trabajo formalizado por escrito, si bien la información sobre los aspectos salariales señalados *«podrá derivarse de una referencia a las disposiciones legales o reglamentarias o a los convenios colectivos de aplicación que regulen dichos extremos, siempre que tal referencia sea precisa y concreta para permitir al trabajador el acceso a la información correspondiente»* (art. 8.2 del ET). Por consiguiente, el Estado español también habrá de poner en vigor las disposiciones legales o reglamentarias necesarias para obligar a los empleadores a poner a disposición de los trabajadores los criterios que se utilizan para determinar su retribución, los niveles retributivos y la progresión retributiva, aunque podrá eximir a las empresas con una plantilla de menos de 50 trabajadores de la obligación relativa a la progresión salarial, por ejemplo, permitiéndoles que pongan los criterios de progresión salarial a disposición de los trabajadores previa petición (art. 6 Directiva 2023/970).

3.º) De conformidad con los arts. 28.2 del ET y 5.3 del RD 902/2020, las personas trabajadoras tienen derecho a acceder, a través de sus representantes legales en la empresa, al contenido íntegro del registro salarial de su empresa (valores medios retributivos de hombres y mujeres de cada puesto de trabajo de trabajo, categoría profesional/nivel retributivo o grupo profesional desagregados en atención a la naturaleza de las diferentes partidas retributivas, las medias aritméticas y las medianas de las agrupaciones de los trabajos de igual valor en la empresa y la justificación de las diferencias salariales del 25% o más en el promedio de las retribuciones satisfechas a hombres y mujeres). De esta manera, la legislación española mejora lo establecido en el art. 7.1 de la Directiva 2023/970 que se refiere a los niveles retributivos medios, desglosados por sexo, para las categorías de trabajadores que realicen el mismo trabajo o un trabajo de igual valor. Ciertamente, si los órganos jurisdiccionales nacionales estuvieran obligados a proceder a una valoración y a una comparación del conjunto de las gratificaciones de distinto carácter concedidas, según los casos, a los trabajadores masculinos o femeninos, el control jurisdiccional sería más difícil de realizar y la eficacia del art. 157 del TFUE se vería disminuida en la misma medida. De ello se sigue que una verdadera transparencia, que permita un control eficaz, sólo se garantiza si el principio de igualdad de retribución se aplica a cada uno de los elementos de la retribución concedida respectivamente a los trabajadores masculinos y femeninos[218]. En cambio, el art. 5.3 del RD 902/2020 empeora la regulación comunitaria en relación con las personas trabajadoras que no cuentan con representantes legales en la empresa, ya que su derecho a la información se limita a *«las diferencias porcentuales»* que existan en las retribuciones promediadas de los hombres y mujeres, se sobreentiende que de su mismo puesto de trabajo, categoría profesional/nivel retributivo o grupo profesional o de trabajos de igual valor al suyo, debidamente desagregadas en atención a la naturaleza de las retribuciones. Por otra parte, el ordenamiento jurídico español tendrá que poner a disposición de los trabajadores un procedimiento que les facilite el ejercicio de su derecho a solicitar y recibir la información en los términos previstos en el art. 7 de la Directiva 2023/970.

4.º) El Estado español también deberá garantizar que las personas con discapacidad tengan un acceso adecuado a la información facilitada en virtud de la presente Directiva a los solicitantes de empleo y a los trabajadores.

5.º) En España, todas las empresas, con independencia de su tamaño, están obligadas a confeccionar todos los años un registro retributivo, al que tienen acceso los representantes de los trabajadores, que refleje (arts. 28.2 ET y 5.1 RD 902/2020): a) Los valores medios de las retribuciones (la media aritmética y la mediana). b) De modo diferenciado para cada percepción salarial y extrasalarial. c) Desglosados en función de la clasificación profesional o de cualquier otro sistema de fijación de salarios aplicable en la empresa. d) Desagregados por sexos. De este modo, la regulación española contiene disposiciones más favorables para los trabajadores y sus respectivos representantes que la directiva. En primer lugar, porque extiende la obligación de transparencia retributiva a todas las empresas con una periodicidad anual, con independencia de su tamaño, cuando la Directiva se refiere a las empresas con una plantilla igual o superior a 100 trabajadores y con una periodicidad trianual o anual, según se trate de empresas con una plantilla inferior o igual o superior a 250 trabajadores, respectivamente. En segundo lugar, la norma española

---

218 SSTJCE de 17 de mayo de 1990 (TJCE/158), 30 de marzo de 2000 (Asunto C-236/98) y 26 de junio de 2001 (Asunto C-381/99).

se refiere a los valores medios de las retribuciones (las medias aritméticas y las medianas) de cada grupo profesional y, dentro de cada grupo, de cada categoría profesional o nivel retributivo, y no a la *«brecha retributiva de género»* de cada categoría de trabajadores, esto es, la diferencia entre los niveles retributivos medios de las mujeres y de los hombres de la misma categoría que trabajan para un empleador, expresada como un porcentaje del nivel retributivo medio de los trabajadores del género masculino —que es un medidor de la discriminación salarial entre mujeres y hombres más impreciso—. En tercer lugar, en España el registro debe reflejar los valores medios de modo diferenciado para cada percepción salarial y extrasalarial, mientras que la directiva sólo exige el desglose de las brechas retributivas de género de cada categoría por salario o sueldo base ordinario y por componentes complementarios o variables. En cuarto lugar, el registro de las empresas con más de 50 trabajadores deberá reflejar, además, los valores medios de las retribuciones de las agrupaciones de los trabajos de igual valor en la empresa, desglosados por sexo y desagregados de modo diferenciado para cada percepción salarial y extrasalarial, así como la justificación de las diferencias salariales entre hombres y mujeres iguales o superiores al 25% (art. 6 RD 902/2020).

Asimismo, de acuerdo con los arts. 45.2 y 46.2.e) de la LOI y 7.1 del RD 902/2020, la auditoría salarial conjunta resulta obligatoria para las empresas con más de 50 trabajadores en cualquier circunstancia (art. 45.2 LOI), cuando la Directiva sólo la exige en las empresas de 100 trabajadores y siempre y cuando se cumplan todas las condiciones siguientes: que la información presentada en relación con las retribuciones demuestre la existencia de una diferencia en el nivel retributivo medio de las trabajadoras y los trabajadores de al menos el 5% en cualquier categoría de trabajadores; que el empleador no haya justificado esa diferencia en el nivel retributivo medio sobre la base de criterios objetivos y neutros con respecto al género; y que el empleador no haya subsanado esa diferencia injustificada en el nivel retributivo medio en los seis meses siguientes a la fecha de presentación de la información sobre las retribuciones.

Y, en fin, las empresas de 50 o más trabajadores, como parte del diagnóstico de la situación retributiva en la empresa, deben evaluar todos los puestos de trabajo de su empresa con perspectiva de género conforme a lo establecido en el art. 4 del RD 902/2020, tanto con relación al sistema retributivo como con relación al sistema de promoción [art. 8.1.a).1° RD 902/2020]. A tales efectos, el Estado español facilita a las empresas una herramienta informática que incorpora un modelo *«voluntario»* de procedimiento de valoración de puestos de trabajo (art. 1.2 Orden PCM/1047/2022), que posibilita que cada empresa pueda evaluar de forma efectiva el valor que realmente aporta cada puesto de trabajo al conjunto de la organización. Y así, la herramienta debe servir para identificar y corregir las diferencias retributivas que pudieran existir en la empresa entre los trabajos de igual valor y corregir la política de personal y retributiva de la empresa.

6.°) De conformidad con el art. 9.6 de la Ley 15/2022, por vía reglamentaria, se podrá exigir a los empleadores cuyas empresas tengan más de 250 trabajadores, que publiquen la información salarial necesaria para analizar los factores de las diferencias salariales, teniendo en cuenta las condiciones o circunstancias del art. 2.1, entre las que figura el sexo. De este modo, el Estado español tiene que desarrollar el procedimiento para que las empresas con una plantilla igual o superior a 100 trabajadores informen sobre la brecha retributiva entre trabajadores y trabajadoras al organismo que designe para el seguimiento y apoyo de la ejecución de las medidas nacionales de aplicación de la Directiva 2023/970 en los términos previstos en el art. 9 de la misma.

7.°) Las obligaciones de transparencia retributiva pueden llegar a suponer una intromisión en los derechos de las personas trabajadoras al respeto de la vida privada y a la protección de los datos de carácter personal. Por ello, en nuestro país se tendrán que adoptar las disposiciones legales necesarias para garantizar la protección de dichos derechos en línea con las previsiones del art. 12 de la Directiva. También habrá que transponer los arts. 18, 19 y 20 de la Directiva 2023/970 referentes a la inversión de la carga de la prueba, la prueba de la realización del mismo trabajo o de un trabajo de igual valor y al acceso a las pruebas.

En definitiva, en líneas generales y salvo en algunos aspectos puntuales, la LOI, el art. 28 del ET y los RR.DD. 901/2020 y 902/2020 contienen disposiciones que son más favorables para los trabajadores que las establecidas en la Directiva 2023/970. Sin embargo, el ordenamiento jurídico español puede resultar excesivamente gravoso para las empresas de pequeña y mediana dimensión. Y, al aplicar la presente Directiva 2023/970, los Estados miembros deben evitar la imposición de trabas de carácter administrativo, financiero y jurídico que obstaculicen la creación y el desarrollo de microempresas y de pequeñas y medianas empresas, por lo que deben evaluar las repercusiones de sus medidas de transposición, con el fin de asegurarse de que esas empresas no se vean desproporcionadamente afectadas (Considerando 65 Directiva 2023/970).

A tales efectos, la propia Directiva apunta dos medidas complementarias, que habría que desarrollar en nuestro país, a saber:

a) Por un lado, para reducir la carga que estas medidas imponen a los empleadores, los Estados miembros pueden recopilar e interconectar los datos necesarios a través de sus Administraciones nacionales, de modo que se pueda hacer un cómputo de la brecha retributiva entre trabajadoras y trabajadores por empleadores (art. 9.8 Directiva 2023/970). Tal recopilación de datos podría requerir la interconexión de los datos de diversos organismos de las Administraciones públicas, como las inspecciones fiscales y las oficinas de la seguridad social, y sería posible si se dispusiera de datos administrativos que relacionaran los datos de los empleadores a nivel de la empresa u organización con los datos de los trabajadores a nivel individual, incluidas las prestaciones en efectivo y en especie (Considerando 40 Directiva 2023/970). Los Estados miembros pueden recopilar dicha información no solo para los empleadores que estén sujetos a la obligación de presentación de información sobre las retribuciones en virtud de la presente Directiva, sino también para los empleadores que no estén sujetos a tal obligación y presenten la información de forma voluntaria. La publicación, por parte de los Estados miembros, de la información requerida debe sustituir a la obligación de información sobre las retribuciones en el caso de los empleadores cubiertos por los datos de la Administración, siempre que se logre el resultado previsto por la obligación de información.

b) Por otro lado, los Estados miembros prestarán apoyo, en forma de asistencia técnica y formación, a los empleadores con una plantilla inferior a 250 trabajadores y a los representantes de los trabajadores de que se trate, a fin de facilitarles el cumplimiento de las obligaciones establecidas en la presente Directiva (art. 11 Directiva 2023/970).

V. MEDIDAS ESPECÍFICAS PARA FACILITAR LA CONCILIACIÓN Y PROMOVER LA CORRESPONSABILIDAD

1. Jornadas especiales por circunstancias personales

Con carácter general, el art. 34.8 del ET dispone que las personas trabajadoras tienen derecho a solicitar las adaptaciones de la duración y distribución de la jornada de trabajo, en la ordenación del tiempo de trabajo y en la forma de prestación, incluida la prestación de su trabajo a distancia, para hacer efectivo su derecho a la conciliación de la vida familiar y laboral. En el caso de que tengan hijos o hijas, tienen derecho a efectuar dicha solicitud hasta que los hijos o hijas cumplan doce años. Asimismo, tendrán ese derecho las personas trabajadoras que tengan necesidades de cuidado respecto de los hijos e hijas mayores de doce años, el cónyuge o pareja de hecho, familiares por consanguinidad hasta el segundo grado de la persona trabajadora, así como de otras personas dependientes cuando, en este último caso, convivan en el mismo domicilio, y que por razones de edad, accidente o enfermedad no puedan valerse por sí mismos, debiendo justificar las circunstancias en las que fundamenta su petición.

Las adaptaciones deberán ser *«razonables y proporcionadas»* en relación con las necesidades de la persona trabajadora y con las necesidades organizativas o productivas de la empresa. La negociación colectiva debe pactar los términos del ejercicio de este derecho, que se acomodarán a criterios y sistemas que garanticen la ausencia de discriminación, tanto directa como indirecta, entre personas trabajadoras de uno y otro sexo, y, en su defecto, la empresa, ante la solicitud de adaptación de jornada, tiene que abrir un proceso de negociación con la persona trabajadora durante un periodo máximo de 15 días, presumiéndose su concesión si no concurre oposición motivada expresa en este plazo. Finalizado el mismo, la empresa, por escrito, comunicará la aceptación de la petición, planteará una propuesta alternativa que posibilite las necesidades de conciliación de la persona trabajadora o bien manifestará la negativa a su ejercicio, indicando en este último caso las razones objetivas en las que se sustenta la decisión.

La persona trabajadora tendrá derecho a regresar a la situación anterior a la adaptación una vez concluido el período acordado o previsto o cuando decaigan las causas que motivaron la solicitud. En el resto de los supuestos, de concurrir un cambio de circunstancias que así lo justifique, la empresa sólo podrá denegar el regreso solicitado cuando existan razones objetivas motivadas para ello.

Las discrepancias surgidas entre la dirección de la empresa y la persona trabajadora serán resueltas por la jurisdicción social a través del procedimiento establecido en el art. 139 de la LJS y como este precepto establece el carácter firme de la sentencia dictada en instancia no cabrá interponer recurso de suplicación contra la misma[219].

En parecidos términos se expresa el art. 37.8 del ET en relación con las personas trabajadoras que tengan la consideración de víctimas de violencia de género o de víctimas del terrorismo, si bien, en defecto de pacto colectivo, la concreción del derecho a la reordenación del tiempo de trabajo corresponde a los trabajadores, siendo de aplicación las reglas establecidas en el art. 37.7 del ET, incluidas las relativas a la resolución de las discrepancias.

A esta regla general, cabe añadir los siguientes supuestos dotados de un específico régimen legal:

a) Reducción de jornada para el cuidado del lactante menor de nueve meses (art. 37.4 ET). En los supuestos de nacimiento, adopción, guarda con fines de adopción o acogimiento, las personas trabajadoras tendrán derecho a una hora de ausencia del trabajo, que podrán dividir en dos fracciones, o a una reducción de la jornada

---

219 SSTS de 25 de marzo de 2013 (*Tol 3706538*) y 16 de septiembre de 2013 (*Tol 3983741*).

normal en media hora, sin disminución proporcional del salario[220]. La duración del permiso se incrementa proporcionalmente en los casos de parto, adopción, guarda con fines de adopción o acogimiento múltiples. Asimismo, es posible acumularlo en jornadas completas, en los términos previstos en la negociación colectiva o en el acuerdo individual con el empresario[221]. Cuando el convenio establezca el derecho a la acumulación en jornadas completas sin concretar la forma de articulación, la acumulación debe referirse a la hora de ausencia y no a la media hora de reducción de la jornada[222]. Pero, si no hay previsión convencional ni acuerdo individual, no cabe la acumulación. Conforme a la ley, un convenio colectivo puede establecer un tope a la acumulación o, incluso, excluirla[223].

Este permiso constituye *«un derecho individual de las personas trabajadoras sin que pueda transferirse su ejercicio a la otra persona progenitora, adoptante, guardadora o acogedora»*[224]. No obstante, si dos personas tra-

---

220 La Directiva 2006/54/CE se opone a una medida nacional como el art. 37.4 del Real Decreto Legislativo 1/1995, de 24 de marzo, que prevé que las mujeres, madres de un niño y que tengan la condición de trabajadoras por cuenta ajena, pueden disfrutar de un permiso, según varias modalidades, durante los nueve primeros meses siguientes al nacimiento de ese hijo, en tanto que los hombres, padres de un niño y que tengan la condición de trabajadores por cuenta ajena, sólo pueden disfrutar del citado permiso cuando la madre de ese niño también tiene la condición de trabajadora por cuenta ajena [STJCE de 30 de septiembre de 2010 (Asunto C-104/09)].

221 La interpretación del convenio debe hacerse con arreglo al parámetro del art. 3 en relación con los arts. 4 y 6.2 de la Ley Orgánica 3/2007, a fin de evitar la discriminación por razón de sexo, y por tanto si permite acumular y sustituir el permiso por lactancia por 15 días naturales a disfrutar de forma ininterrumpida e inmediatamente después del periodo de la suspensión del contrato por nacimiento, el posterior inicio de la excedencia por cuidado de hijo no autoriza a la empresa a descontar de su nómina la retribución correspondiente a dichas jornadas de lactancia, desde el momento en que entonces se trataría de un permiso no retribuido que no está previsto en la norma [STS de 22 de junio de 2022 (*Tol 9124778*)].

222 STS de 19 de abril de 2018 (*Tol 6596621*).

223 STS de 11 de noviembre de 2009 (*Tol 1776185*).

224 Se trata de un derecho individual que pertenece de forma originaria a la persona que trabaja, no estando condicionada su titularidad a las circunstancias del otro progenitor; aparece desconectado de la coetánea suspen-

bajadoras de la misma empresa ejercen este derecho por el mismo sujeto causante, podrá limitarse su ejercicio simultáneo por razones fundadas y objetivas de funcionamiento de la empresa, debidamente motivadas por escrito, debiendo en tal caso la empresa ofrecer un plan alternativo que asegure el disfrute de ambas personas trabajadoras y que posibilite el ejercicio de los derechos de conciliación. Cuando ambas personas progenitoras, adoptantes, guardadoras o acogedoras ejerzan este derecho con la misma duración y régimen, el periodo de disfrute podrá extenderse hasta que el lactante cumpla doce meses, con reducción proporcional del salario a partir del cumplimiento de los nueve meses.

Dada su conexión con intereses superiores vinculados a la conciliación de la vida familiar, el carácter retribuido de este permiso debe predicarse del conjunto de la retribución ordinaria, incluidos los conceptos salariales variables y vinculados a objetivos, incluso en el supuesto de que el convenio amplíe su duración[225].

En caso de nacimiento prematuro de hijo o hija o que deban permanecer hospitalizados después del parto (art. 37.5 ET), las personas trabajadoras tienen derecho a ausentarse del trabajo durante una hora. Asimismo, tienen derecho a reducir su jornada hasta un máximo de dos horas, pero en este caso con disminución proporcional del salario.

b) Disminución de jornada por razones de guarda legal de menores, familiares o disminuidos. Los trabajadores que, por razones de guarda legal, tengan a su cuidado directo algún menor de 12 años —o a una persona con discapacidad que no desempeñe una actividad retribuida—, tendrán derecho a una reducción de la jornada de trabajo diaria, con disminución proporcional del salario, fijo y/o

sión por maternidad y, por tanto, cuando lo disfruta el otro progenitor, no puede verse afectado por la situación de la madre; puede, así, ser ejercido por el padre trabajador, aunque la madre del menor no desempeñe actividad laboral, lo que resulta más acorde con la doctrina comunitaria y jurisprudencial, y entender lo contrario comporta los peligros de perpetuación de roles tradicionales, sexistas, y opuestos a los objetivos equiparadores de la LOI [STS de 12 de julio de 2022 (*Tol 9146600*)].

225 STS de 9 de diciembre de 2009 (*Tol 1773201*).

variable[226], de al menos un octavo y un máximo de la mitad de la duración de aquélla (art. 37.6.1.º ET). Tendrá el mismo derecho quien precise encargarse del cuidado directo del cónyuge o pareja de hecho, o un familiar hasta el segundo grado de consanguinidad y afinidad, incluido el familiar consanguíneo de la pareja de hecho, que por razones de edad, accidente o enfermedad no pueda valerse por sí mismo, y que no desempeñe actividad retribuida (art. 37.6.2.º ET).

Se trata de un precepto de carácter mínimo, lo que permite a la negociación colectiva modificar en beneficio del trabajador los límites indicados, así como los efectos de la reducción de jornada. Se ha reconocido igualmente que pueda hacerse de manera desigual en función de la duración de la reducción de jornada, sin que ello suponga incurrir en desigualdad o discriminación[227].

Asimismo, se reconoce al progenitor, guardador con fines de adopción o acogedor permanente, el derecho a una reducción de la jornada de al menos la mitad de su duración, con disminución proporcional del salario, durante la hospitalización y tratamiento continuado del menor a cargo afectado por cáncer o por cualquier otra enfermedad grave que implique un ingreso hospitalario de larga duración y requiera la necesidad de su cuidado directo, continuo y permanente —o un cuidado directo, continuo y permanente del

---

226 STS de 9 de diciembre de 2021 (*Tol 8714678*). Ahora bien, como subraya la STS de 4 de octubre de 2022 (*Tol 9253312*), el complemento de asistencia y puntualidad regulado en el convenio colectivo tiene por finalidad incentivar la asistencia y el cumplimiento del horario, no dependiendo, por tanto, del número de horas trabajadas, por lo que no está justificada su reducción en función de si la persona trabajadora tiene jornada reducida por guarda legal. Además, la evidencia empírica acredita, todavía hoy, que son las mujeres quienes mayoritariamente ejercen el derecho a la reducción de jornada por guarda legal reconocido en el art. 37.6 del ET. De ello cabe inferir que la interpretación del complemento convencional de asistencia y puntualidad en los casos de reducción de jornada por guarda legal tiene relevancia contemplada desde las normas sobre discriminación. En consecuencia, también la perspectiva de género a la que hace referencia el art. 4 de la LOI conduce a interpretar el complemento convencional en el sentido que hemos expuesto en los anteriores apartados del presente fundamento de derecho.

227 STS de 20 de enero de 2009 (*Tol 1460246*).

menor en domicilio—, acreditado por informe del Servicio Público de Salud y, como máximo, hasta que el menor cumpla los 23 años (arts. 37.6.3.° ET, 190 LGSS y 2.1 RD 1148/2011). En consecuencia, el mero cumplimiento de los 18 años por el hijo o el menor sujeto a acogimiento permanente o a guarda con fines de adopción no será causa de extinción de la reducción de la jornada si se mantiene la necesidad de cuidado directo, continuo y permanente (art. 37.6.4.° ET). No obstante, cumplidos los 18 años, se podrá reconocer el derecho a la reducción de jornada hasta que el causante cumpla 23 años en los supuestos en que el padecimiento de cáncer o enfermedad grave haya sido diagnosticado antes de alcanzar la mayoría de edad, siempre que en el momento de la solicitud se acrediten los requisitos establecidos en los párrafos anteriores, salvo la edad (art. 37.6.5.° ET). De igual modo, se mantendrá el derecho a esta reducción hasta que la persona cumpla 26 años si antes de alcanzar 23 años acreditara, además, un grado de discapacidad igual o superior al 65 por ciento (art. 37.6.6.° ET). Por convenio colectivo, se podrán establecer las condiciones y supuestos en los que esta reducción de jornada se podrá acumular en jornadas completas (art. 37.6.7.° ET). En los supuestos de nulidad, separación, divorcio, extinción de la pareja de hecho o cuando se acredite ser víctima de violencia de género, el derecho a la reducción de jornada se reconocerá a favor del progenitor, guardador o acogedor que conviva con la persona enferma, siempre que cumpla el resto de los requisitos exigidos (art. 37.6.8.° ET). Cuando la persona enferma contraiga matrimonio o constituya una pareja de hecho, tendrá derecho a la reducción de jornada quien sea su cónyuge o pareja de hecho, siempre que acredite las condiciones exigidas para acceder al derecho a la misma (art. 37.6.9.° ET).

Estos derechos podrán ser disfrutados indistintamente por los trabajadores hombres o mujeres (art. 37.6.10.° ET). No obstante, si dos o más trabajadores de la misma empresa generasen este derecho por el mismo sujeto causante, el empresario podrá limitar su ejercicio simultáneo por razones fundadas y objetivas de funcionamiento de la empresa, debidamente motivadas por escrito, debiendo en tal caso la empresa ofrecer un plan alternativo que asegure el disfrute de ambas personas trabajadoras y que posibilite el ejercicio de los derechos de conciliación. En el ejercicio de este derecho se tendrá en cuenta el fomento de la corresponsabilidad entre mujeres y hombres y, asimismo, evitar la perpetuación de roles y estereotipos de género.

Por último, el Real Decreto-ley 5/2023 regula, a través de la introducción de un nuevo art. 48 bis, en el Estatuto de los Trabajadores, un permiso parental específico, de momento no retribuido, de una duración no superior a ocho semanas a favor de las personas trabajadoras que se ocupan del cuidado de los hijos e hijas, o de los niñas y niños acogidos por más de un año, y hasta la edad de ocho años, intransferible y con posibilidad de su disfrute de manera flexible.

La concreción horaria y la determinación del periodo de disfrute del permiso de cuidado del lactante (u hospitalización) y de la reducción de jornada expuestos en los anteriores apartados a) y b) corresponderá a la persona trabajadora, *«dentro de su jornada ordinaria»*. Éste constituye un derecho del trabajador exigible legalmente[228]. No obstante, el ET permite la reducción de la jornada y la fijación por el trabajador del nuevo horario siempre que ello se haga *«dentro de su jornada ordinaria»*, sin poder exigir salvo acuerdo con el empresario la conversión de la jornada partida en continuada o el cambio de horario o de turno de trabajo, pasando, por ejemplo, a un turno fijo u obviando el turno de noche[229]. Con todo, la empresa no puede limitarse a denegar la pretensión del trabajador con el simple argumento de que la reducción debe hacerse efectiva dentro de los límites de la jornada y distribución horaria preexistentes o invocando genéricas razones organizativas o productivas. Por el contrario, debe fundamentar su oposición en razones de tipo organizativo o de pro-

---

228 STC 24/2011, de 14 de marzo.

229 STJUE de 18 de septiembre de 2019 (Asunto C-366/18); y SSTS de 20 de octubre de 2010 (*Tol 1994529*) y 24 de julio de 2017 (*Tol 6339626*). Ahora bien, aunque la concreción horaria de la reducción de jornada por cuidado de menor corresponde al trabajador dentro de su jornada ordinaria, una vez aceptada por la empresa la prestación de servicios solamente de lunes a sábado y disfrutada durante varios años, atendiendo a los fines de relevancia constitucional a los que la institución de reducción de jornada por cuidado de hijos sirve, la exigencia posterior de trabajar los domingos, constituye un obstáculo injustificado para la permanencia en el empleo de la trabajadora y para la compatibilidad de su vida profesional con la familiar [STS de 22 de febrero de 2022 (*Tol 8897563*)].

ducción suficientemente graves y ofrecer propuestas alternativas que permitan la realización del derecho, correspondiendo, en su caso, al juzgador de instancia efectuar el necesario juicio de ponderación de ambos intereses atendiendo a las circunstancias concurrentes y, sobre todo, a la trascendencia constitucional de este derecho de acuerdo con los intereses y valores familiares a que el mismo responde[230]. Por lo demás, el legislador, en respuesta a la doctrina jurisprudencial que vedaba las limitaciones a la concreción horaria establecidas en convenio colectivo[231], ha modificado el art. 37.7 del ET para autorizar expresamente a los convenios colectivos a *«establecer criterios para la concreción horaria de la reducción de jornada a que se refiere el apartado 6, en atención a los derechos de conciliación de la vida personal, familiar y laboral de la persona trabajadora y las necesidades productivas y organizativas de las empresas»*. Y así, la autonomía colectiva, sin negar el derecho a disfrutar de la reducción de jornada por guarda legal, puede imponer ciertas restricciones a su concreción horaria de tal forma que la misma deba disfrutarse, por ejemplo, en bloque y no en días sueltos. En fin, el trabajador, salvo fuerza mayor, deberá preavisar al empresario con una antelación de 15 días o la que se determine en el convenio colectivo aplicable, precisando la fecha en que iniciará y finalizará el permiso de lactancia o la reducción de jornada (art. 37.7 ET).

Las discrepancias surgidas con motivo del ejercicio de estos derechos se resolverán a través del procedimiento establecido en el art. 139 de la LJS. Según el cual, el trabajador podrá presentar demanda en el plazo de veinte días contra la decisión del empresario en que

---

230 SSTC 3/2007, 15 enero, 26/2011, 14 marzo, y 24/2011, 14 marzo. Ahora bien, ello no significa que toda decisión sobre concreción horaria implique necesariamente un trato discriminatorio por razón de sexo [STS de 25 de mayo de 2023 (*Tol 9607243*)]. La denuncia del mismo debe ir acompañada de la presentación de indicios que pongan de manifiesto que la decisión empresarial impugnada pretende desconocer y transgredir el derecho fundamental cuestionado y ante ello es la empresa la que debe acreditar que su decisión es ajena a ese propósito. Por ello, la mera denegación de la concreción horaria que interesa la persona trabajadora, con indicación de las causas que lo impiden no implica, por si sólo, que se esté vulnerando el derecho de no discriminación por razón de sexo ni siquiera por discriminación indirecta.

231 STS de 21 de marzo de 2011 (*Tol 2113900*).

manifieste su disconformidad con la concreción horaria o la determinación del período de disfrute propuesto por aquél. El procedimiento será urgente y preferente y contra la sentencia no cabe recurso[232].

c) Disminución de jornada por violencia de género o terrorismo (art. 37.8 ET). Las personas trabajadoras que tengan la consideración de víctimas de violencia de género o de víctimas del terrorismo tendrán derecho a la reducción de la jornada de trabajo con disminución proporcional del salario. Alternativamente se reconoce el derecho a la reordenación del tiempo de trabajo, a través de la adaptación del horario, de la aplicación del horario flexible o de otras formas de ordenación del tiempo de trabajo que se utilicen en la empresa. También tendrán derecho a realizar su trabajo total o parcialmente a distancia o a dejar de hacerlo si este fuera el sistema establecido, siempre en ambos casos que esta modalidad de prestación de servicios sea compatible con el puesto y funciones desarrolladas por la persona. Esos derechos se podrán ejercitar en los términos que para estos supuestos concretos se establezcan en los convenios colectivos o en los acuerdos entre la empresa y los representantes de los trabajadores, o conforme al acuerdo entre la empresa y las trabajadoras afectadas. En su defecto, la concreción de estos derechos corresponderá a los trabajadores, siendo de aplicación las reglas establecidas para el supuesto anterior de disminución por razones de guarda legal.

d) La persona trabajadora tendrá derecho a ausentarse del trabajo por causa de fuerza mayor cuando sea necesario por motivos familiares urgentes relacionados con familiares o personas convivientes, en caso de enfermedad o accidente que hagan indispensable su presencia inmediata (art. 37.9 ET). Las horas de ausencia por dichas causas equivalentes a cuatro días al año serán retribuidas, conforme a lo establecido en convenio colectivo o, en su defecto, en acuerdo entre la empresa y la representación legal de las personas trabajadoras aportando las personas trabajadoras, en su caso, acreditación del motivo de ausencia.

---

232 STS de 5 de noviembre de 2003 (*Tol 348535*).

2. *Permisos retribuidos por motivos personales*

El Estatuto de los Trabajadores prevé los siguientes permisos por razones personales en los que se interrumpe brevemente la prestación laboral, manteniéndose el derecho a percibir el salario:

1.º) Quince días naturales en caso de matrimonio, ya sea civil o religioso y con independencia de que los contrayentes *«sean del mismo o de diferente sexo»* (art. 44 CC)[233], o registro de pareja de hecho [art. 37.3.a) ET]. Un mismo trabajador puede disfrutar de varios permisos por este motivo a lo largo de su vida laboral en caso de anulación o divorcio del matrimonio precedente, incluso trabajando en la misma empresa. El día de la boda se incluye en el permiso, salvo que la ceremonia se celebre en festivo o durante el disfrute de días libres del trabajador, en cuyo caso el permiso comenzará a computarse a partir del primer día laborable del trabajador[234].

2.º) Cinco días por accidente o enfermedad graves, hospitalización o intervención quirúrgica sin hospitalización que precise reposo domiciliario del cónyuge, pareja de hecho o parientes hasta el segundo grado por consanguineidad o afinidad, incluido el familiar consanguíneo de la pareja de hecho, así como de cualquier otra persona distinta de las anteriores, que conviva con la persona trabajadora en el mismo domicilio y que requiera el cuidado efectivo de aquella [art. 37.3.b) ET]. Es un principio general de derecho el de que *«donde la Ley no distingue nosotros tampoco debemos distinguir»* y la Ley habla de *«hospitalización»*, sin distinguir entre las causas que la motivan, ni condicionar el disfrute de la licencia a la concurrencia de otro requisito. Consecuentemente, no cabe distinguir la hospitalización por enfermedad de la hospitalización por parto[235]. Por lo demás, la supresión del permiso retribuido de dos días por nacimiento de hijo, que reconocía el art. 37.3.b) del ET, y la equiparación de la duración de la suspensión de contrato de trabajo de ambos progenitores, hacen

---

233 STJUE de 12 de diciembre de 2013 (Asunto C-267/12)

234 STS de 12 de mayo de 2009 (*Tol 1577456*).

235 STS de 23 de abril de 2009 (*Tol 1570611*). Cfr. la STS de 24 de julio de 2008 (*Tol 1393257*).

inaplicables los preceptos de los convenios colectivos que mejoraban la previsión legal sobre aquel permiso[236].

3.°) Dos días por el fallecimiento del cónyuge, pareja de hecho o parientes hasta el segundo grado de consanguinidad o afinidad [art. 37.3.b) bis ET]. Cuando por tales motivos la persona trabajadora necesite hacer un desplazamiento al efecto, el permiso será de cuatro días. Ahora bien, dicha ampliación no se concede por cualquier desplazamiento a otro municipio, sino que habrá de tenerse en cuenta la distancia entre los municipios, los medios de transporte existentes entre los mismos, el tiempo que se tarda de un lugar a otro y otras circunstancias que permitan discriminar positivamente a quien tiene que realizar una travesía más larga y complicada[237].

4.°) Un día por traslado del domicilio habitual [art. 37.3.c) ET], aunque no se produzca traslado de muebles[238].

5.°) Por el tiempo indispensable para la realización de exámenes prenatales y técnicas de preparación al parto y, en los casos de adopción, guarda con fines de adopción o acogimiento, para la asistencia a las preceptivas sesiones de información y preparación y para la realización de los preceptivos informes psicológicos y sociales previos a la declaración de idoneidad, siempre que, en ambos casos, deban realizarse dentro de la jornada laboral [arts. 37.3.f) ET y 26.4 LPRL].

Los permisos tienen sentido cuando sirven para atender a la causa que los permiten, por lo que se exige una cierta inmediatez entre la necesidad que cubre el permiso y su efectivo disfrute[239]. Por ello, no se generan en los periodos de vacaciones o suspensión del contrato en los que no existe la obligación de acudir al puesto de trabajo, ni pueden diferirse para un momento posterior en el que se hubiera reanudado la prestación laboral[240].

---

236 SSTS de 27 de enero de 2021 (*Tol 8310585*), 26 de enero de 2022 (*Tol 8797081*), 5 de abril de 2022 (*Tol 8913191*), 26 de enero de 2022 (*Tol 8797081*), 5 de abril de 2022 (*Tol 8913191*), 1 de junio de 2022 (*Tol 9097382*) y 11 de enero de 2023 (*Tol 9446793*).

237 STS de 4 de junio de 2012 (*Tol 2578783*).

238 STS de 7 de mayo de 1992 (Rec. 1755/1991).

239 STS de 17 de marzo de 2020 (*Tol 7951047*).

240 STS de 13 de febrero de 2018 (*Tol 6538441*).

3. *La suspensión contractual por nacimiento o adopción, riesgo durante el embarazo o la lactancia y otras situaciones patológicas que se proyectan en la salud de las mujeres*

El ET incluye entre las causas de suspensión del contrato de trabajo el nacimiento, la adopción, la guarda con fines de adopción o acogimiento [art. 45.1.d)], así como el riesgo durante el embarazo o la lactancia de un menor de nueve meses [art. 45.1.e)], con el alcance que para cada una de ellas se expone en los apartados siguientes y teniendo en cuenta que en dichos supuestos *«los trabajadores se beneficiarán de cualquier mejora en las condiciones de trabajo a la que hubieran podido tener derecho durante la suspensión del contrato»* (art. 48.9 ET).

Téngase en cuenta que será nula la decisión del empresario de extinguir el contrato por causas objetivas (art. 53.4 ET), así como el despido (art. 55.5 ET) durante estas situaciones.

3.1. Suspensión por nacimiento

El nacimiento —que comprende el parto y el cuidado de menor de doce meses— es causa de suspensión del contrato de trabajo [art. 45.1.d) ET], en los siguientes términos:

1.º) Del contrato de trabajo de la madre biológica por un periodo de 16 semanas, de las cuales serán obligatorias las 6 semanas ininterrumpidas inmediatamente posteriores al parto, que habrán de disfrutarse a jornada completa, para asegurar la protección de la salud de la madre (art. 48.4.1.º ET)[241].

---

[241] Los arts. 14 y 28 de la Directiva 2006/54/CE no se oponen a la disposición de un convenio colectivo nacional que reserva a las trabajadoras que crían a sus hijos ellas mismas el derecho a un permiso una vez expirado el permiso legal de maternidad, siempre que ese permiso adicional tenga por objeto la protección de las trabajadoras tanto en relación con las consecuencias del embarazo como en relación con su maternidad, es decir, si está destinado a proteger la condición biológica de la mujer y las particulares relaciones que mantiene con su hijo durante el período posterior al parto [STJCE de 18 de noviembre de 2020 (Asunto C-463/19)].

Téngase en cuenta que la madre biológica podrá anticipar su ejercicio hasta 4 semanas antes de la fecha previsible del parto (art. 48.4.6.° ET).

2.°) El contrato de trabajo del progenitor distinto de la madre biológica se suspenderá por la misma causa durante 16 semanas, de las cuales serán obligatorias las seis semanas ininterrumpidas inmediatamente posteriores al parto, que habrán de disfrutarse a jornada completa, para el cumplimiento de los deberes de cuidado previstos en el art. 68 del CC (art. 48.4.2.° ET).

3.°) En los casos de parto prematuro y en aquellos en que, por cualquier otra causa, el neonato deba permanecer hospitalizado a continuación del parto, el periodo de suspensión podrá computarse, a instancia de la madre biológica o del otro progenitor, a partir de la fecha del alta hospitalaria, excluyéndose de dicho cómputo las seis semanas posteriores al parto, de suspensión obligatoria del contrato de la madre biológica (art. 48.4.3.° ET).

4.°) En los supuestos de parto prematuro con falta de peso y en aquellos otros en que el neonato precise, por alguna condición clínica, hospitalización a continuación del parto, por un periodo superior a 7 días, el periodo de suspensión se ampliará en tantos días como el nacido se encuentre hospitalizado, con un máximo de 13 semanas adicionales, y en los términos en que reglamentariamente se desarrolle (art. 48.4.4.° ET).

5.°) Si el hijo o la hija fallecieran, el periodo de suspensión no se verá reducido, salvo que, una vez finalizadas las seis semanas de descanso obligatorio, se solicitara la reincorporación al puesto de trabajo (art. 48.4.5.° ET).

6.°) En el supuesto de discapacidad del hijo o hija en el nacimiento, la suspensión del contrato a que se refieren los puntos anteriores tendrá una duración adicional de 2 semanas, una para cada uno de los progenitores (art. 48.6 ET). Igual ampliación procederá en el supuesto de nacimiento, adopción, guarda con fines de adopción o

---

A efectos de lo dispuesto en el art. 48.4 del ET, el término de madre biológica incluye también a las personas trans gestantes (art. 48.4.7.° ET).

acogimiento múltiple por cada hijo o hija distinta del primero (art. 48.6 ET).

7.º) Una vez transcurridas las primeras seis semanas inmediatamente posteriores al parto, se aplican las siguientes reglas:

a) La suspensión del contrato de cada uno de los progenitores por el cuidado de menor, podrá distribuirse a voluntad de los mismos —teniendo en cuenta que se trata de un derecho individual de la persona trabajadora cuyo ejercicio no puede transferirse al otro progenitor—, en períodos semanales a disfrutar de forma acumulada o interrumpida y ejercitarse desde la finalización de la suspensión obligatoria posterior al parto hasta que el hijo o la hija cumpla doce meses, sin perjuicio del derecho de la madre biológica a anticipar su ejercicio hasta cuatro semanas antes de la fecha previsible del parto (art. 48.4.6.º y 7.º ET).

El disfrute de cada período semanal o, en su caso, de la acumulación de dichos períodos, deberá comunicarse a la empresa con una antelación mínima de 15 días (art. 48.4.6.º ET).

b) La suspensión del contrato de trabajo podrá disfrutarse en régimen de jornada completa o de jornada parcial, previo acuerdo entre la empresa y la persona trabajadora, y conforme se determine reglamentariamente (art. 48.4.8.º y 9.º ET), si bien:

- La persona trabajadora deberá comunicar a la empresa el ejercicio de este derecho, con una antelación mínima de 15 días, y en los términos establecidos, en su caso, en los convenios colectivos.
- Cuando los dos progenitores que ejerzan este derecho trabajen para la misma empresa, la dirección empresarial podrá limitar su ejercicio simultáneo por razones fundadas y objetivas, debidamente motivadas por escrito.

3.2. Suspensión por adopción, guarda con fines de adopción o acogimiento

La adopción y la guarda con fines de adopción o acogimiento de conformidad con el CC. o las leyes civiles de las Comunidades

Autónomas que lo regulen son causas de suspensión del contrato de trabajo, siempre que lo sean de menores de 6 años o de menores de edad mayores de 6 años con discapacidad o que por sus circunstancias y experiencias personales o por provenir del extranjero, tengan especiales dificultades de inserción social y familiar debidamente acreditadas por los servicios sociales competentes [art. 45.1.d) ET]:

La suspensión por estas causas tendrá una duración de 16 semanas para cada adoptante, guardador o acogedor, teniendo en cuenta:

1.°) Las primeras 6 semanas deberán disfrutarse a jornada completa, de forma obligatoria e ininterrumpida, inmediatamente después de la resolución judicial por la que se constituye la adopción o bien de la decisión administrativa de guarda con fines de adopción o de acogimiento (art. 48.5.1.° ET).

2.°) Las restantes 10 semanas se podrán disfrutar —en régimen de jornada completa o a tiempo parcial, previo acuerdo entre la empresa y la persona trabajadora afectada, en los términos que reglamentariamente se determinen —en periodos semanales, de forma acumulada o interrumpida, dentro de los doce meses siguientes a la resolución judicial por la que se constituya la adopción o bien a la decisión administrativa de guarda con fines de adopción o de acogimiento, y sin que en ningún caso un mismo menor de derecho a varios periodos de suspensión en la misma persona trabajadora (art. 48.5.2.° ET).

3.°) En los supuestos de adopción internacional, cuando sea necesario el desplazamiento previo de los progenitores al país de origen del adoptado, el periodo de suspensión previsto para cada caso en este apartado podrá iniciarse hasta 4 semanas antes de la resolución por la que se constituye la adopción (art. 48.5.3.° ET).

4.°) Al igual que la suspensión por nacimiento, se trata de derecho individual de la persona trabajadora cuyo ejercicio no puede transferirse al otro adoptante, guardador con fines de adopción o acogedor (art. 48.5.4.° ET).

5.°) La persona trabajadora deberá comunicar a la empresa, con una antelación mínima de 15 días, el ejercicio de este derecho en los términos establecidos, en su caso, en los convenios colectivos (art. 48.5.5.º ET); con la misma antelación, deberá comunicarse a la empresa el disfrute de cada período semanal o, en su caso, de la acumulación de dichos períodos, respecto de la forma de disfrute de las últimas diez semanas a que se refiere el punto 2.º) anterior (art. 48.5.2.º ET).

6.º) Cuando los dos adoptantes, guardadores o acogedores que ejerzan este derecho trabajen para la misma empresa, ésta —como en el supuesto de suspensión por nacimiento— podrá limitar el disfrute simultáneo de las diez semanas voluntarias por razones fundadas y objetivas, debidamente motivadas por escrito (art. 48.5.5.º ET).

7.º) Si la adopción, situación de guarda con fines de adopción o acogimiento lo fuera de hijo o hija con discapacidad —o tuviera carácter múltiple— la suspensión del contrato de trabajo a que se refieren los puntos anteriores, de modo similar a los supuestos de nacimiento, tendrá una duración adicional de dos semanas, una para cada uno de los progenitores —y, en su caso, por cada hijo o hija distinta del primero— (art. 48.6 ET).

3.3. Suspensión por riesgo durante el embarazo o la lactancia natural

El art. 26 de la Ley 31/1995, de 8 de noviembre, de prevención de Riesgos Laborales (LPRL), establece que cuando la exposición de las trabajadoras en situación de embarazo o parto reciente a agentes, procedimientos o condiciones de trabajo que puedan influir negativamente en la salud de las trabajadoras o del feto no pudiera evitarse mediante la adaptación de las condiciones o del tiempo de trabajo, y tampoco resultara técnica u objetivamente posible el cambio de puesto —o dicho cambio no pudiera razonablemente exigirse por motivos justificados,— podrá declararse el paso de la trabajadora afectada a la situación de suspensión del contrato prevista en el art. 45.1.e) del ET por riesgo durante el embarazo o por riesgo durante la lactancia natural de un menor de nueve meses.

El art. 48.7 del ET precisa que en tal caso la suspensión del contrato finalizará el día en que se inicie la suspensión del contrato por parto o el lactante cumpla nueve meses, respectivamente, o, en ambos casos, cuando desaparezca la imposibilidad de la trabajadora de reincorporarse a su puesto anterior o a otro compatible con su estado.

3.4. Suspensión por incapacidad temporal (menstruación incapacitante secundaria, interrupción del embarazo y gestación de la mujer desde el día primero de la semana trigésima novena)

La Ley Orgánica 1/2023, por la que se modifica la Ley Orgánica 2/2010, de 3 de marzo, de salud sexual y reproductiva y de la interrupción voluntaria del embarazo, ha añadido tres situaciones especiales de incapacidad temporal en el art. 169.1.a) de la LGSS, que entrarán en vigor el 1 de junio de 2023. De modo que también serán situaciones determinantes de incapacidad temporal derivada de contingencias comunes:

1.ª) La situación en que pueda encontrarse la mujer en caso de menstruación incapacitante secundaria.

2.ª) La interrupción del embarazo, voluntaria o no, mientras reciba asistencia sanitaria del Servicio Público de Salud y esté impedida para el trabajo. Ahora bien, si la interrupción del embarazo se debe a accidente de trabajo o enfermedad profesional, tendrá la consideración de situación de incapacidad temporal por contingencias profesionales.

3.ª) La de gestación de la mujer trabajadora desde el día primero de la semana trigésima novena.

4. Excedencias por cuidados de hijos y otros familiares

4.1. Régimen jurídico aplicable

El art. 46.3.1º del ET establece el derecho de los trabajadores *«a un periodo de excedencia de duración no superior a tres años para atender al cuidado de cada hijo, tanto cuando lo sea por naturaleza, como por adopción, o en los supuestos de guarda con fines de adopción o acogimiento permanente, a contar desde la fecha de nacimiento o, en su caso, de la resolución judicial o administrativa»*. De este modo, el periodo máximo de duración de la excedencia para el cuidado de hijos que puede llegar hasta los 3 años empieza a computarse desde la fecha del nacimiento o, en su caso, desde la resolución judicial por la que se constituya la adopción o la decisión administrativa o judicial de acogimiento, aunque puede ser mejorado por vía convencional o individual.

El mismo derecho, pero con una duración máxima de 2 años —salvo ampliación por convenio colectivo—, se reconoce en favor de los trabajadores que atiendan al cuidado del cónyuge o pareja de hecho, o de un familiar hasta el segundo grado de consanguinidad y por afinidad, incluido el familiar consanguíneo de la pareja de hecho, que por razones de edad, accidente, enfermedad o discapacidad no pueda valerse por sí mismo, siempre que no desempeñe una actividad retribuida y el parentesco que les una no exceda del segundo grado de consanguinidad o afinidad (art. 46.3.2º ET). Aunque la excedencia por cuidado de familiares está ideada esencialmente en orden al cuidado de los familiares de edad avanzada, también se puede solicitar para ocuparse de los hijos mayores de 3 años que por accidente, enfermedad o discapacidad no pueden valerse por sí mismos y no desempeñen una actividad retribuida. Ahora bien, se exige que el familiar (hasta el segundo grado de consanguinidad o afinidad) cumpla con dos requisitos acumulativos: que por las razones mencionadas no pueda valerse por sí mismo y que no realice actividad retribuida, por lo que la excedencia por cuidado de familiares no incluye el supuesto de hijo mayor de 3 años que necesita ayuda escolar para superar el curso[242].

Sobre el tema cabe añadir lo siguiente:

1.º) La excedencia puede disfrutarse de forma fraccionada, si bien dentro del marco temporal de los 3 años si es para el cuidado de hijos o menores acogidos (art. 46.3.3º ET).

2.º) Aunque se configura como un *«derecho individual de los trabajadores y trabajadoras»*, si dos o más personas trabajadoras de la misma empresa generasen este derecho por el mismo sujeto causante, la empresa podrá limitar su ejercicio simultáneo por razones fundadas

---

[242] STS de 5 de febrero de 2021 (*Tol 8326053*).

y objetivas de funcionamiento debidamente motivadas por escrito debiendo en tal caso la empresa ofrecer un plan alternativo que asegure el disfrute de ambas personas trabajadoras y que posibilite el ejercicio de los derechos de conciliación (art. 46.3.3° ET). En el ejercicio de este derecho se tendrá en cuenta el fomento de la corresponsabilidad entre mujeres y hombres y, asimismo, evitar la perpetuación de roles y estereotipos de género (art. 46.3.6° ET).

3.°) El nacimiento, adopción o acogimiento de un nuevo sujeto causante originará un nuevo periodo de excedencia, cuyo inicio, en su caso, *«dará fin al que, en su caso, se viniera disfrutando»* (art. 46.3.3° ET). Por lo tanto, durante los plazos de la nueva excedencia legalmente establecidos habría derecho a la reserva del mismo puesto de trabajo; el problema es que ello sólo será posible, en sus propios términos, cuando la primera excedencia no se hubiera prolongado más allá de tales plazos o, en otro caso, si el empresario no hubiera optado por pasar a reservar otro puesto *«del mismo grupo profesional o categoría equivalente»*.

4.2. Efectos

La excedencia por cuidados de hijos o familiares se caracteriza por lo siguiente:

a) El tiempo de excedencia *«será computable a efectos de antigüedad»* (art. 46.3.4° ET). Por consiguiente, el tiempo que pase el trabajador en excedencia produce efectos equivalentes a la permanencia real en la empresa, con proyección en la antigüedad a todos los efectos, incluidos los complementos por antigüedad, los «premios de antigüedad»[243] o la indemnización por despido.

b) Durante el primer año de excedencia el trabajador *«tendrá derecho a la reserva de su [mismo] puesto de trabajo»*[244], mientras que a partir

---

243 STS de 28 de junio de 2002 (*Tol 4964250*).

244 El derecho reforzado a la reserva del puesto de trabajo se mantiene durante el primer año de excedencia, con independencia del momento en que ésta se inicie, sin superar, claro está, el período máximo de tres años [STSJ de Castilla y León de 10 de noviembre de 2010 (*Tol 2035248*)].

del segundo año «*la reserva quedará referida a un puesto de trabajo del mismo grupo profesional o categoría equivalente*» (art. 46.3.4° ET) —salvo que el trabajador forme parte de una familia que tenga reconocida oficialmente la condición de familia numerosa, en cuyo caso la reserva de su puesto de trabajo se extenderá hasta un máximo de 15 meses, si se trata de una familia numerosa de categoría general, y hasta un máximo de 18 meses, si se trata de una familia numerosa de categoría especial (art. 46.3.5° ET)—. Cuando la persona ejerza este derecho con la misma duración y régimen que el otro progenitor, la reserva de puesto de trabajo se extenderá hasta un máximo de 18 meses (art. 46.3.5° ET).

De este modo, como subraya la STS de 21 de febrero de 2013 (*Tol 3406510*), en cuanto a las condiciones de reingreso en la empresa, «*se diferencian nítidamente, dos casos, pero partiendo de una premisa común, la reserva, en ambos casos, del puesto de trabajo*»[245]. Así, durante el primer año, el trabajador «*tiene derecho a la reserva de «su puesto de trabajo»*». Pero si la excedencia se prolonga, la reserva «*queda referida «a un puesto de trabajo del mismo grupo profesional o categoría equivalente»*», sin supeditación a la existencia de vacante. Evidentemente, el régimen legal es mejorable por convenio colectivo en este punto.

El trabajador tiene reconocido legalmente el derecho a reincorporarse automáticamente a la empresa al finalizar el período de excedencia sin necesidad de cumplir ningún plazo de preaviso. Una vez solicitada la reincorporación, la negativa empresarial al reingreso alegando la inexistencia de vacante equivale a un despido nulo siempre que conste la voluntad unilateral de la empresa de dar por extinguida la relación laboral[246]. En cambio, si la empresa no niega la reincorporación en sí misma, sino su posibilidad actual, la reincorporación tardía del trabajador excedente dará lugar a una indemnización de daños y perjuicios cifrada, en principio, en los salarios dejados de percibir a causa del incumplimiento —correspondiendo al trabajador la acreditación de los daños y perjuicios superiores que considere se han producido, y al empresario la acreditación de los

245 En el mismo sentido, la STS de 23 de septiembre de 2013 (*Tol 4014897*).

246 SSTS de 23 de septiembre de 2013 (*Tol 4014897*) y 26 de abril de 2023 (Recud. 292/2020). Cfr. la STS de 21 de febrero de 2013 (*Tol 3406510*).

hechos impeditivos de las indemnizaciones reclamadas—. De lo que se deriva, que el procedimiento judicial oportuno debe ajustarse a la naturaleza jurídica de esa actuación empresarial, mediante el ejercicio de la acción de despido en el primer caso, y a través de la acción declarativa del derecho al reingreso en el segundo.

c) El excedente tiene el derecho *«a la asistencia a cursos de formación profesional»*, a los que deberá ser convocado por el empresario, *«especialmente con ocasión de su reincorporación»* al trabajo (art. 46.3.4º ET).

d) La excedencia comporta la pérdida de remuneraciones y de cotizaciones a la Seguridad Social[247], sin que en el sistema de la Seguridad Social se prevean prestaciones sustitutivas de las rentas de activo. Sin embargo, el trabajador/a en situación de excedencia podrá beneficiarse de la prestación familiar contributiva consistente en la consideración como período de cotización efectiva de parte de los períodos de la excedencia (art. 237.1 y 2 LGSS).

VI. MEDIDAS ESPECÍFICAS PARA PREVENIR EL ACOSO SEXUAL Y EL ACOSO POR RAZÓN DE SEXO EN EL TRABAJO

De conformidad con el art. 48.1 de la LOI, las empresas deberán promover las condiciones de trabajo que eviten la comisión de delitos y otras conductas contra la libertad sexual y la integridad moral en el trabajo, incidiendo especialmente en el acoso sexual y el acoso por razón de sexo, incluidos los cometidos en el ámbito digital. La LOI no entra a precisar qué tipo de medidas deberá adoptar el empresario, lo que sin duda dependerá de las características de la empresa (tamaño, composición de la plantilla, utilización de nuevas tecnologías, etc.), aunque sí resulta más explícita cuando se refiere a aquellas medidas preventivas del acoso sexual y del acoso por razón

---

247 Cfr. art. 13.2 del RD 2064/1995, de 22 de diciembre, por el que se aprueba el Reglamento General sobre Cotización y Liquidación de otros Derechos de la Seguridad Social.

de sexo que *«deberán negociarse con los representantes de los trabajadores»*, esto es, *«la elaboración y difusión de códigos de buenas prácticas, la realización de campañas informativas o acciones de formación»*. Medidas que podrán integrarse en el plan de igualdad que, en su caso, se elabore en la empresa, como viene a señalar el propio art. 46.2 de la LOI cuando contempla, a título ejemplificativo, entre las materias que podrían incluirse la *«prevención del acoso sexual y por razón de sexo»*. En los casos en los que la empresa implante un plan de igualdad, los procedimientos frente el acoso sexual y por razón de sexo formarán parte del diagnóstico y de las medidas del plan de igualdad [arts. 46.2.i) LOI y 7.1.i) RD 901/2020]. No obstante, las medidas específicas y protocolos para prevenir el acoso sexual y el acoso por razón de sexo en el trabajo *«serán objeto de depósito voluntario»* (art. 12 RD 901/2020).

El protocolo interno de empresa frente al acoso debería comprender los siguientes aspectos:

1.º) Una declaración de principios de la dirección de la empresa con carácter público y ampliamente exteriorizada y divulgada en la que se establezca que todas las personas trabajadoras tienen derecho a ser tratadas con dignidad, que no se permitirá el acoso sexual ni el acoso por razón de sexo en el trabajo, que es obligación de los directores y mandos intermedios y de todos los trabajadores de la empresa aplicar estos principios, contribuir a prevenir y erradicar este tipo de conductas y colaborar en su esclarecimiento y resolución.

2.º) Una definición clara y concreta de lo que deba entenderse por acoso sexual (cualquier comportamiento, verbal o físico, de naturaleza sexual que tenga el propósito o produzca el efecto de atentar contra la dignidad de una persona, en particular cuando se crea un entorno intimidatorio, degradante u ofensivo) o acoso por razón de sexo en el trabajo (cualquier comportamiento realizado en función del sexo de una persona, con el propósito o el efecto de atentar contra su dignidad y de crear un entorno intimidatorio, degradante u ofensivo), seguida de algunos ejemplos concretos de las formas que pueden adoptar el acoso sexual y el acoso por razón de sexo en el lugar de trabajo.

3.º) Una política de formación en materia de acoso sexual y de acoso por razón de sexo para los directores, mandos intermedios y personas de la empresa con responsabilidades concretas en este ámbito y una política de formación general para todas las personas trabajadoras de la empresa, mediante una eficaz difusión entre todas ellas del protocolo existente, campañas divulgativas y otros medios que se consideren oportunos.

4.°) El establecimiento de un procedimiento informal, rápido y ágil mediante el nombramiento en las empresas de una o varias personas como «asesores confidenciales», previo acuerdo con los representantes legales de los trabajadores, encargadas de asesorar y asistir a las personas trabajadoras objeto de acoso y de ayudar a los trabajadores y a la empresa a resolver los problemas e incidentes que se planteen por la vía informal o extraoficial. A estas personas debería dárseles la formación y los medios adecuados para realizar las funciones encomendadas y garantizárseles la protección adecuada frente a las represalias de las que pudieran ser objeto en el ejercicio de sus funciones.

5.°) La elaboración de procedimientos formales claros y precisos, complementarios o alternativos al procedimiento informal, para denunciar e investigar situaciones de acoso:

- Este procedimiento debería utilizarse cuando los procedimientos informales (dirigirse directamente al acosador o a través de un compañero o asesor confidencial) hubieran fracasado o no fueran recomendables.
- El procedimiento deberá garantizar que las denuncias efectuadas se investigarán seriamente y con el debido respeto a las personas denunciante y denunciada y a los posibles testigos intervinientes.
- El procedimiento no debería ser excesivamente formal y tendría que componerse de una fase instructora, durante la cual se practicarían cuantas diligencias, pruebas y actuaciones se considere convenientes para el esclarecimiento de los hechos denunciados, dando audiencia a todas las partes, testigos y otras personas que se considere que deben aportar información, inclusive, en su caso, los representantes legales de los trabajadores, y una fase de elaboración del informe de conclusiones, que serviría para adoptar la decisión final, que debería

ponerse en conocimiento de la persona denunciante y de la denunciada. En cualquier caso, debería dejarse claro quiénes son las personas responsables de recibir y tramitar las denuncias e investigaciones y que habrá personas responsables de ambos sexos con esta responsabilidad.

- Para garantizar la imparcialidad del procedimiento las personas que realicen las investigaciones no deberán tener relación alguna con denunciante y denunciado, siendo recomendable recurrir, cuando ello sea posible, a personas ajenas al centro de trabajo o incluso a profesionales externos.
- El procedimiento deberá ser rápido —tanto para poner fin lo antes posible a la conducta de acoso y mitigar los posibles efectos sobre la víctima como para no perjudicar los intereses de la persona denunciada— y establecer un plazo máximo para la tramitación y resolución de las denuncias.
- El procedimiento deberá garantizar que se dará audiencia a las partes implicadas, permitiendo a las partes formular alegaciones e informándoles de los elementos, objetivos y resultados del procedimiento; y que tanto el denunciante como el denunciado podrán acompañarse en todos los trámites de un representante, compañero o asesor confidencial.
- En todo el curso del procedimiento se deberá mantener el respeto a una confidencialidad estricta y al derecho a la intimidad no sólo de la presunta víctima sino también de la persona objeto de la acusación. Se deberá informar a cuantas personas participen en el procedimiento de su deber de guardar confidencialidad y sigilo sobre su intervención y sobre cuanta información conocieran por su comparecencia en la misma.
- Durante el procedimiento, en función de las circunstancias se valorará la conveniencia de cambiar a la persona presuntamente acosadora de puesto de trabajo, de horario, de funciones o incluso de centro de trabajo, con el objeto de separarla de la presunta víctima.

- Se asegurará que las personas que planteen una denuncia en materia de acoso no serán objeto de represalias, intimidación o persecución, al igual que los testigos por sus declaraciones.
- La dirección de la empresa llevará cabo una actividad de seguimiento y registro de las denuncias e investigaciones, asegurando la confidencialidad de los expedientes.

6.°) La tipificación como faltas disciplinarias de las conductas de los trabajadores en materia de acoso sexual y de acoso por razón de sexo, así como de las denuncias falsas o infundadas y del uso inapropiado de los procedimientos de queja en materia de acoso, con las consiguientes sanciones.

7.°) En todo caso, habrá que garantizar a la víctima del acoso el derecho a optar entre continuar o no en su puesto de trabajo.

8.°) En el supuesto de que no se constatase la realidad de la denuncia, las empresas deberían establecer procedimientos para la rehabilitación del presunto acosador.

Los representantes de los trabajadores deberán contribuir a prevenir la comisión de delitos y otras conductas contra la libertad sexual y la integridad moral en el trabajo, con especial atención al acoso sexual y el acoso por razón de sexo, incluidos los cometidos en el ámbito digital, mediante la sensibilización de los trabajadores y trabajadoras frente al mismo y la información a la dirección de la empresa de las conductas o comportamientos de que tuvieran conocimiento y que pudieran propiciarlo (art. 48.2 LOI).

VII. MEDIDAS ESPECÍFICAS PARA PROMOVER LA IGUALDAD DE TRATO ENTRE HOMBRES Y MUJERES EN LA EXTINCIÓN DEL CONTRATO

1. *El principio de no discriminación entre mujeres y hombres*

El principio de igualdad de trato y de oportunidades entre mujeres y hombres en el ámbito de la extinción de los contratos se garantiza a través de diversas medidas legales, a saber:

1.ª) Los arts. 53.4 y 55.5 del ET y 108.2 y 122.2 de la LJS establecen una garantía reforzada para los trabajadores/as en punto al embarazo o parto y al ejercicio de los derechos para conciliar su vida familiar y laboral, al decretar la nulidad del despido —tanto disciplinario, como objetivo— en los siguientes supuestos::

> «*a) El de las personas trabajadoras durante los periodos de suspensión del contrato de trabajo por nacimiento, adopción, guarda con fines de adopción, acogimiento, riesgo durante el embarazo, riesgo durante la lactancia natural a que se refiere el artículo 45.1.d) y e), disfrute del permiso parental a que se refiere el artículo 48 bis, o por enfermedades causadas por embarazo, parto o lactancia natural, o cuando se notifique la decisión en una fecha tal que el plazo de preaviso concedido finalice dentro de dichos periodos.*
> *b) El de las trabajadoras embarazadas, desde la fecha de inicio del embarazo hasta el comienzo del periodo de suspensión a que se refiere la letra a); el de las personas trabajadoras que hayan solicitado uno de los permisos a los que se refiere el artículo 37, apartados 3.b), 4, 5 y 6, o estén disfrutando de ellos, o hayan solicitado o estén disfrutando de las adaptaciones de jornada previstas en el artículo 34.8 o la excedencia prevista en el artículo 46.3; y el de las trabajadoras víctimas de violencia de género por el ejercicio de su derecho a la tutela judicial efectiva o de los derechos reconocidos en esta ley para hacer efectiva su protección o su derecho a la asistencia social integral.*
> *c) El de las personas trabajadoras después de haberse reintegrado al trabajo al finalizar los periodos de suspensión del contrato por nacimiento, adopción, guarda con fines de adopción o acogimiento, a que se refiere el artículo 45.1.d), siempre que no hubieran transcurrido más de doce meses desde la fecha del nacimiento, la adopción, la guarda con fines de adopción o el acogimiento.*»

Lo establecido en las letras anteriores «*será de aplicación, salvo que, en esos casos, se declare la procedencia del despido por motivos no relacionados con el embarazo o con el ejercicio del derecho a los permisos y excedencia señalados*» (arts. 53.4 y 55.5 ET). Para considerarse procedente el despido objetivo deberá acreditarse suficientemente que la causa objetiva que lo sustenta requiere concretamente la extinción del contrato de la persona referida (arts. 53.4 y 55.5 ET). Por consiguiente, en los despidos disciplinarios y objetivos de las trabajadoras embarazadas solo cabe la declaración de su procedencia o de su nulidad —incluso aunque el despido se hubiese producido con incumplimiento de los requisitos formales—[248]. Se configura así una nulidad objetiva, distinta de la nulidad por causa de discriminación, al margen de que existan o no indicios de tratamiento discriminatorio o, incluso, de que concurra o no un móvil de discriminación[249] y con independencia del conocimiento o no por la empresa de la situación de embarazo[250]. La finalidad de la norma *«es proporcionar a la trabajadora embarazada una tutela más enérgica que la ordinaria frente a la discriminación, dispensándola de la carga de acreditar indicio alguno sobre la conculcación del derecho fundamental y eximiéndola de probar que el empresario tenía conocimiento del embarazo; cuestión ésta que pertenece a la esfera más íntima de la persona y que la trabajadora puede desear mantener —legítimamente— preservado del conocimiento ajeno; aparte de que con ello también se corrige la dificultad probatoria de acreditar la citada circunstancia [conocimiento empresarial], que incluso se presenta atentatoria contra la dignidad de la mujer»*[251]. Doctrina que también resulta aplicable a los trabajadores/as que al ser despedidos se encuentran disfrutando de una suspensión del contrato por nacimiento[252] o de una reducción de jornada por guarda legal de un menor[253], se han reintegrado al trabajo tras finalizar el período de suspensión del contrato por nacimiento no habiendo transcurrido más de doce meses desde la fecha del nacimiento[254], o se encuentran en alguna de las restantes circunstancias descritas en los arts. 53.4 y 55.5 del ET. Por lo demás, en gran parte de los supuestos previstos en estos preceptos la tutela antidiscriminatoria afecta y debe ser aplicada por igual a ambos sexos [por ejemplo, reducción de jornada por razones de guarda legal de menores o

---

248 SSTS de 20 de enero de 2015 (*Tol 4708810*) y 31 de marzo de 2015 (*Tol 4985994*).

249 Por todas, las SSTS de 6 de mayo de 2009 (*Tol 1564497*), 6 de julio de 2012 (*Tol 2636252*), 16 de octubre de 2012 (*Tol 2674815*) y 25 de enero de 2013 (*Tol 3059803*).

250 SSTS de 17 de octubre de 2008 (*Tol 1413279*), 16 de enero de 2009 (*Tol 1462913*) y 11 de enero de 2022 (*Tol 8764985*).

251 STS de 25 de enero de 2013 (*Tol 3059803*).

252 STS de 11 de mayo de 2016 (*Tol 5743277*).

253 SSTS de 25 de enero de 2013 (*Tol 3059803*) y 20 de enero de 2015 (*Tol 4708810*).

254 SSTS de 6 de julio de 2012 (*Tol 2636252*), 23 de diciembre de 2014 (*Tol 4737906*) y 31 de marzo de 2015 (*Tol 4985994*).

discapacitados (art. 37.5 ET) o excedencia por cuidado de familiares (art. 46.3 ET)].

Por lo demás, lo previsto en los arts. 53.4 del ET y 122.2 de la LJS también resulta aplicable a los despidos individuales acordados en el marco de un ERE, por disposición expresa de la regla 3ª del art. 124.13.a) de la LJS. Por consiguiente, en caso de despido de una trabajadora embarazada o víctima de violencia de género o de un trabajador/a que se encuentra disfrutando de la reducción de jornada por razón de guarda legal, por ejemplo, procede la inversión de la carga de la prueba para que sea la empresa demanda la que pruebe la razonabilidad y proporcionalidad de la medida extintiva, en este caso de la designación o individualización del despido colectivo. Esto es, la empresa debe acreditar que la concreta extinción del contrato de trabajo del trabajador/a no obedece a motivos discriminatorios, esto es, que su elección frente al resto de trabajadores está justificada y es razonable. Y, si no logra demostrar la razonabilidad y objetividad de la afectación del trabajador/a, su despido ha sido discriminatorio y, por ende, nulo.

Pero esta nulidad no será aplicable cuando la empresa demuestre que el despido del trabajador/a fue procedente, por ejemplo, por venir dado directamente por la aplicación estricta de criterios objetivos de selección de los trabajadores afectados por el despido colectivo y conforme a los mismos resulta que otros empleados en similar o idéntica situación que los ahora demandantes continúan prestando servicios para la empresa. En estas condiciones, se considera que el despido vino motivado por las causas a que aluden los arts. 51 y 52.c) del ET y que la selección de los trabajadores vino determinada por causas del todo ajenas a las situaciones del embarazo, parto, guarda legal y/o conciliación de la vida familiar y laboral. El problema, sin embargo, se plantea cuando dichos criterios tienen alguna salvedad o presentan algún componente subjetivo, permitiendo un cierto margen de discrecionalidad empresarial sobre la base, por ejemplo, de la valoración de la experiencia profesional, de la polivalencia funcional y de las capacidades específicas de los trabajadores que pudieran resultar afectados. Pues bien, en tales casos, a la vista del tenor de los arts. 53.4 del ET y 122.2 de la LJS y de la doctrina jurisprudencial vertida en torno a los mismos, no cabe sino concluir que la empresa debe aportar los datos relativos a la aplicación de los criterios de selección sobre otros trabajadores en iguales o mejores circunstancias que los trabajadores demandantes, a fin de demostrar que efectivamente se rigió por aquellos criterios para optar por estos últimos, lo que requiere un minucioso examen del modo en que se han aplicado los criterios de selección[255]. Y ello será así, sobre todo, si el trabajador/a logra acreditar, además, una discriminación de dimensión colectiva relacionada con los colectivos de referencia. La destrucción de la presunción de discriminación exige una mayor carga probatoria por parte del empresario en estas circunstancias. Y lo mismo cabe decir cuando el trabajador/a está amparado/a, además, por la garantía de indemnidad.

En todo caso, es de señalar que el art. 53.4 del ET no establece una prioridad de permanencia, o garantía de permanencia, en favor de las trabajadoras embarazadas y de los trabajadores/as que se encuentran disfrutando de los derechos de conciliación de la vida laboral y familiar. Ahora bien, el hecho de que la actora se encuentre embarazada la dota de una protección reforzada, en virtud del art. 10 de la Directiva 1992/85/CEE, de 19 de octubre, sobre medidas para promover la mejora de la seguridad y de la salud en el trabajo de la trabajadora embarazada, que haya dado a luz o en período de lactancia, que, si bien no conduce al reconocimiento automático de una prioridad de permanencia en la empresa, sí refuerza la necesidad de que la indispensabilidad, razonabilidad y objetividad de su afectación resulten justificadas. En este sentido, dicho precepto, como garantía para las trabajadoras embarazadas del ejercicio de los derechos de protección de su seguridad y salud reconocidos en la presente Directiva, establece lo siguiente: *«1) Los Estados miembros tomarán las medidas necesarias para prohibir el despido de las trabajadoras, a que se refiere el art. 2, durante el período comprendido entre el comienzo de su embarazo y el final del permiso de maternidad a que se refiere el ap. 1 del art. 8, salvo en los casos excepcionales no inherentes a su estado admitidos por las legislaciones y/o prácticas nacionales y, en su caso, siempre que la autoridad competente haya dado su acuerdo. 2) Cuando se despida a una trabajadora, a que se refiere el art. 2, durante el período contemplado en el*

---

[255] Cfr. la STS de 7 de julio de 2016 (*Tol 5809326*).

punto 1, el empresario deberá dar motivos justificados de despido por escrito. 3) Los Estados miembros tomarán las medidas necesarias para proteger a las trabajadoras, a que se refiere el art. 2, contra las consecuencias de un despido que sería ilegal en virtud del punto 1».

Por último, hay que señalar que el legislador nacional ha ampliado la protección prevista a favor de las trabajadoras embarazadas para los supuestos de despido causal a la extinción del contrato de trabajo durante el período de prueba por desistimiento empresarial[256]. En efecto, de conformidad con el art. 14.2 del ET, la resolución contractual a instancia empresarial durante el periodo de prueba será nula en el caso de las trabajadoras por razón de embarazo, desde la fecha de inicio del embarazo hasta el comienzo del período de suspensión por nacimiento previsto en el art. 48.4 del ET, o maternidad, salvo que concurran motivos no relacionados con el embarazo o la maternidad.

2.ª) La DA 19.ª del ET establece que *«en los supuestos de reducción de jornada contemplados en el artículo 37.4 en su párrafo final, así como en sus apartados 5, 6 y 8, el salario a tener en cuenta a efectos del cálculo de las indemnizaciones previstas en esta ley será el que hubiera correspondido a la persona trabajadora sin considerar la reducción de jornada efectuada, siempre y cuando no hubiera transcurrido el plazo máximo legalmente establecido para dicha reducción»* y que *«igualmente, será de aplicación lo dispuesto en el párrafo anterior en los supuestos de ejercicio a tiempo parcial de los derechos según lo establecido en el séptimo párrafo del artículo 48.4, en el segundo párrafo del artículo 48.5 y en el artículo 48 bis»*. De este modo, las indemnizaciones correspondientes a la extinción de la relación laboral se calcularán con arreglo al salario que hubiera correspondido a la persona trabajadora sin considerar la reducción de jornada efectuada, siempre y cuando no hubiera transcurrido el plazo máximo acordado para dicha reducción.

Por lo demás, la STS de 25 de abril de 2018 (*Tol 6652505*), partiendo de la naturaleza indemnizatoria de los salarios de trámite, en cuanto suponen un resarcimiento para compensar el daño ocasionado al trabajador por la pérdida de la retribución que hubiere de-

---

256 Cfr. la STS de 18 de abril de 2011 (*Tol 2170839*).

vengado de no haber sido objeto de un despido contrario a derecho, considera que la dicción literal de la DA 19.ª del ET *«admite una interpretación extensiva en favor de entender incluidos en ese supuesto los salarios de tramitación, en tanto que se refiere de manera genérica y en plural al «cálculo de las indemnizaciones previstas en esta Ley», lo que permite incluir bajo ese ámbito cualquier tipo de indemnización en la que esté en juego la cuantía del salario, y no solo la indemnización por despido vinculada en sentido estricto a la pérdida del empleo»*.

2. *Las medidas de acción positiva en la negociación colectiva*

2.1. La prioridad de permanencia de las mujeres en los grupos profesionales en los que están subrepresentadas en los supuestos de despido colectivo

La norma laboral habilita expresamente a la autonomía colectiva en caso de despido colectivo para establecer preferencias de permanencia en la empresa a favor de los grupos de trabajadores que encuentran mayores dificultades para reincorporarse al mercado de trabajo. En este sentido, el art. 51.5 del ET determina que *«mediante convenio colectivo o acuerdo alcanzado durante el periodo de consultas se podrán establecer prioridades de permanencia a favor de otros colectivos, tales como trabajadores con cargas familiares, mayores de determinada edad o personas con discapacidad»*. Idea que se reitera en el art. 13.2 del RD 1483/2012, de 29 de octubre, por el que se aprueba el Reglamento de los procedimientos de despido colectivo y de suspensión de contratos y reducción de jornada, a cuyo tenor la prioridad de permanencia en la empresa *«favorecerá igualmente a los trabajadores pertenecientes a otros colectivos cuando así se hubiera pactado en convenio colectivo o en el acuerdo alcanzado durante el periodo de consultas, tales como trabajadores con cargas familiares, mayores de determinada edad o personas con discapacidad»*. De este modo, los convenios colectivos y los acuerdos de consultas quedan habilitados para establecer una prioridad de permanencia a favor de los trabajadores con cargas familiares, mayores de determinada edad o personas con discapacidad.

Por lo demás, la relación de trabajadores a cuyo favor se pueden instaurar prioridades de permanencia es meramente ejemplificativa.

Pues bien, en cuanto a la posibilidad de establecer una prioridad de permanencia a favor de las mujeres debe traerse a colación lo dispuesto en el art. 17.4 del ET, a cuyo tenor «*la negociación colectiva podrá establecer medidas de acción positiva para favorecer el acceso de las mujeres a todas las profesiones*», pudiendo «*establecer reservas y preferencias en las condiciones de contratación de modo que, en igualdad de condiciones de idoneidad, tengan preferencia para ser contratadas las personas del sexo menos representado en el grupo profesional de que se trate*». De esta manera, cabe entender que la negociación colectiva también podrá concertar prioridades de permanencia en la empresa a favor del género menos representado en el grupo profesional de que se trate. También será posible establecer prioridades a favor de las trabajadoras embarazadas y/o de los trabajadores/as con reducción de jornada por cuidados de hijos o de familiares[257].

En todo caso, la prioridad legal establecida a favor de los representantes legales de los trabajadores es imperativa y no disponible por la autonomía colectiva, y, por consiguiente, debe prevalecer sobre las que puedan arbitrar los convenios colectivos y acuerdos de consultas a favor de otros colectivos[258].

2.2. La jubilación forzosa por cumplimiento de la edad ordinaria de jubilación en las actividades económicas con una tasa de ocupación de las mujeres trabajadoras inferior al 20 por ciento de las personas ocupadas en las mismas

Los «*convenios colectivos*» pueden establecer cláusulas que posibiliten la extinción del contrato de trabajo por el cumplimiento por parte del trabajador de una edad igual o superior a 68 años y, excepcionalmente, por el cumplimiento de la edad ordinaria de jubilación (que en enero de 2023 se fija en 66 años y 4 meses), con el objeti-

---

257 Cfr. STSJ de Galicia de 24 de septiembre de 2014 (*Tol 4526912*).

258 ESCUDERO RODRÍGUEZ, R., «El Real Decreto-ley 3/2012, de 10 de febrero: la envergadura de una reforma profundamente desequilibradora de la negociación colectiva», en AA.VV., *La negociación colectiva en las reformas laborales de 2010, 2011 y 2012*, Cinca, Madrid, 2012, pág. 30.

vo de alcanzar la igualdad real y efectiva entre mujeres y hombres coadyuvando a superar la segregación ocupacional por género. En este sentido, el apartado segundo de la DA 10.ª del ET dispone que *«excepcionalmente, con el objetivo de alcanzar la igualdad real y efectiva entre mujeres y hombres coadyuvando a superar la segregación ocupacional por género, el límite del apartado anterior podrá rebajarse hasta la edad ordinaria de jubilación fijada por la normativa de Seguridad Social cuando la tasa de ocupación de las mujeres trabajadoras por cuenta ajena afiliadas a la Seguridad Social en alguna de las actividades económicas correspondientes al ámbito funcional del convenio sea inferior al 20 por ciento de las personas ocupadas en las mismas»*. Las actividades económicas que se tomarán como referencia para determinar el cumplimiento de esta condición estarán definidas *«por los códigos de la Clasificación Nacional de Actividades Económicas (CNAE) en vigor en cada momento, incluidos en el ámbito del convenio aplicable según los datos facilitados al realizar su inscripción en el Registro y depósito de convenios y acuerdos colectivos de trabajo y planes de igualdad (REGCON), de conformidad con el artículo 6.2 y el anexo 1 del Real Decreto 713/2010, de 28 de mayo, sobre registro y depósito de convenios y acuerdos colectivos de trabajo»*. La Administración de la Seguridad Social *«facilitará la tasa de ocupación de las trabajadoras respecto de la totalidad de trabajadores por cuenta ajena en cada una de las CNAE correspondientes en la fecha de constitución de la comisión negociadora del convenio»*.

Al respecto, cabe subrayar lo siguiente:

1.º) La habilitación para rebajar la edad de la jubilación forzosa hasta la edad ordinaria de jubilación se abre a cualesquiera convenios colectivos estatutarios, ya sean sectoriales de ámbito estatal o inferior, o de empresa. Ahora bien, lo establecido en la nueva regulación de la DA 10.ª del ET sólo se aplicará a los convenios que se suscriban desde el día 1 de enero de 2022. Las cláusulas convencionales de jubilación forzosa anteriores a dicha fecha podrán ser aplicadas hasta tres años después de la finalización de la vigencia inicial pactada en el convenio (DT 9.ª ET).

2.º) Los convenios colectivos podrán rebajar el límite general de la edad de la jubilación forzosa cuando la tasa de ocupación de las mujeres trabajadoras por cuenta ajena afiliadas a la Seguridad Social en alguna de las actividades económicas comprendidas en el ámbito funcional de aplicación del convenio sea inferior al 20% de las personas ocupadas en las mismas. Por consiguiente, no es necesario que la tasa de ocupación de las mujeres trabajadoras sea inferior al 20% en todo el ámbito funcional del convenio colectivo, siendo suficiente que lo sea en alguna o algunas de las actividades económicas incluidas en dicho ámbito. Por lo demás, dichas actividades estarán definidas por los códigos de la CNAE en vigor en cada momento, incluidos en el ámbito del convenio aplicable según los datos facilitados al realizar su inscripción en el Registro y depósito de convenios y acuerdos colectivos de trabajo y planes de igualdad. A tales efectos, la Administración de la Seguridad Social facilitará la tasa de ocupación de las trabajadoras respecto de la totalidad de trabajadores por cuenta ajena en cada una de las CNAE correspondientes en la fecha de constitución de la comisión negociadora del convenio.

3.º) Es preciso que en el texto pactado se haga una referencia expresa a las concretas actividades en las que se rebaja la edad ordinaria de la jubilación forzosa. Ciertamente, la negociación colectiva de edades máximas para trabajar (jubilación forzosa) requiere en nuestro ordenamiento una habilitación legal, al afectar al derecho al trabajo reconocido en el art. 35.1 de la Constitución Española[259]. Pues bien, el apartado segundo de la DA 10.ª del ET habilita a los convenios colectivos a rebajar la edad de la jubilación forzosa hasta la edad ordinaria de jubilación cuando la tasa de ocupación de las mujeres trabajadoras en alguna de las actividades económicas correspondientes al ámbito funcional del convenio sea inferior al 20% y a tales efectos obliga a la Administración de la Seguridad Social a facilitar *«la tasa de ocupación de las trabajadoras respecto de la totalidad de trabajadores por cuenta ajena en cada una de las CNAE correspondientes en la fecha de constitución de la comisión negociadora del convenio»*. Por lo tanto, no resulta suficiente —para justificar el cese forzoso de un hombre trabajador a la edad ordinaria de jubilación— que el convenio colectivo se limite a reproducir el apartado segundo de la DA 10.ª del ET[260] ni a autorizar a las empresas a extinguir el contrato de

---

259 SSTC 22/1981, de 2 de julio; y 58/1985, de 30 de abril.

260 Cfr. el art. 20 del convenio colectivo del Sector de la Madera (BO Región de Murcia 18 junio 2022), la DA 5.ª.4 del Convenio colectivo de ámbito estatal de jardinería 2021-2024 (BOE 13 julio 2022) y el art. 21.2 del Convenio

trabajo cuando se cumplan los requisitos previstos en dicho apartado[261]. Y por ello cualquier jubilación forzosa impuesta en aplicación de un convenio colectivo sin aquella concreción de las actividades económicas en las que se rebaja la edad ordinaria de la jubilación forzosa habrá de declararse contraria a derecho por carecer del debido sustento legal y por ello constitutiva de un despido improcedente, de conformidad con lo previsto en los arts. 55 y 56 del ET, sin que en principio proceda acordar la nulidad de dicho despido por no poder ser calificado como discriminatorio conforme a la normativa antes indicada.

En todo caso, la aplicación de esta excepción exigirá, además, el cumplimiento de los siguientes requisitos (DT 10.ª.2 ET):

a) La persona afectada por la extinción del contrato de trabajo *«deberá reunir los requisitos exigidos por la normativa de Seguridad Social para tener derecho al cien por ciento de la pensión ordinaria de jubilación en su modalidad contributiva»*. En este sentido, los convenios colectivos que rebajan el límite de los 68 años obligan al trabajador afectado por la extinción del contrato de trabajo, a requerimiento de la empresa efectuado con una antelación mínima de dos meses, a facilitar a la empresa el certificado de vida laboral expedido por el organismo competente, a fin de verificar el cumplimiento o no de los requisitos exigidos para tener derecho al 100% de la pensión ordinaria de jubilación en su modalidad contributiva[262].

b) En el CNAE al que esté adscrita la persona afectada por la aplicación de esta cláusula debe concurrir *«una tasa de ocupación de em-*

---

colectivo de comercio textil de la Comunitat Valenciana (DO Generalitat Valenciana 12 enero 2023).

261 Cfr. los arts. 96.4 del VI Convenio colectivo general del sector de la construcción (BOE 5 agosto 2022), 66.4 del Convenio Colectivo Provincial de Córdoba para las Industrias de la Construcción y Obras Públicas (BO Córdoba 21 diciembre 2022) y 44.4 del Convenio colectivo de construcción y obras públicas de la provincia de Burgos (BO Burgos 4 enero 2023).

262 Cfr. los arts. 96.4 del Convenio colectivo general del sector de la construcción (BOE 5 agosto 2022), 66.5 del Convenio Colectivo Provincial de Córdoba para las Industrias de la Construcción y Obras Públicas (BO Córdoba 21 diciembre 2022) y 44.5 del Convenio colectivo de construcción y obras públicas de la provincia de Burgos (BO Burgos 4 enero 2023).

pleadas inferior al 20 por ciento sobre el total de personas trabajadoras a la fecha de efectos de la decisión extintiva». Este CNAE será el que resulte aplicable para la determinación de los tipos de cotización para la cobertura de las contingencias de accidentes de trabajo y enfermedades profesionales.

c) Cada extinción contractual en aplicación de esta previsión *«deberá llevar aparejada simultáneamente la contratación indefinida y a tiempo completo de, al menos, una mujer en la mencionada actividad»*. Y así, la no amortización de la plaza dejada por el jubilado y su cobertura por otra trabajadora contratada por tiempo indefinido y a tiempo completo se ajusta a los requerimientos que validan la jubilación forzosa por el cumplimiento de la edad ordinaria de jubilación, según la DA 10.ª del ET.

La decisión extintiva de la relación laboral será con carácter previo comunicada por la empresa a los representantes legales de los trabajadores y a la propia persona trabajadora afectada (DA 10.ª.2 ET).

En fin, la resolución del contrato de trabajo que unilateralmente decide el empresario, basada en la jubilación forzosa del trabajador, es incluible dentro del concepto genérico de despido, por lo cual el ejercicio de la acción para impugnar tal decisión empresarial se haya sometido al plazo de caducidad que establece el art. 59 del ET, debiendo sustanciarse la misma, cuando persiga el restablecimiento de la relación laboral que existía antes del cese, por la modalidad procesal que regulan los arts. 103 y siguientes de la LJS, sin que obste a ello que la rúbrica de la sección en que tales artículos se incluyen contenga mención al despido disciplinario, pues tal calificativo no figura en la del capítulo a que tal sección corresponde, en la que se habla de despido, sin calificativos limitadores[263]. En dicho procedimiento no se puede entrar en consideraciones como es si el trabajador tiene o no derecho al 100% de la pensión ordinaria de jubilación en su modalidad contributiva, dado que el cumplimiento de la carencia mínima para causar dicho derecho debería constar de forma incues-

---

263 STS de 23 de diciembre de 1996 (*Tol 5116254*).

tionable y estar reconocido por el propio INSS a quien compete, único que puede pronunciarse al respecto[264].

Por lo demás, y en cuanto a la calificación del despido, habrá que distinguir diferentes supuestos, a saber:

a) La jubilación forzosa del trabajador en aplicación de una cláusula convencional nula por no autorizar expresamente a las empresas a extinguir los contratos y/o no expresar debidamente las actividades económicas en las que se rebaja la edad ordinaria de la jubilación forzosa, será constitutiva de un despido improcedente y no nulo, ya que no puede apreciarse la motivación discriminatoria en función de la edad, sino el incumplimiento de unos requisitos legales que imponen la exigencia de unas actuaciones convencionales que se estiman no cumplidas suficientemente[265].

b) En cambio, si la empresa incumple el requisito de cobertura de la plaza vacante por una trabajadora contratada por tiempo indefinido y a tiempo completo, estamos ante un despido nulo, tal y como prescriben los arts. 55.5 del ET y 108.2 de la LJS[266]. Al basarse el cese del trabajador en la edad, esa es la calificación que concuerda con las previsiones de nuestro ordenamiento.

---

264 STS de 8 de marzo de 2000 (*Tol 4965901*).

265 Cfr. SSTS de 29 de junio de 2006 (*Tol 979763*), 2 de junio de 2008 (*Tol 1369635*) y 22 de diciembre de 2008 (*Tol 1454067*).

266 Cfr. la STS de 11 de mayo de 2016 (*Tol 5752140*).

Capítulo Tercero

Medidas específicas de promoción de la igualdad entre mujeres y hombres en las Administraciones Públicas

I. PRINCIPIOS GENERALES DE ACTUACIÓN

El art. 51 de la LOI instaura una serie de criterios generales de actuación de las Administraciones Públicas en aras a la igualdad efectiva entre mujeres y hombres en el empleo público.

Concretamente los principios de actuación que se establecen en este ámbito material son los siguientes:

a) Remover los obstáculos que impliquen la pervivencia de cualquier tipo de discriminación con el fin de ofrecer condiciones de igualdad efectiva entre mujeres y hombres en el acceso al empleo público y en el desarrollo de la carrera profesional.

b) Facilitar la conciliación de la vida personal, familiar y laboral, sin menoscabo de la promoción profesional.

c) Fomentar la formación en igualdad, tanto en el acceso al empleo público como a lo largo de la carrera profesional. Y así, la Administración General del Estado y los organismos públicos vinculados o dependientes de ella están obligados a impartir cursos de formación sobre la igualdad de trato y oportunidades entre mujeres y hombres y sobre prevención de la violencia de género, que se dirigirán a todo su personal (art. 61 LOI).

d) Promover la presencia equilibrada de mujeres y hombres en los órganos de selección y valoración.

e) Establecer medidas efectivas de protección frente al acoso sexual y al acoso por razón de sexo.

f) Establecer medidas efectivas para eliminar cualquier discriminación retributiva, directa o indirecta, por razón de sexo.

g) Evaluar periódicamente la efectividad del principio de igualdad en sus respectivos ámbitos de actuación.

Estos principios aparecen como vinculantes para todas las Administraciones Públicas, lo que se reafirma en el apartado segundo de la DF 1.ª de la LOI que les atribuye carácter de legislación básica en materia de empleo público, al amparo, pues, de lo dispuesto en el art. 149.1.18 de la Constitución Española. Asimismo, los empleados públicos quedan obligados a actuar con respeto al principio de igualdad entre mujeres y hombres (art. 52 EBEP), evitando toda actuación que pueda producir discriminación alguna por razón de *«origen racial o étnico, género, sexo, orientación e identidad sexual, expresión de género, características sexuales, religión o convicciones, opinión, discapacidad, edad o cualquier otra condición o circunstancia personal o social»* (art. 53.4 EBEP) y, de producirse, constituirá una infracción disciplinaria muy grave [art. 95.2.b) EBEP][267].

II. MEDIDAS DE IGUALDAD EN EL EMPLEO: ENUMERACIÓN

Las Administraciones Públicas están obligadas a respetar la igualdad de trato y de oportunidades en el empleo público y, con esta finalidad, deben adoptar medidas dirigidas a evitar cualquier tipo de discriminación laboral entre mujeres y hombres.

Las medidas para promover la igualdad entre mujeres y hombres en el empleo público son susceptibles de la siguiente ordenación:

1.ª) Adopción e implantación de un plan de igualdad.

2.ª) Medidas específicas para promover la igualdad en la clasificación profesional, el acceso al empleo y la promoción profesional.

---

[267] De conformidad con el art. 174.2 de la Ley 4/2021, de 16 de abril, de la Función Pública Valenciana, *«la sanción por la comisión de las infracciones por actuaciones que supongan discriminación por razón de origen racial o étnico, religión o convicciones, discapacidad o diversidad funcional, edad u orientación sexual, y el acoso sexual y por razón de sexo, moral y laboral, conllevará la obligación de asistir a cursos formativos para su prevención»*.

3.ª) Medidas específicas contra la discriminación retributiva.

4.ª) Medidas específicas para facilitar la conciliación personal, familiar y laboral y promover el ejercicio corresponsable de dichos derechos.

5.ª) Medidas específicas para prevenir el acoso sexual y el acoso por razón de sexo en el trabajo.

III. LA ELABORACIÓN E IMPLANTACIÓN DE UN PLAN DE IGUALDAD

1. Normativa aplicable

Las Administraciones Públicas están obligadas a respetar la igualdad de trato y de oportunidades en el ámbito del empleo público y, con esta finalidad, deberán adoptar medidas dirigidas a evitar cualquier tipo de discriminación laboral entre mujeres y hombres (DA 7.ª EBEP). En particular, todas ellas deberán elaborar y aplicar un plan de igualdad a desarrollar en el convenio colectivo o acuerdo de condiciones de trabajo del personal funcionario que sea aplicable, en los términos previstos en el mismo. Así lo disponen los apartados 2 y 3 de la DA 7.ª del EBEP, en su nueva redacción dada por la DF 24.ª de la Ley 31/2022, de 23 de diciembre, que tienen carácter básico.

En el ámbito de la Administración General del Estado, todos los Departamentos Ministeriales y Organismos Públicos remitirán, al menos anualmente, a los Ministerios de Trabajo y de Administraciones Públicas, información relativa a la aplicación efectiva en cada uno de ellos del principio de igualdad entre mujeres y hombres, con especificación, mediante la desagregación por sexo de los datos, de la distribución de su plantilla, grupo de titulación, nivel de complemento de destino y retribuciones promediadas de su personal (art. 63 LOI)[268]. Una vez verificada la evaluación sobre la igualdad en el

[268] En cuanto a la integración de la perspectiva de género y los planes de igualdad en el Sistema Español de Ciencia, Tecnología e Innovación, ha de estarse a lo dispuesto en los arts. 4 bis y 4 ter y en la DA 13.ª de la Ley 14/2011,

empleo público, el Gobierno aprobará, al inicio de cada legislatura, un Plan para la Igualdad entre mujeres y hombres en la Administración General del Estado y en los organismos públicos vinculados o dependientes de ella (art. 64 LOI). El Plan establecerá los objetivos a alcanzar en materia de promoción de la igualdad de trato y oportunidades en el empleo público, así como las estrategias o medidas a adoptar para su consecución. El Plan será objeto de negociación, y en su caso acuerdo, con la representación legal de los empleados públicos en la forma que se determine en la legislación sobre negociación colectiva en la Administración Pública y su cumplimiento será evaluado anualmente por el Consejo de Ministros.

En el ámbito de las Comunidades Autónomas, hay que estar a lo que dispongan las Leyes reguladoras de la respectiva función pública (art. 6 EBEP) y/o de promoción de la igualdad entre mujeres y hombres en la respectiva Comunidad Autónoma, que obviamente deberán respetar las bases estatales.

Los planes de igualdad de las Entidades Locales se rigen por la DA 7.ª del EBEP, de carácter básico, y por la legislación de la correspondiente Comunidad Autónoma (art. 3.1 EBEP), si bien son muy pocas las Comunidades Autónomas que han legislado sobre esta materia y mucho menos las que lo han hecho para el personal de las Corporaciones Locales ubicadas en su territorio.

En cambio, los arts. 45 y 46 de la LOI no resultan de aplicación a los planes de igualdad de las Administraciones Públicas, toda vez que se incluyen, sistemáticamente, en el capítulo relativo a los planes de igualdad de las empresas, y aluden, de modo constante, a las *«empresas»*, a los *«trabajadores y trabajadoras»* y a la *«normativa laboral»*[269]. Igual conclusión cabe sostener en relación con el RD 901/2020 en

---

de 1 de junio, de la Ciencia, la Tecnología y la Innovación. Hasta la fecha, se han aprobado tres planes para la igualdad de género en la Administración General del Estado y en los Organismos Públicos vinculados o dependientes de ella (BOE 01/06/2011, 10/12/2015 y 01/01/2021).

269 STS (CA) de 22 de febrero de 2022 (*Tol 8818724*). En sentido contrario, FABREGAT MONFORT, G., *Garantía del principio de igualdad en el empleo público local: planes de igualdad,* Estudios de Relaciones Laborales, Barcelona, 2022, pág. 36.

la medida en que responde a la necesidad de dar desarrollo reglamentario a las cuestiones a que se refiere el art. 46.6 de la LOI. El RD 902/2020 tampoco resulta de aplicación directa en las Administraciones Públicas, lo que tiene relevancia en relación con los registros retributivos, las auditorias retributivas y la herramienta para la implementación del procedimiento de valoración de puestos de trabajo con perspectiva de género desarrollada por los Ministerios de Trabajo y Economía Social y de Igualdad. En definitiva, dada la separación legislativa impuesta por la LOI en materia de igualdad entre mujeres y hombres, según se trate de empresas o de Administraciones Públicas, los RR.DD. 901/200 y 902/2020 dejan fuera de su ámbito de aplicación a estas últimas, tanto por lo que se refiere al personal funcionario como al personal laboral, lo que no obstará a que estas normas reglamentarias puedan o deban utilizarse como directrices o marcos de referencia en relación con los planes de igualdad en el ámbito del empleo público. Y así, los rasgos más sobresalientes de la normativa aplicable a los planes de igualdad en las Administraciones Públicas, como se verá, son su sumariedad y ambigüedad, de forma que son muchos los extremos que deja en el negro o, cuando menos, en la penumbra, lo que obliga a su intérprete a llevar a cabo una complicada labor de integración de lagunas.

Seguramente, ello se explica por el hecho de que en el empleo público la situación de desigualdad entre mujeres y hombres puede no ser, al menos en algunos aspectos, tan acusada como en el sector privado, fundamentalmente por las siguientes razones[270]:

1.ª) No existe tanta libertad ni discrecionalidad del empleador en la fijación de las condiciones de trabajo, especialmente en las retributivas, ya que las Administraciones están sujetas en su actuación al principio de legalidad y a la interdicción de la arbitrariedad y, además, están obligadas a dar cuenta periódicamente de sus actuaciones.

---

270 ALFONSO MELLADO, C. y FABREGAT MONFORT, G., «La igualdad efectiva de mujeres y hombres en las Administraciones Públicas», *Diploma de Especialización Profesional Universitario en Normativa Aplicable en Materia de Igualdad entre Mujeres y Hombres en el Trabajo: Agentes de Igualdad entre mujeres y hombres*, Curso 2010-2011, Adeit, Valencia, pág. 9.

2.ª) El acceso al empleo público está bastante objetivado y ello hace más difícil la discriminación en el acceso y en la promoción, materias en las que en el ámbito privado se producen numerosas discriminaciones, en muchas ocasiones basadas en prejuicios y prácticas sociales contrarias a la igualdad, complejas de erradicar, demostrar y combatir.

3.ª) La mayor estabilidad en el empleo, junto a otros factores, conlleva una mayor tasa de sindicalización y, por consiguiente, unas mayores posibilidades de actuación sindical, muy diferentes, por ejemplo, de las que existen en las pequeñas empresas en el sector privado. La actuación de negociación, control y en su caso denuncia de las organizaciones sindicales es una garantía igualitaria que funciona, pues, con mayor intensidad en el empleo público.

Todo ello contribuye a que, ciertamente, la situación sea mejor que la existente en el sector privado. Sin embargo, este tratamiento tan escaso y, hasta cierto punto, simple de que son objeto los planes de igualdad en las Administraciones Públicas se manifiesta en uno de los aspectos más negativos de la regulación legal, a saber, en las lagunas tan importantes que deja respecto a la ordenación de numerosos puntos. De esta forma, se corre el riesgo de que las partes negociadoras se centren en cuestiones meramente accidentales, desviando su atención de los temas verdaderamente importantes.

2. *Administraciones Públicas obligadas a elaborar y aplicar un plan de igualdad*

De conformidad con la DA 7.ª del EBEP, las *«Administraciones Públicas»* aprobarán un plan para la igualdad entre mujeres y hombres; expresión que hay que interpretar a la luz de lo dispuesto en el art. 2.1 del EBEP, a cuyo tenor este resulta aplicable al personal funcionario y en lo que proceda al personal laboral al servicio de la Administración General del Estado, las Administraciones de las Comunidades Autónomas y de las ciudades de Ceuta y Melilla, las Administraciones Locales, los organismos públicos, agencias y demás entidades de derecho público con personalidad jurídica propia, vinculadas o dependientes de cualquiera de las Administraciones Públicas y las

Universidades Públicas. Por consiguiente, todas las Administraciones Públicas que tengan funcionarios y/o trabajadores a su servicio estarán obligadas a aprobar un plan de igualdad, con independencia del número de sus empleados públicos. Por lo demás, como la DA 7.ª del EBEP tiene carácter básico (DF 1.ª EBEP), las Comunidades Autónomas no pueden limitar la obligación de aprobar un plan de igualdad a las Administraciones Públicas que tengan 50[271] o 250 empleados/as[272] ni a los entes locales que tengan órganos específicos de representación del personal a su servicio[273].

Esa obligación generalizada plantea un problema, el de las Administraciones Locales de pequeñas dimensiones. Obligarles a elaborar un plan de igualdad propio puede ser complejo, pero precisamente para estos supuestos pueden resultar de plena aplicación las posibilidades de negociación en ámbitos supramunicipales o de adhesión al plan de igualdad negociado en otra Entidad Local ubicada en la misma Comunidad Autónoma (art. 34 EBEP), si bien la negociación supramunicipal, a la hora de configurar las medidas dirigidas a evitar cualquier tipo de discriminación laboral entre mujeres y hombres, deberá tener en cuenta la situación específica de cada entidad adherida a la misma o algún mecanismo que permita la adaptación de las medidas en cada una de ellas[274]. Sin embargo, aunque ambas soluciones tienen asidero en el EBEP, este adolece de numerosas lagunas que, en parte, explican el escaso desarrollo de la negociación supramunicipal en nuestro país.

---

271 Cfr. art. 44 de la Ley Foral 17/2019, de 4 de abril, de igualdad entre Mujeres y Hombres de Navarra.

272 Cfr. art. 51.1 de la Ley 7/2018, de 28 de junio, de igualdad de oportunidades entre mujeres y hombres en Aragón.

273 Cfr. art. 15.2 de la Ley 17/2015, de 21 de julio, de igualdad efectiva de mujeres y hombres de Cataluña.

274 ALFONSO MELLADO, C. y FABREGAT MONFORT, G., «La igualdad efectiva de mujeres y hombres…», cit., pág. 31.

3. Ámbito de los planes de igualdad

3.1. Ámbito funcional

De conformidad con lo establecido en el apartado 2 de la DA 7.ª del EBEP, las *«Administraciones Públicas»* aprobarán *«un Plan para la Igualdad entre mujeres y hombres para sus respectivos ámbitos»*. Por lo tanto, el plan de igualdad debería comprender a los empleados públicos de cada Administración territorial o institucional de que se tratase con independencia de que la misma cuente con varios centros de trabajo, Departamentos ministeriales o Consejerías, etc. No obstante lo anterior, los planes de igualdad se negocian conforme a *«la legislación sobre negociación colectiva en la Administración Pública»* y esta articula las mesas de negociación a nivel de cada persona jurídico-pública de carácter territorial y para el conjunto de los empleados públicos al servicio de esta y de los organismos públicos con personalidad jurídica propia, vinculados o dependientes de ella. En consecuencia, quedan incluidos en el ámbito de aplicación de los planes de igualdad los empleados públicos al servicio de la Administración territorial de que se trate (estatal, autonómica o local) y de los organismos públicos integrados en la misma. Y así, lo viene a corroborar el art. 64 de la LOI al prever *«un Plan para la Igualdad entre mujeres y hombres en la Administración General del Estado y en los organismos públicos vinculados o dependientes de ella»*, esto es, un plan de igualdad único para todos los empleados públicos al servicio de la Administración General del Estado y sus organismos públicos. Con todo, debe tenerse en cuenta que los miembros de las mesas generales de negociación del personal funcionario de cada Administración Pública pueden crear niveles específicos de negociación para los funcionarios de aquellas organizaciones administrativas, como los organismos públicos en los que las condiciones de trabajo presenten una singularidad o particularidad (art. 34.4 EBEP), y en tal caso, éstos deberán contar con un plan de igualdad propio.

3.2. Ámbito personal

De acuerdo con el apartado 2 de la DA 7.ª del EBEP, las Administraciones Públicas aprobarán *«un Plan para la Igualdad entre mujeres y hombres para sus respectivos ámbitos, a desarrollar en el convenio colectivo o acuerdo de condiciones de trabajo del personal funcionario que sea aplicable, en los términos previstos en el mismo».* Por consiguiente, quedan comprendidos en el ámbito de aplicación del plan de igualdad de cada Administración Pública todos los empleados públicos a su servicio, ya sean funcionarios públicos o trabajadores con contrato de trabajo, sin perjuicio de que el plan deba ser desarrollado por separado en relación con cada uno de ellos[275], y cualquiera que sea la clase de la relación funcionarial o laboral de que se trate (funcionarios de carrera o interinos o estatutarios y trabajadores fijos, indefinidos o temporales o con cualquier modalidad contractual, ya estén sujetos a una relación laboral común o especial).

4. Las fases de elaboración de los planes de igualdad

4.1. Diagnóstico de situación

4.1.1. Materias evaluables e indicadores de medición

En principio, parece innegable que el plan de igualdad debe partir de un previo diagnóstico de la situación que identifique los problemas en orden a la efectiva igualdad en la correspondiente Administración; a partir de ahí, se deberán establecer los objetivos y adoptar las medidas necesarias para solventar los problemas detectados en cada organización y alcanzar los objetivos establecidos.

A tales efectos, en el ámbito de la Administración General del Estado, todos los Departamentos Ministeriales y Organismos Públicos remitirán, al menos anualmente, a los Ministerios de Trabajo y Asuntos Sociales y de Administraciones Públicas, información relativa *«a la aplicación efectiva en cada uno de ellos del principio de igualdad entre mujeres y hombres, con especificación, mediante la desagregación por sexo de los datos, de la distribución de su plantilla, grupo de titulación, nivel de complemento de destino y retribuciones promediadas de su personal»* (art. 64 LOI). Por ello, en todos los Ministerios uno de sus órganos directivos

---

275 En el mismo sentido, ROMERO RÓDENAS, M.ªJ., *Planes de igualdad en la empresa privada...*, cit., pág. 41.

asumirá las funciones de la funciones de *«Unidad de Igualdad»*, encargándose, entre otras funciones, de recabar la información estadística elaborada por los órganos del Ministerio y asesorar a los mismos en relación con su elaboración, elaborar estudios con la finalidad de promover la igualdad entre mujeres y hombres en las áreas de actividad del Departamento, asesorar a los órganos competentes del Departamento en la elaboración del informe sobre impacto por razón de género, fomentar el conocimiento por el personal del Departamento del alcance y significado del principio de igualdad mediante la formulación de propuestas de acciones formativas y velar por el cumplimiento de la LOI y por la aplicación efectiva del principio de igualdad (art. 77 LOI). Asimismo, se crea la Comisión Interministerial de Igualdad entre mujeres y hombres (art. 76 LOI), encargada, entre otras funciones, del *«seguimiento y coordinación del desarrollo y aplicación de los informes de Impacto de Género y de las actuaciones de las Unidades de Igualdad constituidas en cada departamento ministerial, así como de la participación de las mujeres en los puestos de representación y dirección de la Administración General del Estado»* [art. 3.d) RD 1370/2007, de 19 de octubre].

Es más, a la hora de elaborar el diagnóstico de situación, debe partirse del carácter complejo y pluridimensional de la brecha laboral entre mujeres y hombres. Ciertamente, las causas subyacentes de la discriminación de las mujeres en el ámbito del empleo son varias y diferentes, a saber[276]: a) La segregación horizontal del mercado de trabajo: las mujeres se concentran en un número más reducido de sectores y profesiones, por lo general, menos valorados, más precarios y peor remunerados. b) La segregación vertical del mercado de trabajo: las mujeres suelen ocupar los puestos de trabajo más bajos y peor remunerados de la organización empresarial y se encuentran con más dificultades para promocionar en la empresa. c) La dificultad para conciliar el trabajo, la vida familiar y personal, así como la distribución desigual de las responsabilidades familiares y domésticas, que llevan a una mayor proporción de mujeres a ocupar empleos

---

[276] Por todos, RODRÍGUEZ GONZÁLEZ, S., *La no discriminación retributiva por causa del sexo y del género. Un derecho constitucional laboral específico*, Bomarzo, Albacete, 2020, págs. 37 y ss.

a tiempo parcial y a interrumpir repetidamente sus carreras profesionales. d) La igualdad de las mujeres en ocasiones es coartada por una de las manifestaciones de discriminación y violencia por razón de sexo más extendida y al mismo tiempo más invisibilizada por su compleja identificación dentro del ámbito laboral, como es el acoso sexual y el acoso por razón de sexo.

Por ello, el diagnóstico debe recoger toda la información necesaria para medir y evaluar, a través de indicadores, cuantitativos y cualitativos, debidamente desagregados por régimen jurídico, funcionarial o laboral, y por sexo, en relación, por lo menos, con las siguientes cuestiones[277]:

- La distribución de la plantilla por edad, vinculación, tipo de relación administrativa o laboral, tipo de nombramiento o de contratación, jornada y antigüedad.
- El promedio de hombres y mujeres por sectores en los distintos cuerpos/escalas o categorías/grupos profesionales, buscando identificar aquellos en los que están infrarrepresentadas o sobrerrepresentadas las mujeres.
- La participación de hombres y mujeres en los diferentes procesos de selección (libres, de promoción interna o de consolidación de empleo temporal; tipos de pruebas que se realizan y de méritos que se valoran, etc.).
- La progresión de la carrera profesional vertical (participación en los procedimientos de provisión de puestos de trabajo, distinguiendo según se trate de concursos de méritos o de libre designación, grados personales consolidados, niveles de los puestos de trabajo adjudicados, etc.) y horizontal (sistemas de evaluación del desempeño y participación en los mismos, complementos de carrera horizontal devengados, etc.) de hombres y mujeres, así como de los programas de formación ofrecidos

---

[277] Por todos, TELLO-SÁNCHEZ, F. «Empezar por casa: enfocando los planes de igualdad en la cultura organizacional de las administraciones públicas», *Revista Vasca de Gestión de Personas y Organizaciones Públicas*, nº. 18, 2020, págs. 119 y ss.; y FABREGAT MONFORT, G., *Garantía del principio de igualdad en el empleo público local...*, págs. 55 y ss.

al personal, indagando al mismo tiempo qué tipo de formación se ofrece y si la orientación de los programas es incluyente, tanto en términos de temario, objetivos, o si es excluyente, al contemplarse horarios incompatibles para personas con responsabilidades de cuidado adicionales al trabajo, como es el caso de la mayoría de las mujeres.

- Las causas y promedio de mujeres y hombres declarados en bajas, sean por motivos médicos, despidos, jubilaciones, etc. Esta información puede ofrecer, entre otras cosas, información sobre cómo mujeres y hombres se ven afectados de manera diferencial por el clima laboral (y que derivan, por ejemplo, en bajas cuando la salud mental se ve perjudicada), o los despidos como consecuencia de restricciones presupuestarias donde, por lo general, es el personal femenino el que más sufre los ajustes.
- Los valores medios de las retribuciones básicas y complementarias del personal funcionario, desagregadas por sexos y distribuidas por subgrupos o grupos de clasificación profesional, cuerpos o escalas, niveles, categorías o escalones y cualquier otra circunstancia que pueda incidir en la cuantía de dichas retribuciones, y los valores medios de los salarios, los complementos salariales y las percepciones extrasalariales de la plantilla laboral, desagregados por sexos y distribuidos por grupos profesionales, categorías profesionales o puestos de trabajo iguales o de igual valor.
- Respecto a la conciliación, es necesario identificar el porcentaje de mujeres y hombres con cargas familiares (hijos menores y otras personas dependientes), y cuántos de éstos hacen uso de los diferentes beneficios tales como la reordenación del tiempo de trabajo, permisos, reducciones de jornada, excedencias o trabajo a distancia.
- Finalmente, en el diagnóstico se debe indagar si existe en la Administración algún protocolo sobre acoso sexual, si se han constatado casos de acoso sexual o laboral (*mobbing*) y cómo se ha procedido en la reparación de daños y penalización, si se dan y normalizan comentarios discriminatorios, machistas,

misóginos, homófobos o racistas entre el personal o incluso en las relaciones verticales, y cómo afectan las subjetividades de mujeres y hombres en cada caso frente a un análisis objetivo de las consecuencias para la efectiva igualdad.

Identificar y reconocer la situación del personal en relación con todos estos asuntos, según el carácter administrativo o laboral de la relación, sexo, edad y otras variables que se entrecruzan tales como la discapacidad física o identidad sexual, contribuye no solo a visibilizar las brechas que con seguridad existen, sino, sobre todo, los desafíos que debe atender y cubrir el plan de igualdad a desarrollar en cada organización administrativa.

4.1.2. Registros retributivos, auditorías retributivas y valoración de puestos de trabajo con perspectiva de género

La Recomendación de la Comisión, de 7 de marzo de 2014, sobre el refuerzo del principio de igualdad de retribución entre hombres y mujeres a través de la «transparencia salarial» de los *empleadores públicos y privados*, establece que los Estados deben optar por, al menos, una de las siguientes medidas: (i) derecho individual a la información retributiva de los niveles salariales desglosada por género (promedios) a requerimiento del trabajador y la trabajadora; (ii) atribución del derecho a esta información con carácter periódico, en beneficio de las personas trabajadoras y de sus representantes, en las empresas de al menos cincuenta personas trabajadoras; (iii) obligación de que las empresas de al menos doscientas cincuenta personas trabajadoras elaboren auditorías salariales (con promedios retributivos y análisis de sistemas de valoración de los puestos) que deben ponerse a disposición de los y las representantes; (iv) garantía de que la cuestión de la igualdad de retribución, en particular las auditorías salariales, se debata en el nivel adecuado de la negociación colectiva.

Pues bien, el ordenamiento jurídico español obliga, como parte del diagnóstico, a:

a) Llevar en todas las empresas un registro anual con los valores medios de los salarios, los complementos salariales y las percepciones extrasalariales de su plantilla, desagregados por sexo y distribuidos por grupos profesionales, categorías profesionales o puestos de trabajo iguales o de igual valor, teniendo las personas trabajadoras *«el derecho a acceder, a través de la representación legal de los trabajadores en la empresa, al registro salarial de su empresa»* (arts. 28.2 ET y 5.1 del RD 902/2020).

b) Confeccionar en las empresas con al menos 50 empleados la auditoria retributiva [arts. 46.2.e) LOI y 7.1 RD 902/2020]. El diagnóstico de la situación retributiva en la empresa requiere [art. 8.1.a) RD 902/2020]: 1.º La evaluación de los puestos de trabajo con perspectiva de género, pudiendo utilizarse a tales efectos la herramienta de valoración de los puestos de trabajo y de igualdad retributiva elaborada por el Ministerio de Trabajo y Economía Social y el Ministerio de Igualdad (art. 1.2 Orden PCM/1047/2022). 2.º) La identificación de otros factores desencadenantes de las diferencias retributivas.

Sin embargo, salvo el art. 28.2 del ET, que sí rige para el personal laboral de las Administraciones Públicas, ni el art. 46.2.e) de la LOI ni los RR.DD. 901/2020 y 902/2020 resultan de aplicación en el ámbito de las Administraciones Públicas. Como puede observarse, el marco normativo que se impone en esta materia es mucho más liviano para las Administraciones Públicas que para las empresas, cuando aquellas deberían dar ejemplo.

En principio, existen razones que pueden explicar esa diferencia, a saber:

a) La cuantía de las retribuciones básicas y complementarias (complemento de destino y específico) de los funcionarios debe fijarse para cada ejercicio presupuestario en la correspondiente Ley de Presupuestos Generales del Estado, por lo que no deberían existir diferencias retributivas basadas en el género.

b) El personal laboral, a diferencia de los trabajadores del sector privado, tiene siempre respecto de la Administración Pública los derechos y obligaciones establecidos en las normas legales y convencionales, no entrando en juego ni la autonomía colectiva de efectos personales limitados ni la autonomía individual. Lo que resulta explicable en atención a los principios de igualdad ante la ley y de no discriminación que rigen para las Administraciones Públicas en cuanto empleadoras y que les impiden el establecimiento selectivo de las condiciones de trabajo por encima de las previsiones legales o convencionales, a diferencia de los empleadores privados. Ciertamente, como ha declarado el Tribunal Constitucional, el art. 14 de la Constitución Española *«no impone en el ámbito de las relaciones laborales una igualdad de trato en sentido absoluto, pues la eficacia en este ámbito del principio de la autonomía de la voluntad deja un margen en el que el acuerdo privado o la decisión unilateral del empresario, en ejercicio de sus poderes de organización de la empresa, puede libremente disponer la retribución del trabajador, respetando los mínimos legales o convencionales»*, de suerte que la diferencia salarial que no tenga un significado discriminatorio, por incidir en alguna de las causas prohibidas por la Constitución Española o el Estatuto de los Trabajadores, *«no puede considerarse como vulneradora del principio de igualdad»*[278]. Mas cuando el empresario *«es la Administración Pública, ésta no se rige en sus relaciones jurídicas por el principio de la autonomía de la voluntad, sino que debe actuar con sometimiento pleno a la Ley y al Derecho (art. 103.1 CE), con interdicción expresa de la arbitrariedad (art. 9.3 CE)»* y, como poder público que es, *«está sujeta al principio de igualdad ante la ley que, como hemos declarado, concede a las personas el derecho subjetivo de alcanzar de los poderes públicos un trato igual para supuestos iguales»*[279].

Con todo, las discriminaciones por razón de sexo en materia retributiva son factibles en relación tanto con el personal funcionario como laboral. En efecto, el complemento de destino a percibir por cada funcionario depende del nivel asignado a su puesto de trabajo y del desarrollo de su carrera vertical, por lo que sí pueden producirse discriminaciones injustificadas por razón de sexo. Y lo mismo cabe decir en relación con el complemento específico, ya que su puesta en marcha requiere de dos procesos concurrentes (la determinación de los puestos a que se asigna y la fijación de su cuantía) y, además, las normas presupuestarias vienen limitándose a establecer la cantidad global destinada a la asignación de este complemento. Y, en fin, en el resto de las retribuciones complementarias de los funcionarios públicos también pueden producirse discriminaciones retributivas entre

---

278 SSTC 34/1984, de 9 de marzo; y 2/1998, de 12 de enero.

279 SSTC 161/1991, de 18 de julio; 2/1998, de 12 de enero; y 34/2004, de 8 marzo.

mujeres y hombres (complementos de productividad, gratificaciones por servicios extraordinarios y complementos de carrera profesional horizontal), ya que su asignación se realiza de forma individualizada y no de forma general para categorías, cuerpos o grupos. Y, en fin, la experiencia práctica suele mostrar la existencia de diferencias salariales entre los trabajadores y trabajadoras al servicio de las Administraciones Públicas.

Por ello, y a fin de detectar las posibles discriminaciones retributivas entre mujeres y hombres, es necesario que las Administraciones Públicas informen sobre las retribuciones promediadas de su personal funcionario (**a**) y laboral (**b**).

a) Los Departamentos Ministeriales y Organismos Públicos remitirán, al menos anualmente, a los Ministerios de Trabajo y Asuntos Sociales y de Administraciones Públicas, información relativa a las *«retribuciones promediadas de su personal»* (art. 63 LOI). Por consiguiente, se debe llevar un registro con los valores medios de las retribuciones básicas y complementarias, desagregadas por sexos y distribuidas por subgrupos o grupos de clasificación profesional, cuerpos o escalas, niveles, categorías o escalones y cualquier otra circunstancia que pueda incidir en la cuantía de las retribuciones de los funcionarios públicos. Aunque la aplicación directa del art. 63 de la LOI se limita a la Administración General del Estado y los organismos públicos dependientes de ella, resulta aplicable de forma subsidiaria al resto de las Administraciones Públicas.

b) Las Administraciones Públicas deben llevar un registro con los valores medios de los salarios, los complementos salariales y las percepciones extrasalariales de su plantilla laboral, desagregados por sexos y distribuidos por grupos profesionales, categorías profesionales o puestos de trabajo iguales o de igual valor, y los trabajadores tienen *«el derecho a acceder, a través de la representación legal de los trabajadores en la empresa, al registro salarial de su empresa»* (art. 28.2 ET). Cuando en una Administración Pública con al menos 50 trabajadores, el promedio de las retribuciones de los trabajadores de un sexo sea superior a los del otro en un 25% o más, tomando el conjunto de la masa salarial o la media de las percepciones satisfechas, la Administración deberá incluir en el registro salarial una justificación de que dicha diferencia responde a motivos no relacionados con el sexo de las personas trabajadoras (art. 28.3 ET). Estas obligaciones, al estar previstas en el art. 28 del ET, resultan aplicables en relación con el personal laboral de las Administraciones Públicas (art. 7 EBEP). No obstante ello, según la DA 4.ª del RD 902/2020, «*al personal laboral al servicio de las Administraciones Públicas le resultará de aplicación lo previsto en el presente reglamento, de acuerdo con las peculiaridades establecidas en su legislación específica*». De este modo, el RD 902/2020 precisa de un ulterior desarrollo y articulación en relación con el personal laboral al servicio de las Administraciones Públicas y mientras dicho desarrollo no se produzca no resulta de aplicación directa en el ámbito del empleo público laboral.

La normativa estatal expresamente no obliga a las Administraciones Públicas a realizar una valoración de los puestos de trabajo con perspectiva de género. Excepcionalmente, algunas leyes autonómicas para la promoción de la igualdad de género, a fin de garantizar el cumplimiento del principio de igualdad de retribución de mujeres y hombres, obligan a la Administración de la Comunidad Autónoma a realizar una valoración técnica de las plazas de personal funcionario o de los puestos cubiertos por personal laboral en todos los cuerpos, escalas, grupos, niveles y categorías, considerando en la misma el efectivo desempeño de cada puesto e incorporando la perspectiva de género, que será revisada periódicamente o cada cuatro años[280]. No obstante, en la Comunidad Autónoma de Galicia dicha valoración técnica sólo se impone cuando en el cuerpo, escala, grupo o categoría exista una diferencia porcentual de, por lo menos, 20 puntos entre el número de mujeres y el número de hombres o cuando, por las circunstancias concurrentes, se aprecie una apariencia de discriminación por razón de sexo[281]. En cualquier caso, es evidente que, si se constata la segregación horizontal o vertical de las mujeres o una brecha salarial de género superior al 25%, que carece de una justificación objetiva y razonable, en la Administración Pública de que se

---

[280] Cfr. los arts. 68 de la Ley 2/2019, de 7 de marzo, para la igualdad efectiva entre mujeres y hombres en Cantabria, y 16.5 de la Ley 17/2015, de 21 de julio, de igualdad efectiva de mujeres y hombres en Cataluña.

[281] Cfr. el art. 52 del Decreto Legislativo 2/2015, de 12 de febrero, por el que se aprueba el texto refundido de las disposiciones legales de la Comunidad Autónoma de Galicia en materia de igualdad.

trate, está tendrá que realizar la valoración de los puestos de trabajo con perspectiva de género.

En fin, aunque la regulación española que se contiene en la LOI, el art. 28 del ET y los RR.DD. 901/2020 y 902/2020 en líneas generales se ajusta a las exigencias que marca la nueva Directiva 2023/970, no puede decirse lo mismo en relación con la normativa aplicable en las Administraciones Públicas. Efectivamente, nos encontramos ante una Directiva que refuerza la aplicación del principio de igualdad de retribución entre hombres y mujeres previsto en la Directiva 2006/54/CE y, conforme a reiterada jurisprudencia comunitaria, el principio de igualdad de trato en el acceso al empleo, a la formación profesional, a la promoción y a las condiciones de trabajo establecido en dicha Directiva tiene alcance general y se aplica también a las relaciones de empleo del sector público, incluidas las de carácter funcionarial o administrativo[282]. A mayor abundamiento, el art. 2.2 de la Directiva 2023/970 nos remite al concepto de trabajador en la doctrina jurisprudencial comunitaria. Pues bien, el ámbito de aplicación personal del Acuerdo Marco sobre el trabajo de duración determinada, que figura en el anexo de la Directiva 1999/70/CE del Consejo, de 28 de junio de 1999, está concebido en los mismos términos que en el art. 2.2 de la Directiva 2023/970, al referirse con carácter general a los *«trabajadores con un trabajo de duración determinada cuyo contrato o relación laboral esté definido por la legislación, los convenios colectivos o las prácticas vigentes en cada Estado miembro»* y la doctrina jurisprudencial comunitaria lo ha interpretado de manera extensiva. En este sentido, el Tribunal de Justicia de la Unión Europea argumenta que, habida cuenta de la importancia de los principios de igualdad de trato y de no discriminación, que forman parte de los principios generales del Derecho de la Unión, a las disposiciones previstas por la Directiva 1999/70 y el Acuerdo marco a efectos de garantizar que los trabajadores con un contrato de duración determinada disfruten de las mismas ventajas que los trabajadores por tiempo indefinido comparables, debe reconocérseles un alcance general, dado que constitu-

---

[282] Por todas, las SSTJCE de 26 de octubre de 1999 (Asunto C-273/97), 11 de enero de 2000 (Asunto C-285/98), 19 de marzo de 2002 (Asunto C-476/99) y 30 septiembre 2004 (Asunto C-319/03).

yen normas de Derecho social de la Unión de especial importancia de las que debe disfrutar todo trabajador, ya sea en régimen de laboral como en régimen de Derecho administrativo, al ser disposiciones protectoras mínimas[283].

4.2. Diseño del plan de igualdad

El plan de igualdad contendrá las medidas que resulten necesarias en virtud del diagnóstico, pudiendo incorporar medidas relativas a la violencia de género, lenguaje y comunicación no sexista u otras, identificando todos los objetivos y las medidas evaluables por cada objetivo fijado para eliminar posibles desigualdades y cualquier discriminación, directa o indirecta, por razón de sexo en el ámbito de la Administración Pública. En cualquier caso, las medidas de igualdad contenidas en el plan de igualdad deberán responder a la situación real de la Administración Pública individualmente considerada reflejada en el diagnóstico y deberán contribuir a alcanzar la igualdad real entre mujeres y hombres en la misma. En fin, aunque el diagnóstico concluyese en la inexistencia de desigualdad en la entidad, seguirá siendo obligatorio, en su caso, la elaboración del plan de igualdad, introduciendo medidas que eviten la alteración de tal situación.

5. El procedimiento para la elaboración y aplicación de los planes de igualdad

5.1. Régimen jurídico aplicable

Los planes de igualdad serán objeto de negociación en la forma que se determine en la legislación sobre negociación colectiva en la Administración Pública (DA 7.ª.2 EBEP y art. 64 LOI). De modo que

---

283 Así, la Directiva 1999/70 y el Acuerdo marco son aplicables, por ejemplo, a los funcionarios interinos [SSTJUE de 22 de diciembre de 2010 (Asuntos acumulados C-444/09 y C-456/09) o 8 de septiembre de 2011 (Asunto C-177/10)], el personal estatutario temporal eventual [STJUE de 14 de septiembre de 2016 (Asunto C-16/15)] o el personal eventual [STJUE de 9 de julio de 2015, C-361/12)].

ha de aplicarse específicamente la regulación que se contiene en los arts. 32 y siguientes del EBEP, con las adaptaciones correspondientes atendidas las peculiaridades de este tipo de planes[284]. En cambio, como ya hemos visto, no resultan aplicables directamente ni los arts. 45 y 46 de la LOI ni los RR.DD. 901/2020 y 902/2020, lo que no obstará a que se puedan o deban utilizar como directrices o marcos de referencia en relación con el procedimiento para la elaboración y aplicación de los planes de igualdad en el ámbito del empleo público.

5.2. El deber de negociar los planes de igualdad

El plan de igualdad *«será objeto de negociación, y en su caso acuerdo, con la representación legal de los empleados públicos en la forma que se determine en la legislación sobre negociación colectiva en la Administración Pública»* (DA 7.ª.2 EBEP y art. 64 LOI). Por consiguiente, dicho plan debe ir precedido de la correspondiente negociación, pues dicha exigencia viene impuesta a la Administración General del Estado por la propia Ley Orgánica 3/2007[285] y al resto de las Administraciones Públicas por el EBEP.

5.3. Plazo para iniciar el procedimiento de negociación

Las Administraciones Públicas deberán iniciar el procedimiento de negociación del plan de igualdad al inicio de cada legislatura (DA 7.ª.2 EBEP y art. 64 LOI).

5.4. La mesa de negociación competente para negociar el plan de igualdad

El art. 36.3 del EBEP prevé la constitución de una Mesa General de Negociación común para el personal funcionario y laboral en

---

284 STS (CA) de 22 de febrero de 2022 (*Tol 8818724*).

285 STS (CA) de 22 de febrero de 2022 (*Tol 8818724*).

la Administración General del Estado, así como en cada una de las Comunidades Autónomas, ciudades de Ceuta y Melilla y Entidades Locales. Estas mesas de negociación son competentes para negociar «*todas aquellas materias y condiciones de trabajo comunes al personal funcionario, estatutario y laboral de cada Administración Pública*» (art. 36.3 EBEP), esto es, aquellas materias o condiciones de trabajo del personal funcionario y laboral de la correspondiente Administración Pública que reciban un tratamiento legal unificado o, incluso, paralelo pero uniforme en el EBEP y otras normas administrativas. Pues bien, la DA 7.ª.2 del EBEP y el art. 64 de la LOI aluden a un plan de igualdad único para cada Administración Pública que, por lo tanto, será aplicable a ambos colectivos, el funcionarial y el laboral. Y, siendo así, el plan de igualdad debe ser objeto de negociación conjunta y el ámbito natural para ello es el de la Mesa General de Negociación común para el personal funcionario y laboral de la correspondiente Administración Pública[286].

Los planes de igualdad, en la medida en que son aplicables a ambos tipos de personal (los funcionarios y los laborales), serán objeto de negociación en las mesas comunes, pero siempre y cuando la regulación convencional afecte a todos los empleados públicos[287]. En cambio, las materias y condiciones de trabajo que cuenten con regulaciones legales específicas y diferentes para los funcionarios y para el personal laboral habrán de ser pactadas en cada subámbito, ya sea en el funcionarial, ya en el laboral. Y ello será así, incluso, en aquellos aspectos como, por ejemplo, la carrera profesional y promoción (art. 19.2 EBEP) o la provisión de puestos y la movilidad funcional y geográfica del personal laboral (art. 83) en los que los convenios colectivos disponen de plena libertad para seguir el modelo laboral o el funcionarial, pues esta decisión corresponde adoptarla a los miembros de la comisión negociadora correspondiente. Y, de ahí, que el apartado 2 de la DA 7.ª del EBEP disponga que en el ámbito de cada

286 Cfr. STS (CA) de 24 de septiembre de 2008 (*Tol 1378354*). En cambio, FABREGAT MONFORT, G., Garantía del principio de igualdad..., cit., pág. 48, sostiene que el plan de igualdad puede negociarse en las mesas comunes o en las mesas específicas del personal funcionario y laboral.

287 Cfr. SSTS (CA) de 9 de octubre de 2013 (*Tol 3984458*) y 16 de abril de 2014 (*Tol 4264170*).

Administración Pública el plan de igualdad se desarrollará *«en el convenio colectivo o acuerdo de condiciones de trabajo del personal funcionario que sea aplicable, en los términos previstos en el mismo»*.

5.5. La composición de la mesa de negociación

El apartado 3 del art. 36 del EBEP dispone que son de aplicación a las Mesas Generales de Negociación comunes al personal funcionario y laboral de cada Administración Pública *«los criterios establecidos en el apartado anterior sobre representación de las organizaciones sindicales en la Mesa General de Negociación de las Administraciones Públicas, tomando en consideración en cada caso los resultados obtenidos en las elecciones a los órganos de representación del personal funcionario y laboral del correspondiente ámbito de representación»* (párrafo segundo) y que *«también estarán presentes en estas Mesas Generales, las organizaciones sindicales que formen parte de la Mesa General de Negociación de las Administraciones Públicas siempre que hubieran obtenido el 10 por 100 de los representantes a personal funcionario o personal laboral en el ámbito correspondiente a la Mesa de que se trate»* (párrafo tercero).

Al respecto, cabe señalar lo siguiente[288]:

1.º) De conformidad con lo establecido en el segundo párrafo del art. 36.3 del EBEP, *«son de aplicación a estas Mesas Generales los criterios establecidos en el apartado anterior sobre representación de las organizaciones sindicales en la Mesa General de Negociación de las Administraciones Públicas»*. Y, según el art. 36.1 del EBEP, la representación de las organizaciones sindicales legitimadas para estar presentes en la Mesa General de Negociación de las Administraciones Públicas se determinará *«de acuerdo con lo dispuesto en los artículos 6 y 7 de la Ley Orgánica 11/1985, de 2 de agosto, de Libertad Sindical»* y *«se distribuirá en función de los resultados obtenidos en las elecciones a los órganos de representación del personal, De-*

[288] USO por carecer de suficiente implantación no ha formado parte de la negociación del III Plan para la Igualdad de Género en la Administración General del Estado que fue suscrito por las organizaciones sindicales CC.OO., UGT, CSIF y CIG, ni tampoco ha formado parte de la negociación de los dos planes de igualdad hasta ahora establecidos para la AGE [SAN de 16 de enero de 2023 (Proc. 311/2022)].

legados de Personal, Juntas de Personal y Comités de Empresa, en el conjunto de las Administraciones Públicas». Por consiguiente, y de conformidad con lo establecido en los arts. 6 y 7 de la LOLS, estarán legitimados para estar presentes en estas Mesas Generales comunes los sindicatos más representativos a nivel estatal (CC.OO. y UGT) y autonómico y los sindicatos que hayan obtenido el 10 por 100 del conjunto de los representantes unitarios de los empleados públicos (funcionarios y laborales) de la correspondiente Administración Pública (Administración General del Estado, Administración de la Comunidad Autónoma, Ayuntamiento, Diputación Provincial, etc.)[289].

UGT y CC.OO. ostentan legitimación directa y automática para formar parte de las Mesas Generales comunes para el personal funcionario y laboral, aunque no hayan obtenido ningún puesto en los órganos de presentación del personal de la Administración Pública de que se trate ni hayan presentado listas en las elecciones de todos o algunos de tales órganos, ya que, de conformidad con lo dispuesto en el art. 6.3.c) de la LOLS, la mayor representatividad es título suficiente para participar en todas las negociaciones que se desarrollen en el ámbito de la función pública[290]. La distorsión producida por la presencia en el órgano negociador de un convidado de piedra se compensa, no obstante, por estar repartidos los puestos en función de la representatividad sindical y porque no impide que quienes alcancen la representatividad en el ámbito de negociación puedan formar parte de la mesa negociadora[291].

En fin, las organizaciones sindicales más representativas de Comunidad Autónoma (ELA-STV y LAB en el País Vasco, y CIGA en Galicia) pueden participar en la Mesa general común de la Administración General del Estado (art. 33.1 EBEP)[292] y a su vez irradian en sus respectivas comunidades su condición a los sindicatos o entes sin-

---

[289] La clara afectación de dos colectivos, funcionarial y laboral, exige reconducir el conocimiento de las controversias relativas a la composición de las Mesas de negociación comunes al personal de relación administrativa y laboral hacia el orden contencioso-administrativo de la jurisdicción [STS de 10 de enero de 2018 (*Tol 6509358*)].

[290] Cfr. la STS (CA) de 1 de diciembre de 1992 (Rec. 9162/1990).

[291] STC 98/1985, de 29 de julio.

[292] STS (CA) de 28 de mayo de 2014 (*Tol 4443520*).

dicales federados o confederados en ellas que podrán participar en las Mesas generales de negociación de la Administración autonómica correspondiente y de las Entidades Locales ubicadas en el respectivo ámbito autonómico [art. 7.1.b) LOLS].

2.º) De conformidad con el art. 7.2 de la LOLS, también estarán legitimados para formar parte de las Mesas Generales comunes para el personal funcionario y laboral, los sindicatos simplemente representativos en la correspondiente Administración Pública, tomándose en consideración a tales efectos los resultados obtenidos *«en las elecciones a los órganos de representación del personal funcionario y laboral del correspondiente ámbito de representación»*, tal y como específica el inciso final del párrafo segundo del art. 36.3 del EBEP. De esta forma, los sindicatos que carezcan de la condición de más representativos a nivel estatal o de Comunidad Autónoma deben contar con el 10% del conjunto de los representantes unitarios de los empleados públicos de la Administración Pública[293]. El sindicato que tenga dicha

---

[293] Cfr. SSTS (CA) de 27 enero de 2011 (*Tol 2041237*) y 16 de junio de 2015 (*Tol 5186122*). En cambio, las SSTS (CA) de 11 de octubre de 2016 (*Tol 5856688*) y 18 de enero de 2018 (*Tol 6486608*) consideran que para estar presentes en las Mesas generales de negociación comunes de las Administraciones Públicas es preciso contar con el 10% de los representantes unitarios tanto del funcionariado como del personal laboral de la correspondiente Administración Pública. Con todo, al tratarse de la Federación de Sindicatos de Educación y Sanidad y del Sindicato Independiente Policía Local de Asturias, respectivamente, en rigor no tenían derecho a estar presentes en las mesas de negociación comunes al personal funcionario y laboral por la falta de adecuación o correspondencia entre los ámbitos de representación de tales sindicatos y las mesas de negociación. La STS (CA) de 28 de marzo de 2017 (*Tol 6037988*) tampoco reconoce el derecho a formar parte de la Mesa Delegada de las Entidades Gestoras de la Seguridad Social (Mesa Delegada de la Mesa General Común de la AGE) a USO que cuenta con el 15,60% de representatividad en el personal funcionario y 8,20% en el personal laboral.

En fin, la impugnación de la constitución de la Mesa General de Negociación de la Administración General del Estado prevista en el art. 36.3 del EBEP por excluir del cálculo a efectos de representatividad sindical a los representantes de los profesores de religión compete al orden de la jurisdicción contencioso-administrativa [STS de 10 de enero de 2018 (*Tol 6509358*)].

representación ostenta la condición de simplemente representativo en dicha Administración pública, lo que le confiere la legitimación negocial para formar parte de este foro de negociación y ello es así aunque sus representantes hubieran sido elegidos total o mayoritariamente dentro de un determinado estamento[294].

3.º) La exigencia de una representatividad acumulada en los ámbitos funcionarial y laboral, sin embargo, se flexibiliza en relación con los sindicatos simplemente representativos en el conjunto de las Administraciones Públicas (esto es, la CSI-CSIF). En efecto, de acuerdo con el párrafo tercero del art. 36.3 del EBEP, también esta-

---

294 STS (CA) de 16 de junio de 2015 (*Tol 5186122*). Sin embargo, con posterioridad el Tribunal Supremo cambiará de criterio en las sentencias de 11 de octubre de 2016 (*Tol 5856688*), 28 de marzo de 2017 (*Tol 6037988*) y 18 de enero de 2018 (*Tol 6486608*). De conformidad con la nueva línea jurisprudencial, el porcentaje mínimo de representatividad obtenido por una organización sindical, que no forma parte de la Mesa General de Negociación de las Administraciones Públicas y pretende estar presente en la Mesa General de Negociación de materias y condiciones de trabajo comunes al personal funcionario y laboral que haya de constituirse en una Administración Pública, ha de ser el 10% tanto del funcionariado como del personal laboral de la correspondiente Administración Pública. Por lo demás, esta unidad de negociación comprende a la totalidad de los empleados públicos de la Administración Pública correspondiente, por lo que la suficiente representatividad debe acreditarse en el conjunto de las representaciones unitarias de todos ellos, no siendo suficiente con acreditarla en un determinado sector [STS (CA) de 27 enero de 2011 (*Tol 2041237*)]. Y, en fin, un sindicato funcionarial, aunque acredite entre los funcionarios públicos un porcentaje de audiencia electoral que represente el 10 por 100 en el conjunto del empleo público de la correspondiente Administración Pública, no tiene derecho a participar en la Mesa General de Negociación común al personal funcionario y laboral de dicha Administración Pública, pues su ámbito funcional y territorial de representación es inferior al ámbito dentro del cual va a producir efectos la actividad negocial. De ahí, que la Federación de Sindicatos de Educación y Sanidad (FSES) o el Sindicato Independiente Policía Local de Asturias-SIPLA no tuvieran derecho a formar parte de las Mesas Generales de Negociación comunes al personal funcionario y laboral de la Administración de la Junta de Andalucía [Cfr. la STS (CA) de 11 de octubre de 2016 (*Tol 5856688*)] o del Ayuntamiento de Gozón [Cfr. la STS (CA) de 18 de enero de 2018 (*Tol 6486608*)], respectivamente.

rán presentes en estas Mesas Generales comunes, las organizaciones sindicales que formen parte de la Mesa General de Negociación de las Administraciones Públicas siempre que hubieran obtenido *«el 10 por 100 de los representantes a personal funcionario o personal laboral en el ámbito correspondiente a la Mesa de que se trate»* (en este caso, la conjunción es disyuntiva). Por consiguiente, CSIF estará presente en la mesa de negociación común al personal funcionario y laboral de cada Administración Pública si obtiene el 10 por 100 de los representantes unitarios de los funcionarios o de los laborales de dicha Administración Pública[295]. Es decir, a esta organización sindical no se le exige la representatividad acumulada en los ámbitos funcionarial y laboral de la entidad, siendo suficiente con que la acredite en uno de ellos. Si se comparan los ámbitos de representación de los delegados de personal/juntas de personal y de los delegados de personal/comités de empresa en las Administraciones Públicas, se comprueba que, a pesar de que en esta materia las distancias entre lo funcionarial y lo laboral se han acortado, lo cierto es que tales ámbitos generalmente no coinciden y que el ámbito de los primeros es más amplio que el de los segundos. Ello determina que los funcionarios estén infrarrepresentados en comparación con los trabajadores de las Administraciones Públicas. Cotejando el número de representantes unitarios de los funcionarios y de los trabajadores y las plantillas a las que se corresponden, se ve como existe una cierta desproporción, en el sentido de que los trabajadores tienen un mayor número de representantes que los funcionarios. Ello va a determinar que los sindicatos que limitan su campo de acción a la función pública encuentren mayores dificultades que los sindicatos que actúan en el ámbito de los laborales para alcanzar el umbral de representatividad sindical necesario para negociar las condiciones de trabajo comunes al personal funcionario y laboral. Probablemente, estas objeciones hayan sido tomadas en consideración por el EBEP para ampliar las posibilidades de «irradiación» de la representatividad sindical y congraciarse con esta organización sindical a fin de asegurar la consideración, en cada mesa común, de los intereses de los funcionarios públicos.

---

[295] SSTS (CA) de 17 de abril de 2013 (*Tol 3744874*) y 11 de octubre de 2016 (*Tol 5856688*).

Ahora bien, CSIF, por el hecho de formar parte de la Mesa General de las Administraciones Públicas, a lo sumo, puede quedar exento del cómputo de representación en laborales, pero tendría que llegar al menos al 10% de los representantes de los funcionarios públicos de la correspondiente Administración Pública negociadora[296]. Ciertamente, del art. 7.2 de la LOLS no se desprende que una representatividad en el empleo público de ámbito estatal sea título suficiente para integrarse en las Mesas comunes estatal, autonómicas o locales a las que se refiere el art. 36.3 del EBEP.

5.6. Procedimiento de negociación

El art. 36 del EBEP no contiene ninguna referencia al procedimiento de negociación de las Mesas generales comunes al personal funcionario y laboral. Sin embargo, hay que indicar que el articulado del Capítulo IV del Título III de esta disposición legal suele referirse a las Mesas de negociación y a los Pactos y Acuerdos en general, por lo que no cabe sino concluir que aquéllas habrán de someterse a sus previsiones. De este modo, la negociación colectiva laboral en las materias y condiciones de trabajo comunes a los empleados públicos, incluidos los planes de igualdad y otras medidas de promoción de la igualdad, se somete a los límites del EBEP, con la consiguiente supremacía de las Administraciones Públicas, reflejada en el art. 38.3 —al requerir la validez y eficacia de los Acuerdos la aprobación expresa y formal de los órganos de gobierno de las Administraciones Públicas—, 38.7 —al permitir que éstos adopten una decisión unilateral cuando fracasa la negociación— y 38.10 del EBEP —al contemplar la suspensión o modificación unilateral del cumplimiento de los Pactos y Acuerdos ya firmados por causa de grave interés público—.

---

[296] SSTS (CA) 15 de junio de 2021 (*Tol 8484819*) y 3 de marzo de 2022 (*Tol 8830481*).

5.7. El deber de negociar de buena fe

Las negociaciones deberán realizarse bajo el principio de la buena fe. En efecto, el art. 33.1 del EBEP sujeta la negociación colectiva al principio de *«buena fe negocial»*. A mayor abundamiento, el art. 34.7 del EBEP dispone que *«ambas partes estarán obligadas a negociar bajo el principio de la buena fe y proporcionarse mutuamente la información que precisen relativa a la negociación»*.

El deber de negociar de buena fe constituye una obligación de medio con un contenido positivo (a) y otro negativo (b).

a) Del lado positivo, supone que las partes están obligadas a proporcionarse mutuamente la información que precisen para la negociación (art. 34.7 EBEP)[297] y que deben tener la posibilidad de alegar lo que consideren oportuno[298], de aportar propuestas y contrapropuestas y de tener contactos o conversaciones con carácter previo a la adopción del acuerdo o acuerdos, y que están obligadas a observar una conducta que haga posible la conclusión del Pacto o, en su caso, del Acuerdo, esto es, a realizar todos los esfuerzos que estén en su mano para llegar a un compromiso, transigiendo dentro de sus posibilidades y justificando su negativa a aceptar las propuestas de la contraparte[299]. El derecho de negociación colectiva *«no consiste solamente en la posibilidad formal de sentarse a una mesa a efectuar las propuestas que se tengan por convenientes, sino que incluye el derecho a que tales propuestas sean escuchadas y la posibilidad (aunque no la garantía, obviamente) de que sean acogidas»*[300]. En definitiva, la negociación del plan debe ser real y no puede convertirse ni en una mera apariencia de negociación, ni en una negociación meramente formal sin contenido de carácter material[301].

---

297 SSTS (CA) de 23 de abril de 2014 (*Tol 4394309*), 27 de octubre de 2014 (*Tol 4545816*) y 13 de febrero de 2018 (*Tol 6516454*).

298 Por todas, las SSTS (CA) de 13 de abril de 1998 (*Tol 1718434*) y 30 de marzo de 1999 (*Tol 1719341*)].

299 Cfr. STS (CA) de 6 de junio de 1995 (Rec. 217/1993).

300 STS (CA) de 13 de noviembre de 2006 (*Tol 1018633*).

301 STS (CA) de 22 de febrero de 2022 (*Tol 8818724*).

b) Desde el punto de vista negativo, la buena fe suponer evitar las obstrucciones, esto es, no simular que se negocia cuando no se está dispuesto a convenir, no dilatar las negociaciones, suministrar razones convincentes y ofrecer una contrapuesta razonable. Implica no usar de intimidación, maquinaciones dolosas ni claro aprovechamiento por una de las partes del error en que la otra pueda incurrir. Comporta también evitar por ambas partes posiciones absurdas, negativas o tendentes a desestabilizar la propia negociación. Aunque el EBEP no condena el uso de la violencia en las negociaciones, es obvio que el deber de negociar *bona fide* impide el ejercicio de la violencia por cualquiera de las partes. Acerca de lo que deba entenderse por violencia puede afirmarse con toda seguridad que el ejercicio del derecho de huelga no constituirá «violencia» en ningún caso[302]. El panorama de fondo de la negociación puede ser de tensión e, incluso, de conflicto abierto, en forma de huelga, lo que no invalida la negociación ni sus resultados, salvo que la presión degenere en violencia sobre las personas y/o sobre los bienes.

Ahora bien, el deber de negociar y de hacerlo, además, de acuerdo con el principio de buena fe no obliga a las partes a llegar a un acuerdo, y prueba de ello es la expresa previsión legal de mecanismos para suplir los fracasos de la negociación[303]. Ciertamente, en muchas materias el margen de maniobra de la autonomía negocial de las Administraciones Públicas está muy condicionado por los límites presupuestarios y por las autorizaciones exigidas legalmente, por lo que su negativa a aceptar las propuestas de las organizaciones sindicales no es que esté guiada por una voluntad de obstrucción u obstaculización de la negociación, sino que obedece a un escenario de negociación estrecho impuesto por el marco legal.

La inexistencia de un deber de llegar a un acuerdo, a juicio del Tribunal Supremo, determina que la Administración no esté obligada a celebrar un número mínimo de reuniones ni *«a mantener la negociación con carácter indefinido, puesto que en última instancia a ella*

---

302 Cfr. la STS de 29 de abril de 1987.

303 Por todas, las SSTS (CA) de 13 de abril de 1998 (*Tol 1718434*), 4 de marzo de 2003 (*Tol 1721178*) y 12 de abril de 2019 (*Tol 7194282*); y la STS (Social) de 11 de marzo de 2020 (*Tol 798003*).

compete tomar o promover las decisiones precisas para dar satisfacción a los intereses generales»[304]. El deber de negociar de buena fe obliga, más simplemente, a mantener una actitud «abierta» a la posibilidad de compromiso. Sin embargo, la trascendencia de esta obligación es evidente si se relaciona con la posibilidad de regulación unilateral que, en base al apartado 7 del art. 38 del EBEP, se abre a la Administración, de forma que aquélla sólo puede ser considerada como un recurso extremo. De lo contrario, la Administración podría mantener una actitud inflexible durante el proceso de negociación, a sabiendas de que al final se le abriría aquella posibilidad, quedando vacío prácticamente de contenido el derecho a la negociación colectiva en la función pública.

Todo instrumento negocial o reglamentario elaborado en contravención del principio de la buena fe negocial será contrario a Derecho, ilícito y, por tanto, nulo[305]. Las actas de las reuniones de la mesa de negociación adquieren una gran relevancia en orden a la acreditación de la existencia de la buena fe negocial. En efecto, los tribunales ponderan especialmente las manifestaciones vertidas en dichas actas, a la hora de decretar el cumplimiento o incumplimiento del deber de negociar de buena fe[306]. Por ello, a la Administración le conviene que en las actas se reflejen la información facilitada a la representación sindical, las razones esgrimidas para no tratar las cuestiones planteadas por dicha representación, cuando se encuentran incluidas en el catálogo de materias que deben ser objeto de negociación, o no aceptar las contraofertas sindicales, etc. Y, si la Administración no facilita la información necesaria para permitir el debate entre las distintas propuestas y posiciones o no lo hace con la antelación suficiente, las organizaciones sindicales deben ponerlo de manifiesto y formular la correspondiente protesta en el acta.

---

304 STS (CA) de 6 de junio de 1995 (Rec. 217/1993).

305 SSTS (CA) de 23 de abril de 2014 (*Tol 4394309*) y 27 de octubre de 2014 (*Tol 4545816*).

306 Por todas, las SSTS (CA) de 18 de octubre de 2004 (*Tol 515410*) y 13 de junio de 2018 (*Tol 6660390*).

5.8. Finalización del procedimiento de negociación

El procedimiento de negociación puede terminar con acuerdo o sin él.

5.8.1. Terminación normal: acuerdo entre las partes

El proceso negociador puede concluir normal o anormalmente. La terminación normal es aquella en la que las partes llegan a un acuerdo en la negociación colectiva (art. 86.1 LPAC). El EBEP silencia el régimen de adopción de los acuerdos negociales. No obstante ello, hay que indicar que, dado que la mesa es un órgano de composición mixta con presencia de representantes tanto de los sindicatos como de la Administración, el proceso de formación de la voluntad de la mesa negociadora se construye a través de un *iter* complejo: a) La inicial formación de la voluntad de cada una de las representaciones; y b) la posterior formación de la voluntad conjunta de la mesa.

Los acuerdos adoptados en el seno de la mesa negociadora requieren el asentimiento de ambas representaciones.

En materia de delimitación de las reglas a seguir para la formación de la voluntad de los representantes sindicales, la cuestión es más compleja que en relación con la Administración, habida cuenta el carácter de los mismos, puesto que —a diferencia de ésta—, ostentan una representación parcial que dificulta la conclusión de Acuerdos y Pactos de eficacia general. Durante la vigencia de la LORAP, para cubrir el vacío legal la doctrina mayoritaria proponía la aplicación del criterio de carácter mayoritario de forma que los Pactos y Acuerdos se entendían aprobados por la representación funcionarial cuando recibían el voto favorable de la mayoría de la representación sindical, siendo éste el criterio que, pese al silencio del EBEP, debe mantenerse.

A este respecto, conviene traer a colación la doctrina sentada por la Sala de lo Social del Tribunal Supremo en torno a la adopción de los acuerdos en el seno de las comisiones negociadoras de los convenios colectivos, habida cuenta la semejanza entre éstas y las mesas de negociación:

1.ª) La regla de la mayoría es más adecuada que la de la unanimidad al principio de representación que es, a su vez, el más acorde con el contenido de la libertad sindical[307].

2.ª) Los acuerdos de la comisión negociadora requieren el voto favorable de la representación sindical que por lógica, debe ser la que en cada caso concreto forme la comisión negociadora constituida con la representación suficiente, esto es, con más del 50% de la representación de los representantes de los empleados comprendidos en dicha mesa de negociación[308].

3.ª) En cuanto a la opción entre el cómputo de votos personales y el cómputo de votos proporcionales, debe prevalecer éste último, de forma que el cómputo debe realizarse atendiendo a la representatividad de las organizaciones sindicales y no en función del número de personas que voten, ya que lo contrario en determinadas situaciones equivale a tanto como hacer ineficaz el principio de proporcionalidad sobre el que se asienta todo el régimen jurídico de la negociación de los convenios colectivos[309].

Por parte de la Administración, al ser la representación unitaria, se plantean menos problemas, salvo el de determinar el procedimiento a seguir en orden a la formación de su voluntad negocial y a la exteriorización de la misma. En esta línea, teniendo en cuenta que los Acuerdos son reglamentos o proyectos de ley negociados y los Pactos convenios colectivos dotados de eficacia jurídica normativa, en la esfera estatal habrán de seguirse las reglas previstas en el art. 26 de la Ley 50/1997, de 27 de noviembre, del Gobierno (LGO) y en el Título VI de la LPAC en orden a la formación de la voluntad normativa del Gobierno[310]. En virtud de las mismas el órgano competente para aprobar o, en su caso, preparar la disposición de que se trate

---

307 SSTS de 7 de junio de 1999 (*Tol 5118219*), 22 de diciembre de 2008 (*Tol 1432367*) y 22 de septiembre de 2010 (*Tol 1968105*).

308 STS de 4 de octubre de 2001 (*Tol 4966996*).

309 SSTS de 22 de febrero de 1999 (*Tol 5118365*), 17 de enero de 2006 (*Tol 846498*) y 3 de junio de 2008 (*Tol 1351098*). Cfr. STS de 5 de noviembre de 2002 (*Tol 4972794*).

310 Cfr. STS (CA) de 10 de marzo de 1993 (*Tol 1688125*).

debe recabar una serie de consultas, dictámenes e informes para asegurar la necesidad, oportunidad, acierto y legalidad de la misma.

Finalmente, la formación de la voluntad de la mesa negociadora tendrá carácter resolutorio si coinciden las dos voluntades previas.

5.8.2. Terminación anormal: soluciones

La conclusión anormal encaja dentro de los supuestos en que no se produce acuerdo en la negociación. El art. 38.7 del EBEP hace referencia a los supuestos en que *«no se produzca acuerdo en la negociación»*. El legislador contempla la posibilidad de falta de acuerdo en el seno de la mesa negociadora, pero no precisa los casos concretos en que puede darse tal situación.

Pese a ello, la ruptura de las negociaciones puede obedecer a alguna de las siguientes motivaciones: a) La no concurrencia a las deliberaciones de una de las partes, siempre que la misma no se justifique en alguna de las causas excluyentes del deber de negociar. b) La imposibilidad de llegar a un acuerdo con las mayorías sindicales representativas precisas según los arts. 33.1 y 35.1 del EBEP. c) La utilización por alguna de las partes de dolo, fraude o coacción para lograr el consentimiento de la otra.

Conforme al art. 38.7 del EBEP, en caso de desacuerdo, primero habrá de intentarse la mediación, si lo solicita una de las partes negociadoras (art. 45.3 EBEP), y, sólo cuando ésta fracase, podrá el órgano de gobierno correspondiente dictar un reglamento para suplir el consiguiente vacío normativo. Además, el art. 45 del EBEP contempla la posibilidad de que las partes designen de común acuerdo y libremente a un tercero que desempeñe la tarea de dirimir, merced a una resolución de obligado cumplimiento, el conflicto de intereses suscitado (art. 45.3 EBEP). En definitiva, son tres las alternativas legalmente previstas para los supuestos de desacuerdo en la negociación, a saber: la mediación, el arbitraje y la decisión administrativa. En fin, a falta de acuerdo alcanzado directamente entre las partes o con la asistencia de un mediador o árbitro, las Administraciones

Públicas deben aprobar en todo caso el plan de igualdad y remitirlo al Registro de Planes de Igualdad[311].

5.9. El registro de planes de igualdad

En el plazo de 3 meses se creará un Registro de Planes de Igualdad, adscrito al departamento con competencias en materia de función pública, al que deberán remitir las distintas Administraciones públicas sus planes de igualdad, así como sus protocolos que permitan proteger a las víctimas de acoso sexual y por razón de sexo, para un mejor conocimiento, seguimiento y trasparencia de las medidas a adoptar por todas las Administraciones Públicas en esta materia (DA 7.ª.3 EBEP).

La Resolución de 16 de marzo de 2023, de la Secretaría de Estado de Función Pública, ha creado el Registro de planes de igualdad de las Administraciones Públicas y sus protocolos frente al acoso sexual y por razón de sexo (BOE 21/03/2023). Al Registro de Planes de Igualdad se incorporarán los Planes de Igualdad de las Administraciones Públicas (estatal, autonómica y local), así como de aquellos organismos públicos que tengan la consideración de Administración Pública o que estén integrados en la misma y tengan un plan de igualdad propio, así como los Protocolos frente al acoso sexual y por razón de sexo del mismo ámbito. A tales efectos, los órganos competentes en materia de igualdad remitirán al buzón institucional registro.planespublicosigualdad@correo.gob.es dependiente de la Dirección General de la Función Pública, los mencionados Planes y Protocolos, así como las posteriores actualizaciones de estos. Los Planes y Protocolos serán publicados en la sección de igualdad de la página web del Ministerio de Hacienda y Función Pública https://funcionpublica.hacienda.gob.es así como en el Portal www.administracion.gob.es para general conocimiento.

---

311 En el mismo sentido, ALFONSO MELLADO, C. y FABREGAT MONFORT, G., «La igualdad efectiva de mujeres y hombres…», cit., pág. 31.

6. El contenido de los planes de igualdad

6.1. Las medidas de los planes de igualdad

El Plan de igualdad establecerá los objetivos a alcanzar en materia de promoción de la igualdad de trato y oportunidades en el empleo público, así como las estrategias o medidas a adoptar para su consecución (DA 7.ª.2 EBEP y art. 64 LOI). Analógicamente puede tenerse en cuenta lo dispuesto para el sector privado y para el plan de igualdad de la AGE en la LOI, pero no puede pasarse por alto precisamente que la DA 7.ª.2 del EBEP y el art. 64 de la LOI remiten el contenido del plan de igualdad a lo que pueda negociarse en el instrumento negocial correspondiente[312].

En cualquier caso, parece innegable que el plan, en función de los problemas detectados en orden a la efectiva igualdad en la correspondiente Administración Pública, debe contener 1.ª) Medidas específicas para promover la igualdad en el acceso al empleo público. 2.ª) Medidas específicas para promover la igualdad en la carrera profesional vertical. 3.ª) Medidas específicas contra la discriminación retributiva. 4.ª) Medidas específicas para facilitar la conciliación personal, familiar y laboral y promover el ejercicio corresponsable de dichos derechos. 5.ª) Medidas específicas para prevenir el acoso sexual y el acoso por razón de sexo en el trabajo.

6.2. Las medidas antidiscriminatorias y de acción positiva

Para la consecución de los objetivos fijados, los planes de igualdad podrán establecer medidas antidiscriminatorias y también medidas de acción positiva a favor de las empleadas públicas. Es más, a diferencia de lo que sucede en el ámbito de las empresas, las medidas de acción positiva podrán adoptarse en cualquier plan de igualdad, ya sea acordado o unilateral, ya que, si fracasan la negociación y, en su caso, los procedimientos de solución extrajudicial de conflictos, la Administración Pública recupera su posición de supremacía, regu-

---

[312] ALFONSO MELLADO, C. y FABREGAT MONFORT, G., «La igualdad efectiva de mujeres y hombres...», cit., pág. 32.

lando por sí misma y unilateralmente las condiciones de trabajo de los funcionarios públicos (art. 38.7 EBEP), lo cual constituye una de las peculiaridades de la libertad sindical de éstos.

6.3. El contenido mínimo obligatorio de los planes de igualdad

Los planes de igualdad en el empleo público, a imagen y semejanza de los planes de igualdad de las empresas (art. 8.2 RD 901/2020), deberán tener el siguiente contenido mínimo:

a) Determinación de las partes que los conciertan.

b) Ámbito personal, territorial y temporal.

c) Informe del diagnóstico de situación de la Administración Pública.

d) Definición de objetivos cualitativos y cuantitativos del plan de igualdad.

e) Descripción de medidas concretas, plazo de ejecución y priorización de las mismas, así como diseño de indicadores que permitan determinar la evolución de cada medida.

f) Identificación de los medios y recursos, tanto materiales como humanos, necesarios para la implantación, seguimiento y evaluación de cada una de las medidas y objetivos.

g) Calendario de actuaciones para la implantación, seguimiento y evaluación de las medidas del plan de igualdad.

h) Sistema de seguimiento, evaluación y revisión periódica.

i) Composición y funcionamiento de la comisión u órgano paritario encargado del seguimiento, evaluación y revisión periódica de los planes de igualdad.

j) Procedimiento de modificación, incluido el procedimiento para solventar las posibles discrepancias que pudieran surgir en la aplicación, seguimiento, evaluación o revisión, en tanto que la normativa legal o convencional no obligue a su adecuación.

7. La naturaleza de los planes de igualdad

El art. 38.8 de la Ley 7/2007 prevé que *«los Pactos y Acuerdos que, de conformidad con lo establecido en el artículo 37, contengan materias y condiciones generales de trabajo comunes al personal funcionario y laboral, tendrán la consideración y efectos previstos en este artículo para los funcionarios y en el artículo 83 del Estatuto de los Trabajadores para el personal laboral»*. Así pues, se reconoce la naturaleza jurídica dual de los pactos y acuerdos alcanzados en este tipo de mesas de negociación, sin que se exija que los mismos se formalicen en instrumentos negociales separados.

Vayamos por partes.

Se dice, por un lado, que los Pactos y Acuerdos tendrán la consideración y efectos previstos en el art. 38 del EBEP para los funcionarios públicos. Es decir, la consideración y efectos propios de los Pactos y Acuerdos, de forma que no será necesario abrir una segunda fase de negociación en el seno de las Mesas generales o sectoriales de cada Administración Pública. Es más, éstas no podrán desvincularse de los acuerdos tomados en la Mesa general común al personal funcionario y laboral.

Se dice, por otro lado, que los Pactos y Acuerdos alcanzados tendrán la consideración y efectos previstos en el art. 83 del ET para el personal laboral. Y aquí se incurre en una notoria ambigüedad que habría que corregir, pues el antecitado precepto contempla dos modalidades distintas de la negociación colectiva laboral cuyos efectos son distintos, esto es, los convenios o acuerdos marco (apartado 2) y los acuerdos sobre materias concretas (apartado 3). A pesar de la indeterminación en que incurre el art. 38.8 del EBEP, por el contexto en que se inscribe y por su finalidad, parece referirse a los segundos. De este modo, las condiciones de trabajo establecidas en los planes de igualdad comunes se aplicarán directamente a los trabajadores, sin necesidad de ser incorporadas en los convenios colectivos, lo que significa que, tras la suscripción del Pacto o Acuerdo común, no se ha de abrir una segunda fase de negociación en el seno de la comisión negociadora, que se verá jurídicamente impedida de alterarlo. Lo que no obstará a que el plan de igualdad común se desarrolle por separado en el acuerdo de condiciones de trabajo del personal funcionario o en el convenio colectivo que sea aplicable, en los términos previstos en el mismo, en relación con aquellas materias que rebasan el ámbito competencial de la mesa de negociación común, tal y como prevé el apartado 2 de la DA 7.ª del EBEP.

8. La vigencia de los planes de igualdad

Si las Administraciones Públicas deben iniciar el procedimiento de negociación del plan de igualdad al inicio de cada legislatura (DA 7.ª.2 EBEP y art. 64 LOI), el periodo de vigencia o duración del mimo, que será determinado, en su caso, por las partes negociadoras, no podrá ser superior a cuatro años.

Aun cuando se haya fijado una duración determinada, será posible adelantar ésta a una fecha anterior a la acordada cuando las partes, en el ejercicio de su libertad para establecer la duración del plan de igualdad, hayan previsto la posibilidad de una denuncia «ante tempus» condicionada —pendiente del acaecimiento de un hecho futuro e incierto—, cuando se produzca una modificación sustancial de las circunstancias que hubieran servido de base para la elaboración del plan de igualdad en vigor y cuando una resolución judicial condene a la Administración Pública por discriminación directa o indirecta por razón de sexo o determine la falta de adecuación del plan de igualdad a los requisitos legales o reglamentarios. La terminación anticipada del plan de igualdad también podrá realizarse de común acuerdo entre las partes, si bien en este caso, salvo que se de alguna de las circunstancias antes señaladas, del lado de los empleados públicos, entrarán en el mutuo acuerdo las organizaciones sindicales que lo hubieran firmado y no los que, pudiendo hacerlo, no lo hicieron. Una vez abierta la negociación —revisión del plan de igualdad en cuestión—, es evidente que no podrán oponerse a que los sindicatos que tengan legitimación para negociar en dicho ámbito puedan participar en ella.

9. La vigilancia, seguimiento y evaluación de los planes de igualdad

El cumplimiento del plan de igualdad *«será evaluado con carácter anual»* (DA 7.ª.2 EBEP). Aunque las Unidades de Igualdad y la Comisión Interministerial de Igualdad entre mujeres y hombres u órganos análogos de las demás Administraciones Públicas puedan actuar en ese sentido, los planes de igualdad deben diseñar sus propios mecanismos de vigilancia, seguimiento y evaluación. Y así, deben incluir una comisión u órgano concreto de vigilancia y seguimiento del plan, en el que participen de forma paritaria la representación de la Administración Pública y de los empleados públicos, y que, en la medida de lo posible, tenga una composición equilibrada entre mujeres y hombres[313].

Asimismo, los representantes legales de los trabajadores tienen encomendada una función de vigilancia del respeto y aplicación del principio de igualdad de trato y de oportunidades entre mujeres y hombres [art. 64.7.a) ET]. A tales efectos, la representación legal de los trabajadores también *«tendrá derecho a recibir información, al menos anualmente, relativa a la aplicación en la empresa del derecho de igualdad de trato y de oportunidades entre mujeres y hombres, en la que deberá incluirse el registro previsto en el artículo 28.2 y los datos sobre la proporción de mujeres y hombres en los diferentes niveles profesionales, así como, en su caso, sobre las medidas que se hubieran adoptado para fomentar la igualdad entre mujeres y hombres en la empresa y, de haberse establecido un plan de igualdad, sobre la aplicación del mismo»* (art. 64.3 ET).

Por su parte, los Delegados de Personal y miembros de las Juntas de Personal tienen derecho a recibir información *«sobre la política de personal, así como sobre los datos referentes a la evolución de las retribuciones, evolución probable del empleo en el ámbito correspondiente y programas de mejora del rendimiento»* [art. 40.1.a) EBEP]. Además, les corresponden las funciones de vigilar el cumplimiento de las normas vigentes en materia de condiciones de trabajo, prevención de riesgos laborales, Seguridad Social y empleo y ejercer, en su caso, las acciones legales oportunas ante los organismos competentes [art. 40.1.e) EBEP].

---

313 USO por carecer de suficiente implantación no ha formado parte de la negociación del III plan de igualdad de la AGE que fue suscrito por las organizaciones sindicales CC.OO., UGT, CSIF y CIG, ni tampoco puede considerarse que USO pueda formar parte de las comisiones técnicas de igualdad por vinculadas a la Mesa General, ni de la comisión delegada de igualdad del CSIC [SAN de 16 de enero de 2023 (Proc. 311/2022)].

Es importante señalar que dentro del concepto de *«normas vigentes»* se incluyen los planes de igualdad, dada su eficacia jurídica normativa, de forma que los representantes unitarios, evidentemente sin perjuicio de las competencias en este ámbito de las organizaciones sindicales pactantes o, en su caso, de la comisión de vigilancia y seguimiento del plan, van a seguir su cumplimiento por parte de la Administración.

10. Régimen de infracciones y sanciones en materia de planes de igualdad

La labor de la Inspección de Trabajo y Seguridad Social se llevará a cabo en el ámbito del empleo público por la inspección general de servicios y los órganos equivalentes de las Comunidades Autónomas (art. 9.4 Ley 15/2022) y en los centros de trabajo y establecimientos militares por los organismos competentes del Ministerio de Defensa (art. 9.4 Ley 15/2022)[314]. Previsiones que contrastan con el art. 19.1.a) de la Ley 23/2015, de 21 de julio, Ordenadora del Sistema de Inspección de Trabajo y Seguridad Social, que extiende la actuación de la Inspección de Trabajo y Seguridad Social a los centros de trabajo y, en general, a los lugares de trabajo en los que se desarrollen relaciones laborales, aun cuando estén directamente regidos o gestionados por Administraciones Públicas o por entidades de Derecho público con personalidad jurídica propia vinculadas o dependientes de cualesquiera de ellas, con sujeción, en este último caso, a lo previsto en la normativa que regula dicha actuación en las Administraciones Públicas. Y siendo así, es previsible que el régimen sancionador en materia de igualdad por razón de sexo se aplique con bastante elasticidad en el ámbito del empleo público laboral.

---

[314] No obstante, la Inspección de Trabajo y Seguridad Social sí es competente para fiscalizar el cumplimiento de las normas vigentes en materia de igualdad por razón de sexo en las empresas externas que prestan servicio en centros militares al amparo de la Orden PRE/2457/2003, de 29 de agosto, por la que se aprueba la Instrucción sobre ordenación de la Inspección de Trabajo y Seguridad Social en empresas que ejerzan actividades en centros, bases o establecimientos militares.

IV. MEDIDAS ESPECÍFICAS PARA PROMOVER LA IGUALDAD EN LA CLASIFICACIÓN PROFESIONAL, EL ACCESO AL EMPLEO PÚBLICO Y LA PROMOCIÓN PROFESIONAL

1. La valoración de los puestos de trabajo con perspectiva de género

La normativa estatal expresamente no obliga a las Administraciones Públicas a realizar una valoración de los puestos de trabajo con perspectiva de género. Excepcionalmente, algunas leyes autonómicas para la promoción de la igualdad de género, a fin de garantizar el cumplimiento del principio de igualdad de retribución de mujeres y hombres, obligan a la Administración de la Comunidad Autónoma a realizar una valoración técnica de las plazas de personal funcionario o de los puestos cubiertos por personal laboral en todos los cuerpos, escalas, grupos, niveles y categorías, considerando en la misma el efectivo desempeño de cada puesto e incorporando la perspectiva de género, que será revisada periódicamente o cada cuatro años[315]. No obstante, en la Comunidad Autónoma de Galicia dicha valoración técnica sólo se impone cuando en el cuerpo, escala, grupo o categoría exista una diferencia porcentual de, por lo menos, 20 puntos entre el número de mujeres y el número de hombres o cuando, por las circunstancias concurrentes, se aprecie una apariencia de discriminación por razón de sexo[316].

Asimismo, se determina que únicamente se considerará el esfuerzo físico como elemento justificador de una partida retributiva si se trata de un elemento determinante absoluto en la configuración de una plaza o de un puesto o, de tratarse de un elemento esencial, si, a través de otros elementos neutros, se compensa la diferencia retributiva.

---

[315] Cfr. los arts. 68 de la Ley 2/2019, de 7 de marzo, para la igualdad efectiva entre mujeres y hombres en Cantabria, y 16.5 de la Ley 17/2015, de 21 de julio, de igualdad efectiva de mujeres y hombres en Cataluña.

[316] Cfr. el art. 52 del Decreto Legislativo 2/2015, de 12 de febrero, por el que se aprueba el texto refundido de las disposiciones legales de la Comunidad Autónoma de Galicia en materia de igualdad.

En fin, dichas valoraciones técnicas se podrán encargar a los órganos competentes de gestión de recursos humanos de la Administración pública gallega y, asimismo, se podrá solicitar la colaboración, dentro de sus competencias, de la Inspección de Trabajo y Seguridad Social[317]. Sólo excepcionalmente, si las especiales circunstancias del caso lo aconsejaran, se acudirá a personal especializado ajeno a la Administración pública gallega o a la Inspección de Trabajo y Seguridad Social.

Por último, el art. 44.b) del Decreto Legislativo 1/2023, de 16 de marzo, por el que se aprueba el texto refundido de la Ley para la Igualdad de Mujeres y Hombres y Vidas Libres de Violencia Machista contra las Mujeres en el País Vasco, obliga a Administración de la Comunidad Autónoma a poner a disposición de las instituciones públicas, de las empresas, de las organizaciones empresariales y sindicales y de la ciudadanía en su conjunto recursos para combatir la discriminación retributiva y para garantizar el principio de igual retribución por trabajo de igual valor; en particular, directrices, criterios y metodologías para una valoración, clasificación y evaluación de puestos y una promoción profesional no sexista, así como un servicio de información y asesoramiento y de canalización de quejas o denuncias.

2. *Medidas específicas para promover la igualdad en el acceso al empleo público*

El art. 55.1 del EBEP califica como rectores del derecho al acceso al empleo público en general los principios constitucionales de igualdad, mérito y capacidad, y el art. 61 determina además el carácter abierto de los procesos selectivos, que garantizarán la libre concurrencia, sin perjuicio de lo establecido para la promoción interna y de las medidas de discriminación positiva. De todo ello resulta que el legislador básico establece el carácter abierto de los procesos selectivos de acceso a la función pública (art. 61.1 EBEP) y prevé, como

317 Cfr. el art. 54 del Decreto Legislativo 2/2015, de 12 de febrero, por el que se aprueba el texto refundido de las disposiciones legales de la Comunidad Autónoma de Galicia en materia de igualdad.

únicas modulaciones del mismo, aparte «*de lo establecido para la promoción interna y de las medidas de discriminación positiva previstas en este Estatuto*» (art. 61.1 EBEP), dos supuestos excepcionales, que son los regulados en la DT 6.ª.4 de la LMRFP —que nunca fue formalmente derogada— y en la DT 2.ª del EBEP[318]. Y así, las pruebas de selección en el empleo público son más objetivas y, por ende, más respetuosas con el principio de discriminación por razón de sexo que en el empleo privado[319].

Por lo demás, como subraya el Tribunal Constitucional, encajan en las bases del régimen estatutario de los funcionarios públicos la norma que prevé que la adquisición de tal condición se verificará mediante convocatorias abiertas y también, por implicar una modulación de dicha norma, las excepciones que eventualmente se pueden prever a tal regla general[320]. De este modo, el legislador autonómico no actuará dentro de sus competencias si regula supuestos de acceso a la función pública en los que la participación no sea libre más allá de aquellos que encuentren amparo en la normativa básica.

Pues bien, las disposiciones de ámbito estatal y/o autonómico establecen medidas en aras a garantizar la igualdad entre mujeres y hombres en el acceso al empleo público a través de los procesos de selección de turno libre o de promoción interna, que son susceptibles de la siguiente ordenación[321]:

---

318 Cfr. SSTC 111/2014, de 26 de junio; 238/2015, de 19 de noviembre, y 38/2021, de 18 de febrero.

319 ESCUDERO RODRÍGUEZ, R. y MENÉNDEZ CALVO, R., «Las políticas de igualdad de mujeres y hombres en el ámbito laboral», en AA.VV., *Igualdad efectiva de mujeres y hombres, Manual interdisciplinar,* Tirant lo Blanch, Valencia, 2023, pág. 149.

320 SSTC 31/2006, de 1 de febrero; y 238/2015, de 19 de noviembre.

321 La mera alegación de que la recurrente ha sido víctima de un trato discriminatorio por razón de sexo al no superar concurso-oposición, ya que de los tres aspirantes que llegaron al último ejercicio era ella la única mujer no es razón para sostener que es aquí aplicable la inversión de la carga de la prueba prevista en el último apartado del art. 60 de la LJCA [STS (CA) de 6 de marzo de 2018 (*Tol 6538336*)].

1.ª) El informe de impacto de género en las ofertas públicas de empleo o en las convocatorias de las pruebas de acceso al empleo público.

2.ª) El principio de presencia equilibrada de mujeres y hombres en los órganos de selección.

3.ª) Las medidas en el desarrollo de las pruebas selectivas para eliminar las desigualdades y promover la igualdad.

4.ª) Las medidas en la valoración de los méritos para eliminar las desigualdades y promover la igualdad.

5.ª) La prioridad, en igualdad de condiciones de capacidad, de las mujeres en los cuerpos, escalas o categorías en los que estén subrepresentadas.

2.1. El informe de impacto de género en las ofertas públicas de empleo o en las pruebas de acceso al empleo público

La aprobación de la oferta de empleo público[322] o de las pruebas de acceso al empleo público deberá acompañarse de un informe de impacto de género[323], salvo en casos de urgencia y siempre sin perjuicio de la prohibición de discriminación por razón de sexo[324]. Dicho informe debe centrarse en analizar si alguno de los elementos de la oferta o de la convocatoria puede beneficiar a alguno de los sexos, para que en ese caso sea corregido, analizando las plazas ofertadas y/o lo requisitos, pruebas, órganos de selección y cuantos otros factores sean relevantes al respecto. De conformidad con el art. 61.2.f) de la Ley 4/2021, de 16 de abril, de la Función Pública Valenciana, las bases de las convocatorias de los procesos selectivos deberán contener la *«distribución porcentual de los dos sexos en el cuerpo y, en su caso, escala, agrupación profesional funcionarial, agrupación de puestos de tra-*

---

322 Cfr. art. 31.3 de la Ley 12/2007, de 26 de noviembre, para la promoción de la igualdad de género en Andalucía; y art. 55.1 de la Ley 4/2021, de 16 de abril, de la Función Pública Valenciana.

323 Cfr. art. 61.1 de la LOI.

324 Cfr. art. 55 de la LOI o art. 73.1 de la Ley 2/2019, de 7 de marzo, para la igualdad efectiva entre mujeres y hombres en Cantabria.

bajo o grupo profesional correspondientes». Asimismo, según alguna norma autonómica, las Administraciones públicas establecerán planes plurianuales de los distintos departamentos con el fin de promover el acceso de las mujeres a la promoción interna de la función pública[325]. Cada departamento deberá fijar en los respectivos planes los indicadores y objetivos.

2.2. El principio de presencia equilibrada de mujeres y hombres en los órganos de selección

Todos los tribunales y órganos de selección del personal de la Administración General del Estado y de los organismos públicos vinculados o dependientes de ella *«responderán al principio de presencia equilibrada de mujeres y hombres, salvo por razones fundadas y objetivas, debidamente motivadas»* (art. 53 LOI). Obsérvese que la norma habla de presencia equilibrada (no menos del 40%, no más del 60%) y la impone ya, convirtiéndola, salvo causas fundadas, en obligatoria[326]. Por otro lado, como la disposición contempla todos los órganos de selección, se aplica tanto a los que se establezcan en relación con plazas funcionariales, como a los que se establezcan para la cobertura de plazas laborales, y por supuesto, al aludirse a la selección y por la lógica de la medida, se aplica tanto a los sistemas de acceso libre como a los de promoción interna.

---

325 Cfr. art. 45.3 de la Ley 9/2003, de 2 de abril, para la igualdad entre mujeres y hombres en la Comunidad Valenciana.

326 Cfr. la STS (CA) de 5 de julio de 2011 (*Tol 2199295*). Pueden, en efecto, concurrir circunstancias que hagan imposible mantener la presencia equilibrada de mujeres y hombres o que no deban reputarse contrarias al fin perseguido. Esto último es lo que ha sucedido en esta ocasión, en la que cuatro personas del sexo que padece la desigualdad que se quiere corregir han terminado integrando el tribunal calificador. No parece razonable que una mayor presencia sobrevenida de mujeres deba comportar la aplicación de un criterio pensado y establecido para evitar su discriminación de forma que provoque la nulidad de la actuación administrativa. Por tanto, la modificación sobrevenida en este caso no ha de considerarse contraria al principio de composición equilibrada [STS (CA) de 8 de octubre de 2020 (*Tol 8120690*)].

Fuera del ámbito de la Administración General del Estado resulta de aplicación el art. 60.1 del EBEP, a cuyo tenor *«los órganos de selección serán colegiados y su composición deberá ajustarse a los principios de imparcialidad y profesionalidad de sus miembros, y se tenderá, asimismo, a la paridad entre mujer y hombre»*. De esta manera, la formación paritaria no constituye una exigencia imperativa, sino que queda subordinada a la propia capacidad y méritos de los miembros de los órganos de selección[327]. No obstante, las Leyes autonómicas reguladoras de la respectiva función pública o de promoción de la igualdad entre mujeres y hombres en la respectiva Comunidad Autónoma suelen imponer la composición de los órganos de selección ajustándose al criterio de paridad entre mujeres y hombres en cada convocatoria o en el conjunto de las convocatorias de la oferta de empleo público respectiva, siempre que el número de miembros lo haga posible, o de presencia equilibrada de mujeres y hombres con capacitación, competencia y preparación adecuadas, salvo por razones fundadas y objetivas, debidamente motivadas. Se considera que existe una representación equilibrada cuando en los órganos de más de cuatro miembros cada sexo está representado al menos al 40%; en el resto, cuando los dos sexos estén representados.

El principio de composición equilibrada de mujeres y hombres del art. 53 de la Ley Orgánica 3/2007, concretado en los términos de su disposición adicional primera, es sustancialmente equivalente al del art. 60.1 del EBEP y consiste en un mandato cuyo incumplimiento puede determinar la nulidad del proceso selectivo o de alguno de sus trámites atendiendo a las particulares circunstancias de cada caso[328]. No se trata de normas meramente programáticas o de intenciones, siendo incluso susceptibles de ser calificadas de Derecho necesario o de orden público[329]. Es más, la DA 1.ª de la LOI sí tiene carácter orgánico (DF 2.ª LOI).

En fin, los órganos de selección *«velarán por el cumplimiento del principio de igualdad de oportunidades entre sexos»* (art. 61.1 EBEP).

---

327 Cfr. la STS (CA) de 8 de octubre de 2020 (*Tol 8120690*).

328 SSTS (CA) de 8 de octubre de 2020 (*Tol 8120690*) y 6 de julio de 2021 (*Tol 8513890*); y SAN (CA) de 12 de diciembre de 2018 (*Tol 7021722*).

329 SAN (CA) de 12 de diciembre de 2018 (*Tol 7021722*).

2.3. Las medidas para eliminar las desigualdades y promover la igualdad en el desarrollo de las pruebas selectivas

Al objeto de acceder al empleo público en la Administración de algunas Comunidades Autónomas, los temarios para la celebración de pruebas selectivas incluirán materias relativas a la normativa sobre igualdad de mujeres y hombres y a su aplicación a la actividad administrativa[330].

Por otra parte, el art. 23.2 y la prohibición constitucional de discriminación por razón de sexo (art. 14) se proyectan sobre la maternidad, también protegida por el texto fundamental (art. 39.2) y expresamente tutelada por la Ley Orgánica 3/2007 (art. 8), y por las previsiones del art. 61.1 del EBEP. De esta manera, el derecho a no ser discriminadas por razón de sexo comprende el derecho de las mujeres embarazadas a los ajustes razonables, que sean necesarios para garantizar su derecho a acceder al empleo público en igualdad de condiciones con las demás personas[331]. Y así, en las pruebas selectivas de acceso o de promoción interna, las Administraciones Públicas de Cantabria no podrán establecer requisitos ni condiciones que supongan su exclusión[332]. Si como consecuencia de encontrarse alguna aspirante en estas situaciones, y por razón de las mismas no pudiera completar las pruebas de los procesos, y lo acreditara justificadamente, se conservarán las pruebas superadas, permitiendo su continuación posterior en el proceso selectivo en curso o en el inmediato siguiente que se convoque, en los términos que establezcan las bases de la convocatoria. En el País Vasco las medidas previstas en el desarrollo de los procesos de selección, provisión y promoción, se

---

330 Cfr. art. 31.1 de la Ley 12/2007, de 26 de noviembre, para la promoción de la igualdad de género en Andalucía; art. 18.5 del Decreto Legislativo 1/2023, de 16 de marzo, por el que se aprueba el texto refundido de la Ley para la Igualdad de Mujeres y Hombres y Vidas Libres de Violencia Machista contra las Mujeres en el País Vasco; o art. 50.1.c) de la Ley 7/2018, de 28 de junio, de igualdad de oportunidades entre mujeres y hombres en Aragón.

331 Cfr. la STS (CA) de 14 de marzo de 2014 (*Tol 4154655*).

332 Cfr. el art. 71 de la Ley 2/2019, de 7 de marzo, para la igualdad efectiva entre mujeres y hombres en Cantabria.

dispensan para la protección de la maternidad, tanto en sus periodos prenatales como posnatales. Así, en aquellos procesos en que se celebren ejercicios o pruebas conforme al sistema de llamamiento único o tengan lugar otras actuaciones que requieran la comparecencia de las personas candidatas, las situaciones de embarazo, parto o lactancia, debidamente acreditadas, podrán constituir causa que justifique la modificación de las circunstancias de tiempo o lugar de celebración del acto. La atención de las solicitudes de modificación llevará aparejadas las medidas organizativas necesarias y adecuadas para garantizar el principio de igualdad de concurrencia de todas las personas candidatas.

2.4. Las medidas para eliminar las desigualdades y promover la igualdad en la valoración de los méritos

En relación con las medidas de acción positiva para eliminar las desigualdades y promover la igualdad en la valoración de los méritos, hay que diferenciar claramente según se trate de procesos de selección o de provisión de puestos, a pesar de que tanto la jurisprudencia comunitaria como la doctrina jurisprudencial mezclan y confunden ambos tipos de medidas. En este sentido, el art. 56 de la LOI establece que sin perjuicio de las mejoras que pudieran derivarse de acuerdos suscritos entre la Administración General del Estado o los organismos públicos vinculados o dependientes de ella con los representantes del personal al servicio de la Administración Pública, la normativa aplicable a los mismos establecerá un régimen de excedencias, reducciones de jornada, permisos u otros beneficios con el fin de proteger la maternidad/paternidad y facilitar la conciliación de la vida personal, familiar y laboral. Pues bien, de conformidad con el art. 57 de esta disposición legal *«en las bases de los concursos para la provisión de puestos de trabajo se computará, a los efectos de valoración del trabajo desarrollado y de los correspondientes méritos, el tiempo que las personas candidatas hayan permanecido en las situaciones a que se refiere el artículo anterior»*. Ahora bien, no será posible hacer una interpretación extensiva del término «provisión de puestos de trabajo» que pueda comprender los procesos selectivos para el ingreso como funcionario de carrera o personal laboral fijo, incluidos los procesos de promoción interna o de consolidación de empleo temporal, en los que rigen los principios de igualdad, mérito y capacidad[333].

Con todo, los permisos y licencias legalmente establecidos con motivo de la gestación y posterior alumbramiento en tanto conectados con la protección de la salud e integridad del feto y de la madre, no pueden quedar equiparados a estos efectos al resto de permisos y licencias[334]. El principio de no discriminación por razón de sexo obliga a compensar las desventajas que el embarazo ocasiona a las mujeres, al incidir de forma exclusiva sobre ellas. Por ello, nadie discute que los servicios prestados por las empleadas públicas durante los permisos por nacimiento, deben ser objeto de valoración en los procesos de selección de las Administraciones Públicas[335]. Es más, la

---

333 Ni el EBEP ni la LO 3/2007 reconocen derecho alguno a que el tiempo transcurrido en situación de excedencia por cuidado de familiar sea computable a los interinos como servicios efectivamente prestados a fin de acceder a la función pública o a la condición de personal laboral fijo. En sentido contrario, la STS (CA) de 21 de diciembre de 2016 (*Tol 5923135*), si bien se centra en cuestiones más bien formales. En cambio, la STS (CA) de 19 de septiembre de 2022 (*Tol 9223690*), aunque reconoce que el art. 57 de la Ley Orgánica 3/2007, al prever que el tiempo de excedencia para cuidado de hijos compute también en caso de provisión de puestos de trabajo, se refiere a quienes ya son funcionarios públicos, como, según el III Convenio el «ingreso libre» es una modalidad de «provisión de vacantes», concluye que al aplicarse el art. 57 de la Ley Orgánica 3/2007 a *«los concursos para la provisión de puestos de trabajo»* en la Administración General del Estado, tal precepto es aplicable también al ingreso o acceso libre como contratado laboral, por lo que el tiempo de excedencia para el cuidado de hijos en un trabajo previo en el sector privado es computable como mérito a efectos de valorar la experiencia profesional previa. En este mismo sentido, la STS (CA) de 19 de enero de 2023 (*Tol 9379664*) considera que el cómputo como tiempo de trabajo efectivo a efectos de valoración procede tanto en los procesos de provisión de puestos de trabajo como en los procesos selectivos de ingreso en la función pública, en aplicación del principio constitucional de igualdad entre mujeres y hombres.

334 STC 162/2016, de 3 de octubre.

335 Las SSTS (CA) de 14 de enero de 2020 (*Tol 7698928*) y 5 de junio de 2020 (*Tol 7966296*) consideran que la no inclusión en la fase de concurso de un proceso selectivo del período de baja por maternidad de la empleada pública vulnera los principios de igualdad y de no discriminación por razón de sexo.

corresponsabilidad en los cuidados de los hijos y la lucha contra la discriminación laboral de la mujer obligan a igualar a estos efectos el permiso de nacimiento de ambos progenitores.

Por otra parte, la condición biológica y la salud de las empleadas públicas ha de ser compatible con la conservación de los derechos económicos y profesionales, sin que la maternidad pueda producir ninguna desventaja. Por ello, la denegación a una funcionaria pública del reconocimiento de los derechos económicos y profesionales con carácter retroactivo después de haber aprobado la oposición y verse obligada a posponer el curso teórico-práctico obligatorio por coincidir con la fecha del parto, no pudiendo tomar posesión de la plaza, constituye un supuesto de discriminación por razón de sexo[336]. Y, en fin, en los casos en los que la empleada pública obtiene un determinado destino durante las licencias ligadas a su maternidad o a un eventual embarazo de riesgo, para que no quede vulnerado su derecho a no ser discriminada por razón de sexo, los derechos económicos y profesionales inherentes al nombramiento, deben ser efectivos desde la fecha en la que la mujer hubiera podido tomar posesión de no haber mediado dicho tipo de permiso o licencia[337].

No obstante lo anterior, el art. 21.1.c) del Decreto Legislativo 1/2023, de 16 de marzo, por el que se aprueba el texto refundido de la Ley para la Igualdad de Mujeres y Hombres y Vidas Libres de Violencia Machista contra las Mujeres en el País Vasco, establece que las normas o actos administrativos que regulen los procesos selectivos de acceso, provisión y promoción en el empleo público, deben incluir *«previsiones para que en los baremos de méritos se valoren, a los efectos de experiencia profesional, el tiempo durante el que las personas candidatas hayan permanecido en la situación de excedencia por cuidado de familiares o por violencia de género, el tiempo atribuible a reducciones de jornada o permisos que tengan por finalidad prevista proteger la maternidad y paternidad, o facilitar la conciliación corresponsable de la vida personal, familiar y laboral, así como el tiempo en el que las empleadas públicas hayan hecho uso de permisos por razón de violencia de género»*. Y, por su parte, el art. 65.2 de la Ley 4/2011, de 10 de marzo, del Empleo Público de Castilla-La Mancha,

---

336 STC 66/2014, de 5 de mayo.

337 Cfr. SSTC 162/2016, de 3 de octubre; y 108/2019, de 30 de septiembre.

determina que para el cómputo del plazo de dos años exigido para poder participar en los procesos de promoción interna, también se tendrá en cuenta el tiempo en que se permanezca en las situaciones de *«excedencia por cuidado de familiares y excedencia por violencia de género declaradas en el cuerpo o escala desde el que se promociona»*.

Es más, el art. 51 del Decreto Legislativo 2/2015, de 12 de febrero, por el que se aprueba el texto refundido de las disposiciones legales de la comunidad autónoma de Galicia en materia de igualdad, prevé una *«puntuación específica por el ejercicio de derechos de conciliación»*, medida de acción positiva que, a juicio de la STSJ de Galicia (CA) de 28 de marzo de 2018 (*Tol 6602703*), responde al objetivo de promover el principio de igualdad de trato y de oportunidades entre mujeres y hombres, la protección de la maternidad, y la corresponsabilidad con el consiguiente respaldo de la normativa comunitaria y constitucional. Derecho que, como también señala dicha sentencia, se debe de reconocer tanto a las mujeres como a los hombres y que puede extenderse a todos los procedimientos de acceso al empleo público, sea el de ingreso por el turno libre, sea por el turno de discapacitados, siempre que se trate de procedimientos en los que se acuda al sistema de concurso o concurso-oposición, y por tanto, siempre que se acuda a sistemas de selección que incluyan la valoración de méritos de los candidatos y candidatas, que hayan prestado servicios en la Administración pública, y que, por tanto, durante su prestación hayan podido disfrutar de los permisos de conciliación.

En fin, según alguna norma autonómica, en los baremos de acceso al empleo público y en los procedimientos de promoción interna se incluirá como mérito la realización de cursos en materia de igualdad de género, salvo que no resulte exigible en función de la naturaleza del cuerpo, escala o puesto a desempeñar[338].

En cuanto a las medidas que se establecen para fomentar el acceso de las mujeres al empleo público, hay que señalar que éstas no tienen en cuenta el diferente rigor e intensidad con que operan los principios de mérito y capacidad según se trate del ingreso en la función

---

338 Cfr. art. 73.2 de la Ley 2/2019, de 7 de marzo, para la igualdad efectiva entre mujeres y hombres en Cantabria.

pública o del ulterior desarrollo o promoción de la propia carrera administrativa ni el hecho de que a problemáticas distintas se deben dar incentivos distintos y no siempre en sentido unidireccional —esto es, dirigidos a los empleadores— sino a los propios empleados, tal y como, por ejemplo, se ha hecho en buena parte de los países europeos, con carácter universal, mediante la subvención de guarderías o el establecimiento de guarderías públicas.

Si, en efecto, las trabas fundamentales que dificultan el acceso al empleo de las mujeres en igualdad de condiciones con los hombres son, de un lado, la maternidad y, de otro lado, el cuidado de hijos y de familiares a su cargo, parecería que las soluciones deberían hacer frente precisamente a estos dos problemas. Así, de una parte, frente al hecho de la maternidad, resulta necesario valorar los permisos por nacimiento de ambos progenitores y los permisos por riesgo durante el embarazo o la lactancia natural como tiempo de servicios en los procesos de selección de las Administraciones Públicas. Y, de otra parte, frente a la segunda traba, dado que la necesaria corresponsabilidad de la pareja en el cuidado de los hijos y de familiares es una cuestión voluntaria de difícil imposición por el Estado, más allá de incentivaciones o condicionantes indirectos, resulta igualmente necesario el establecimiento de «sucedáneos» tales como las guarderías y escuelas infantiles o subvenciones y el eficaz desarrollo de la Ley de Dependencia.

Así pues, la igualdad en el acceso al empleo de las mujeres pasa necesariamente por la ampliación de la red pública de escuelas infantiles y guarderías laborales, o por la concesión de prestaciones económicas equivalentes, en los períodos extraescolares, con el fin de hacer compatible el trabajo con la maternidad y la paternidad, a aquellas trabajadoras y trabajadores con descendencia de menos de tres años de edad y en período de vacaciones a los mayores de tres años, y por el establecimiento de servicios asequibles, flexibles, de calidad y de fácil acceso para atender las necesidades de cuidado de las personas que no pueden valerse por sí mismas para realizar actividades de la vida cotidiana por carecer de autonomía funcional suficiente, esto es, por el desarrollo efectivo de la Ley de Dependencia. Estas políticas públicas tendrían sin duda mayor impacto, al redundar en unas mayores oportunidades generales de empleo y de conciliación de la vida laboral y familiar para las mujeres, y resultarían mucho más respetuosas con los principios de igualdad, mérito y capacidad en el acceso al empleo público. No parece acertado trasladar al resto de empleados públicos que aspiran a promocionar ni a los opositores libres los costes de los instrumentos de conciliación.

2.5. La prioridad, en igualdad de condiciones de capacidad, de las mujeres en los cuerpos y escalas o categorías y grupos profesionales en los que estén subrepresentadas

Ni la LOI ni el EBEP contemplan cuotas o reservas legales o convencionales a favor de las mujeres en los procesos de selección y/o de promoción interna en el empleo público[339]. Sin embargo, algunas Leyes autonómicas reguladoras de la función pública o de promoción de la igualdad entre mujeres y hombres sí establecen que, en caso de empate en la calificación final del proceso selectivo, las bases de la convocatoria pueden o deben prever, como un criterio de desempate, que se dé prioridad a las mujeres en aquellos cuerpos y escalas o categorías y grupos profesionales de la Administración en

[339] Tales medidas no constan establecidas en la convocatoria cuestionada siendo, por otro lado, hecho notorio que el porcentaje de mujeres que se integran en la carrera judicial es, desde hace años, superior al de hombres [STS (CA) de 5 de junio de 203 (Rec. 772/2022)]. La configuración de las plantillas introduciendo, entre los criterios de experiencia investigadora, experiencia docente y antigüedad en la acreditación, un criterio nuevo relativo a la estructura de la plantilla que se encontraría mediatizada o condicionada por la asignación de puntos en función de la infrarrepresentación o no de las catedráticas, no excede el ámbito de la autonomía universitaria, ni se encuentra excluido de la acción de las universidades al fijar su plantilla, ni, en fin, resulta infundado cuando se refiere a colectivos tradicionalmente en situación de desventaja. Tampoco resulta lesivo del mérito y capacidad pues en la fase posterior, cuando se convoque cada cátedra, todos concurrirán en condiciones de igualdad y nadie llevará una mochila con puntos adicionales. En definitiva, no estamos *«ante las habituales medidas de discriminación positiva, que ante méritos equivalentes se confiere preferencia a la mujer, como colectivo tradicionalmente preterido»* ni tampoco *«se trata de atribuir puntos, insistimos, a la candidata del sexo infrarrepresentado, frente a un competidor del sexo opuesto»* [STS (CA) de 16 de octubre de 2019 (*Tol 7549185*)].

los que en el momento de la aprobación de la oferta de empleo público su representación sea inferior al 40%[340] o en los que exista una diferencia porcentual de, por lo menos, 20 puntos entre el número de mujeres y de hombres[341], salvo que concurran en el otro candidato circunstancias que no sean discriminatorias por razón de sexo y que justifiquen la no aplicación de la medida, como la pertenencia a otros colectivos con dificultades especiales para el acceso al empleo. Otras Leyes autonómicas, aunque las menos, establecen dicha prioridad a favor de las personas del sexo infrarrepresentado, ya sean mujeres u hombres[342].

Estas medidas de acción positiva en el acceso al empleo público no serían contrarias a la normativa comunitaria. En efecto, el art. 3 de la Directiva 2006/54/CE autoriza medidas nacionales en el ámbito del acceso al empleo que, favoreciendo especialmente a las mujeres, están destinadas a mejorar su capacidad de competir en el mercado de trabajo y desarrollar una carrera profesional en pie de igualdad con los hombres. El objetivo de dicha disposición es lograr una igualdad sustancial y no meramente formal al reducir las desigualdades de hecho que pueden surgir en la vida social y, de este modo, evitar o compensar, conforme al art. 157.4 del Tratado de Funcionamiento de la Unión Europea, las desventajas en la carrera profesional de las personas afectadas[343]. Las acciones positivas en favor de las mujeres en el acceso al empleo público son posibles en los sectores en los que están infrarrepresentadas siempre que los candi-

340 Cfr. art. 31.4 de la Ley 12/2007, de 26 de noviembre, para la promoción de la igualdad de género en Andalucía; art. 43.4.a) de la Ley 11/2016, de 28 de julio, de igualdad de mujeres y hombres en las Islas Baleares; y art. 21.1.a) del Decreto Legislativo 1/2023, de 16 de marzo, por el que se aprueba el texto refundido de la Ley para la Igualdad de Mujeres y Hombres y Vidas Libres de Violencia Machista contra las Mujeres en el País Vasco.

341 Cfr. art. 74 de la Ley 2/2019, de 7 de marzo, para la igualdad efectiva entre mujeres y hombres en Cantabria; o art. 49 del Decreto Legislativo 2/2015, de 12 de febrero, por el que se aprueba el texto refundido de las disposiciones legales de la Comunidad Autónoma de Galicia en materia de igualdad.

342 Cfr. art. 31.4 de la Ley 12/2007, de 26 de noviembre, para la promoción de la igualdad de género en Andalucía: y art. 52.3 de la Ley 4/2011, de 10 de marzo, del Empleo Público de Castilla-La Mancha.

343 STJCE de 30 de septiembre de 2004 (Asunto C-319/03).

datos posean méritos equivalentes o sensiblemente equivalentes y se garantice, a los candidatos masculinos con igual capacitación que las candidatas femeninas, desde el punto de vista de su aptitud, competencia y prestaciones profesionales, que las candidaturas serán objeto de una apreciación objetiva que tenga en cuenta todos los criterios relativos a la persona de los candidatos de ambos sexos e ignore la preferencia concedida a las candidatas femeninas cuando uno o varios de esos criterios, que no podrán ser discriminatorios en perjuicio de las candidatas femeninas, hagan que la balanza se incline a favor del candidato de sexo masculino. En cambio, dichos preceptos no permiten a los Estados miembros reservar la exención del límite de edad de 45 años para ingresar en el empleo público a las viudas que no se hayan vuelto a casar y que se vean en la necesidad de trabajar, con exclusión de los viudos que no se hayan vuelto a casar y que se encuentren en la misma situación, ya que estas condiciones de acceso al empleo público resultan, en todo caso, desproporcionadas en relación con el objetivo perseguido de limitar las desigualdades de hecho existentes entre hombres y mujeres, especialmente debido a que las mujeres asumen la parte sustancial de las labores domésticas, en particular, en las familias con hijos, así como con el fin de facilitar la inserción laboral de las mujeres[344].

En definitiva, el posible establecimiento de cuotas, reservas o preferencias en el acceso al empleo público, debe atenerse al test de juridicidad elaborado por la jurisprudencia comunitaria: de acuerdo con él, no serían admisibles las «cuotas rígidas» —esto es, aquellas que, a igualdad de capacitación, reconocieran preferencia automática e incondicional al sexo infrarrepresentado—; en cambio, sí resultan jurídicamente aceptables las llamadas «cuotas flexibles» —es decir, aquellas que otorgan prioridad al sexo infrarrepresentado en caso de igualdad de cualificación, pero no de forma absoluta, sino incluyendo una cláusula de salvaguarda o apertura—.

---

[344] STJCE de 30 de septiembre de 2004 (Asunto C-319/03).

3. *Medidas específicas para promover la igualdad en la carrera profesional vertical*

Las disposiciones de ámbito estatal y/o autonómico establecen medidas en aras a garantizar la igualdad de oportunidades entre mujeres y hombres en el desarrollo de su carrera profesional vertical, que son susceptibles de la siguiente ordenación:

1.ª) Las acciones positivas en las actividades de formación.

2.ª) El informe de impacto de género en las convocatorias de concursos.

3.ª) El principio de presencia equilibrada de mujeres y hombres en las comisiones de valoración.

4.ª) Las medidas en la valoración de los méritos para eliminar las desigualdades y promover la igualdad.

5.ª) La prioridad, en igualdad de condiciones de capacidad, de las mujeres en la provisión de los puestos de trabajo en los que estén subrepresentadas.

3.1. Las acciones positivas en las actividades de formación

Los arts. 49 y 89 del EBEP y 60 de la LOI prevén las siguientes medidas o acciones positivas en relación con las actividades de formación:

- En primer lugar, se reconoce que durante el disfrute de los permisos por nacimiento, guarda con fines de adopción, acogimiento o adopción de un hijo o hija, una vez finalizado en su caso el período de descanso obligatorio, *«se podrá participar en los cursos de formación que convoque la Administración»* [art. 49.a), b) y c) EBEP]. Asimismo, los excedentes por el cuidado de hijos y otros familiares *«podrán participar en los cursos de formación que convoque la Administración»* (art. 89.4.6° EBEP). Por lo demás, estos preceptos constituyen preceptos legales formal y materialmente básicos (DF 1ª EBEP).

- En segundo lugar, las personas empleadas públicas al servicio de la Administración General del Estado y de los organismos públicos vinculados o dependientes de ella que se hayan incorporado al servicio activo procedentes del permiso de maternidad o paternidad, o hayan reingresado desde la situación de excedencia por razones de guarda legal y atención a personas mayores dependientes o personas con discapacidad tendrán *«preferencia, durante un año, en la adjudicación de plazas para participar en los cursos de formación»* (art. 60.1 LOI). En esta misma dirección, se expresan diversas leyes autonómicas para la promoción de la igualdad de género, si bien alguna de ellas extiende esta preferencia a favor de quienes se incorporen al puesto de trabajo después del disfrute de permisos, licencias, excedencias o suspensiones del contrato relacionados con la conciliación de la vida familiar, laboral y personal.
- En tercer lugar, con el fin de facilitar la promoción profesional de las «empleadas públicas» y su acceso a «puestos directivos» en la Administración General del Estado y en los organismos públicos vinculados o dependientes de ella, en las convocatorias de los correspondientes cursos de formación *«se reservará al menos un 40% de las plazas para su adjudicación a aquéllas que reúnan los requisitos establecidos»* (art. 60.2 LOI). En esta misma dirección, se expresan diversas leyes autonómicas para la promoción de la igualdad de género, aunque alguna de ellas circunscribe dicha reserva a favor de las empleadas públicas que hayan disfrutado del permiso por motivos de conciliación de la vida personal, familiar y laboral y por razón de violencia de género, o hayan reingresado desde la situación de excedencia voluntaria por agrupación familiar o de excedencia por cuidado de familiares o por razón de violencia de género, durante los doce meses inmediatamente posteriores a su disfrute o incorporación[345]. Y todas aquellas plazas que no queden cubiertas podrán ser ocupadas por el resto del personal según criterios establecidos para ello y con prioridad entre el personal

345 Cfr. art. 39.3 de la Ley 12/2007, de 26 de noviembre, para la promoción de la igualdad de género en Andalucía.

del sexo que en su mayoría no haya recibido dicha formación. Asimismo, se prevé la inclusión en los planes de formación de acciones destinadas a promover la igualdad entre hombres y mujeres, así como de cursos específicos destinados a la formación y al perfeccionamiento del personal que ejerce funciones directivas[346].

3.2. El informe de impacto de género en las convocatorias de concursos

Las convocatorias de concursos en alguna Comunidad Autónoma, como la valenciana, tendrán en cuenta el principio de igualdad real de mujeres y hombres y la prohibición de discriminación por razón de género y deberán acompañarse de un informe de impacto de género, salvo en casos de urgencia y siempre sin perjuicio de la prohibición de discriminación por razón de sexo[347].

3.3. El principio de presencia equilibrada de mujeres y hombres en las comisiones de valoración

La representación de la Administración General del Estado y de los organismos públicos vinculados o dependientes de ella en las comisiones de valoración de los méritos para la provisión de puestos de trabajo mediante concurso *«se ajustará al principio de composición equilibrada de ambos sexos»* (art. 53 LOI). Asimismo, las Leyes autonómicas reguladoras de la respectiva función pública o de promoción de la igualdad entre mujeres y hombres suelen imponer la composición de las comisiones de valoración ajustándose al criterio de paridad entre mujeres y hombres o de representación equilibrada de mujeres y hombres con capacitación, competencia y preparación adecuadas.

---

346 Cfr. art. 71.2 de la Ley 3/2007, de 27 de marzo, de la Función Pública de la Comunidad Autónoma de las Illes Balears.

347 Cfr. art. 114.5 de la Ley 4/2021, de 16 de abril, de la Función Pública Valenciana.

3.4. Las medidas para eliminar las desigualdades y promover la igualdad en la valoración de los méritos

De conformidad con los arts. 56 y 57 de la LOI, en las bases de los concursos para la provisión de puestos de trabajo o concursos de traslados en la Administración General del Estado y en los organismos públicos vinculados o dependientes de ella se computará, a los efectos de valoración del trabajo desarrollado y de los correspondientes méritos, el tiempo que las personas candidatas hayan permanecido en las situaciones de reducción de jornada para el cuidado de hijos o familiares, permisos por nacimiento[348], adopción, guarda con fines de adopción o acogimiento, excedencias para el cuidado de hijos o familiares[349] y demás permisos u otros beneficios previstos para facilitar la conciliación de la vida personal, familiar y laboral. Además, el art. 57 de LOI tiene efecto directo sin mediación de las correspondientes bases de la convocatoria e impone una valoración de las situaciones antes indicadas idéntica a la que se otorga a la situación administrativa de servicio activo[350]. Por lo demás, relacionando esta disposición con el mandato general del precedente art. 56 de la Ley Orgánica 3/2007, se desprende que esta medida se extiende a las excedencias, reducciones de jornada, permisos u otros beneficios con el fin de proteger la maternidad/paternidad y facilitar la conciliación de la vida personal, familiar y laboral en los términos y condiciones previstos en la misma Ley o en la negociación colectiva. Y, en fin, los períodos a computar no son sólo los disfrutados desde la vigencia de la LOI, sino también todos los anteriores. Es decir, a partir de ahora cualquier período de inactividad derivado de las circunstancias mencionadas debe computarse a los indicados efectos, sea cual sea el período temporal en el que se produjo. En fin, esta medida rige tanto en relación con el personal funcionario como en relación con el personal laboral, ya que se aplica a todo el empleo

---

[348] STJCE de 16 de febrero de 2006 (Asunto C-294/04); y STS (CA) de 5 de junio de 2020 (*Tol 7966296*).

[349] SSTS (CA) de 17 de diciembre de 2020 (*Tol 8241796*), 10 de febrero de 2021 (*Tol 8326047*) y 22 de diciembre de 2022 (*Tol 9356706*).

[350] SSTS (CA) de 17 de diciembre de 2020 (*Tol 8241796*), 10 de febrero de 2021 (*Tol 8326047*) y 22 de diciembre de 2022 (*Tol 9356706*).

público en la Administración General del Estado y en los organismos de ella dependientes.

Asimismo, el art. art. 21.1.c) de del Decreto Legislativo 1/2023, de 16 de marzo, por el que se aprueba el texto refundido de la Ley para la Igualdad de Mujeres y Hombres y Vidas Libres de Violencia Machista contra las Mujeres en el País Vasco, establece que las normas o actos administrativos que regulen los procesos selectivos de provisión deben incluir *«previsiones para que en los baremos de méritos se valoren, a los efectos de experiencia profesional, el tiempo durante el que las personas candidatas hayan permanecido en la situación de excedencia por cuidado de familiares o por violencia de género, el tiempo atribuible a reducciones de jornada o permisos que tengan por finalidad prevista proteger la maternidad y paternidad, o facilitar la conciliación corresponsable de la vida personal, familiar y laboral, así como el tiempo en el que las empleadas públicas hayan hecho uso de permisos por razón de violencia de género»*. Además, en aquellos procesos de provisión en que se celebren ejercicios o pruebas conforme al sistema de llamamiento único o tengan lugar otras actuaciones que requieran la comparecencia de las personas candidatas, las situaciones de embarazo, parto o lactancia, debidamente acreditadas, podrán constituir causa que justifique la modificación de las circunstancias de tiempo o lugar de celebración del acto. La atención de las solicitudes de modificación llevará aparejadas las medidas organizativas necesarias y adecuadas para garantizar el principio de igualdad de concurrencia de todas las personas candidatas.

3.5. La prioridad, en igualdad de condiciones de capacidad, de las mujeres en la provisión de los puestos de trabajo en los que estén subrepresentadas

Dentro de los sistemas de provisión de puestos de trabajo, hay que distinguir entre aquellos para los que está dispuesto el sistema de concurso de méritos (**a**) y los que tienen establecido el sistema de nombramiento discrecional o de libre designación (**b**).

a) Cuando estamos ante un concurso de méritos, previamente tasados, en la resolución del procedimiento de provisión han de aplicarse los principios de mérito y capacidad. Ni la LOI ni el EBEP contemplan medidas de acción positiva para favorecer la progresión de la carrera de las mujeres dentro del cuerpo/escala o categoría/grupo profesional al que pertenezcan. Es decir, el principio de igualdad que estas disposiciones recogen es un principio informador del ordenamiento jurídico y, como tal, debe integrarse en la interpretación y aplicación de las normas jurídicas (art. 4 LOI), en el ámbito del empleo público, garantizando la igualdad de oportunidades en el acceso al empleo y en la promoción profesional[351]. Se prohíbe, en suma, toda discriminación directa o indirecta, pero no constituye criterio de selección, sino que trata de evitar que cualquier clase de discriminación pueda tener lugar por razón de sexo.

Sin embargo, el art. 21.1.a) del Decreto Legislativo 1/2023, de 16 de marzo, por el que se aprueba el texto refundido de la Ley para la Igualdad de Mujeres y Hombres y Vidas Libres de Violencia Machista contra las Mujeres en el País Vasco, sí establece que, en caso de existir igualdad de capacitación en la provisión de un puesto de trabajo, se dará prioridad a las mujeres cuando en el cuerpo/escala o categoría/grupo profesional de que se trate y nivel que posea dicho puesto la representación de las mujeres sea inferior al 40%, salvo que concurran en el otro candidato circunstancias que no sean discriminatorias por razón de sexo y que justifiquen la no aplicación de la medida, como la pertenencia a otros colectivos con dificultades especiales para el acceso al empleo[352]. En cambio, el art. 31.4 de la Ley 12/2007, de 26 de noviembre, para la promoción de la igualdad de género en Andalucía, extiende dicha prioridad a favor de las personas del sexo infrarrepresentado, ya sean mujeres u hombres.

Estas medidas de acción positiva en la promoción profesional en el empleo público no serían contrarias a la normativa comunitaria. En efecto, el art. 3 de la Directiva 2006/54/CE autoriza medidas nacionales en el ámbito del acceso al empleo que, favoreciendo especialmente a las mujeres, están destinadas a mejorar su capacidad de competir en el mercado de trabajo y desarrollar una carrera profesional en pie de igualdad con los hombres. El objetivo de dicha disposición es lograr una igualdad sustancial y no meramente formal

---

351 SAN (CA) de 25 de julio de 2012 (*Tol 2602786*).

352 En el mismo sentido, el art. 43.4.a) de la Ley 11/2016, de 28 de julio, de igualdad de mujeres y hombres en las Islas Baleares.

al reducir las desigualdades de hecho que pueden surgir en la vida social y, de este modo, evitar o compensar, conforme al art. 157.4 del Tratado de Funcionamiento de la Unión Europea, las desventajas en la carrera profesional de las personas afectadas. Las acciones positivas en la promoción profesional a favor de las empleadas públicas son posibles en los niveles o puestos de trabajo en los que están infrarrepresentadas siempre que los candidatos posean méritos equivalentes o sensiblemente equivalentes y se garantice, a los candidatos masculinos con igual capacitación que las candidatas femeninas, desde el punto de vista de su aptitud, competencia y prestaciones profesionales, que las candidaturas serán objeto de una apreciación objetiva que tenga en cuenta todos los criterios relativos a la persona de los candidatos de ambos sexos e ignore la preferencia concedida a las candidatas femeninas cuando uno o varios de esos criterios, que no podrán ser discriminatorios en perjuicio de las candidatas femeninas, hagan que la balanza se incline a favor del candidato de sexo masculino[353]. En cambio, una normativa nacional que conceda de modo automático e incondicional preferencia a las candidatas femeninas que tengan una cualificación igual a la de sus competidores masculinos va más allá de una medida de fomento de la igualdad de trato y sobrepasa los límites de la excepción establecida en el art. 3 de la Directiva[354]. Asimismo, resulta incompatible con el Derecho comunitario una normativa que permita dar preferencia a un candidato del sexo infrarrepresentado que, aun cuando posea la capacitación suficiente, no tenga una capacitación igual a la de los candidatos del sexo opuesto[355].

Es más, hay que tener en cuenta que el rigor e intensidad con que operan los principios de mérito y capacidad difieren según se trate del inicial ingreso en la función pública o del ulterior desarrollo o promoción de la carrera administrativa[356]:

---

353 SSTJCE de 11 de noviembre de 1997 (Asunto C-450/93), 28 de marzo de 2000 (Asunto C-158/97) y 6 de julio de 2000 (Asunto C-407/98)

354 STJCE de 17 de octubre de 1995 (Asunto C-450/93).

355 STJCE de 6 de julio de 2000 (Asunto C-407/98).

356 Por todas, las SSTC 365/1993, de 13 de diciembre; 388/1993, de 23 de diciembre; 30/2008, de 25 de febrero; 126/2008, de 27 de octubre; y 236/2015, de 19 de noviembre.

1.º) En los procesos de selección, incluidos los de promoción interna, no dejan de jugar los principios de mérito y capacidad en el acceso a la función pública que la Constitución consagra en su art. 103.3, principios que concretan y articulan el genérico juicio de igualdad en esta materia consagrado por el art. 23.2[357].

2.º) En la provisión de puestos de trabajo entre personas que ya han accedido a la función pública y, por ende, acreditado los requisitos de mérito y capacidad, cabe tener en cuenta otros criterios distintos enderezados a lograr una mayor eficacia en la organización y prestación de los servicios públicos o a satisfacer otros bienes constitucionalmente protegidos, como la promoción de la igualdad efectiva de mujeres y hombres[358]. Por ello, a mi juicio, en este caso sí serían admisibles las «cuotas rígidas» —esto es, aquellas que, a igualdad de capacitación, reconocieran preferencia automática e incondicional a las mujeres en la provisión de los puestos de trabajo en los que estuvieran subrepresentadas—.

b) El art. 13 de la LOI dispone que *«los Poderes Públicos procurarán atender al principio de presencia equilibrada de mujeres y hombres en los nombramientos y designaciones de los cargos de responsabilidad que les correspondan»*. Y, según la doctrina jurisprudencial recaída a propósito de los nombramientos discrecionales del Consejo General del Poder Judicial, en este punto nos hallamos ante algo más que un simple desiderátum o catálogo de buenas intenciones cuya operatividad práctica pueda ser diferida sin más hacia un futuro indefinido, *certus an incertus quando*[359]. Al contrario, se trata de una normativa que está

---

357 STC 111/2014, de 26 de junio.

358 Por todas, las SSTC 207/1988, de 8 de noviembre; 293/1993, de 18 de octubre; 365/1993, de 13 de diciembre; 388/1993, de 23 de diciembre; 30/2008, de 25 de febrero; 126/2008, de 27 de octubre; y 236/2015, de 19 de noviembre.

359 Por todas, las SSTS (CA) de 10 de mayo de 2016 (*Tol 5726228*), 9 de marzo de 2017 (*Tol 5986786*), 27 de junio de 2017 (*Tol 6195915*), 23 de abril de 2021 (*Tol 8417719*), 30 de mayo de 2022 (*Tol 9002750*) y 25 de abril de 2022 (*Tol 8919387*). La sentencia del Tribunal Europeo de Derechos Humanos de 8 de junio de 2023 considera que la STS (CA) de 10 de mayo de 2016 (*Tol 5726228*) no ha vulnerado el artículo 6 §1 del Convenio Europeo de Derechos Humanos.

llamada a tener una funcionalidad real, y esa funcionalidad se hace más acuciante cuanto más tiempo va transcurriendo desde que entró en vigor. Desde este punto de vista, cuando nos hallamos, ante una aspirante mujer que tiene un perfil de méritos profesionales que se presenta inicialmente por lo menos parejo al del otro aspirante varón, e incluso en algunos puntos notablemente superior, la decisión final de adjudicar la plaza a este último tiene que ser, con especial énfasis, singularmente motivada —indicando los méritos y criterios que han sido considerados prioritarios para decidir la preferencia determinante del nombramiento, así como las cualidades o condiciones personales y profesionales que han sido consideradas en el empleado público nombrado para apreciar que aquellos criterios concurren en él en mayor medida que en la aspirante mujer— [art. 35.1.i) LPAC]. Es verdad que el criterio de la preferencia de las mujeres a igualdad de méritos no opera con rígido automatismo como una norma universal de obligado e incondicionado desplazamiento de los aspirantes varones, pero sí que opera como un principio rector de la decisión que exige que se expliquen cumplidamente, caso por caso, las razones por las que se prescinde casuísticamente de esa regla y se elige finalmente a un aspirante varón en detrimento de la aspirante mujer que presenta un perfil profesional parangonable. Además, en la ponderación del conjunto de los méritos se deben considerar las circunstancias de género para dar cumplimiento a lo dispuesto en la Ley Orgánica 3/2007. Esas consideraciones tendrán lugar dentro del respeto y presuponiendo las exigencias que imponen los principios de mérito y capacidad, pero podrán ser determinantes de la selección de una candidata en caso de que la ponderación de los méritos determine que ésta se halla en un escenario de *«igualdad sustancial de méritos»* respecto de los aspirantes varones que optan a la misma plaza. Y así, si se constata la infrarrepresentación femenina en determinada categoría de cargos de nombramiento discrecional se cumpla con el objetivo de garantizar la presencia equilibrada de mujeres y hombres, de manera que en el cómputo global las personas de cada sexo no superen el 60% ni sean inferiores al 40%.

Aunque según la sentencia del Tribunal Europeo de Derechos Humanos de 8 de junio de 2023 la doctrina jurisprudencial reseñada no vulnera el artículo 6 §1 del Convenio Europeo de Derechos Humanos, sin embargo, como subraya el voto particular concordante de los jueces Ravarani y Mourou-Vikström, el poder discrecional que se reconoce al Poder Judicial implica una libertad casi total para decidir, y mientras la legislación interna permita que los jueces sean designados para altos puestos judiciales sobre la base de dicho poder, será muy difícil impugnar las decisiones tomadas. Para ello, deberá demostrarse satisfactoriamente que la decisión no cumple los requisitos legales o es manifiestamente irrazonable. Por supuesto, hay que ser conscientes de la necesidad, en determinadas circunstancias, de hacer depender un nombramiento de una serie de criterios subjetivos que permitan tener en cuenta las cualidades personales de un candidato. Esto es sin duda cierto en relación con el nombramiento para el cargo de presidente de un tribunal, que requiere, además de habilidades judiciales, una visión de su papel y los medios para desempeñarlo, así como habilidades comunicativas para relacionarse con sus propios colegas y con el mundo exterior, con las partes en los procesos judiciales y con las autoridades políticas. Una candidatura a un puesto de liderazgo y gestión de recursos humanos no puede evaluarse simplemente examinando el currículum vitae del candidato, por prestigioso y sólido que sea, sino que debe tenerse en cuenta su personalidad. El quid de la cuestión está en cómo circunscribir la discrecionalidad para evitar el desconocimiento total de los criterios objetivos dejando un espacio necesario a los criterios subjetivos. Pues bien, una solución podría ser la de asignar un coeficiente a cada criterio, permitiendo así ponderar los distintos elementos que deban tenerse en cuenta (objetivos por un lado y que requieren una valoración subjetiva por otro) en el proceso de promoción profesional (antigüedad, puestos previamente ostentados, la variedad de la experiencia que pudiera ser relevante para el puesto solicitado, la visión y el programa de actuación del puesto, etc.) y así evitar que el proceso sea totalmente subjetivo.

V. MEDIDAS ESPECÍFICAS CONTRA LA DISCRIMINACIÓN RETRIBUTIVA POR RAZÓN DE SEXO

Las Administraciones públicas, en el ámbito de sus respectivas competencias y en aplicación del principio de igualdad entre mujeres y hombres, deberán *«establecer medidas efectivas para eliminar cualquier discriminación retributiva, directa o indirecta, por razón de sexo»* [art. 51.f) LOI]. Sin embargo, las Leyes reguladoras de la función pública o de promoción de la igualdad entre mujeres y hombres apenas prestan atención al tema de la discriminación retributiva en el empleo público por razón de sexo.

En este sentido, las escasas medidas legales contra la discriminación retributiva entre las empleadas y los empleados públicos se limitan a obligar a la Administración Pública a:

1.ª) Garantizar la igualdad retributiva entre mujeres y hombres en el ámbito del empleo público, en cumplimiento del principio de igual retribución por trabajo de igual valor. Y a tales efectos, se obliga a los órganos competentes en materia de función pública a realizar una valoración técnica de las plazas de personal funcionario o laboral en todos los cuerpos, escalas, grupos, niveles y categorías, considerando en la misma el efectivo desempeño de cada puesto e incorporando la perspectiva de género, cada cuatro años[360] o cuando en el cuerpo, escala, grupo o categoría exista una diferencia porcentual de, por lo menos, 20 puntos entre el número de mujeres y el número de hombres o cuando, por las circunstancias concurrentes, se aprecie una apariencia de discriminación por razón de sexo.

2.ª) Garantizar la transparencia en el ámbito retributivo, a través de libros de registro de retribuciones u otras fórmulas que se consideren adecuadas y auditorias salariales o retributivas[361].

Como puede observarse, el marco normativo que se impone en esta materia es mucho más liviano para las Administraciones Públicas que para las empresas, cuando aquellas deberían dar ejemplo.

---

[360] Cfr. el art. 68.1 de la Ley 2/2019, de 7 de marzo, para la igualdad efectiva entre mujeres y hombres en Cantabria.

[361] Cfr. el art. 44.c) del Decreto Legislativo 1/2023, de 16 de marzo, por el que se aprueba el texto refundido de la Ley para la Igualdad de Mujeres y Hombres y Vidas Libres de Violencia Machista contra las Mujeres en el País Vasco.

VI. MEDIDAS ESPECÍFICAS PARA FACILITAR LA CONCILIACIÓN Y PROMOVER LA CORRESPONSABILIDAD

1. Personal funcionario

1.1. Régimen jurídico aplicable

La jornada de trabajo, los permisos por razones de conciliación de la vida laboral y familiar y la excedencia por cuidado de familiares del personal funcionario aparecen regulados en los arts. 47, 48-49 y 89.4 del EBEP[362]. Estas disposiciones *«se dictan al amparo del artículo 149.1.18.ª de la Constitución, constituyendo {...} bases del régimen estatutario de los funcionarios»* (DF 1ª. EBEP). En desarrollo de estas disposiciones básicas, las Asambleas Legislativas de las Comunidades Autónomas aprobarán, en el ámbito de sus competencias, las leyes reguladoras de su función pública (art. 6 EBEP). La conciliación de la vida familiar y profesional del personal funcionario de las Entidades Locales se rige por el EBEP y por la legislación de las Comunidades Autónomas, con respeto a la autonomía local (art. 3.1 EBEP).

Por lo demás, el art. 37.1.m) del EBEP incluye en el contenido de la negociación colectiva de los funcionarios públicos las materias *«referidas a calendario laboral, horarios, jornadas, vacaciones, permisos...»*. En este mismo sentido, el art. 56 de la Ley Orgánica 3/2007, de 22

---

[362] Por todos, ARGÜELLES BLANCO, A.R., «Conciliación y corresponsabilidad en la ordenación del tiempo de trabajo: comentario de las disposiciones normativas vigentes en las universidades públicas catalanas», *Revista Interdisciplinar de Estudios de Género,* Familia y trabajo en la universidad ¿Conciliación o corresponsabilidad?, núm. 1, 2011, págs. 15 y ss.; GALA DURÁN, C., «Las «trampas» de las medidas de conciliación de la vida laboral y familiar en el caso del personal al servicio de las Administraciones públicas», *Revista Interdisciplinar de Estudios de Género,* Familia y trabajo en la universidad ¿Conciliación o corresponsabilidad?, núm. 1, 2011, págs. 49 y ss.; RODRÍGUEZ PASTOR, G., «Jornada, permisos por razones de conciliación de la vida laboral y familiar y vacaciones de los empleados», en AA.VV., *Derecho del empleo público,* Tirant lo Blanch, Valencia, 2013, págs. 151 y ss.; y ROQUETA BUJ, R., *La conciliación de la vida laboral y familiar en las Administraciones Públicas,* Tirant lo Blanch, Valencia, 2016.

de marzo, para la igualdad efectiva de mujeres y hombres, establece que *«sin perjuicio de las mejoras que pudieran derivarse de acuerdos suscritos entre la Administración General del Estado o los organismos públicos vinculados o dependientes de ella con los representantes del personal al servicio de la Administración Pública, la normativa aplicable a los mismos establecerá un régimen de excedencias, reducciones de jornada, permisos u otros beneficios con el fin de proteger la maternidad y facilitar la conciliación de la vida personal, familiar y laboral»*. Por consiguiente, la negociación colectiva podrá acordar medidas para fomentar la conciliación de la vida laboral, familiar y personal de los funcionarios públicos. Ahora bien, la autonomía colectiva deberá ajustarse al marco legal aplicable al personal funcionario y este, tras la crisis económica, se asienta predominantemente sobre normas de derecho necesario absoluto que dibujan con la autonomía negocial una relación de exclusión.

1.2. Ordenación del tiempo de trabajo

Cada Administración Pública, previa negociación colectiva, podrá regular una bolsa de horas de libre disposición acumulables entre sí, de hasta un 5% de la jornada anual, con carácter recuperable en el periodo de tiempo que así se determine y dirigida de forma justificada a la adopción de medidas de conciliación para el cuidado y atención de mayores, discapacitados, e hijos menores, en los términos que en cada caso se determinen (DA 144.ª Ley 6/2018, modificada por la DF 28.ª.2 de la Ley 31/2022, de 23 de diciembre)[363]. La Admi-

---

[363] La STS (CA) de 25 de marzo de 2019 (*Tol 7140858*) declara la nulidad de la Orden de 12 febrero 2013, por la que se distribuyó la jornada y se fijó el horario de trabajo con determinación del calendario laboral en la Administración de Justicia, por falta de inclusión de la flexibilidad horaria en la jornada de verano y en la jornada reducida por fiestas tradicionales de ámbito local reivindicada por la representación sindical sin aducir razones de autoorganización o de mejor satisfacción de las necesidades del servicio, lo que representa una vulneración del art. 14.8 de la LOI, a cuyo tenor un criterio general de actuación de los Poderes Públicos es *«el establecimiento de medidas que aseguren la conciliación del trabajo y de la vida personal y familiar de las mujeres y los hombres, así como el fomento de la corresponsabilidad en las labores domésticas y en la atención a la familia»*.

nistración respectiva deberá regular el periodo de tiempo en el que se generará la posibilidad de hacer uso de esta bolsa de horas, los límites y condiciones de acumulación de la misma, así como el plazo en el que deberán recuperarse. Igualmente, y en el caso de cuidado de hijos menores de 12 años o discapacitados, podrá establecerse un sistema específico de jornada continua.

En fin, la DA 144.ª de la Ley 6/2018, que es una disposición básica, deja sin efecto las previsiones en materia de jornada y horario contenidas en los Acuerdos, Pactos y Convenios vigentes o que puedan suscribirse que contravengan lo previsto en esta disposición.

1.3. Los permisos retribuidos

En cuanto a los permisos retribuidos, cabe distinguir entre los permisos contemplados en el art. 48 del EBEP y los permisos por motivos de conciliación de la vida personal, familiar y laboral y por razón de violencia de género previstos en el art. 49. Asimismo, hay que hacer referencia a los permisos por riesgo durante el embarazo y riesgo durante la lactancia natural *ex* arts. 3 y 26 de la Ley 31/1995, de 8 de noviembre, de prevención de Riesgos Laborales (LPRL).

1.3.1. Los permisos contemplados en el art. 48 del EBEP

A) Supuestos

De acuerdo con lo dispuesto en el art. 48 del EBEP, en su versión original, las Administraciones Públicas debían determinar los supuestos de concesión de permisos a los funcionarios públicos y sus requisitos, efectos y duración, y en defecto de legislación aplicable los permisos y su duración eran, al menos, los que figuraban en dicho precepto. Se trataba, por consiguiente, de una norma dispositiva que dibujaba con la negociación colectiva una relación de supletoriedad[364]. Sin embargo, el art. 8 del RD-l 20/2012, de 13 de julio, de

---

[364] La STS de 8 de junio de 2009 (*Tol 1577479*) sostiene que «*del art. 51 del EBEP y de la remisión que efectúa para el régimen de permisos del personal*

Medidas para garantizar la estabilidad presupuestaria y de fomento de la competitividad, ha modificado el art. 48 del EBEP. De conformidad con la nueva redacción, los funcionarios públicos tendrán los permisos que figuran en el referido precepto. Por lo tanto, nos encontramos ante una norma de derecho necesario absoluto que dota de contenido la materia sin dejar espacios a la autonomía colectiva. Y, de hecho, el art. 8.3 del RD-l 20/2012 determina que *«desde la entrada en vigor de este Real Decreto-ley, quedan suspendidos y sin efecto los Acuerdos, Pactos y Convenios para el personal funcionario y laboral, suscritos por las Administraciones Públicas y sus Organismos y Entidades, vinculados o dependientes de las mismas, en lo relativo al permiso por asuntos particulares, vacaciones y días adicionales a los de libre disposición o de similar naturaleza»*.

El art. 48 del EBEP prevé una serie de permisos en los que se interrumpe brevemente la prestación laboral, manteniéndose el derecho a percibir la retribución con cargo a la Administración en la que el funcionario presta sus servicios[365].

Por razones personales el funcionario público puede ausentarse del trabajo, con derecho a remuneración, en los siguientes casos:

---

laboral «a lo establecido en este Capítulo y en la legislación laboral correspondiente» «no entendemos que se pueda interpretar que deba ser aplicada en todo caso y con preferencia absoluta la normativa estatutaria sobre la convencional en materia de permisos» [STS de 14 de junio de 2010 (*Tol 1920199*)]. En parecidos términos se expresan las SSTS de 20 de enero de 2011 (*Tol 2054540*) y 12 de septiembre de 2011 (*Tol 2265539*).

365 Las SSTC 156/2015, de 9 de julio, y 9/2016, de 21 de enero, subrayan el carácter básico de la regulación de los permisos y licencias de los funcionarios públicos prevista en el EBEP. La regulación de las licencias para realizar estudios sobre materias relacionadas con el puesto de trabajo entra dentro de la idea de «condiciones de trabajo», a efectos de la cláusula 4 del Acuerdo Marco sobre el trabajo de duración determinada que figura en el Anexo de la Directiva 1999/70/CE. Y si una norma nacional con rango de ley excluye a los funcionarios interinos de esta clase de licencias, es preceptivo inaplicar la norma nacional, tal como exige la constante jurisprudencia del Tribunal de Justicia de la Unión Europea [STS (CA) de 15 de noviembre de 2021 (*Tol 8667498*)].

1.°) En caso de accidente o enfermedad graves, hospitalización o intervención quirúrgica sin hospitalización que precise de reposo domiciliario del cónyuge, pareja de hecho o parientes hasta el primer grado por consanguinidad o afinidad, así como de cualquier otra persona distinta de las anteriores que conviva con el funcionario o funcionaria en el mismo domicilio y que requiera el cuidado efectivo de aquella, cinco días [art. 48.a) EBEP][366]. Cuando se trate de accidente o enfermedad graves, hospitalización o intervención quirúrgica sin hospitalización que precise de reposo domiciliario, de un familiar dentro del segundo grado de consanguinidad o afinidad, el permiso será de cuatro días. Y en caso de fallecimiento del cónyuge, pareja de hecho o familiar dentro del primer grado de consanguinidad o afinidad, tres días hábiles cuando el suceso se produzca en la misma localidad, y cinco días hábiles, cuando sea en distinta localidad. En el caso de fallecimiento de familiar dentro del segundo grado de consanguinidad o afinidad, el permiso será de dos días hábiles cuando se produzca en la misma localidad y de cuatro días hábiles cuando sea en distinta localidad.

2.°) Un día por traslado del domicilio habitual [art. 48.b) EBEP].

3.°) Por el tiempo indispensable para la realización de exámenes prenatales y técnicas de preparación al parto por las funcionarias embarazadas y, en los casos de adopción, guarda con fines de adopción o acogimiento, para la asistencia a las preceptivas sesiones de información y preparación y para la realización de los preceptivos informes psicológicos y sociales previos a la declaración de idoneidad, que deban realizarse dentro de la jornada de trabajo [art. 48.e) EBEP][367].

4.°) Por lactancia de un hijo menor de doce meses tendrá derecho a una hora de ausencia del trabajo que podrá dividir en dos fracciones [art. 48.f) EBEP]. Este derecho podrá sustituirse por una

---

366 Cfr. la DT 3.ª del Real Decreto-ley 5/2023, de 28 de junio. La STC 71/2020, de 29 de junio, considera que la funcionaria es discriminada por razón de la condición de mujer de su hermana hospitalizada, al excluirse los supuestos de alumbramiento en la concesión de dicha licencia.

367 A efectos de lo dispuesto en este apartado, el término de funcionarias embarazadas incluye también a las personas funcionarias trans gestantes [art. 48.e) EBEP].

reducción de la jornada normal en media hora al inicio y al final de la jornada, o en una hora al inicio o al final de la jornada, con la misma finalidad. El permiso contemplado en este apartado constituye un derecho individual de los funcionarios, sin que pueda transferirse su ejercicio al otro progenitor, adoptante, guardador o acogedor. Se podrá solicitar la sustitución del tiempo de lactancia por un permiso retribuido que acumule en jornadas completas el tiempo correspondiente. Esta modalidad se podrá disfrutar únicamente a partir de la finalización del permiso por nacimiento, adopción, guarda, acogimiento o del progenitor diferente de la madre biológica respectivo. Este permiso se incrementará proporcionalmente en los casos de parto, adopción, guarda con fines de adopción o acogimiento múltiple.

5.º) Por nacimiento de hijos prematuros o que, por cualquier otra causa, deban permanecer hospitalizados a continuación del parto, la funcionaria o el funcionario tendrá derecho a ausentarse del trabajo durante un máximo de dos horas diarias percibiendo las retribuciones íntegras [art. 48.g) EBEP]. Asimismo, tiene derecho a reducir su jornada hasta un máximo de dos horas, pero en este caso con disminución proporcional de las retribuciones [art. 48.g) EBEP].

6.º) Por ser preciso atender el cuidado de un familiar de primer grado, el funcionario/a tendrá derecho a solicitar una reducción de hasta el 50% de la jornada laboral, con carácter retribuido, por razones de enfermedad muy grave y por el plazo máximo de un mes [art. 48.i) EBEP].

7.º) Por tiempo indispensable para el cumplimiento de *«deberes relacionados con la conciliación de la vida familiar y laboral»* [art. 48.j) EBEP].

8.º) Por asuntos particulares, seis días cada año [art. 48.k) EBEP]. Asimismo, las Administraciones Públicas, en virtud de la DA 13.ª del EBEP, *«podrán establecer hasta dos días adicionales de permiso por asuntos particulares al cumplir el sexto trienio, incrementándose, como máximo, en un día adicional por cada trienio cumplido a partir del octavo»*. Por lo tanto, la concesión de los días adicionales por antigüedad no es automática ni imperativa para las Administraciones Públicas. No obstante, la DA 2.ª del RD-l 10/2015 dispone la aplicación automática del incremento del número de días de permiso por asuntos particulares por antigüedad en la Administración General del Estado, organismos y entidades vinculados o dependientes.

9.°) Quince días naturales en caso de matrimonio o registro o constitución formalizada por documento público de pareja de hecho [art. 48.l) EBEP].

B) Efectos retributivos y de Seguridad Social

Los permisos anteriores tienen carácter retribuido y, por consiguiente, durante los mismos se mantiene la cotización a la Seguridad Social. Y así, los funcionarios públicos no sufren ninguna merma en sus derechos económicos y de Seguridad Social.

1.3.2. Los permisos contemplados en el art. 49 del EBEP

A) Supuestos

El art. 49 del EBEP, referente a los permisos por motivos de conciliación de la vida personal, familiar y laboral, determina que *«en todo caso se concederán los siguientes permisos con las correspondientes condiciones mínimas»*. Se trata, por consiguiente, de una norma mínima, de suerte que la negociación colectiva puede regular estos permisos en beneficio de los empleados.

Y así, se concederán los siguientes permisos mínimos a los funcionarios públicos:

a) En caso de nacimiento, la madre biológica tiene derecho a un permiso de 16 semanas, ampliables por nacimiento múltiple (dos semanas más por cada hijo o hija a partir del segundo, una para cada uno de los progenitores), o por partos prematuros o aquellos en que el neonato precise hospitalización a continuación del parto (se ampliará en los días de hospitalización, con un máximo de 13 semanas), o por discapacidad del hijo o hija (dos semanas adicionales, una para cada uno de los progenitores) [art. 49.a) EBEP].

Además, las Administraciones Públicas, en su respectivo ámbito, podrán establecer a favor de las funcionarias en estado de gestación, un permiso retribuido, a partir del día primero de la semana 37 de embarazo, hasta la fecha del parto (DA 16.ª EBEP). En el supuesto de gestación múltiple, este permiso podrá iniciarse el primer día de la semana 35 de embarazo, hasta la fecha de parto (DA 16.ª EBEP).

b) En caso de adopción, guarda con fines de adopción o acogimiento —tanto temporal como permanente— de menores de 18 años, el permiso es igualmente de 16 semanas, ampliables por multiplicidad o discapacidad [art. 49.b) EBEP].

c) En caso de nacimiento, guarda con fines de adopción, acogimiento o adopción de un hijo o hija, el progenitor diferente de la madre biológica tiene derecho a un permiso de 16 semanas, ampliables por nacimiento múltiple (dos semanas más por cada hijo o hija a partir del segundo, una para cada uno de los progenitores), o por partos prematuros o aquellos en que el neonato precise hospitalización a continuación del parto (se ampliará en los días de hospitalización, con un máximo de 13 semanas), o por discapacidad del hijo o hija (dos semanas adicionales, una para cada uno de los progenitores) [art. 49.c) EBEP].

d) Permiso por razón de violencia de género sobre la mujer funcionaria: las faltas de asistencia, de las funcionarias víctimas de violencia de género, totales o parciales, tendrán la consideración de justificadas por el tiempo y en las condiciones en que así lo determinen los servicios sociales de atención o de salud según proceda [art. 49.d) EBEP]. No obstante, no se trata de un permiso retribuido.

e) Además, se reconoce al funcionario progenitor, adoptante, guardador con fines de adopción o acogedor de carácter permanente, el derecho, siempre que ambos progenitores, adoptantes, guardadores con fines de adopción o acogedores de carácter permanente trabajen, a una reducción de la jornada de al menos la mitad de su duración, percibiendo las retribuciones íntegras con cargo a los presupuestos del órgano o entidad donde venga prestando sus servicios, para el cuidado, durante la hospitalización y tratamiento continuado del hijo menor de edad afectado por cáncer (tumores malignos, melanomas o carcinomas) o por cualquier otra enfermedad grave que implique un ingreso hospitalario de larga duración y requiera la necesidad de su cuidado directo, continuo y permanente acreditado por informe del Servicio Público de Salud (u órgano administrativo sanitario de la Comunidad Autónoma o, en su caso, de la entidad sanitaria concertada correspondiente) y, como máximo, hasta que el menor cumpla los 23 años [art. 49.e) EBEP]. A estos efectos, el mero cumplimiento de los 18 años del hijo o del menor sujeto a acogimiento permanente o a guarda con fines de adopción, no será causa de extinción de la reducción de la jornada, si se mantiene la necesidad de cuidado directo, continuo y permanente. No obstante, cumplidos los 18 años, se podrá reconocer el derecho a la reducción de jornada hasta que la persona a su cargo cumpla los 23 años en los supuestos en que el padecimiento del cáncer o enfermedad grave haya sido diagnosticado antes de alcanzar la mayoría de edad, siempre que en el momento de la solicitud se acrediten los requisitos anteriores, salvo la edad. Asimismo, se mantendrá el derecho a esta reducción de jornada hasta que la persona a su cargo cumpla 26 años si, antes de alcanzar los 23 años, acreditara, además, un grado de discapacidad igual o superior al 65%. De este modo, durante esta situación el funcionario/a percibe las retribuciones íntegras con cargo a la entidad donde trabaja [art. 49.e) EBEP], y no la prestación económica por cuidado de menores afectados por cáncer u otra enfermedad grave del sistema de la Seguridad Social [arts. 191.3 LGSS y 1.2 RD 1148/2011].

El RD 1148/2011, de 29 de julio, para la aplicación y desarrollo, en el sistema de la Seguridad Social, de la prestación económica por cuidado de menores afectados por cáncer u otra enfermedad grave, aunque no es aplicable al personal funcionario incluido en el ámbito de aplicación del EBEP (art. 1.2), sí da luz en cuanto a qué debe entenderse por cáncer u otra «enfermedad grave» (las incluidas en el listado que figura en el anexo de este real decreto) e «ingreso hospitalario de larga duración», considerándose como tal la continuación del tratamiento médico o el cuidado del menor en domicilio tras el diagnóstico y hospitalización por enfermedad grave (art. 2.1)[368]. De forma que en aquellos casos en que, aunque no haya ingreso hospitalario del hijo menor e, incluso, este se encuentre escolarizado, por el tipo de enfermedad grave de que se trate esté justificada la nece-

---

368 STS (CA) de 3 de junio de 2020 (*Tol 7960956*).

sidad de cuidados continuados, permanentes y de atención directa, debe concederse la reducción de jornada prevista en el art. 49.e) del EBEP[369].

Cuando concurran en ambos progenitores, adoptantes, guardadores con fines de adopción o acogedores de carácter permanente, por el mismo sujeto y hecho causante, las circunstancias necesarias para tener derecho a este permiso o, en su caso, a la prestación establecida para este fin en el Régimen de la Seguridad Social que les sea de aplicación, el funcionario tendrá derecho a la percepción de las retribuciones íntegras durante el tiempo que dure la reducción de su jornada de trabajo, siempre que el otro progenitor, adoptante o acogedor, sin perjuicio del derecho a la reducción de jornada que le corresponda, no cobre sus retribuciones íntegras ni la prestación económica por cuidado de menores afectados por cáncer u otra enfermedad grave [art. 49.e) EBEP]. En caso contrario, aquel sólo tendrá derecho a la reducción de jornada, con la consiguiente reducción de sus retribuciones.

---

369 SSTS (CA) de 20 de octubre de 2022 (*Tol 9271325*) y 25 de abril de 2023 (*Tol 9524483*). De esta manera, a partir de las condiciones mínimas que regula el EBEP y para cuando el menor esté escolarizado esta última resolución judicial señala las siguientes consideraciones: 1.ª) Que en caso de escolarización no cabe acudir de manera automática a dos planteamientos contrarios: o que, pese a la escolarización siempre procede la concesión del permiso, o que la escolarización excluye el permiso pues en horario escolar el menor no está al cuidado del progenitor solicitante. 2.ª) La escolarización del menor no es en sí obstáculo para la concesión del permiso, ahora bien, el juicio sobre su pertinencia exige ponderar en qué centro está escolarizado, si cuenta con medios personales o materiales especializados o idóneos para atender sus necesidades; además, el calendario y horario escolar deberá ponderarse y contrastarse con el laboral, más la disponibilidad de ambos progenitores. 3.ª) Habrá que ponderar también cuál es el grado de atención que precisa el menor y si por sus circunstancias puede o no cumplir con el horario escolar o si, aun escolarizado, precisa en algún momento de la jornada escolar contar con la disponibilidad del progenitor solicitante. 4.ª) Por tanto, el permiso podrá concederse o denegarse o concederse pero modulando el porcentaje del horario que se reduce según las circunstancias del solicitante en relación con las del menor.

Asimismo, en el supuesto de que ambos progenitores, adoptantes, guardadores con fines de adopción o acogedores de carácter permanente, presten servicios en el mismo órgano o entidad, ésta podrá limitar su ejercicio simultáneo por razones fundadas en el correcto funcionamiento del servicio.

Cuando la persona enferma contraiga matrimonio o constituya una pareja de hecho, tendrá derecho al permiso quien sea su cónyuge o pareja de hecho, siempre que acredite las condiciones para ser beneficiario

Reglamentariamente se establecerán las condiciones y supuestos en los que esta reducción de jornada se podrá acumular en jornadas completas.

f) Permiso parental para el cuidado de hijo, hija o menor acogido por tiempo superior a un año, hasta el momento en que el menor cumpla ocho años, que tendrá una duración no superior a ocho semanas, continuas o discontinuas, y podrá disfrutarse a tiempo completo, o en régimen de jornada a tiempo parcial, cuando las necesidades del servicio lo permitan y conforme a los términos que reglamentariamente se establezcan [art. 49.g) EBEP]. Este permiso, que no estará retribuido, constituye un derecho individual de las personas progenitoras, adoptantes o acogedoras, hombres o mujeres, sin que pueda transferirse su ejercicio. Cuando las necesidades del servicio lo permitan, corresponderá a la persona progenitora, adoptante o acogedora especificar la fecha de inicio y fin del disfrute o, en su caso, de los períodos de disfrute, debiendo comunicarlo a la Administración con una antelación de quince días y realizándose por semanas completas. Cuando concurran en ambas personas progenitoras, adoptantes, o acogedoras, por el mismo sujeto y hecho causante, las circunstancias necesarias para tener derecho a este permiso en los que el disfrute del permiso parental en el período solicitado altere seriamente el correcto funcionamiento de la unidad de la administración en la que ambas presten servicios, ésta podrá aplazar la concesión del permiso por un período razonable, justificándolo por escrito y después de haber ofrecido una alternativa de disfrute más flexible. A efectos de lo dispuesto en este apartado, el término de madre biológica incluye también a las personas trans gestantes.

B) Efectos retributivos y de Seguridad Social

Durante los permisos por nacimiento o adopción y del progenitor diferente de la madre biológica, se garantiza *«la plenitud de derechos económicos de la funcionaria y, en su caso, del otro progenitor funcionario, durante todo el periodo de duración del permiso, y, en su caso, durante los periodos posteriores al disfrute de este, si de acuerdo con la normativa aplicable, el derecho a percibir algún concepto retributivo se determina en función del periodo de disfrute del permiso»* [art. 49.c) EBEP]. Por lo tanto, durante estas situaciones los funcionarios públicos percibirán sus retribuciones íntegras con cargo a la Administración en la que prestan sus servicios, lo que determinará la obligatoriedad de cotizar en el correspondiente Régimen de la Seguridad Social en tanto se mantengan dichas situaciones (arts. 23 y 24 RGMA, 144.4 LGSS y 6 Orden PCM/74/2023, de 30 de enero). Este precepto es de aplicación al personal funcionario de las Administraciones de las Entidades Locales de conformidad con la previsión general contenida en el art. 2.1 del EBEP[370].

Durante el disfrute de los permisos por nacimiento, adopción o guarda con fines de adopción o acogimiento *«se podrá participar en los cursos de formación que convoque la Administración»* [art. 49.a) y b) EBEP]. Tratándose del permiso del progenitor diferente de la madre biológica por nacimiento, guarda con fines de adopción, acogimiento o adopción de un hijo o hija, transcurridas las seis primeras semanas ininterrumpidas e inmediatamente posteriores a la fecha del nacimiento, se podrá participar en los cursos de formación que convoque la Administración [art. 49.c).8º EBEP].

En fin, los funcionarios que hayan hecho uso de estos permisos *«tendrán derecho, una vez finalizado el periodo de permiso, a reintegrarse a su puesto de trabajo en términos y condiciones que no les resulten menos favorables al disfrute del permiso, así como a beneficiarse de cualquier mejora en las condiciones de trabajo a las que hubieran podido tener derecho durante su ausencia»* [art. 49.c) EBEP]. Y el tiempo transcurrido durante el disfrute de los mismos *«se computará como de servicio efectivo a todos los efectos, garantizándose la plenitud de derechos económicos de la funcionaria*

---

370 STS (CA) de 8 de julio de 2010 (*Tol 1900142*).

y, en su caso, del otro progenitor funcionario, durante todo el periodo de duración del permiso, y, en su caso, durante los periodos posteriores al disfrute de este, si de acuerdo con la normativa aplicable, el derecho a percibir algún concepto retributivo se determina en función del periodo de disfrute del permiso» [art. 49.c) EBEP].

1.3.3. Los permisos por riesgo durante el embarazo y riesgo durante la lactancia natural

De conformidad con los arts. 3 y 26 de la LPRL, cuando la exposición de las funcionarias en situación de embarazo o parto reciente a agentes, procedimientos o condiciones de trabajo que puedan influir negativamente en su salud o en la del feto no pudiera evitarse mediante la adaptación de las condiciones o del tiempo de trabajo, y tampoco resultara técnica u objetivamente posible el cambio de puesto —o dicho cambio no pudiera razonablemente exigirse por motivos justificados—, podrá declararse el paso de la funcionaria afectada a la situación de permiso por riesgo durante el embarazo o la lactancia natural, hasta que se inicie el permiso por maternidad biológica o el lactante cumpla nueve meses o, en ambos supuestos, hasta que desaparezca la imposibilidad para la funcionaria de reincorporarse a su puesto de trabajo anterior o a otro que sea compatible con su estado[371]. Ahora bien, será preciso que los riesgos aparezcan

---

[371] Durante los periodos de adecuación del puesto de trabajo de personal estatutario de los servicios de salud, por situación de riesgo derivado del estado de embarazo de la trabajadora, que conlleven la medida de no realización de jornada complementaria por atención continuada, se mantiene, no obstante, el derecho de la trabajadora a la percepción de complemento de atención continuada, que deberá ser proporcional al que venía percibiendo antes de la adaptación del puesto de trabajo y mantenerse durante todo el periodo que se prolongue esta medida de adaptación por riesgo derivado de la situación de embarazo [SSTS (CA) de 5 octubre de 2017 (*Tol 6375603*), 14 de junio de 2021 (*Tol 8485259*), 14 de julio de 2022 (*Tol 9141705*) y 9 de febrero de 2023 (*Tol 9416506*)]. Por su parte, las mujeres Guardias Civiles en caso de que padezcan insuficiencia temporal de condiciones psicofísicas para el servicio derivada de una «situación de embarazo de riesgo» tienen derecho a percibir el componente singular del comple-

debidamente descritos, valorados y acreditados de manera específica en relación con el embarazo o la lactancia natural en la evaluación de riesgos a que se refiere el art. 16 de la LPRL (art. 26 LPRL)[372]. En cualquier caso, no se considerará situación protegida la derivada de riesgos, patologías o circunstancias que puedan influir negativamente en la salud de la funcionaria o en la del hijo (como, por ejemplo, la «distancia de la residencia al lugar de trabajo»), cuando no estén relacionadas con agentes, procedimientos o condiciones de trabajo del puesto o actividad desempeñados (art. 49.2 RD 295/2009, de 6 de marzo, por el que se regulan las prestaciones económicas del sistema de la Seguridad Social por maternidad, paternidad, riesgo durante el embarazo y riesgo durante la lactancia natural).

Las funcionarias que se encuentren disfrutando de los permisos por riesgo durante el embarazo o riesgo durante la lactancia natural percibirán los subsidios previstos para estas contingencias en los arts. 22 del Real Decreto Legislativo 4/2000, de 23 de junio, por el que se aprueba el texto refundido de la Ley sobre Seguridad Social de los Funcionarios Civiles del Estado (TRSSFCE), y 99 y siguientes del RD 375/2003, de 28 de marzo, por el que se aprueba el Reglamento General del Mutualismo Administrativo (RGMA), o en los arts. 186 y siguientes de la LGSS y 31.1 y 49.1 del RD 295/2009, según estén comprendidas en el ámbito de aplicación del Régimen Especial de Funcionarios Civiles del Estado o del Régimen General de la Seguridad Social, respectivamente.

Y, en fin, mientras duren los permisos por riesgo durante el embarazo y riesgo durante la lactancia natural, y la funcionaria esté percibiendo el correspondiente subsidio, se mantiene el alta y subiste la obligación de cotizar a la Seguridad Social (arts. 23 y 24 RGMA, 144.4 LGSS y 6 Orden PCM/74/2023, de 30 de enero).

mento específico del puesto de trabajo anterior o del actual [STS (CA) de 16 de junio de 2021 (*Tol 8485122*)].

372 Cfr. el art. 58 de la LOI.

1.3.4. Situación de incapacidad temporal (menstruación incapacitante secundaria, interrupción del embarazo y gestación de la mujer desde el día primero de la semana trigésima novena)

Las DD.FF. 6.ª y 7.ª de la Ley Orgánica 1/2023, de 28 de febrero, por la que se modifica la Ley Orgánica 2/2010, de 3 de marzo, de salud sexual y reproductiva y de la interrupción voluntaria del embarazo, han modificado respectivamente los arts. 19.1 del TRSSFCE y 88.2 del RGMA, para introducir, en coherencia con las modificaciones operadas en el Régimen General de Seguridad Social, las situaciones especiales de incapacidad temporal por menstruaciones incapacitantes secundarias, por interrupción, voluntaria o no, del embarazo, y por embarazo desde el día primero de la semana trigésima novena.

1.4. La reducción de jornada con disminución proporcional de las retribuciones

1.4.1. Por cuidado de hijos o familiares

A) Régimen jurídico aplicable

El funcionario que por razones de guarda legal tenga a su cuidado directo algún menor de 12 años, a una persona mayor que requiera especial dedicación o a una persona con discapacidad que no desempeñe actividad retribuida, tendrá derecho a una reducción de su jornada de trabajo, con disminución proporcional de sus retribuciones [art. 48.h) EBEP][373].

---

[373] El complemento de zona conflictiva es un complemento de naturaleza objetiva cuya finalidad es retribuir el aumento del riesgo que supone desempeñar las funciones propias, en el caso de autos, de la Guardia Civil en las zonas del País Vasco y Navarra. Y, por ello, en sede judicial se ha reconocido el derecho al percibo de la totalidad de la cuantía mensual del complemento de zona conflictiva durante el tiempo que dure la reducción de jornada y se permanezca prestando servicio en zona de esas características [SSTS (CA) de 28 de marzo de 2022 (*Tol 8896463*), 31 de marzo de 2022 (*Tol 8905570*) y 25 de mayo de 2022 (*Tol 8996238*) y 20 de julio de 2022 (*Tol 9152665*)].

Tendrá el mismo derecho el funcionario que precise encargarse del cuidado directo de un familiar, hasta el segundo grado de consanguinidad o afinidad, que por razones de edad, accidente o enfermedad no pueda valerse por sí mismo y no desempeñe actividad retribuida [art. 48.h) EBEP].

En principio, no se establecen límites a la reducción de la jornada. No obstante ello, en el caso de los funcionarios incluidos en el Régimen General de la Seguridad Social este aspecto viene condicionado por la regulación de la prestación familiar contributiva, tal y como se analiza en el siguiente apartado. El funcionario tendrá derecho a la reducción de «su jornada de trabajo». Por consiguiente, el EBEP permite la reducción de la jornada y la fijación por el funcionario del nuevo horario siempre que ello se haga dentro de su jornada ordinaria, sin poder exigir salvo acuerdo con la Administración Pública el cambio de horario o de turno de trabajo. Con todo, la entidad empleadora no puede limitarse a denegar la pretensión del funcionario con el simple argumento de que la reducción debe hacerse efectiva dentro de los límites de la jornada y distribución horaria preexistentes o invocando genéricas necesidades del servicio. Por el contrario, debe fundamentar su oposición en razones del servicio u organizativas suficientemente graves y ofrecer propuestas alternativas que permitan la realización del derecho, correspondiendo, en su caso, a los tribunales efectuar el necesario juicio de ponderación de ambos intereses atendiendo a las circunstancias concurrentes y, sobre todo, a la trascendencia constitucional de este derecho de acuerdo con los intereses y valores familiares a que el mismo responde[374].

Por lo demás, la reducción de jornada puede computarse en relación con el día, la semana, el mes o el año, de suerte que se permiten diversas fórmulas de reducción de la jornada, como la cesación completa del trabajo en determinados días o la minoración de la jornada en todos o parte de los días del período computado, incluso fórmulas mixtas (no trabajar algunos días y reducir la jornada en otros).

---

374 Cfr. SSTC 3/2007, de 15 de enero; 26/2011, de 14 de marzo; y 24/2011, de 14 de marzo.

En fin, el funcionario podrá solicitar la medida cautelar positiva (suspensión de la ejecución de la resolución denegatoria) en virtud del art. 130 de la LJCA, pues, de lo contrario, se puede generar al funcionario un perjuicio de imposible o difícil reparación.

B) Efectos retributivos y de Seguridad Social

La reducción de la jornada conlleva la disminución proporcional de las retribuciones del funcionario[375] y, consiguientemente, de las cotizaciones a la Seguridad Social[376]. Ello supone que la reducción de jornada por cuidado de hijos o familiares tendrá consecuencias negativas en las retribuciones del funcionario, sin que en el ámbito de la Seguridad Social se prevean prestaciones sustitutivas de las rentas de activo.

En cuanto a los ulteriores derechos de la Seguridad Social, debe distinguirse entre los funcionarios incluidos en el ámbito de aplicación del Régimen General de la Seguridad Social (a) y los que están

---

375 La reducción de jornada para cuidado de hijos menores de 12 años sin pérdida de retribuciones prevista en alguna normativa autonómica contradice el art. 48.h) del EBEP, que tiene carácter básico [SSTS (CA) de 29 de junio de 2022 (*Tol 9111613*) y 16 de noviembre de 2022 (*Tol 9299970*)]. Ahora bien, el complemento de zona conflictiva es un complemento de naturaleza objetiva cuya finalidad es retribuir el aumento del riesgo que supone desempeñar las funciones propias, en el caso de autos, de la Guardia Civil en las zonas del País Vasco y Navarra. Y, por ello, en sede judicial se ha reconocido el derecho al percibo de la totalidad de la cuantía mensual del complemento de zona conflictiva durante el tiempo que dure la reducción de jornada y se permanezca prestando servicio en zona de esas características [SSTS (CA) de 28 de marzo de 2022 (*Tol 8896463*), 31 de marzo de 2022 (*Tol 8905570*) y 25 de mayo de 2022 (*Tol 8996238*) y 20 de julio de 2022 (*Tol 9152665*)]. Asimismo, la indemnización por residencia no puede verse disminuida a causa de la reducción de la jornada de trabajo para la guarda de hijo menor de doce años [STS (CA) de 6 de julio de 2022 (*Tol 9123854*)].

376 Cfr. art. 25 del RGMA; y arts. 66 del RD 2064/1995, de 22 de diciembre, por el que se aprueba el Reglamento General sobre Cotización y Liquidación de otros derechos de la Seguridad Social, y 43 de la Orden PCM/74/2023, de 30 de enero.

comprendidos en la Mutualidad de Funcionarios Civiles del Estado (MUFACE) y en el régimen de Clases Pasivas (b).

a) Los funcionarios incluidos en el ámbito de aplicación del Régimen General de la Seguridad Social podrán beneficiarse de la prestación familiar contributiva prevista en el art. 237.3 de la LGSS. En este sentido, la DA 8.ª del RD 295/2009 establece que *«en supuestos de reducción de jornada por cuidado de hijos, menores acogidos o familiares, el cómputo de las cotizaciones incrementadas hasta el 100 por 100 de la cuantía que hubiera correspondido si se hubiera mantenido sin dicha reducción la jornada de trabajo, de acuerdo con lo preceptuado en el artículo 180.3 y 4 de la Ley General de la Seguridad Social, también será de aplicación al personal funcionario y estatutario incluido en el Régimen General de la Seguridad Social»*. Y, de conformidad con el párrafo primero del art. 237.3 de la LGSS, *«las cotizaciones realizadas durante los tres primeros años del período de reducción de jornada por cuidado de menor previsto en el primer párrafo del artículo 37.6 del texto refundido de la Ley del Estatuto de los Trabajadores, se computarán incrementadas hasta el 100 por cien de la cuantía que hubiera correspondido si se hubiera mantenido sin dicha reducción la jornada de trabajo, a efectos de las prestaciones señaladas en el apartado 1»* y *«dicho incremento se referirá igualmente a los tres primeros años en los demás supuestos de reducción de jornada contemplados en el primer y segundo párrafo del mencionado artículo»*. De este modo, los tres primeros años de la reducción de jornada por cuidado directo de un menor de 12 años y por cuidado de una persona mayor que requiera especial dedicación, de una persona con discapacidad o de un familiar a cargo se consideran como cotizados a jornada completa. Ahora bien, dada la remisión a lo dispuesto en el art. 37.6 del ET, la reducción de jornada habrá de ajustarse a los márgenes establecidos en dicho precepto y, por consiguiente, habrá de tratarse de una reducción de la jornada de trabajo diaria de entre, al menos, un octavo y un máximo de la mitad de la duración de aquélla. En estas condiciones, la reducción de jornada no comportará ningún perjuicio desde la perspectiva de la Seguridad Social si es por tiempo igual o inferior a tres años. Pero si se sobrepasa este límite temporal, las cotizaciones realizadas por la jornada reducida se computarán en función de las retribuciones realmente percibidas, lo que tendrá consecuencias negativas en orden al cálculo de las ulteriores prestaciones de la Seguridad Social.

b) La base reguladora de la que se obtiene la cotización mensual en la Mutualidad de Funcionarios Civiles del Estado y el haber regulador a efectos pasivos correspondientes a los servicios prestados por el funcionario en régimen de jornada reducida por tiempo igual o superior a un año, se reducen en la misma proporción que las retribuciones[377]. Ello supone que la reducción de jornada por cuidado de hijos u otros familiares no tendrá consecuencias negativas en las prestaciones sociales del funcionario si es por tiempo inferior al año, y que sí las tendrá si su duración es igual o superior a un año. Se establece así un discutible trato menos favorable que para los funcionarios integrados en el Régimen General de la Seguridad Social, ya que en este caso la medida alcanza a los tres primeros años de la reducción de jornada por cuidado de hijos o de otros familiares.

C) La naturaleza de la normativa estatal

Tras la modificación del art. 48 del EBEP por el RD-l 20/2012, el legislador estatal ha establecido una regulación de la reducción de jornada por cuidado de hijos y otros familiares que tiene carácter básico y que no incluye referencia alguna al carácter supletorio de dicha regulación en defecto de normativa aplicable. Nos encontramos, como hemos visto, ante una norma básica (DF 4.ª RD-l 20/2012) y de derecho necesario absoluto que dota de contenido esta materia sin dejar espacios a las Leyes reguladoras de la función pública de las Comunidades Autónomas ni a la autonomía colectiva.

1.4.2. Por razón de violencia de género sobre la mujer funcionaria

Las funcionarias víctimas de violencia sobre la mujer, para hacer efectiva su protección o su derecho de asistencia social integral, tendrán derecho a la reducción de la jornada con disminución propor-

---

377 Cfr. arts. 25.4.a) del RGMA y 30.4 del Real Decreto Legislativo 670/1987, de 30 de abril, por el que se aprueba el texto refundido de Ley de Clases Pasivas del Estado.

cional de la retribución, o a la reordenación del tiempo de trabajo, a través de la adaptación del horario, de la aplicación del horario flexible o de otras formas de ordenación del tiempo de trabajo que sean aplicables, en los términos que para estos supuestos establezca el plan de igualdad de aplicación o, en su defecto, la Administración Pública competente en cada caso [art. 49.d) EBEP]. No obstante, la funcionaria pública mantendrá sus retribuciones íntegras cuando reduzca su jornada en un tercio o menos.

1.5. Excedencia por cuidado de hijos y otros familiares

1.5.1. Régimen jurídico aplicable

El art. 89.4.1° del EBEP establece el derecho de los funcionarios de carrera «*a un período de excedencia de duración no superior a tres años para atender al cuidado de cada hijo, tanto cuando lo sea por naturaleza como por adopción, o de cada menor sujeto a guarda con fines de adopción o acogimiento permanente, a contar desde la fecha de nacimiento o, en su caso, de la resolución judicial o administrativa*». De este modo, el periodo máximo de duración de esta excedencia que puede llegar hasta los tres años comienza a computar desde la fecha del nacimiento o, en su caso, de la resolución judicial por la que se constituya la adopción o de la decisión administrativa de guarda con fines de adopción o de acogimiento.

También tendrán derecho a un período de excedencia de duración no superior a tres años, para atender al cuidado de un familiar —hasta el segundo grado inclusive de consanguinidad o afinidad— que se encuentre a su cargo, siempre que por razones de edad, accidente, enfermedad o discapacidad no pueda valerse por sí mismo y no desempeñe actividad retribuida (art. 89.4.2° EEBEP). Aunque este supuesto de excedencia está ideado esencialmente en orden al cuidado de los familiares de edad avanzada, también se puede solicitar para ocuparse de los hijos mayores de tres años que por accidente, enfermedad o discapacidad no pueden valerse por sí mismos y no desempeñen una actividad retribuida.

Sobre el tema cabe añadir lo siguiente:

1.º) La excedencia constituye un derecho de los *«funcionarios de carrera»*, hombres o mujeres. Pero, en el caso de que dos funcionarios generen el derecho a disfrutarla por el mismo sujeto causante, la Administración *«podrá limitar su ejercicio simultáneo por razones justificadas relacionadas con el funcionamiento de los servicios»* (art. 89.4.4º EBEP).

2.º) El período de excedencia *«será único por cada sujeto causante»* (art. 89.4.3º EBEP) y, además, no se contempla la posibilidad de fraccionamiento del citado período de excedencia, por lo que esta no puede ser interrumpida y disfrutarse de forma fragmentada.

3.º) Cuando un nuevo sujeto causante dé origen a una nueva excedencia, el inicio del período de la misma *«pondrá fin al que se viniera disfrutando»* (art. 89.4.3º EBEP).

4.º) Los funcionarios interinos también pueden disfrutar de esta excedencia. La excedencia para el cuidado de hijos y otros familiares constituye, en efecto, un derecho atribuido por el legislador a trabajadores y empleados públicos en orden a hacer efectivo el mandato constitucional dirigido a los poderes públicos de garantizar el instituto de la familia (art. 39.1 CE) y no resulta admisible, desde la perspectiva del art. 14 de la CE, fundar la denegación de un derecho con trascendencia constitucional exclusivamente en el carácter temporal y en la necesaria y urgente prestación del servicio propia de la situación de interinidad[378]. Pero, evidentemente, el funcionario no podrá solicitar la incorporación a su puesto de trabajo, para el que fue nombrado con carácter interino, si han desaparecido las razones de urgencia y necesidad que justificaron su nombramiento, por ejemplo, al haber sido ocupada la plaza vacante por un funcionario de carrera[379].

---

[378] SSTC 240/1999, de 20 de diciembre; y 203/2000, de 24 de julio.

[379] STS (CA) de 14 de abril de 1997 (*Tol 5150396*).

1.5.2. Efectos

La excedencia por cuidados de hijos o familiares se caracteriza por lo siguiente:

a) La excedencia comporta la pérdida de retribuciones y de cotizaciones a la Seguridad Social [arts. 23.2.b) RGMA y 13.2 RD 2064/1995, de 22 de diciembre, por el que se aprueba el Reglamento General sobre Cotización y Liquidación de otros Derechos de la Seguridad Social], sin que en el sistema de la Seguridad Social se prevean prestaciones sustitutivas de las rentas de activo. Los excedentes *«podrán participar en los cursos de formación que convoque la Administración»* (art. 89.4.6° EBEP).

b) Durante los dos primeros años de excedencia el funcionario tendrá derecho a la reserva del *«puesto de trabajo desempeñado»*, mientras que a partir del tercero la reserva quedará referida *«a un puesto en la misma localidad y de igual retribución»* (art. 89.4.5° EBEP). El art. 89.4 del EBEP señala expresamente que durante los dos primeros años la reserva es del puesto de trabajo desempeñado, por lo que la misma opera con independencia de que dicho puesto lo tuviera adscrito el excedente con carácter definitivo o provisional. Y así, si el puesto de trabajo ocupado con carácter previo a la excedencia fuera provisional, el funcionario tendrá derecho a reincorporarse al mismo en tanto no regrese su titular o la Administración no lo suprima o amortice por razones justificadas y debidamente motivadas. Cuando un nuevo sujeto causante diera origen a una nueva excedencia, durante los dos primeros años habría derecho a la reserva del mismo puesto de trabajo; el problema es que ello sólo será posible, en sus propios términos, cuando la primera excedencia no se hubiera prolongado más allá de dos años o, en otro caso, si la Administración no hubiera optado por pasar a reservar otro puesto *«en la misma localidad y de igual retribución»*. Si antes de la finalización del período de excedencia por cuidado de hijos o de familiares no solicita el reingreso al servicio activo, el funcionario será declarado de oficio en la situación de excedencia voluntaria por interés particular (art. 14.3 RSA).

c) El tiempo de excedencia *«será computable a efectos de trienios, carrera y derechos en el régimen de Seguridad Social que sea de aplicación»* (art. 89.4.5° EBEP). Por consiguiente, el tiempo que pase el funcionario en esta situación produce efectos equivalentes a los de servicio activo, con proyección en los trienios, carrera profesional (verbigracia, en los concursos de provisión de puestos), consolidación de grado personal y derechos pasivos. En el ámbito de la Administración General del Estado también es computable a efectos de solicitud de excedencia voluntaria por interés particular (art. 14.2 RSA).

d) Los funcionarios incluidos en el ámbito de aplicación del Régimen General de la Seguridad Social podrán beneficiarse de la prestación familiar contributiva consistente en la consideración como períodos de cotización efectiva los de excedencia por cuidado de hijos u otros familiares de duración no superior a tres, a los efectos de determinadas prestaciones de la Seguridad Social (art. 237.1 y 2 LGSS y DA 4ª RD 295/2009). Y, en fin, por lo que se refiere a los funcionarios comprendidos en MUFACE y en el régimen de Clases Pasivas, el tiempo de permanencia en la situación de excedencia para atender al cuidado de hijos o familiares también será computable a efectos de los derechos en el régimen de Seguridad Social que se aplique en virtud del art. 89.4.5° del EBEP.

1.5.3. La naturaleza de la normativa estatal

El art. 89.4 del EBEP constituye un precepto legal formal y materialmente básico (DF 1ª EBEP). En este contexto, y dada la interrelación con las prestaciones del sistema de la Seguridad Social, la STC 39/2014, de 11 de marzo, ha declarado que la Comunidad Valenciana, en desarrollo de las bases estatales en materia de función pública, *«goza de habilitación suficiente para incluir en el ámbito de la situación administrativa de excedencia para el cuidado de familiares al cónyuge y a la pareja de hecho legalmente constituida, pero dicha competencia no alcanza a extender los efectos de dicha situación de excedencia, en lo que al cónyuge y a la pareja de hecho legalmente constituida se refiere, a los derechos en el régimen de Seguridad Social que corresponda, pues dicha posibilidad se sitúa extramuros del ámbito competencial en materia de función pública e implica una vulneración de las competencias del Estado ex artículo 149.1.17 CE, en la medida en que dicha regulación le corresponde establecerla al Estado con carácter exclusivo, habida cuenta de que interfiere en el régimen económico unitario de la Seguridad Social y genera una obligación económica que debe soportar el Estado»*[380]. Por ello, declaró la inconstitucionalidad y nulidad del inciso *«derechos en el régimen de Seguridad Social que les sea aplicable»* del art. 130.4 de la Ley 10/2010, de 9 de julio, de ordenación y gestión de la Función Pública Valenciana.

2. *Personal laboral*

2.1. Régimen jurídico aplicable

Para el régimen de jornada de trabajo, permisos y vacaciones del personal laboral al servicio de las Administraciones Públicas, según el art. 51 del EBEP, *«se estará a lo establecido en este Capítulo y en la legislación laboral correspondiente»*. Este precepto, como señala la doctrina jurisprudencial, se rige por un principio de complementariedad, consagrado con carácter general en el art. 7 del EBEP, a cuyo tenor *«el personal laboral al servicio de las Administraciones Públicas se rige, además de por la legislación laboral y por las demás normas convencionalmente aplicables, por los preceptos de este Estatuto que así lo dispongan»*. De este modo, el régimen de jornada de trabajo, permisos y vacaciones del personal laboral afectado por la doble regulación laboral y funcionarial ha de alcanzar los mínimos impuestos en ambas legislaciones[381]. Sin embargo, ello no implica la acumulación de derechos fijados para el mismo supuesto de hecho, de suerte que de lo que se trata es de alcanzar el resultado mínimo de la legislación integrada por las normas laborales y por el EBEP, pero no de sumar una y otra normativa cuando incidan sobre un mismo derecho. No obstante, en

---

380 Cfr. el ATC 24/2011, de 3 de marzo.

381 SSTS de 29 de junio de 2010 (*Tol 1919533*), 5 de octubre de 2010 (*Tol 1987586*) y 12 de septiembre de 2011 (*Tol 2265539*). En cambio, la STS de 26 noviembre 2010 (*Tol 2027826*) considera que *«la única interpretación posible del art. 51 es la de entender que los permisos, licencias y vacaciones del Capítulo V en cuestión se aplicarán o no, según les sea a su vez aplicable o no lo dispuesto en la normativa laboral, pues una y otra se hallan al mismo nivel de obligatoriedad, de forma que, en principio, únicamente les sería de aplicación —supletoria en todo caso— lo dispuesto en el mencionado Capítulo V cuando no hubiera normativa laboral que regulara aquellas materias»*.

materia de permisos de nacimiento, adopción, del progenitor diferente de la madre biológica y lactancia, el personal laboral al servicio de las Administraciones públicas se regirá por lo previsto en el EBEP, no siendo de aplicación a este personal, por tanto, las previsiones del ET sobre las suspensiones de los contratos de trabajo que, en su caso, corresponderían por los mismos supuestos de hecho (art. 7 EBEP y DA 22.ª ET).

2.2. Ordenación del tiempo de trabajo

El art. 34.8 del ET dispone que las personas trabajadoras tienen derecho a solicitar las adaptaciones de la duración y distribución de la jornada de trabajo, en la ordenación del tiempo de trabajo y en la forma de prestación, incluida la prestación de su trabajo a distancia, para hacer efectivo su derecho a la conciliación de la vida familiar y laboral. En el caso de que tengan hijos o hijas, tienen derecho a efectuar dicha solicitud hasta que los hijos o hijas cumplan doce años. Asimismo, tendrán ese derecho las personas trabajadoras que tengan necesidades de cuidado respecto de los hijos e hijas mayores de doce años, el cónyuge o pareja de hecho, familiares por consanguinidad hasta el segundo grado de la persona trabajadora, así como de otras personas dependientes cuando, en este último caso, convivan en el mismo domicilio, y que por razones de edad, accidente o enfermedad no puedan valerse por sí mismos, debiendo justificar las circunstancias en las que fundamenta su petición.

Las adaptaciones deberán ser *«razonables y proporcionadas»* en relación con las necesidades de la persona trabajadora y con las necesidades organizativas o productivas de la empresa. La negociación colectiva debe pactar los términos del ejercicio de este derecho, que se acomodarán a criterios y sistemas que garanticen la ausencia de discriminación, tanto directa como indirecta, entre personas trabajadoras de uno y otro sexo, y, en su defecto, la empresa, ante la solicitud de adaptación de jornada, tiene que abrir un proceso de negociación con la persona trabajadora durante un periodo máximo 15 días, presumiéndose su concesión si no concurre oposición motivada expresa en este plazo. Finalizado el mismo, la empresa, por escrito, comunicará la aceptación de la petición, planteará una propuesta alternativa que posibilite las necesidades de conciliación de la persona trabajadora o bien manifestará la negativa a su ejercicio, indicando en este último caso las razones objetivas en las que se sustenta la decisión. Las discrepancias surgidas entre la dirección de la empresa y la persona trabajadora serán resueltas por la jurisdicción social a través del procedimiento establecido en el art. 139 de la LJS.

Asimismo, cada Administración Pública podrá negociar una bolsa de horas de libre disposición acumulables entre sí, de hasta un 5% de la jornada anual, con carácter recuperable en el periodo de tiempo que así se determine y dirigida de forma justificada a la adopción de medidas de conciliación para el cuidado y atención de mayores, discapacitados, e hijos menores, en los términos que en cada caso se determinen (DA 144.ª Ley 6/2018). La Administración respectiva deberá regular el periodo de tiempo en el que se generará la posibilidad de hacer uso de esta bolsa de horas, los límites y condiciones de acumulación de la misma, así como el plazo en el que deberán recuperarse. Igualmente, y en el caso de cuidado de hijos menores de 12 años o discapacitados, podrá establecerse un sistema específico de jornada continua.

2.3. Los permisos retribuidos

El art. 51 del EBEP preceptúa que para el régimen de permisos del personal laboral se estará a lo establecido en este Capítulo y en la legislación laboral correspondiente, sin establecer ninguna jerarquización entre los dos tipos de normas reguladoras. Siendo así, es preciso acudir al art. 3.3 del ET, y efectuar una comparación que lleve a la aplicación de lo más favorable. Ahora bien, la comparación entre las normas laboral y funcionarial no puede ser global, sino que debe ser efectuada entre materias homogéneas y, por ello, comparables. Y, además, ha de hacerse respetando la unidad de regulación de la materia de que se trate, no siendo posible la técnica del «espigueo normativo» para conseguir la coexistencia de dos normativas distintas sobre un mismo supuesto de hecho (esto es, el mismo permiso, reducción de jornada, etc.)[382]. En virtud de dicha comparación, la regulación funcionarial, por lo general, resulta más favorable que la prevista en los apartados 3, 4 y 5 del art. 37 del ET[383].

Por razones personales el empleado público laboral puede ausentarse del trabajo, con derecho a remuneración, en los siguientes casos:

1.°) Cinco días por accidente o enfermedad graves, hospitalización o intervención quirúrgica sin hospitalización que precise reposo domiciliario del cónyuge, pareja de hecho o parientes hasta el segundo grado por consanguineidad o afinidad, incluido el familiar consanguíneo de la pareja de hecho, así como de cualquier otra persona distinta de las anteriores, que conviva con la persona trabajadora en el mismo domicilio y que requiera el cuidado efectivo de aquella [art. 37.3.b) ET][384]. Cuando se trate de fallecimiento del cónyuge, pareja de hecho o familiar dentro del primer grado de consanguinidad o afinidad, tres días hábiles cuando el suceso se produzca en la misma localidad, y cinco días hábiles, cuando sea en distinta localidad [art. 48.a) EBEP]. En el caso de fallecimiento de familiar dentro del segundo grado de consanguinidad o afinidad, el permiso será de dos días hábiles cuando se produzca en la misma localidad y de cuatro días hábiles cuando sea en distinta localidad [arts. 37.3.b) bis ET o 48.a) EBEP].

2.°) Un día por traslado del domicilio habitual [arts. 37.3.c) ET o 48.b) EBEP].

3.°) Por el tiempo indispensable para la realización de exámenes prenatales y técnicas de preparación al parto por las trabajadoras embarazadas y, en los casos de adopción, guarda con fines de adopción o acogimiento, para la asistencia a las preceptivas sesiones de infor-

---

382 SSTS de 19 de mayo de 2009 (*Tol 1577474*), 8 de junio de 2009 (*Tol 1577479*), 14 de junio de 2010 (*Tol 1920199*), 29 de junio de 2010 (*Tol 1919533*), 5 de octubre de 2010 (*Tol 1987586*), 12 de septiembre de 2011 (*Tol 2265539*) y 29 de septiembre de 2015 (*Tol 5587548*).

383 Como subraya la STS de 25 de enero de 2011 (*Tol 2041672*), la regulación legal del art. 37.3 del ET contiene mínimos de derecho necesario relativo que no pueden ser empeorados por convenio colectivo.

384 Cfr. la STS de 29 de septiembre de 2015 (*Tol 5587548*).

mación y preparación y para la realización de los preceptivos informes psicológicos y sociales previos a la declaración de idoneidad, que deban realizarse dentro de la jornada de trabajo [arts. 37.3.f) ET y 48.e) EBEP].

4.º) En materia de permisos de nacimiento, adopción, del progenitor diferente de la madre biológica y lactancia, el personal laboral al servicio de las Administraciones públicas se regirá por lo previsto en el EBEP, no siendo de aplicación a este personal, por tanto, las previsiones del ET sobre las suspensiones de los contratos de trabajo que, en su caso, corresponderían por los mismos supuestos de hecho (art. 7 EBEP y DA 22.ª del ET).

Y así, se concederán los siguientes permisos a los trabajadores al servicio de las Administraciones Públicas:

- En caso de nacimiento, la madre biológica tiene derecho a un permiso de 16 semanas, ampliables por nacimiento múltiple (dos semanas más por cada hijo o hija a partir del segundo, una para cada uno de los progenitores), o por partos prematuros o aquellos en que el neonato precise hospitalización a continuación del parto (se ampliará en los días de hospitalización, con un máximo de 13 semanas), o por discapacidad del hijo o hija (dos semanas adicionales, una para cada uno de los progenitores) [art. 49.a) EBEP]. A ello debe añadirse el permiso retribuido que hayan establecido las Administraciones Públicas para las funcionarias en estado de gestación a partir de la semana 37 de embarazo, o de la semana 35 en el supuesto de gestación múltiple, hasta la fecha de parto (DA 16.ª EBEP).
- En caso de adopción, guarda con fines de adopción o acogimiento —tanto temporal como permanente— de menores de 18 años, el permiso es igualmente de 16 semanas, ampliables por multiplicidad o discapacidad [art. 49.b) EBEP].
- En caso de nacimiento, guarda con fines de adopción, acogimiento o adopción de un hijo o hija, el progenitor diferente de la madre biológica tiene derecho a un permiso de 16 semanas, ampliables por nacimiento múltiple (dos semanas más por cada hijo o hija a partir del segundo, una para cada uno de los progenitores), o por partos prematuros o aquellos en que

el neonato precise hospitalización a continuación del parto (se ampliará en los días de hospitalización, con un máximo de 13 semanas), o por discapacidad del hijo o hija (dos semanas adicionales, una para cada uno de los progenitores) [art. 49.c) EBEP].

- Por lactancia de un hijo menor de doce meses tendrán derecho a una hora de ausencia del trabajo que podrá dividir en dos fracciones [art. 48.f) EBEP]. Este derecho podrá sustituirse por una reducción de la jornada normal en media hora al inicio y al final de la jornada, o en una hora al inicio o al final de la jornada, con la misma finalidad. El permiso contemplado en este apartado constituye un derecho individual de los empleados, sin que pueda transferirse su ejercicio al otro progenitor, adoptante, guardador o acogedor. Se podrá solicitar la sustitución del tiempo de lactancia por un permiso retribuido que acumule en jornadas completas el tiempo correspondiente. Esta modalidad se podrá disfrutar únicamente a partir de la finalización del permiso por nacimiento, adopción, guarda, acogimiento o del progenitor diferente de la madre biológica respectivo. Este permiso se incrementará proporcionalmente en los casos de parto, adopción, guarda con fines de adopción o acogimiento múltiple.

5.º) Por nacimiento de hijos prematuros o que, por cualquier otra causa, deban permanecer hospitalizados a continuación del parto, la trabajadora o el trabajador tendrá derecho a ausentarse del trabajo durante un máximo de dos horas diarias percibiendo las retribuciones íntegras [art. 48.g) EBEP]. En cambio, según la norma laboral, la madre o el padre solo tienen derecho a una hora de ausencia del trabajo (art. 37.5 ET). Asimismo, tienen derecho a reducir su jornada hasta un máximo de dos horas, pero en este caso con disminución proporcional del salario [arts. 37.5 ET o 48.g) EBEP].

6.º) Por ser preciso atender el cuidado de un familiar de primer grado, el trabajador tendrá derecho a solicitar una reducción de hasta el cincuenta por ciento de la jornada laboral, con carácter retribuido, por razones de enfermedad muy grave y por el plazo máximo de un mes [art. 48.i) EBEP].

7.º) Por tiempo indispensable para el cumplimiento de *«deberes relacionados con la conciliación de la vida familiar y laboral»* [art. 48.j) EBEP].

8.º) Por asuntos particulares, seis días cada año [art. 48.k) EBEP]. La legislación laboral no contempla ninguna licencia por asuntos particulares, por lo que el personal laboral incluido en el ámbito de aplicación del EBEP tiene derecho a disfrutar seis días de libre disposición al año conforme a lo previsto en el art. 51, en relación con el art. 48.k) del mismo texto legal. Se trata de permisos retribuidos y no recuperables[385]. Asimismo, las Administraciones Públicas, en virtud de la DA 13.ª del EBEP, *«podrán establecer hasta dos días adicionales de permiso por asuntos particulares al cumplir el sexto trienio, incrementándose, como máximo, en un día adicional por cada trienio cumplido a partir del octavo»*. No obstante, la DA 2.ª del RD-l 10/2015 dispone la aplicación automática del incremento del número de días de permiso por asuntos particulares por antigüedad en la Administración General del Estado, organismos y entidades vinculados o dependientes. Los días por asuntos particulares podrán ser objeto de compensación cuando los trabajadores no alcancen las horas anuales de trabajo (1.642 horas)[386]. La indemnización de daños y perjuicios por no haber podido disfrutar de los días adicionales de libre disposición establecidos en el EBEP, por estar ya extinguida la relación laboral, consiste en el importe del salario correspondiente a los días de libre disposición no disfrutados y para calcular el valor de la hora ordinaria de trabajo se divide el salario anual por la jornada anual de trabajo[387]. Por otra parte, el nuevo art. 37.9 del ET, incorporado por el Real Decreto-ley 5/2023, de 28 de junio, establece que las personas trabajadoras tendrán derecho a ausentarse del trabajo por causa de fuerza mayor cuando sea necesario por motivos familiares urgentes relacionados con familiares o personas convivientes, en caso de enfermedad o accidente que hagan indispensable su presencia inmediata, y a que las horas de ausencia por estas causas equivalentes a cuatro días al año sean retribuidas,

---

385 STS (Social) de 20 de diciembre de 2019 (*Tol 7709027*) o STS (Social) de 10 de junio de 2020 (*Tol 7996210*).

386 STS (Social) de 23 de enero de 2020 (*Tol 7792306*).

387 STS (Social) de 10 de febrero de 2015 (*Tol 4763684*).

conforme a lo establecido en convenio colectivo o, en su defecto, en acuerdo entre la empresa y la representación legal de las personas trabajadoras aportando las personas trabajadoras, en su caso, acreditación del motivo de ausencia. Sin embargo, a mi modo de ver, la articulación de la normativa laboral y funcionarial no debe dar lugar a duplicidades, de suerte que no es posible que los empleados públicos laborales disfruten de los días de libre disposición que se ofrecen a los funcionarios públicos y a los trabajadores, siéndoles de aplicación el régimen funcionarial por ser más beneficioso.

9.º) Quince días naturales en caso de matrimonio o registro de pareja de hecho [arts. 37.3.a) ET o 48.l) EBEP].

2.4. La reducción de jornada con disminución proporcional de las retribuciones

2.4.1. Por cuidado de hijos o familiares

A) Régimen jurídico aplicable

Los empleados públicos laborales que, por razones de guarda legal, tengan a su cuidado directo algún menor de 12 años —o a una persona con discapacidad que no desempeñe una actividad retribuida—, tendrán derecho a una reducción de la jornada de trabajo diaria, con disminución proporcional del salario, de al menos un octavo y un máximo de la mitad de la duración de aquélla (art. 37.6.1º ET)[388]. Tendrá el mismo derecho quien precise encargarse

---

[388] Ante las solicitudes de reducción de jornada y de excedencia por necesidades de conciliación que se formulan con acumulación que conlleva la exoneración de la prestación de servicios durante medio mes, un mes o incluso mes y medio en el período estival, añadiéndose al período vacacional anual que se disfruta en esa misma época, la denegación por necesidades del servicio es ajustada a derecho, pues así lo establece expresamente el art. 114 del convenio colectivo, que no vulnera los arts. 37.6 del ET y 48 del EBEP que no consagran derechos absolutos, debiendo de ponderarse los derechos de las personas solicitantes con las necesidades organizativas y productivas de la empresa, y sin que sea preciso abrir un período de negociación con cada persona trabajadora al existir un pacto en el convenio

del cuidado directo del cónyuge o pareja de hecho, o un familiar, hasta el segundo grado de consanguinidad o afinidad, incluido el familiar consanguíneo de la pareja de hecho, que por razones de edad, accidente o enfermedad no pueda valerse por sí mismo y no desempeñe actividad retribuida (art. 37.6.2º ET).

Asimismo, se reconoce al progenitor, guardador con fines de adopción o acogedor permanente, el derecho a una reducción de la jornada de al menos la mitad de su duración, con disminución proporcional del salario, durante la hospitalización y tratamiento continuado del menor a cargo afectado por cáncer o por cualquier otra enfermedad grave que implique un ingreso hospitalario de larga duración y requiera la necesidad de su cuidado directo, continuo y permanente —o un cuidado directo, continuo y permanente del menor en domicilio—, acreditado por informe del Servicio Público de Salud y, como máximo, hasta que el menor cumpla los 23 años [arts. 37.6.3º ET, 190 LGSS y 2.1 RD 1148/2011]. En consecuencia, el mero cumplimiento de los 18 años por el hijo o el menor sujeto a acogimiento permanente o a guarda con fines de adopción no será causa de extinción de la reducción de la jornada si se mantiene la necesidad de cuidado directo, continuo y permanente (art. 37.6.4.º ET). No obstante, cumplidos los 18 años, se podrá reconocer el derecho a la reducción de jornada hasta que el causante cumpla 23 años en los supuestos en que el padecimiento de cáncer o enfermedad grave haya sido diagnosticado antes de alcanzar la mayoría de edad, siempre que en el momento de la solicitud se acrediten los requisitos anteriores, salvo la edad (art. 37.6.5.º ET). Asimismo, se mantendrá el derecho a esta reducción hasta que la persona cumpla 26 años si antes de alcanzar 23 años acreditara, además, un grado de discapacidad igual o superior al 65% (art. 37.6.6.º ET). Por convenio colectivo, se podrán establecer las condiciones y supuestos en los que esta reducción de jornada se podrá acumular en jornadas completas (art. 37.6.7.º ET). En los supuestos de nulidad, separación, divorcio, extinción de la pareja de hecho o cuando se acredite ser víctima de violencia de género, el derecho a la reducción de

que regula el ejercicio del derecho [STS de 21 de diciembre de 2021 (*Tol 8753319*)].

jornada se reconocerá a favor del progenitor, guardador o acogedor que conviva con la persona enferma, siempre que cumpla el resto de los requisitos exigidos (art. 37.6.8.° ET). Cuando la persona enferma contraiga matrimonio o constituya una pareja de hecho, tendrá derecho a la reducción de jornada quien sea su cónyuge o pareja de hecho, siempre que acredite las condiciones exigidas para acceder al derecho a la misma (art. 37.6.9.° ET). Las reducciones de jornada contempladas en este apartado constituyen un derecho individual de los trabajadores, hombres o mujeres. No obstante, si dos o más trabajadores de la misma entidad generasen este derecho por el mismo sujeto causante, el empleador podrá limitar su ejercicio simultáneo por razones fundadas y objetivas de funcionamiento de la entidad, debidamente motivadas por escrito, debiendo en tal caso la empresa ofrecer un plan alternativo que asegure el disfrute de ambas personas trabajadoras y que posibilite el ejercicio de los derechos de conciliación (art. 37.6.10.° ET). En el ejercicio de este derecho se tendrá en cuenta el fomento de la corresponsabilidad entre mujeres y hombres y, asimismo, evitar la perpetuación de roles y estereotipos de género (art. 37.6.11.° ET).

En fin, el Real Decreto-ley 5/2023 regula, a través de la introducción de un nuevo art. 48 bis, en el Estatuto de los Trabajadores, un permiso parental específico, de momento no retribuido, de una duración no superior a ocho semanas a favor de las personas trabajadoras que se ocupan del cuidado de los hijos e hijas, o de los niñas y niños acogidos por más de un año, y hasta la edad de ocho años, intransferible y con posibilidad de su disfrute de manera flexible.

B) Efectos retributivos y de Seguridad Social

La reducción de la jornada por cuidado de hijos o familiares conlleva la disminución proporcional de las retribuciones del trabajador y, consiguientemente, de las cotizaciones a la Seguridad Social[389], sin que en el ámbito de la Seguridad Social se prevean prestaciones sus-

[389] Cfr. art. 66 del RD 2064/1995, de 22 de diciembre, por el que se aprueba el Reglamento General sobre Cotización y Liquidación de otros derechos de la Seguridad Social, y art. 43 de la Orden PCM/74/2023, de 30 de enero.

titutivas de las rentas de activo. No obstante lo anterior, los trabajadores al servicio de las Administraciones Públicas que reduzcan su jornada en los términos del art. 37.6.3º del ET podrán acceder a la prestación económica por cuidado de menores afectados por cáncer prevista en los arts. 190 de la LGSS y del art. 1.2 del RD 1148/2011. Además, y de cara a las futuras prestaciones de la Seguridad Social, los trabajadores que reduzcan su jornada en los términos previstos en el art. 37.6 del ET podrán beneficiarse de la prestación familiar contributiva prevista en el art. 237.3 de la LGSS.

2.4.2. Por razón de violencia de género sobre la mujer empleada laboral

Las empleadas públicas laborales víctimas de violencia sobre la mujer a tendrán derecho a la reducción de la jornada con disminución proporcional de la retribución en los términos previstos en el art. 49.d) y f) del EBEP (art. 51 EBEP).

2.5. La excedencia por cuidado de hijos o familiares

Las situaciones del personal laboral se regirán por el Estatuto de los Trabajadores y por los convenios colectivos que les sean de aplicación (art. 92 EBEP). Por consiguiente, ha de estarse a la regulación del art. 46.3 del ET. No obstante, los convenios colectivos podrán determinar la aplicación de la normativa funcionarial al personal laboral en lo que resulte compatible con el Estatuto de los Trabajadores (art. 92 EBEP).

El art. 46.3.1º del ET establece el derecho de los trabajadores «a un periodo de excedencia de duración no superior a tres años para

---

Por lo demás, las reducciones de jornada por razones de guarda legal pueden solicitarse por los facultativos conjuntamente para toda la jornada u optar únicamente por la reducción de la jornada ordinaria o por la reducción de la jornada complementaria, por lo que solicitada y concedida esta reducción únicamente sobre la jornada ordinaria, no concurre fraude de ley, ni discriminación directa o indirecta por razón de género, por cuanto la empresa se limitó a retribuir la jornada complementaria con arreglo al convenio colectivo [STS de 8 de junio de 2022 (*Tol 9097466*)].

atender al cuidado de cada hijo, tanto cuando lo sea por naturaleza, como por adopción, o en los supuestos de guarda con fines de adopción o acogimiento permanente, a contar desde la fecha de nacimiento o, en su caso, de la resolución judicial o administrativa».

El mismo derecho, pero con una duración máxima de dos años —salvo ampliación por convenio colectivo—, se reconoce en favor de los trabajadores que atiendan al cuidado del cónyuge o pareja de hecho, o de un familiar hasta el segundo grado de consanguinidad y por afinidad, incluido el familiar consanguíneo de la pareja de hecho, que por razones de edad, accidente, enfermedad o discapacidad no pueda valerse por sí mismo, siempre que no desempeñe una actividad retribuida y el parentesco que les una no exceda del segundo grado de consanguinidad o afinidad (art. 46.3.2° ET).

La excedencia, cuyo periodo de duración podrá disfrutarse de forma fraccionada, constituye un derecho individual de los trabajadores y trabajadoras (art. 46.3.3° ET). No obstante, si dos o más personas trabajadoras de la misma entidad generasen este derecho por el mismo sujeto causante, la entidad podrá limitar su ejercicio simultáneo por razones fundadas y objetivas de funcionamiento debidamente motivadas por escrito debiendo en tal caso la empresa ofrecer un plan alternativo que asegure el disfrute de ambas personas trabajadoras y que posibilite el ejercicio de los derechos de conciliación (art. 46.3.3° ET). En el ejercicio de este derecho se tendrá en cuenta el fomento de la corresponsabilidad entre mujeres y hombres y, asimismo, evitar la perpetuación de roles y estereotipos de género (art. 46.3.6° ET). Cuando un nuevo sujeto causante diera derecho a un nuevo periodo de excedencia, el inicio de la misma dará fin al que, en su caso, se viniera disfrutando (art. 46.3.3° ET).

Durante el primer año de excedencia el trabajador *«tendrá derecho a la reserva de su [mismo] puesto de trabajo»*, mientras que a partir del segundo año *«la reserva quedará referida a un puesto de trabajo del mismo grupo profesional o categoría equivalente»* (art. 46.3.4° ET) —salvo que el trabajador forme parte de una familia que tenga reconocida oficialmente la condición de «numerosa», en cuyo caso la reserva de su puesto de trabajo se extenderá hasta un máximo de 15 meses, si se trata de una familia numerosa de categoría general, y hasta un máximo de 18 meses, si se trata de una familia numerosa de categoría especial (art. 46.3.5° ET)—. Cuando la persona ejerza este derecho con la misma duración y régimen que el otro progenitor, la reserva de puesto de trabajo se extenderá hasta un máximo de 18 meses (art. 46.3.5° ET).

De este modo, como subraya la STS de 21 de febrero de 2013 (*Tol 3406510*), en cuanto a las condiciones de reingreso en la empresa, *«se diferencian nítidamente, dos casos, pero partiendo de una premisa común, la reserva, en ambos casos, del puesto de trabajo»*[390]. Así, durante el primer año, el trabajador *«tiene derecho a la reserva de "su puesto de trabajo"»*. Pero si el período de excedencia se prolonga, la reserva *«queda referida "a un puesto de trabajo del mismo grupo profesional o categoría equivalente"»*. Ahora bien, el derecho a la reserva de un puesto de trabajo no desaparece tras el primer año del disfrute de la excedencia, manteniéndose a lo largo de todo el período máximo contemplado, aun cuando no lo sea respecto del primitivo puesto de trabajo. Ello significa que se mantiene el derecho a la reincorporación del titular de la plaza y con ello la cobertura legal del eventual contrato de interinidad durante todo el período de vigencia de la excedencia.

VII. MEDIDAS ESPECÍFICAS PARA PREVENIR EL ACOSO SEXUAL Y EL ACOSO POR RAZÓN DE SEXO EN EL TRABAJO

A la finalidad de abordar estos problemas destina la LOI el artículo 62 que establece la necesidad de un protocolo de actuación frente al acoso sexual y al acoso por razón de sexo.

El art. 62 de la LOI establece la necesidad de negociar un protocolo de actuación frente al acoso sexual y al acoso por razón de sexo que comprenderá, al menos, los siguientes principios[391]:

---

390 En el mismo sentido, la STS de 23 de septiembre de 2013 (*Tol 4014897*).

391 Por todos, ALFONSO MELLADO, C. y FABREGAT MONFORT, G., «La igualdad efectiva de mujeres y hombres en las Administraciones Públicas», cit., págs. 41 y ss.

a) El compromiso de la Administración General del Estado y de los organismos públicos vinculados o dependientes de ella de prevenir y no tolerar el acoso sexual y el acoso por razón de sexo.

b) La instrucción a todo el personal de su deber de respetar la dignidad de las personas y su derecho a la intimidad, así como la igualdad de trato entre mujeres y hombres.

c) El tratamiento reservado de las denuncias de hechos que pudieran ser constitutivos de acoso sexual o de acoso por razón de sexo, sin perjuicio de lo establecido en la normativa de régimen disciplinario.

d) La identificación de las personas responsables de atender a quienes formulen una queja o denuncia.

En definitiva, lo esencial es prevenir que no se produzcan estas situaciones y garantizar que, si se producen, la persona afectada puede acudir a un sistema de denuncia fiable y reservado, pues un problema de muchas de estas conductas es que la persona afectada no se fía de las vías de reclamación, bien por el escaso material probatorio que puede aportar, bien por la posición de superioridad que ocupa el acosador, bien porque directamente y por su propia dignidad e imagen no quiere que trascienda y se haga público el acoso padecido.

Por lo demás, aunque el art. 62 de la LOI, en principio, sólo es de aplicación en la AGE, las Leyes de Función Pública de las Comunidades suelen replicar su contenido, exigiendo la negociación de protocolos de actuación y protección frente al acoso sexual y al acoso por razón de género y la violencia contra la mujer.